A ÁGUIA E O DRAGÃO

SERGE GRUZINSKI

A águia e o dragão

*Ambições europeias e mundialização
no século XVI*

Tradução
Joana Angélica d'Avila Melo

COMPANHIA DAS LETRAS

Copyright © 2012 by Librairie Arthème Fayard

Cet ouvrage, publié dans le cadre du Programme d'Aide à la Publication 2014 Carlos Drummond de Andrade de la médiathèque, bénéficie du soutien du ministère français des Affaires étrangères et du Développement international.

Este livro, publicado no âmbito do programa de auxílio à publicação 2014 Carlos Drummond de Andrade da mediateca, contou com o apoio do Ministério francês das Relações Exteriores e do Desenvolvimento Internacional.

Grafia atualizada segundo o Acordo Ortográfico da Língua Portuguesa de 1990, que entrou em vigor no Brasil em 2009.

Título original
L'Aigle et le dragon: Démesure européenne et mondialisation au XVIe siècle

Capa
Tamires Cordeiro

Imagens de capa
Acima: *O comércio de chá na China*, 1790-1800, óleo sobre tela, escola chinesa © Peabody Essex Museum, Salem, Massachusetts, EUA/ Bridgeman Images; abaixo: *Cultura Totonaca*, detalhe da nobreza totonaca negociando com mercadores astecas, 1950, mural de Diego Rivera (1886-1957)/ Palacio Nacional, Cidade do México, México/ Bridgeman Images. © Banco de Mexico Diego Rivera & Frida Kahlo Museums Trust, Cidade do México/ AUTVIS, Brasil, 2015

Preparação
Lígia Azevedo

Revisão
Huendel Viana
Marise Leal

Dados Internacionais de Catalogação na Publicação (CIP)
(Câmara Brasileira do Livro, SP, Brasil)

Gruzinski, Serge
  A águia e o dragão: ambições europeias e mundialização no século XVI / Serge Gruzinski; tradução Joana Angélica d'Avila Melo. — 1ª ed. — São Paulo: Companhia das Letras, 2015.

  Título original : L'Aigle et le dragon.
  ISBN 978-85-359-2531-9

  1. Comunicação intercultural — Século 16 2. História universal — Século 16 3. Ibérica, Península — Relações exteriores — Século 16 I. Título

14-12396   CDD-909

Índice para catálogo sistemático:
1. História universal : Século 16   909

[2015]
Todos os direitos desta edição reservados à
EDITORA SCHWARCZ S.A.
Rua Bandeira Paulista, 702, cj. 32
04532-002 — São Paulo — SP
Telefone: (11) 3707-3500
Fax: (11) 3707-3501
www.companhiadasletras.com.br
www.blogdacompanhia.com.br

Para Agnès Fontaine

Westwärts schweift der Blick.
Richard Wagner, *Tristão e Isolda*, I, 1

Sumário

Introdução 15

1. Dois mundos tranquilos 21
Os dois imperadores 22
A China de Zhengde e o México de Moctezuma 25
Zhongguo 27
Anahuac 32
Dois universos de pensamento 39

2. A abertura para o mundo 43
O mundo segundo os pochtecas 44
As frotas do imperador 45
As fronteiras da civilização 47
O mar 49
Uma história traçada de antemão? 52

3. Já que a Terra é redonda 55
Histórias paralelas 56

Histórias conectadas, ou a corrida às Molucas.................... 57

O precedente colombiano.. 61

4. O salto para o desconhecido?.................................... 63

O Catai de Marco Polo 64

A preparação das viagens 67

Malaca, encruzilhada da Ásia 71

As Novas Índias ficam na Ásia? 73

O sonho asiático.. 76

O salto no vazio... 77

5. Livros e cartas do fim do mundo 80

"Os livros deles são como os nossos"............................ 81

"Existem impressores na China".................................... 82

Americanismo e orientalismo 84

Cartas da China e do México 88

O olhar dos outros... 93

A ilusão retrospectiva... 95

6. Embaixadas ou conquistas? 97

Improvisações e trapalhadas 98

Grande desígnio lisboeta e intrigas caribenhas.................. 101

A Ásia das especiarias, mas não o Novo Mundo 105

Desembarque português na costa da China 109

Desembarque espanhol na costa do México..................... 112

Deslize de Cortés, intenções portuguesas........................ 116

A marcha sobre Beijing (de janeiro ao verão de 1520)......... 121

A marcha sobre México-Tenochtitlán
(de agosto a novembro de 1519).................................... 122

A opção pela desmesura 126

Bloqueios 129

O encontro com os imperadores 134

7. O choque das civilizações 142
Situações desconfortáveis 143
A morte dos imperadores 146
O segundo desastre português.. 151
A revanche dos castelhanos.. 156
O choque das civilizações 158

8. O nome dos outros 162
Um esquecimento bem estranho 163
Castilan! Castilan!.. 165
Bárbaros ou piratas? 168
Seres divinamente monstruosos 172
O inferno são os outros.. 174
Nomear os indígenas 176
Nomear os intrusos 178
Índios canibais e portugueses antropófagos..................... 180
Invisibilidade portuguesa, exibicionismo castelhano 181

9. Uma história de canhões 183
A artilharia dos invasores 184
Pirataria chinesa 185
Um canhão para o além 188
Uma tecnologia do passado 192
Palavras para dizê-lo 194

10. Opacidade ou transparência?....................................... 197
A experiência ibérica 198
Os intérpretes 204
Lidar com as diferenças... 208
A decifração das sociedades 212

11. As maiores cidades do mundo....................................... 214
A geografia ou a arte de espionar..................................... 215

As maiores cidades do mundo.. 219

Como Lisboa ou como Salamanca... 222

O olhar do conquistador 230

O triunfo póstumo da capital asteca 231

12. A hora do crime 235

A arte de desmanchar as sociedades............................ 236

A vantagem das armas.. 242

Planos de conquista 244

A hora do crime ou a guerra sem misericórdia.............. 249

O pós-guerra em Cantão 250

O projeto colonial.. 252

A rude aprendizagem da colonização............................ 254

13. O lugar dos brancos.. 258

A visão dos vencidos 259

A pressão dos bárbaros... 261

A alergia ao estrangeiro 264

Há lugar para o alienígena?.. 269

14. A cada um seu pós-guerra.. 272

Os irmãos da costa.. 273

Predação e asiatização 277

Uma ilha mestiça.. 279

Caos mexicano.. 281

Americanizar-se ou asiatizar-se 284

15. Os segredos do mar do Sul 287

A China da primeira volta ao mundo............................. 288

As tentativas a partir da Espanha.................................. 289

A segunda vida de Hernán Cortés 290

Ambições de Cortés e consciência-mundo..................... 295

"Os obstáculos interpostos pelo demônio"........................ 298

Agora é a vez do vice-reinado................................. 303

16. A China no horizonte 307

O caminho está livre... 308

A linha de demarcação...................................... 310

O assunto espiritual do século 314

Uma base avançada.. 316

17. Quando a China despertar............................... 319

Por que a guerra contra a China?.......................... 320

A guerra do jesuíta.. 325

A insuportável insolência dos chineses..................... 327

"Os caminhos da guerra".................................... 332

Quando a China despertar.................................. 335

Uma coisa tão nova… 338

A guerra da China não acontecerá 342

Conclusão: Rumo a uma história global do Renascimento.... 346

Modernidades... 350

Guinada para o Oeste e nascimento do Ocidente.............. 352

Mapas

A rota de Tomé Pires: Malaca-Beijing,

junho de 1517-verão de 1520 120

As rotas de Hernán Cortés no México...................... 123

Agradecimentos... 357

Notas... 359

Referências bibliográficas................................... 389

Transliterações: não foi possível unificar sistematicamente as transliterações do chinês para o francês e, sempre que recorremos a esse trabalho, conservamos as que figuram no estudo de P. Pelliot, "Le Khoja et le Sayyid Husain de l'histoire des Ming", *T'oung Pao*, série 2, v. 38, 2-5, 1948, pp. 81-292.

Introdução

ANDRÔMACA: *A guerra de Troia não acontecerá, Cassandra!*
Jean Giraudoux, *La Guerre de Troie n'aura pas lieu*, I, 1

Escritores da primeira metade do século XX percorreram os caminhos que nos levaram do México à China. Por muito tempo Jean Giraudoux nos sugeriu um título, "A guerra da China não acontecerá", que foi preciso abandonar. Paul Claudel soube ressuscitar mundos que, hoje, talvez sejamos mais capazes de compreender. Nas jornadas de *O sapato de cetim* (1929) dialogam seres vindos dos quatro cantos do globo. "O palco deste drama é o mundo, e mais especialmente a Espanha no final do século XVI." Ao "comprimir os países e as épocas",[1] Claudel não pretendia fazer um trabalho de historiador, mas nos mergulhava nos remoinhos de uma globalização. Uma globalização que não era nem a primeira nem a última, mas que se instalou rapidamente durante o século XVI, na esteira das expedições portuguesas e espanholas. A águia asteca e o dragão chinês sofreram, então, os primeiros efeitos da desmesura europeia.

Essa globalização é um fenômeno diferente da expansão europeia, que mobilizou muitos recursos técnicos, financeiros, espirituais e humanos. Ela respondeu a opções políticas, cálculos econômicos e aspirações religiosas que se conjugaram, com menor ou maior eficácia, para atrair marinheiros, soldados, padres e comerciantes a milhares de quilômetros de distância da península Ibérica, num deslocamento em todas as direções do mundo. A expansão ibérica provocou reações em cadeia e, com frequência, choques que desestabilizaram sociedades inteiras. Foi o que aconteceu na América. A Ásia enfrentou algo mais forte do que ela, quando não atolou nos pântanos e nas florestas da África. A imagem de uma progressão inelutável dos europeus, quer exaltemos suas virtudes heroicas e civilizadoras, quer a condenemos às gemônias, é uma ilusão da qual é bem difícil se desfazer. Resulta de uma visão linear e teleológica da história que continua a aderir à pena do historiador e ao olho do leitor.

O que é equivocado quanto à expansão ibérica é ainda mais errado quanto à globalização, que podemos definir como a proliferação de todos os tipos de vínculo entre partes do mundo que até então se ignoravam ou se relacionavam com enorme distanciamento. A que se desenrola no século XVI abrange ao mesmo tempo a Europa, a África, a Ásia e o Novo Mundo, entre os quais com frequência se desencadeiam interações de intensidade sem precedentes. Um tecido ainda frágil, cheio de buracos imensos, sempre prestes a rasgar ao menor naufrágio, mas indiferente às fronteiras políticas e culturais, começa a se estender por todo o planeta. Quais são os protagonistas dessa globalização? Por bem ou por mal, populações africanas, asiáticas e ameríndias participam dela, mas os portugueses, os espanhóis e os italianos fornecem o essencial da energia religiosa, comercial e imperialista, ao menos nessa época e por um bom século e meio. O servo chinês de *O sapato de cetim* diz a Don Rodrigue, vice-rei das Índias: "Nós nos tomamos um pelo outro e não há mais como nos desvencilhar".[2]

O que os contemporâneos percebem de tudo isso? Com frequência o olhar deles é mais penetrante do que o dos historiadores que se sucederam para observá-los. Homens do século XVI, e não somente europeus, compreendem a amplitude do movimento ao qual são confrontados, e na maioria das vezes o fazem em termos religiosos, a partir das perspectivas que a missão lhes abre. Mas a globalização se desenha também no espírito dos que são sensíveis à aceleração das comunicações entre as diferentes partes do mundo, à descoberta da infinita diversidade das paisagens e dos povos, às extraordinárias oportunidades de lucro trazidas por investimentos projetados no outro lado do globo, ao crescimento ilimitado dos espaços conhecidos e dos riscos enfrentados. Nada parece resistir à curiosidade dos viajantes, ainda que muitas vezes estes não fossem a lugar algum sem o auxílio de seus guias e de seus pilotos nativos.

Pode-se atribuir o descobrimento da América ou a conquista do México a figuras históricas como Hernán Cortés ou Cristóvão Colombo. O assunto é discutível, mas o procedimento é cômodo. A distância dos séculos e nossa ignorância cada vez maior militam para que aceitemos essas simplificações. Já a globalização não tem autor. Ela responde em escala planetária aos embates provocados pelas iniciativas ibéricas. Mistura histórias múltiplas cujas trajetórias de repente se entrechocam, precipitando desenlaces imprevistos e até então inconcebíveis. A globalização não tem nada de uma maquinaria inexorável e irreversível que executaria um plano preconcebido com vistas à uniformização do globo.

Portanto, seria equivocado acreditar que nossa globalização nasceu com a queda do muro de Berlim. Seria igualmente ilusório imaginar que ela é a gigantesca árvore nascida de uma semente plantada no século XVI por mãos ibéricas. Parece, contudo, que nosso tempo é devedor dessa época longínqua, por várias razões, se aceitarmos que a ausência de filiação direta ou de linearidade não transforma o curso da história numa cascata de acasos e de acontecimentos sem consequências. É no século XVI que a história humana se inscreve num cenário que se identifica com o globo. É então que as conexões entre as partes do mundo se aceleram: Europa/Caribe a partir de 1492, Lisboa/Cantão a partir de 1513, Sevilha/México a partir de 1517 etc. Acrescentemos outra razão que está no cerne deste livro: é com a globalização ibérica que a Europa, o Novo Mundo e a China se tornam parceiros planetários. A China e a América têm um papel importantíssimo na globalização atual. Mas por que a China e a América se encontram face a face no xadrez terrestre, de onde vem isso? E por que a América dá hoje sinais de esgotamento, enquanto a China parece ter tomado impulso para lhe arrebatar o primeiro lugar?

Numa obra anterior, *Que horas são lá... do outro lado?*, havíamos nos interrogado sobre a natureza dos vínculos que se estabeleceram desde o século XVI entre o Novo Mundo e o mundo muçulmano. Essas regiões foram então confrontadas com os primeiros efeitos da expansão europeia sobre o globo. Colombo estava convencido de que sua descoberta forneceria o ouro com o qual os cristãos retomariam Jerusalém e esmagariam o islã. O Império Otomano, por sua vez, se inquietava por ver um continente desconhecido pelo Alcorão e pelos sábios do islã entregue à fé e à rapacidade dos cristãos. Não se poderia abordar a globalização que progressivamente fez do globo o cenário de uma história comum sem considerar o que se deu desde essa época entre terras do islã, da Europa e da América. Mas será suficiente? Se a adjunção de uma quarta parte do mundo é o registro de nascimento da globalização ibérica, a irrupção da China nos horizontes europeus e americanos constitui outra perturbação. O fato de ela ter sido, com poucos anos de diferença, contemporânea ao descobrimento do México deveria ter chamado nossa atenção mais cedo, mas nosso olhar, por longo tempo retido pela Mesoamérica, havia esquecido que ela não é o extremo do mundo: como repetiam os antigos mexicanos, é o meio.

No século XVI, por duas vezes os ibéricos visaram conquistar a China. Mas o desejo deles nunca se realizou. Parafraseando o título da célebre peça de Jean Giraudoux, "A guerra da China não acontecerá". Alguns, um pouco tarde, lamentarão isso. Outros, junto conosco, refletirão sobre aquilo que nos ensinam essas veleidades de conquista, contemporâneas da colonização das Américas e da exploração do oceano Pacífico. China, Pacífico, Novo Mundo e Europa ibérica são os protagonistas de uma história que surge de seu encontro e enfrentamento. Essa história se resume numa simples frase: no mesmo século, os ibéricos falham na China e têm êxito na América. É isso que nos é revelado por uma história global do século XVI, concebida como outra maneira de ler o Renascimento, menos obstinadamente eurocentrada e, sem dúvida, mais em harmonia com nosso tempo.

1. Dois mundos tranquilos

> *O que me apavora na Ásia é a imagem de nosso futuro, por ela antecipada. Com a América indígena acalento o reflexo, fugaz mesmo ali, de uma era em que a espécie se encontrava na escala de seu universo.*
>
> Claude Lévi-Strauss, *Tristes trópicos*

Em 1520, Carlos v, Francisco i e Henrique viii são os astros ascendentes da cristandade latina. Regente de Castela desde 1517, sagrado rei da Germânia em 1520, Carlos de Gand nasceu com o século. Francisco i torna-se rei da França em 1515 e Henrique viii, da Inglaterra em 1509.[1] Em Portugal, o velho Manuel, o Venturoso, ainda tem força suficiente para contrair novas núpcias, agora com a irmã do rei Tudor. Diante dos rivais franceses e ingleses, Carlos de Gand e d. Manuel alimentam ambições oceânicas que projetam seus reinos em direção a outros mundos. Em novembro de 1519, um aventureiro espanhol, Hernán Cortés, à frente de uma pequena tropa de infantes e de cavaleiros, entra em

México-Tenochtitlán. Em maio de 1520, uma embaixada portuguesa, de efetivos ainda mais modestos, penetra em Nanjing. É nessa cidade que o emissário Tomé Pires é recebido pelo imperador da China, Zhengde. Fontes coreanas assinalam a presença de portugueses no ambiente imperial, onde se teriam beneficiado com os serviços de um guia e de um intérprete, o negociante muçulmano Khôjja Asan.[2] Em México-Tenochtitlán e na mesma época, Hernán Cortés encontra Moctezuma, o chefe da Tríplice Aliança ou, se preferir, o "imperador dos astecas".

OS DOIS IMPERADORES

Primeiro, Zhengde. Em junho de 1505, em Beijing, Zhu Houzhao sucedeu ao seu pai, o imperador Hongzhi, sob o nome imperial de Zhengde. Tendo subido ao trono aos catorze anos, o décimo imperador Ming morrerá em 1521.[3] Seu reinado foi depreciado pelos cronistas. Se dermos crédito a eles, Zhengde teria abandonado os assuntos do Estado para se entregar a uma vida de prazeres. Preferia viajar para fora da Cidade Proibida, deixando que seus eunucos predadores amealhassem fortunas.

Na verdade, Zhengde era um guerreiro que se esforçava para fugir à tutela da alta administração a fim de reatar com a tradição de abertura, para não dizer de cosmopolitismo, da precedente dinastia mongol, os Yuan. Passava a maior parte do seu tempo fora do palácio imperial e gostava de se rodear de monges tibetanos, clérigos muçulmanos, artistas oriundos da Ásia central, guarda-costas *jurchen* e mongóis, quando não frequentava as embaixadas estrangeiras de passagem por Beijing. Ele teria até proibido o consumo de porco para melhorar suas relações com as potências muçulmanas da Ásia central. Em 1518 e 1519, Zhengde conduziu pessoalmente campanhas militares no norte, contra os mongóis, e no sul, em Jiangxi. Em 1521, decide liquidar um príncipe rebelde e manda executá-lo em Tongzhou. Sua imagem não sairá engrandecida desse episódio. Pelo menos, essa é a impressão deixada pelas crônicas oficiais e pelas gazetas aparecidas após sua morte, que são unânimes em fazer de seu reinado uma era de transtornos e de declínio (*moshi*). Êxodo de camponeses para as minas e as cidades, ascensão dos parvenus, revolução das tradições, "costumes locais varridos pelas mudanças",[4] cobranças abusivas perpetradas pela administração, mal-estar e agitação da plebe, boom do contrabando com os japoneses — o balanço que a história oficial reteve não é muito brilhante. Sem contar as catástrofes naturais — a inundação e a fome de 1511 —, que ninguém hesita em lançar à conta da crise que atinge a sociedade. Ao mesmo tempo, são incontáveis as novas fortunas, a produção aumentou por toda parte e o comércio internacional é mais próspero do que nunca.[5]

Em 1520, o senhor da China, embriagado, cai do barco imperial nas águas do Grande Canal, a principal artéria que liga o norte ao sul do país. A febre ou a pneumonia que ele contrai após esse banho forçado o matará no ano seguinte, em 20 de abril, com trinta anos. Como a água é o elemento do dragão, alguns cronistas acreditaram que os dragões foram responsáveis pelo seu fim.[6] Alguns meses antes, criaturas estranhas teriam perturbado a calma das ruas de Beijing. Atacavam os passantes, ferindo-os com suas garras. Eram chamadas de "sombrias aflições".[7] O ministério da Guerra se encarregou de estabelecer a ordem e os boatos se dissiparam. Zhengde, que sempre se mostrara curioso por coisas estrangeiras, havia encontrado os portugueses da embaixada pouco antes de morrer. Mas, aos olhos de seus contemporâneos e sucessores, o episódio permanecerá insignificante. Não lhe valerá o renome póstumo e trágico que se ligará à pessoa do *tlatoani* de México-Tenochtitlán, Moctezuma Xoyocotzin. Um filme feito em

1959, *Kingdom and the Beauty* [Reino e a beleza], em plena época comunista, não bastará para imortalizar as extravagâncias de um soberano que se disfarçava de homem do povo para se entregar aos prazeres.

De Moctezuma Xoyocotzin, sabem-se muitas e poucas coisas. Aqui, o tom muda. O universo asteca nos é ainda menos familiar do que o mundo chinês, e se recobre com um véu permanentemente trágico. De Moctezuma Xoyocotzin, índios, mestiços e espanhóis nos deixaram retratos parciais e contraditórios: era necessário, a qualquer preço, encontrar razões para a derrocada dos reinos indígenas ou para magnificar as proezas da conquista espanhola.[8] Neto e sucessor de Ahuitzotl (1486-1502), Moctezuma nasceu por volta de 1467. É um homem idoso e experiente — à chegada de Hernán Cortés, já tinha passado dos cinquenta anos. Nono *tlatoani*, reina de 1502 a 1520 sobre os mexicas de México-Tenochtitlán; domina também Texcoco e Tlacopán, seus parceiros da Tríplice Aliança — as "três cabeças". A tradição ocidental fez dele o imperador dos astecas.

Os cronistas lhe atribuem virtudes guerreiras que teriam sido manifestadas no início de seu reinado, mas ele não parece havê-las mobilizado muito contra os conquistadores. Teria reforçado seu domínio sobre as elites nobiliárias e remanejado os quadros do poder destituindo uma parte dos servidores de seu predecessor; teria modificado o calendário, um gesto cujo alcance será percebido mais tarde, e movido várias campanhas contra os adversários da Tríplice Aliança. Com um sucesso mitigado. A derrota que sofreu diante de Tlaxcala (1515) prova que não era necessário, em absoluto, ser espanhol nem possuir cavalos e armas de fogo para enfrentá-lo. Assim como seu colega chinês, o imperador Zhengde, Moctezuma mantinha um curral cheio de animais exóticos; também como o chinês, apreciava as mulheres. O cronista Díaz del Castillo confirma que ele era "isento de sodomias", já que os espanhóis sempre precisavam tranquilizar-se quanto a esse aspecto. Moctezuma pereceu executado pelos índios ou pelos espanhóis. As histórias redigidas após sua morte recheiam seu reinado com maus presságios que os "sacerdotes dos ídolos" teriam sido incapazes de decifrar e que mais tarde serão associados à conquista espanhola. Sua sorte lamentável inspirará filmes e óperas.[9] E lhe valerá, ao contrário de Zhengde, um lugar imperecível na história ocidental e no imaginário europeu.

Nada em comum entre esses dois imperadores, exceto pelo fato de ambos se terem visto implicados na mesma história. Em novembro de 1519, Moctezuma encontra os espanhóis em México-Tenochtitlán; alguns meses mais tarde, Zhengde trava conhecimento com portugueses em Nanjing. Antes, porém, de voltar a essa coincidência, uma palavrinha sobre o que a China e o México representam no alvorecer do século XVI.

A CHINA DE ZHENGDE E O MÉXICO DE MOCTEZUMA

Em 1511, os portugueses tomam Malaca e os espanhóis se apoderam de Cuba. As frotas ibéricas se encontram então a uma curta distância de dois gigantescos icebergs cuja face emersa se apresta a descobrir. Durante alguns anos ainda, o México e a China escaparão ao frenesi expansionista que impele as Coroas ibéricas e seus súditos.

As duas terras não possuem então, claro, nada em comum, exceto pelo destino de serem as próximas na lista dos descobrimentos… ou das conquistas hispano-portuguesas. E sobretudo a particularidade — aos nossos olhos de europeus — de ser o fruto de histórias milenares que se desenrolaram fora do mundo euro-mediterrâneo. China e México seguiram trajetórias estranhas ao monoteísmo judaico-cristão e à herança política, jurídica e filosófica da Grécia e de Roma, sem com isso terem vivido voltados sobre si mesmos. É verdade que, à diferença das sociedades ameríndias, que se edificaram sem relação de nenhum tipo com o resto do globo, existiram contatos bastante antigos entre o mundo chinês e o Mediterrâneo (através da famosa rota da seda). Não esqueçamos, portanto, que a China teve constantes intercâmbios com uma parte da Eurásia, no mínimo acolhendo o budismo indiano, deixando-se durante séculos penetrar pelo islã ou compartilhando resistências imunitárias que, na hora do choque, faltarão cruelmente aos povos ameríndios.

O que é a China ou o México nos anos 1510? Se a China é de fato um império (embora alguns tenham preferido falar mundo chinês),[10] o México antigo não tem nada de um conjunto politicamente unificado. Os arqueólogos privilegiam a ideia, mais vasta, de Mesoamérica, a tal ponto a noção de México remete a uma realidade nacional surgida no século xix, totalmente anacrônica na época de que estamos falando. Aliás, não se trata, aqui, de comparar a China ao México, mas de esboçar um rápido panorama desses lugares às vésperas da chegada dos ibéricos, descobrindo chaves que nos esclareçam sobre as reações chinesas e mexicanas por ocasião da intervenção europeia. Particularmente em âmbitos cruciais, sempre que se produz um choque de civilizações: a capacidade de se deslocar rapidamente por terra e por água, a arte de armazenar a informação e de fazê-la circular, o hábito de operar em escalas continentais e intercontinentais, a faculdade de mobilizar recursos materiais, humanos e militares diante do imprevisto e do imprevisível, uma propensão a pensar o mundo. Todos esses fatores, em parte técnicos, em parte psicológicos e intelectuais, exerceram um papel na expansão dos ibéricos: sem os capitais, os navios, os cavalos, as armas de fogo e a escrita, nenhuma expansão longínqua teria sido projetável, com tudo o que ela comporta de envio de homens e de material, de apoio logístico, de campanhas de informação e de espionagem, de operações de extração e de transporte seguro das riquezas, e, o que é demasiadamente esquecido, de criação de uma consciência--mundo.

Todo inventário é sempre insatisfatório. Tal exercício é ainda mais no caso da Mesoamérica, porque, no terreno da memória, China e México antigo não se situam em iguais condições. Embora o afluxo repentino de espanhóis à sua nova conquista tenha inspirado uma pletora de relatos e de descrições, os tempos pré-colombianos permanecem amplamente opacos para nós, a despeito dos avanços às vezes notáveis da arqueologia. Os antigos mexicanos não tinham escrita, os chineses escreviam desde pelo menos 3 mil anos antes. O que significa que as fontes chinesas são abundantes, ao passo que, do lado americano, o historiador deve se contentar com depoimentos europeus ou com um punhado de narrativas indígenas e mestiças que o trauma da conquista e os constrangimentos da colonização deturparam irremediavelmente. Os mundos indígenas do século xv nos escapam sem dúvida para sempre. O mundo chinês ainda nos fala, e provavelmente nos falará cada vez mais.

ZHONGGUO

Zhongguo, o país do meio… Diante do Novo Mundo e do resto do mundo, a China imperial bate recordes de antiguidade: o império chinês remonta ao terceiro milênio antes da era cristã com a dinastia dos Xia, ao passo que os impérios mexica e inca, para nos limitar aos mastodontes do continente americano, mal totalizam um século de existência no momento da conquista espanhola. A continuidade e a antiguidade, o gigantismo da China, seus recursos humanos — mais de 100 milhões, talvez 130 milhões de habitantes —[11] e suas riquezas incalculáveis: os ibéricos iriam descobrir tudo isso, com estupefação, e experimentar um incontestável prazer quando ouviam tais descrições, antes de repeti-las para o resto da Europa.

O império chinês é sobretudo uma colossal máquina administrativa e judiciária, com uma prática de séculos, que controla o país através de uma infinidade de mandarins, eunucos, magistrados, inspetores, censores, juízes e chefes militares. Ainda que, exceto nas fronteiras setentrionais e no litoral, o Exército só exerça um papel secundário. A máquina se renova com base em concursos de recrutamento que garantem a continuidade do poder entre a corte de Beijing, as capitais de província e os mais baixos escalões do império. Não há nobreza de espada nem grandes senhores, mas uma pequena nobreza fornecedora dos letrados que, tendo obtido sucesso nos concursos e contando com apoio familiar ou regional, empreendem uma ascensão ao término da qual um pequeno grupo, os mais dotados e os mais protegidos, se verá na capital imperial. Os 20 mil quadros da burocracia confuciana, os 100 mil eunucos podem dar a impressão, vistos da Europa ou do México, de uma administração pletórica.

Na realidade, a China do século XVI é um monstro notoriamente subadministrado.[12] Como em toda administração, a corrupção lubrifica as engrenagens nos pontos onde o controle imperial, muito longínquo, muito lento ou muito esporádico, se mostra ineficaz. Ela atinge o ápice no litoral meridional, que extrai do comércio com o estrangeiro grande parte de sua prosperidade. Os portugueses terão a frutífera experiência disso. Ninguém é perfeito; a gestão desonesta, as revoltas e o banditismo impossibilitam idealizar a burocracia celestial, mas convém reconhecer que ela é então, em todo o planeta, a única a poder enquadrar uma população e espaços tão consideráveis. É com essa burocracia que colide o poder do imperador: as liberdades que ele assume com os

28

rituais e as práticas da corte, suas veleidades militares, sua curiosidade pelos mundos exteriores e suas ambições universais desagradam aos letrados da administração, apegados a outros valores.

Mas a China é também um mundo de grandes comerciantes: grãos, sedas, sal, chá, porcelanas. O congestionamento crescente do Grande Canal, eixo essencial do comércio Norte-Sul, comprova a intensidade das trocas.[13] No limiar do século XVI, os comerciantes reforçam sua posição perante a pequena nobreza, que vê esses parvenus com maus olhos. Com suas atividades invasoras, eles abalam os princípios da moral confuciana, pois preferem as eventualidades e os compromissos do mercado ao mundo estável, organizado e saudável dos campos. Mas o modelo antigo ainda é tão pregnante que se impõe a essas novas classes. Os comerciantes de Huizhou, grandes exportadores de grãos e de chá, e felizes beneficiários do monopólio do sal, se esforçam para melhorar sua imagem agarrando-se ao universo dos letrados e dos altos funcionários.[14] Quanto à pequena nobreza, ela não consegue resistir aos produtos de luxo — porcelanas antigas, plantas e frutos exóticos — importados, muitas vezes de bem longe, por esses negociantes prósperos. A tentação é forte porque colecionar ou consumir coisas raras e preciosas sempre foi vital para os membros da pequena nobreza. É compreensível que a curiosidade despertada pelos objetos estranhos introduzidos pelos ibéricos venha a reforçar a criação de vínculos com os europeus e, por conseguinte, o contato entre os mundos.

O comércio, o correio e as tropas se beneficiam de uma rede de estradas, de um sistema de estações de muda, de uma malha de canais e pontes com densidade e eficácia surpreendentes para a época, em comparação com o que a Europa oferecia. Cavalos, palanquins, barcos de fundo chato percorrem o país. A qualidade das estradas, a quantidade de pontes — em pedra de cantaria ou flutuantes — fascinaram os visitantes europeus, que não acreditavam no que viam.[15] A importância da agricultura também os deixou espantados: plantações a perder de vista, nem um só pedacinho de terra não cultivado, multidões de camponeses em atividade nos arrozais.

O desenvolvimento da agricultura e das técnicas beneficia-se do avanço e da difusão do livro impresso, particularmente sensíveis no final do século xv. Publicar tornou-se então um empreendimento bastante lucrativo, e oficinas como o ateliê Shendu, no Fujian, transmitem a imagem de um país dinâmico e, em vários domínios, mais "adiantado" do que a Europa cristã. O boom da produção gráfica facilita a impressão e a reimpressão de obras-padrão, cânone confuciano, textos normativos como o código Ming e as ordenações do mesmo nome, histórias imperiais. Tal sucesso se explica também pela difusão da leitura. É inevitável pensar no aparecimento do texto impresso na Europa do século xv. Só que, na China, o texto impresso, "que permite abarcar o mundo a partir do aposento onde a pessoa se encontra",[16] não tem nada de novidade nem de conquista recente, e, desde séculos antes, harmonizou-se com uma oralidade ainda predominante. Essa revolução antecede em muito os chineses do século xvi. O documento escrito é a ponta de lança de uma administração imponente para a época, alimenta uma intensa reflexão filosófica, mas também serve aos espíritos, às vezes contestadores, que dos confins das províncias expressam opiniões e reações às coisas do mundo. As gazetas florescem por toda parte, retransmitem notícias, divulgam técnicas e conhecimentos, em relação às diferentes regiões do império e registram os voos de dragões anunciadores de catástrofes.

Falar de "pensamento chinês" conduz invariavelmente a generalidades que revelam a diversidade das correntes e a originalidade das inovações. Desde o início do século xv, os candidatos aos exames têm à sua disposição compilações de textos neoconfucianos que devem assimilar perfeitamente. Esses escritos, como a *Grande suma sobre os quatro livros*, alimentam um pensamento ortodoxo herdado dos Song, difundido à escala do império e que orientará a reflexão dos membros da burocracia até o alvorecer do século XX. Mas seria um erro imaginar uma esfera intelectual exclusivamente ligada ao universo dos clássicos. A ortodoxia confuciana também vai ao encontro das influências do budismo, percorre tendências quietistas que privilegiam a experiência interior do espírito às custas da vida exterior, suporta derivas heterodoxas trazidas pelas transformações sociais da época. Cultura erudita e cultura popular se misturam como em toda parte, enquanto correntes sincretistas mesclam confucianismo, taoísmo e budismo na ideia de que esses três ensinamentos formam um só.[17] O primado atribuído à experiência espiritual sobre o corpus doutrinário explicaria esses fenômenos de convergência e essa fluidez das tradições religiosas.

No horizonte intelectual se destacam personagens fascinantes, entre os quais um dos mais notáveis é Wang Yangming (1472-1529), cujo pensamento domina o século XVI chinês. Ele enfatiza a intuição individual e insiste na predominância do espírito, pois o espírito é primordial na medida em que é unidade:[18] "O espírito do Santo concebe o Céu-Terra e os 10 mil seres como um só corpo. Aos seus olhos, todos os homens no mundo — quer sejam estranhos ou familiares, distantes ou próximos, desde que tenham sangue e respiração — são seus irmãos, seus filhos". Portanto, é preciso "unir-se indissoluvelmente aos 10 mil seres". Intimamente convencido de que "conhecimento e ação constituem uma só coisa", Wang Yangming prega também a necessidade de um pensamento engajado. Outras correntes reagem à ortodoxia confuciana buscando a unidade através do *qi* e afirmando que neste mundo só existe energia (Wang Tinxiang, que morre em 1547). Aparecem até tendências mais radicais em torno de um personagem como Wang Gen (1483-1541), fundador da escola de Taizhou, na qual as pessoas se dedicam à livre interpretação dos textos confucianos. As terras chinesas não têm muito o que invejar na Europa de Erasmo e de Lutero.

ANAHUAC

Em chinês, "China" pode-se dizer *Hai nei*: "entre os [quatro] mares". Em náuatle, a língua dos astecas e do centro do México, a terra índia se chama *Anahuac*, isto é, "perto da água". A ideia de um continente rodeado de água é retomada nas expressões *cemanahua* e *cemanahuatl*, "o mundo inteiro, o mundo que vai até seu fim", como se China e México tivessem permutado conceitos. *Uey atl*, a "grande água", que designa o oceano, mas também os espectros,[19] circunscreve o mundo emergido dos antigos mexicanos. Por trás de seus mortos e de sua muralha de água intransponível, o Anahuac era outro mundo tranquilo.

Não por muito tempo. Em 1517, os espanhóis que haviam partido de Cuba começam a margear o golfo do México. É de seus barcos que eles descobrem a terra continental que batizamos de Mesoamérica e que abriga então um mosaico de povos com línguas, histórias e culturas distintas. A região nada tem a invejar à China em matéria de antiguidade, mas, nela, esses vínculos com o passado estão bem mais desfeitos. Para as populações que se aprestam a acolher os espanhóis, a grande cidade de Teotihuacán, contemporânea do apogeu do Império Romano, se perde nas brumas do esquecimento, e as memórias, segundo os lugares, dão interpretações muito diferentes a um patrimônio comum: maia no Iucatã, zapoteca e mixteque na região de Oaxaca, naua no vale do México. Não somente a ausência de escrita alfabética ou ideográfica complica toda tentativa de identificação histórica, mas também as populações nauas que vieram se estabelecer no altiplano a partir do século XII trouxeram outras lembranças, apagando em parte aquelas que as tinham precedido. Assim, os mexicas fizeram tudo para apresentar a fundação de México-Tenochtitlán como uma fundação *a nihilo*, embora outros já vivessem no local.

A isso se acrescenta uma relação com o tempo que não tem nada a ver com a nossa, pois mobiliza memórias que produzem o passado privilegiando os ciclos e as repetições. Dois Moctezuma reinaram sobre México-Tenochtitlán, um em meados do século XV e outro no momento da invasão espanhola. A história do segundo lembra espantosamente a do primeiro, como se tivesse havido um empenho em amplificar analogias em vez de distinguir particularidades. Multiplicando os efeitos de espelho e de duplicação, essa memória cíclica frustra a reconstituição dos fatos à qual habituamos a história ocidental. A imagem do passado tal como o entendemos resulta irremediavelmente embaralhada. Como podemos imaginar, tal maneira de pensar tem dificuldade de enfrentar o imprevisto e o impensável em sua absoluta singularidade — será o caso da irrupção dos ibéricos. Ao contrário, ela tenderá a reduzi-los a padrões conhecidos, sem dispor, como o poder chinês, de uma experiência milenar em relações com o estrangeiro: a dinastia Ming jamais esquecia que se construíra sobre a expulsão dos mongóis que haviam invadido e dominado a China dos Song.

A diversidade que caracteriza a Mesoamérica se reflete em sua fragmentação política. No limiar do século XVI, uma coalizão baseada no centro do país, a Tríplice Aliança, reúne sob a égide de México-Tenochtitlán e dos mexicas — nossos astecas — cidades-Estado de cultura naua que dominam grande parte do altiplano. Mas os nauas da Tríplice Aliança estão longe de ser os únicos a compartilhar o espaço mesoamericano: purépechas no noroeste, mixtecas e zapotecas no sul, totonacas no leste, otomís e outros resistem à Tríplice Aliança, ao passo que na península iucateque os herdeiros das grandes sociedades maias são os primeiros a entrar em contato com os espanhóis. Com 200 mil a 300 mil habitantes, a capital dos astecas, México-Tenochtitlán, é então uma das cidades mais povoadas do globo, mas não é a única no altiplano: Texcoco, Cholula, Tlaxcala e algumas outras são centros religiosos, políticos e econômicos cuja vitalidade surpreenderá os invasores.

Se a China mantém uma colossal máquina administrativa, que atua num território relativamente unificado, o império asteca só tem de império o nome. Em grande parte, como veremos, ele é uma criação de Hernán Cortés e da historiografia inspirada nele. Por todos os lados, inflaram-se as coisas para dar mais brilho à vitória espanhola ou mais pungência à tragédia índia. Na verdade, México-Tenochtitlán e seus aliados impõem sua autoridade por meio de raides e expedições predadoras que nem sempre resultam em sucesso. À falta de estradas e de animais de tração, a extensão contínua da zona de influência deles é contrabalançada pelo enfraquecimento do controle político e econômico que a Tríplice Aliança é capaz de exercer.[20] Dominar não significava privar sistematicamente o adversário de seu poder, de seus recursos e de seus deuses, mas extrair dele um tributo e obter garantias de fidelidade, isto é, reféns. Os vencedores não procuram transformar os vencidos, ao passo que desde muito tempo antes os chineses achinesam os grupos não Han, e os ibéricos se preparam para ocidentalizar os ameríndios. Nada prova que os mexicas tenham escolhido deliberadamente essa forma de império a baixo custo, sem ocupação em profundidade nem integração política. Mas a desenvolveram de um modo que lhes permitia obter um máximo de proveito, apanhando de surpresa a maior parte das populações da região, aliadas ou inimigas. Os vencedores espanhóis vão impor outras regras ao jogo.

A administração "imperial" repousa essencialmente sobre representantes da Tríplice Aliança recrutados nas fileiras da nobreza, os *calpixqueh*, encarregados, em cada região e em umas quarenta capitais provinciais, de recolher o tributo.[21] Localmente, operavam recebedores ou *tequitlahtoh*, que por sua vez dependiam dos *calpixqueh* dos escalões superiores. Uma parte do tributo ia para México-Tenochtitlán, o restante servia para manter as guarnições estacionadas nas províncias. Nada a ver com a multidão de mandarins, juízes, militares e agentes aduaneiros contra os quais por toda parte se chocarão os portugueses.

Os guerreiros exercem no México um papel fundamental, e sua intervenção vigorosa constrange regularmente as outras senhorias a entregar tributo e cativos à capital mexica e aos aliados dela. É de imaginar que os invasores espanhóis, que são antes de tudo militares, se sentirão menos desorientados do que ficariam diante de tropas de administradores letrados. Ainda que o combatente indígena não seja o combatente espanhol. A ética naua privilegia o combate singular e a tomada de cativos. Impõe um individualismo exacerbado que alimenta um frenético espírito de rivalidade até mesmo nos maiores perigos do campo de batalha. Ao guerreiro, e só a ele, cabe saber triunfar sobre o adversário e lembrar que toda desistência é punida com a morte.[22] A obsessão quanto ao nível a manter e aos privilégios a ganhar ou a conservar — às vezes levada tão longe que chega à trapaça — não favorece muito as operações coletivas, nas quais a coerência do grupo se sobreporia à bravura dos indivíduos. O olhar impiedoso do outro, pronto a denunciar a infração mais trivial,[23] se não tiver sido exagerado pelas fontes coloniais, sugere uma rigidez dentro das elites militares pouco compatível com o surgimento de situações imprevistas.

É verdade que esses belos princípios estavam longe de ser aplicados literalmente. Os confrontos com os espanhóis logo revelarão índios bem mais livres em seus movimentos e na escolha de sua tática. Para começar, porque não existe exército fixo para tais confrontos: México-Tenochtitlán e seus aliados reúnem contingentes de homens que lutam de maneira mais ou menos coordenada contra os povos revoltados ou os inimigos tradicionais. E é uma surpresa constatar que os últimos constituem bolsões insubmissos no próprio seio da zona de influência da Tríplice Aliança. É o caso dos tlaxcaltecas. Essa particularidade se explica pelos limites, rapidamente atingidos, de toda intervenção. O menor deslocamento de tropas levanta problemas de logística: não há meios de locomoção afora as pernas e, por toda parte, surge o obstáculo das asperezas do relevo. O transporte feito por homens impõe muitas restrições: é sempre necessário ao menos um carregador por soldado para que o material e os víveres possam acompanhar a progressão do corpo expedicionário. Peso dos hábitos, mas também ausência de estradas carroçáveis: o fato é que os carregadores *tamemes* sobreviverão à conquista espanhola até que os animais de carga os substituam.

Em lugares onde, à diferença da China, estradas, canais e rios são praticamente inexistentes, a força de ataque mobilizada a cada guerra é limitada e os meios de pressão sobre os vencidos, muito relativos. Aqui, nada se aparenta com um lento processo de integração dos povos conquistados, mas antes com chamadas periódicas à ordem, reforçadas pela decapitação das elites inimigas, sistematicamente sacrificadas nos altares de México-Tenochtitlán. A cada momento, a intrusão de um novo ator ameaça comprometer a relação de forças favorável à Tríplice Aliança e abalar a hegemonia mexica. Assim, a última fica à mercê da exacerbação dos particularismos que grassam de um lado a outro do altiplano: os tenochcas humilharam seus vizinhos imediatos de Tlatelolco, que reagem à altura, os aliados de Texcoco veem com maus olhos a soberba de México-Tenochtitlán, os nauas de Tlaxcala lutam há gerações contra os do vale do México, os purépechas do Michoacán bloqueiam tanto quanto possível a progressão da Tríplice Aliança em direção ao noroeste.[24] Recém-instalados no vale de

México-Tenochtitlán, os mexicas precisam combater para impor sua legitimidade, sobrepujar o ressentimento de seus aliados e enfrentar seus adversários tradicionais ou potenciais.

Então, "império mexica" ou castelo de cartas? Evitemos projetar demais o destino interrompido dos mexicas sobre seus últimos anos de esplendor. Outras circunstâncias poderiam ter consolidado sua posição e, quem sabe, gerado um dia um império digno desse nome...

Paradoxalmente, as ameaças mais fortes, efetivas ou sentidas como tais, situam-se em pleno coração do império e não nas fronteiras distantes, para não falar da costa. É a cidade de Tlaxcala, a uns duzentos quilômetros de México-Tenochtitlán, que resiste à coalizão, ao passo que nenhuma potência com capacidade de rivalizar com a Tríplice Aliança se desenvolveu ao norte ou ao sul de sua zona de influência. Muito menos uma frota inimiga, uma eventualidade da ordem do impensável para os antigos mexicanos, incluindo todos os grupos. Sua concepção do mundo excluía essa hipótese: eles imaginavam que a Terra era um disco ou um retângulo dividido em quatro partes rodeadas por um mar gigantesco, cujas extremidades se elevavam para sustentar a abóbada celeste. A defesa e o ataque mexicas são concebidos para enfrentar adversários de proximidade, e não para repelir um alienígena surgido das águas marítimas.

Assim como na China, nosso tipo de religião, a distinção entre profano e sagrado e a própria noção de divindade não fazem senão obscurecer as crenças, os mitos e os ritos dos antigos mexicanos. As práticas acadêmicas incitam a aplicar todos esses termos a comportamentos e formas de consciência que temos muita dificuldade de apreender. Geralmente elas nos impedem de questioná-los e explicam a estagnação dos conhecimentos, à qual poucos autores escapam.[25] É fundamentalmente em sua relação com o tempo que as sociedades mesoamericanas tentam se assenhorear de seu destino e constroem o sentido que dão ao mundo — um tempo, como dissemos, irredutível ao nosso.

É preciso saber ganhar tempo para repelir o fim do universo, e é essa tensão constantemente mantida que anima a prática onipresente do sacrifício humano, em um cumprimento escrupuloso dos ritos fixados pelo calendário *tonapohualli*. Não há dogma, claro, assim como na China, e ortodoxia ainda menos. A inexistência de textos canônicos, quer no sentido chinês, no judaico-cristão ou no muçulmano, explicaria a ausência, aparentemente, de derivas religiosas e o silêncio das fontes? Ou será que a discrição dos informantes indígenas nos dissimula os debates que podiam surgir no seio dos colégios *calmecac*, talvez menos quanto ao fundo das coisas do que quanto à oportunidade dos ritos, à preeminência deste ou daquele deus, à interpretação do calendário divinatório e à exatidão dos cálculos destinados a garantir a correção absoluta dele? Os relatos e as interpretações contraditórias inspiradas pela figura do deus Quetzalcoatl não guardam vestígios de dissidências dramáticas que desembocam na ruptura, no exílio ou no suicídio? Seja como for, as variantes que notamos nas tradições que nos foram conservadas revelam a diversidade dos pontos de vista; e também nos mostram que a expressão dos particularismos geralmente passa pelo culto de um deus fundador que se opõe às divindades dos arredores.

Há a mesma imprecisão em torno das regras do cotidiano. Uma ética impiedosa parece ter regido as relações no seio da família e do grupo, mas a descrição frequentemente admirativa que os monges espanhóis fazem dela levanta mais de uma questão. Fascinados pela austeridade, para não dizer pelo rigor puritano daquilo que ainda podiam observar, preocupados em salvar retalhos da herança dos vencidos, não teriam eles reinterpretado normas e comportamentos indígenas de um modo que os tornasse compreensíveis, aceitáveis ou mesmo compatíveis com a nova fé cristã?[26]

Menos de um século depois, os jesuítas instalados na China idealizarão de maneira semelhante os costumes locais e se lançarão num empreendimento do mesmo tipo, na intenção de separar o joio do trigo — a ética confuciana: as crenças, as "superstições" da plebe, as "idolatrias" dos bonzos. Mas os chineses souberam resistir a essa limpeza, ao passo que os índios do México não tiveram escolha: eles iriam se tornar, e nem sempre a contragosto, a primeira cristandade das Américas. Em todo caso, China ou México, os depoimentos de letrados dos dois impérios nos apontam imagens e ideais bastante coerentes: não é fácil penetrar o que realmente recobrem.

DOIS UNIVERSOS DE PENSAMENTO

Mas pode-se falar de "letrados", se o Anahuac é habitado por sociedades sem escrita — ou, mais precisamente, sem escrita alfabética ou ideográfica? Porque, afinal, sistemas pictográficos combinados com o uso de um suporte de casca da árvore *amate* ou de couro servem para consignar uma vasta gama de informações, em particular para elaborar aqueles calendários cuja consulta tinha um peso decisivo sobre a organização da sociedade e sobre a maneira pela qual enfrentava a existência na terra (*tlalticpac*).

Aqui, não há representação: extraem-se do visível e do invisível parcelas que são organizadas e fixadas em cores sobre aquilo que hoje chamamos impropriamente de códices e que os espanhóis denominavam "pinturas". A falta de textos escritos para copiar, meditar, glosar a imagem é formidavelmente superinvestida em relação àquilo que a cristandade latina ou a China concebem como tal. Mas essa imagem não funciona no modo da representação, pois é da ordem do *ixiptla*: em todas as escalas, torna palpável e presente o invisível, sob a forma policrômica dos grandes códices, dentro da perspectiva monumental das arquiteturas ou através do impacto multitudinário das paradas rituais que investiam regularmente as grandes cidades.

Do Grande Templo às vias calçadas e aos canais, o desfile periódico dos deuses, dos sacerdotes e dos cativos, a prática rotineira do sacrifício humano — concebido ao mesmo tempo como alimento e oferenda para os deuses e como pagamento de uma dívida — mobilizam a vida e as riquezas acumuladas antes de engoli-las para sempre. O rito dramatiza o instante, acelera ou retarda o tempo. Em suma, manifesta e anima, aos olhos de todos, os fundamentos numinosos do mundo e sua marcha implacável. Órgãos humanos, objetos preciosos, animais e plantas se interpenetram ou se superpõem em jogos incessantes de correspondências entre os seres, as palavras e as coisas, nos quais transparece a marca do divino e do sagrado. O coração humano arrancado ao peito do sacrificado remete ao figo-da-barbária de tons violáceos, mas fruto e coração, por sua vez, indicam o sol vermelho e nascente. Aqui, nada de simbólico ou de metafórico,[27] tampouco de uma palavra que se encerraria no âmago das páginas, num livro chinês ou europeu. Tudo converge para suntuosas e custosas encenações que se repetirão por tanto tempo quanto viverem os deuses. "Encenação" é um conceito bem leve, e "mito", um termo literário demais. Os "mitos" recobrem experiências físicas, coletivas, olfativas como o fedor das carnes e do sangue em decomposição, como as visões de carnificina humana em sociedades nas quais a carnificina de animais é inexistente; ou ainda como as cenas de embriaguez coletiva provocada pelo efeito do pulque, o suco fermentado do agave e dos alucinógenos. Os mitos são vividos como mergulhos comunitários no além da morte e do sagrado, simultaneamente estruturantes e traumatizantes. São bem mais do que esboços a recitar de cor, e cuja exegese buscaríamos junto da lareira, com uma pena ou um pincel na mão.

Difícil ir adiante, pois se o pensamento chinês, por mais distante que nos pareça, não é indecifrável — desde que, é claro, façamos um esforço para entendê-lo —, o dos antigos mexicanos permanece para sempre inacessível, e o dos sobreviventes à Conquista traz irremediavelmente a marca da colonização. É verdade que tantas coisas separam da China e do México nosso universo intelectual que estranhamente esses dois mundos parecem confundir-se no horizonte. Será porque cada um representa uma alternativa e um desafio aos nossos hábitos de pensamento?

Mas será que, com tudo isso, eles realmente se correspondem? Ao que parece, *Anahuac* e *Zhongguo* compartilham princípios que não são os nossos: a ideia de que não existe verdade absoluta e eterna, de que as contradições não são irredutíveis, pois são sobretudo alternativas, e de que, em vez de lidar com termos que se excluem, os dois mundos privilegiariam oposições complementares — o *yin* e o *yang* dos chineses, ou a água-fogo dos nauas, *atl-tlachinolli*. O sopro onipresente, o *qi*, influxo ou energia vital que anima o universo, ao mesmo tempo espírito e matéria em constante circulação, teria como equivalente o *tona* mexicano? O mundo é concebido de cada lado do Pacífico como "uma rede contínua de relações entre o todo e as partes", mais do que como uma soma de unidades independentes, dotadas, cada uma, de uma essência?[28] Será preciso explicar algumas dessas proximidades por sistemas de expressão que nada têm a ver com escritas alfabéticas e fonéticas? De cada ideograma chinês, assim como de cada pictografia indígena, diremos que são "uma coisa entre as coisas"? No domínio linguístico, a ausência de verbo "ser" nas formas clássicas das duas línguas provavelmente não deixa de ter alguma incidência sobre a reflexão e sobre a configuração da relação com o mundo.

Confessemos que tais vizinhanças são às vezes sedutoras. E, como é impossível acessar o pensamento dos antigos mexicanos sem passar pelo filtro europeu, será que o modelo do pensamento chinês nos abriria outros caminhos? Ele nos ajudaria não a compreender, mas simplesmente a nos aproximar melhor da irredutível singularidade do *ixiptla* dos índios? A menos que, por querermos muito nos saciar dessa reserva de pensamento não ocidental, criemos ilusões de óptica por uma carência de nossa visão.

2. A abertura para o mundo

Por muito tempo, a história da expansão europeia dividiu o mundo entre invasores e invadidos. A atividade e a curiosidade inesgotáveis dos europeus estariam opostas à inércia de sociedades locais, voltadas sobre elas mesmas e fechadas para o mundo. A China, que as pessoas imaginam adormecida — "Quando a China despertar..." —, cerrada ante o exterior ou escondida atrás de sua Grande Muralha, sofreu com essa imagem. Quanto à América indígena, seu isolamento no planeta seria um de seus traços mais marcantes.

O que é falso para a China também é para a América. As sociedades mesoamericanas jamais foram sociedades isoladas, e muito menos que se ignoravam. Não somente a história dessa região é feita de uma sucessão de migrações que não parou de confrontar e misturar os povos, não somente intercâmbios religiosos, políticos e artísticos desde a época de Teotihuacán, e sem dúvida desde bem antes, irrigaram toda a Mesoamérica, como também as repetidas "guerras floridas" e os raides distantes provocaram regularmente choques entre as populações.

A esses contatos se acrescenta um comércio de longa distância desenvolvido pelos pochtecas da Tríplice Aliança, um grupo cuja autonomia é malvista pelos guerreiros e pelos príncipes. Habituados a viajar para outras regiões, a visitar senhorias longínquas, a falar outras línguas, sempre informados sobre o que acontece em outro lugar, capazes, se necessário, de fundir-se em meio hostil adotando os trajes, a língua e os costumes dos outros, os pochtecas são capazes de inquietar os guerreiros de México-Tenochtitlán. Podemos imaginá-los dotados de uma flexibilidade e de uma mobilidade — para não falar de cosmopolitismo, pois o termo seria anacrônico — que faltam aos últimos. Os vínculos deles com suas cidades de origem nunca são exclusivos. O comércio de longa distância ligava os centros do altiplano às províncias setentrionais, aos litorais do leste e do oeste, às regiões do Golfo (Veracruz, Tabasco) e àquelas, mais distantes, da América central (Chiapas, Soconusco, Guatemala). De lá, outras estradas conduziam, por uma série de redes e de outros pontos intermediários, até a Colômbia, e mesmo ao Equador.

Muitos, portanto, não hesitavam em partir para longe. Cercando-se das precauções costumeiras, porque, tanto quanto nos outros instantes da vida, os deslocamentos dos mercadores, assim como os dos conhecedores de coisas ocultas ou dos peregrinos, não escapam à influência dos signos. Os viajantes se obrigam a respeitar os dias do calendário divinatório que eles levam consigo. Nele, mesclam-se signos nauas, mixteques e maias em combinações sincréticas nas quais aflora a fluidez das tradições religiosas e se exprimem misturas de ideias sobre as quais ainda estamos muito mal informados.[1] Pois, tanto quanto o grande comércio, as formas e as ideias percorrem a Mesoamérica há séculos, até mesmo milênios.

Mas a mobilidade depara com todo tipo de impedimento: não há animal de tração, não há uso da roda, embora a arqueologia revele que a última é conhecida. Acrescidas aos obstáculos dos relevos montanhosos e à pobreza das redes hidrográficas, essas deficiências complicam e retardam a circulação dos homens e das coisas, se tomarmos a China ou a Europa como ponto de referência. O transporte feito por homens limita o peso e o volume das cargas que circulam, ainda que seja eficaz, dada a falta de estradas de verdade. Os colonizadores espanhóis perceberão isso e se precipitarão para explorar sem pejo essa solução puramente humana. A ausência da roda marca um grave déficit diante da China ou da Europa: os ameríndios, que não conhecem nem o vidro nem o aço, não têm nenhuma máquina para transporte, defesa — canhão, arcabuz, balestra, catapulta —, produção — teares, moinhos — ou comunicação — tipografia.

No início do século xvi, a máquina ainda não dá uma vantagem irrefreável aos europeus, mas já os insere irremediavelmente num caminho e numa concepção do mundo nos quais os homens começam cada vez mais a depender de aparelhos para sua existência, sua sobrevivência e seu sucesso. A capacidade de criar máquinas e de usá-las é ao mesmo tempo um poder e uma modernidade, quer sejam chinesas ou europeias. Os ameríndios pagarão um preço para descobrir isso.

AS FROTAS DO IMPERADOR

Não somente a China "medieval" não tem nada do país fechado e imóvel que nossa ignorância se compraz em imaginar, como também se lançou, no século xv, numa expansão marítima que a conduziu até as margens da África oriental. Algum tempo antes, ela havia sido a peça-chave de uma dominação mongol que avançara até as planícies da Polônia e da Hungria. O recuo oficial para o interior das fronteiras do império, após o abandono das grandes expedições conduzidas pelo muçulmano chinês Zheng He, é relativo. Por um lado, porque uma ativa diáspora chinesa povoa o Sudeste Asiático;[2] por outro, porque a China dos Ming — a dinastia no poder desde 1368 — está longe de ter renunciado à sua supremacia sobre essa parte do mundo. As relações com o Tibete e os oásis da Ásia central, os mongóis e os *jurchen* do norte, os coreanos e os japoneses do leste e a Ásia do sudeste comprovam a imensidão das áreas de influência e a complexidade das políticas a desenvolver caso a caso. A existência de uma administração encarregada dos contatos com o exterior, a curiosidade pelos estrangeiros, os conhecimentos de que se dispunha sobre eles, a circulação dos homens e dos livros impedem a China de ser um mundo emparedado atrás de suas linhas de fortificação.

Sem dúvida, os contatos com o exterior, e portanto com um mundo bárbaro e inferior, desagradam aos letrados confucianos e inquietam os altos funcionários. Em 1436, o poder proíbe a construção de navios de alto-mar.[3] Cerca de quarenta anos mais tarde, os arquivos das grandes expedições marítimas teriam sido destruídos e será preciso esperar 1567 para que seja suspensa a proclamação do "fechamento dos mares" (*haijin*).[4] O comércio com o estrangeiro só é tolerado se for estritamente enquadrado, assim, a marinha imperial tem a missão de perseguir as atividades clandestinas na costa do Fujian e por toda parte. Medidas draconianas visam desencorajar qualquer operação com o estrangeiro. O chinês que se dedica ao comércio longínquo, que arma grandes navios, que não hesita em assumir riscos, corrompe os funcionários das alfândegas e acaba enriquecendo de maneira desavergonhada, tem má reputação. No entanto, nada freia a corrida ao lucro nem o contrabando nas primeiras décadas do século XVI. A importação de cravo-da-índia, pimenta-do-reino e madeira de sapão é tão proveitosa que os comerciantes chineses, cada vez mais numerosos e mais empreendedores, entregam-se a uma concorrência desenfreada.[5]

Os portugueses atracarão em um império que vigia zelosamente suas fronteiras, mas que não é impermeável ao mundo exterior. Começa-se a apreciar melhor sua prodigiosa diversidade humana e a relativizar a imagem sem relevo e clássica que os letrados quiseram dar dele, para levar em conta os eunucos, as mulheres, as minorias étnicas e religiosas, budistas e muçulmanas, que alimentam outras visões do mundo.[6]

AS FRONTEIRAS DA CIVILIZAÇÃO

A China tem fronteiras terrestres e marítimas.[7] A Tríplice Aliança só tem fronteiras terrestres, pois o mar não a separa de nenhuma outra sociedade humana. Em contraposição, as duas potências mantêm relações particulares com suas estepes setentrionais, que são percorridas por povos nômades. Nos dois casos, a oposição dos tipos de vida alimenta nos sedentários a ideia de serem os únicos detentores dessa singularidade que chamamos "civilização". Na China, essa ideia está ligada, desde os tempos muito antigos dos Xia, dos Shang e dos Zhou, a uma região, Zhongguo ou "reino do centro", situada no "amplexo alimentador do rio Amarelo".[8] Consta que Zhongguo abriga os portadores de *wen*, termo que é traduzido por "cultura" ou "civilização". Em consequência, quem vive fora de Zhongguo não pode ser *wen*. Na origem, *wen* difunde uma força que se impõe por si mesma, atraindo irresistivelmente os que não a têm. Contudo, na época imperial ela se torna um modo de vida a difundir pela força nas terras absorvidas pelo "reino do centro", Zhongguo.

A história da China pré-imperial e imperial é em parte destacada por invasões oriundas do norte, a primeira das quais talvez seja a dos Zhou, no segundo milênio antes da era cristã.[9] Ordinariamente, os invasores se estabilizam e se sedentarizam adotando os usos dos "civilizados". Foi o caso dos invasores mongóis que reinaram sobre a China até 1368, como será o caso, séculos mais tarde, dos manchus que abaterão a dinastia Ming.

Encontram-se igualmente na história da Mesoamérica os rastros de uma dinâmica que impele as pessoas do norte a se civilizar no sul. A fronteira entre a zona árida e a zona cultivável se desloca ao sabor das variações climáticas, provocando movimentos de população perfeitamente incontroláveis.[10] Os mexicas, assim como o resto dos nauas, são os primeiros a reconhecer que não são autóctones, e sim indivíduos vindos de outro lugar, tendo partido da mítica Aztlán numa migração heroica que os conduziu para a nova Aztlán, México-Tenochtitlán.[11] Depois de instalados, transformaram-se e adquiriram as características dos povos sedentários e das comunidades agrícolas e urbanas em cujo seio buscavam enraizar-se a qualquer preço. De certo modo, são o contrário daqueles indivíduos prontos a partir para o outro lado do mundo, que serão os espanhóis e os portugueses. Os mexicas despenderam muita energia para dotar-se das raízes locais que não tinham, quer a intenção fosse "reescrever" o passado ou fixar-se na ilha de México-Tenochtitlán, nos lagos e nas terras do Vale. A construção do Grande Templo, *ombilicus mundi*, comprova da maneira mais espetacular essa busca de profundidade histórica e essa vinculação física e metafísica ao centro do mundo. Os mexicas e seus aliados são, portanto, recém-chegados no altiplano e na história. Aliás, esse é também o caso dos Ming, cuja ascensão ao poder se situa quase meio século após a fundação de México-Tenochtitlán. Compreende-se que os novos senhores se entendam, num e noutro lado, para apropriar-se das heranças dos que os precederam, Song, Yuan ou toltecas.

Sacerdotes e dirigentes nauas sabem engrossar intencionalmente o traço que os separa daqueles que eles já não querem ser. A civilização, tal como a concebem, está expressamente ligada à herança da lendária Tula e à criatividade de seus habitantes, os toltecas, "pintores, autores de códices, escultores", trabalhadores em madeira e em pedra, construtores de cidades e de palácios, mestres artesãos da pluma e da cerâmica.[12] Miguel León-Portilla acreditou reconhecer no termo *toltecayotl* o equivalente daquilo que denominamos "civilização", um conceito no qual se refletem as artes e os saberes vindos dos tempos antigos e do altiplano. Mas os senhores da Tríplice Aliança sabem também que vieram do norte e que têm um passado de privações, de migrações e de errâncias quando ainda não passavam de chichimecas.[13] No século XVI, a palavra *chichimeca* se tornará, sob a influência do olhar europeu, sinônimo de gatuno, nômade e bárbaro, de índio primitivo vestido com peles de animais e submetido a caçar em meio aos cactos para sobreviver.

Portanto, de fato existe um contraste entre o "bárbaro" e o "civilizado", mas ele se expressa em termos totalmente diferentes do que ocorre na China ou na Europa, pois no México o "civilizado" se apresenta como um antigo "bárbaro". Não foram os primeiros emigrantes chichimecas que se fundiram com os nonoalcas para fundar Tula, a cidade — ou, se preferir, a civilização — por excelência?

O MAR

Para os chineses, o mar havia sido por muito tempo o domínio das ilhas dos Imortais. A costa é sempre semeada de ilhas consagradas a divindades, como a ilha de Putuoshan no Zhejiang, ao sul de Hangzhou, onde residia, afirma-se, o *bodhisattva* Guanyin, ou a ilha de Meizhou, no Fujian, onde se venerava Mazu, a imperatriz do Céu.[14] Mas faz séculos, ou talvez milênios, que os "mares do Sul" deixaram de ser um domínio desconhecido e intransponível, para tornar-se uma zona de tráfego intenso com o Sudeste Asiático.

Há muito tempo os litorais são bastante animados. Desde os Han (206 a.C.-220 a.C.), pelo menos, construíam-se neles grandes embarcações; também se recebiam ali embaixadas tributárias e comerciais vindas de todas as localidades da região. A partir do século IV afluem comerciantes estrangeiros cada vez mais numerosos e, em pouco tempo, monges budistas desembarcados da Índia e do Sudeste Asiático, que espalham suas ideias e suas crenças no sul da China. Sob a dinastia Tang, com a instauração de relações diretas com o golfo Pérsico e com o mar Vermelho, a costa sul acolhe comerciantes da Ásia ocidental que se estabelecem de maneira fixa e introduzem o islamismo. Impelidos pelos ventos de monção, os navios dos recém-chegados aportam em Cantão (Guangzhou), que conhece então um bom impulso. Em 684 e em 758, esses contatos sem precedentes provocam incidentes com as autoridades locais, implicando "persas e árabes" que são acusados de perturbar a ordem pública. Comunidades de comerciantes estrangeiros se instalam nessa época em Yangzhou e em Cantão, onde os muçulmanos são bastante numerosos desde o fim do século IX. O islamismo não é a única religião que bate à porta: a costa chinesa se abre também aos maniqueístas, aos cristãos nestorianos, aos adeptos do bramanismo, e no século XIII o catolicismo romano faz ali sua primeira aparição. Nos séculos XIII e XIV, o litoral, visitado por pessoas de línguas, etnias e crenças diferentes, assume aspectos cosmopolitas. O Fujian meridional é tão próspero que foi possível afirmar que, no século XIV, o porto de Quanzhou (Zaytun em árabe) era para a China marítima o que Shanghai seria nos anos 20 e Hong Kong nos anos 70 do século XX.[15] Aliás, é a um comerciante judeu da Itália, Jacob d'Ancona, que se deve uma fascinante descrição desse porto que comercia com todo o Sudeste Asiático.

Portanto, seria espantoso que os próprios chineses não tivessem aproveitado essa circulação para sair, negociar com a Coreia e com o Sudeste Asiático, e alimentar uma diáspora incessantemente mais numerosa. É nesse contexto que acontecem as famosas expedições do início do século XV que percorrem as rotas marítimas existentes há séculos e visitam as costas da Arábia e da África oriental. Nos séculos XIV e XV, a importância dos tráficos comerciais incita o império dos Ming a exercer mais controle sobre as trocas, atribuindo a certos portos o monopólio das relações marítimas. Oficialmente, tudo deve passar através de embaixadas tributárias cuja frequência e composição e cujo itinerário marítimo e terrestre se estabelecem. Escritórios são abertos, fechados ou deslocados ao sabor das épocas, sem, aliás, que se chegue a canalizar realmente as relações com o exterior.[16] Os portugueses que forem à China encontrarão ali interlocutores habituados há séculos a tratar com estrangeiros e uma administração decidida a filtrar sistematicamente tudo o que vem dos mares do Sul.

Ao mesmo tempo, as numerosas ilhas da costa atraem os contrabandistas, os foras da lei e os piratas que zombam do poder imperial. Quanto mais o império afirma fortemente sua vontade de impedir os tráficos privados, mais florescem as atividades clandestinas e predadoras. Essa zona de ausência de direito é famosa por sua barbárie e suas crueldades.[17] É também um universo que os portugueses aprenderão a conhecer e ao qual saberão aclimatar-se bem rapidamente.

Na Mesoamérica, as circulações são essencialmente terrestres. Na vertente marítima, nada de frota, muito menos de navios suscetíveis de vogar rumo ao largo; só mesmo, entre os maias, grandes barcos capazes de se dedicar a alguma cabotagem tropical. Diante da China das redes marítimas, dos portos, das frotas imperiais, dos navios guarda-costas e dos aduaneiros, diante da China igualmente dos contrabandistas, essa Mesoamérica cercada de mares quase vazios dá a impressão de se encontrar em outro planeta. Tão diferentes dos chineses que viraram a página das grandes viagens, sem ter esquecido as conquistas resultantes delas, quanto dos ibéricos que então descobrem os atrativos, os lucros e os riscos de tais viagens, os mesoamericanos não esperam nada das águas que os rodeiam. Ainda que, no início do século XVI, objetos que chegaram à praia deixem os índios intrigados: "Trouxeram a Moteczumatzin uma mala de espanhóis, que devia provir de um navio encalhado no mar do Norte [Atlântico] e na qual encontraram uma espada, anéis, joias e roupas; Moctezuma deu algumas dessas joias aos senhores de Tezcoco e de Tacuba, e, para não os preocupar, disse-lhes que seus antepassados haviam deixado esses objetos escondidos e preciosamente reservados, e lhes pediu que os rodeassem de muito respeito".[18]

O senhor de México-Tenochtitlán teria preferido camuflar a informação por medo de alimentar especulações sobre o fim anunciado de seu reinado. Mas o texto foi redigido bem depois da Conquista, quando tudo já havia acontecido. Os antigos mexicanos não podiam imaginar que as ondas de esmeralda da água divina lhes reservavam o mais imprevisto dos destinos.

UMA HISTÓRIA TRAÇADA DE ANTEMÃO?

Diante da expansão europeia, parece-nos evidente hoje que o México não estava à altura de reagir, ao passo que a China tinha tudo para repelir invasores vindos do mar. Mas essas certezas nos vêm de nosso conhecimento do devir das coisas e das interpretações *a posteriori* que abarrotam nossas memórias. Esse México de mais de 20 milhões de seres humanos, sem ferro, sem máquina e sem escrita, estava destinado ao aniquilamento nas mãos de alguns milhares de espanhóis? Os mexicas estavam então em seu apogeu, espreitando febrilmente no mar do Leste os sinais que lhes anunciariam um rápido declínio? É também absurdo imaginar que os espanhóis se preparavam conscientemente para a conquista do México, uma terra que eles desconheciam.

O que reter desse breve inventário? Antes de mais nada, a diversidade dos seres, das coisas e das situações que portugueses e espanhóis descobririam nos mesmos anos. A que se resumem essas descobertas? No momento do contato, os ibéricos não tinham nenhum meio de penetrar as sociedades encontradas, se é que temos hoje. Mas é a eles, e durante muito tempo a nenhum outro europeu, que caberá observar, descrever e compreender os mundos que de repente lhes surgiram ao alcance das mãos. Não um mundo, mas vários mundos ao mesmo tempo. Algo suficiente para nos convencer de uma vez por todas de que interrogar-se sobre o europeu diante do outro ou sobre o outro diante do europeu não passa de um exercício acadêmico que embaralha irremediavelmente aquilo que se teceu entre os ibéricos e o resto do mundo no século XVI. É porque tiveram de lidar com uma multiplicidade de quadros — americanos, asiáticos, africanos, muçulmanos — e, portanto, de enfrentar uma pletora de alteridades (mas nem sempre forçosamente sentidas como tal) que os ibéricos contribuíram para lançar as bases da globalização que então se esboçava. Ao mesmo tempo, enveredavam pelos caminhos da modernidade, de uma modernidade descentralizada, edificada fora da Europa, à prova das outras civilizações. Não se trata de saber se compreenderam ou não aqueles a quem viam diante de si (como se de novo houvesse uma verdade a descobrir em algum lugar, e como se estivéssemos bem melhor situados para fazê-lo hoje), mas de se dar conta dos meios que souberam mobilizar por toda parte a fim de entrar em contato com humanidades que lhes eram desconhecidas, com o inconveniente de, em seguida, sempre que podiam, reduzi-los à própria mercê.

Na década de 1510, no coração do vale do México, uma avalanche de sinais e de inquietantes prodígios teria semeado a inquietação, mantido em xeque o poder de Moctezuma e anunciado sinistras chegadas. Na mesma época, os céus da Europa ocidental eram igualmente perturbados. As fantásticas batalhas noturnas que apavoravam os campos de Bergamo em 1517 farão correr muita tinta.[19]

O céu da China não é muito mais calmo do que isso. Durante os seis primeiros anos do reinado do imperador Zhengde, os dragões pouparam o Império Celestial, mas, a partir do verão de 1512, suas visitas começaram a se multiplicar. Surgiu primeiro um dragão vermelho, brilhante como o fogo, e em seguida, em 7 de julho de 1517, nove dragões negros voaram acima do rio Huai, "no ponto onde ele atravessa o Grande Canal". Um ano depois, o céu do delta do Yangzi é sulcado por três dragões que cospem fogo. Eles aspiram duas dúzias de navios, espalhando o pânico e fazendo um número incalculável de vítimas. Onze meses depois, desencadeia-se acima do lago Poyang uma batalha de dragões como jamais se havia visto desde 1368, quando a dinastia mongol caiu. Na China, as visitas de dragões são eventos de mau agouro. Elas denunciam um imperador indigno, uma política desastrosa, e pressagiam catástrofes. As aparições proliferam quando a dinastia vacila e já não é capaz de assumir corretamente o mandato do Céu.

Assim, nem a América nem a Europa dispõem então do monopólio dos prodígios celestes. As sociedades do globo, grandes ou pequenas, são demasiadamente habituadas a associá-los a tempos de crise para que imaginemos outra coisa além de coincidências entre os que veem os chineses, os antigos mexicanos e os europeus. Mas todos pertencem a mundos que se ignoram. No alvorecer do século XVI, os céus, como as civilizações, ainda são estreitamente compartimentados.[20]

3. Já que a Terra é redonda

Desde os anos 1515, os colonos espanhóis de Cuba dirigem seus olhares para as grandes terras que existiriam a oeste e ao sul de sua ilha. A primeira expedição à costa do México remonta a 1517. A terceira, a de Hernán Cortés, começa em 1519. Após uma guerra extenuante mas vitoriosa, a conquista se conclui em 13 de agosto de 1521 com a tomada de México-Tenochtitlán e o fim da dominação dos mexicas. O México cairá sob a dominação europeia. E o resto do continente se seguirá. Américas latina, francesa, holandesa e anglo-saxônica, o Novo Mundo será por muito tempo a presa dos países europeus que o conquistaram, colonizaram e ocidentalizaram.

Os primeiros contatos seguidos entre portugueses e chineses começam em 1511 em Malaca, onde atua uma importante colônia de imigrados do Império Celestial. Quanto ao aparecimento dos portugueses no litoral da China, remonta no mínimo ao ano de 1513 e se confirma ao longo dos dois anos seguintes. Em junho de 1517, uma embaixada portuguesa, embarcada em oito navios, deixa Malaca em direção a Cantão, onde se instala até janeiro de

1520, antes de tomar o rumo de Beijing. É a primeira missão diplomática que uma potência europeia despacha para o Império do Meio. Em maio, ela atinge Nanjing e em seguida, durante o verão, chega à corte imperial em Beijing. Mas a embaixada se conclui de repente e seus membros são lançados à prisão. As autoridades chinesas não se contentam em bater a porta a esses intrusos que são considerados um bando de espiões e de ladrões com intenções agressivas: elas os eliminam fisicamente. Desde então, a China saberá resistir aos europeus até meados do século XIX. Sem dúvida, ela não escapará às invasões estrangeiras, manchu, japonesa ou ocidental, mas, à diferença da Índia ou do resto da Ásia, jamais se deixará colonizar.

HISTÓRIAS PARALELAS

Por que não aproximar essas histórias paralelas, nas quais se escrevem os destinos divergentes de imensas porções do globo, a América indígena e a China?[1] Nota-se nos fatos mais do que um simples paralelismo. Embora os desembarques dos ibéricos nos litorais mexicano e chinês não constituam uma operação combinada, a coincidência entre eles não é simples efeito do acaso. Os dois eventos resultam de uma dinâmica comum. No século XVI, várias partes do mundo entram em contato com os europeus. Esboçam-se então processos que só podem ser apreendidos em escala planetária. Vistos em retrocesso, eles se mostrarão irreversíveis e se imporão como as primícias de uma unificação do globo que se costuma datar, muito anacronicamente, do final do século XX. Distantes no espaço mas sincrônicos, simétricos e complementares, esses movimentos escaparam a gerações de historiadores tributários de recortes historiográficos e geográficos herdados do século XIX, estranhamente ainda em vigor hoje.

No entanto, basta colocar frente a frente essas histórias para ver emergirem trechos da paisagem intercontinental que se desdobra no século XVI com a entrada em cena de duas novas potências europeias, Castela e Portugal, que uma progressão fulminante pelos mares do globo impele ao contato com mundos sobre os quais elas ignoravam completamente ou quase completamente. Muitas vezes, os choques e as colisões que logo resultaram disso foram mortíferos. Pode-se explicá-los por um desígnio consciente de dominar o planeta ou por uma "lógica" imperialista e ocidental que arrastaria irresistivelmente os ibéricos em torno da Terra, para quem "o mundo não tinha termo nem fim".[2] Mas essa visão unilateral negligencia o fato de que é necessário haver no mínimo dois para o encontro. As modalidades do contato, a intensidade dos choques e suas repercussões diferem segundo os locais e os parceiros. O abalo não é o mesmo no México e na China, embora de cada lado convoque seres e forças que nada havia preparado para o confronto.

HISTÓRIAS CONECTADAS, OU A CORRIDA ÀS MOLUCAS

No entanto, um fio mais direto liga essas histórias paralelas: as "ilhas das especiarias", que reúnem, nos confins do Sudeste Asiático, as ilhas Banda e o arquipélago das Molucas (Maluku em indonésio). É nas ilhas Banda que crescem a noz-moscada e o macis, enquanto Ternate e Tidore cultivam o cravo-da-índia. Buscadas tanto pelos chineses quanto pelos europeus, as especiarias são alvo de um tráfico mundial que dá lucros colossais e que mobiliza redes comerciais do Sudeste Asiático ao Mediterrâneo de Alexandria e de Veneza. Convencidos de que possuem os meios marítimos para se apoderar das ilhas das especiarias e, por conseguinte, descartar os incontáveis intermediários desse fabuloso negócio, portugueses e castelhanos se lançam a uma corrida que abarca o globo numa tenaz, uns pelo Oriente, outros pelo Ocidente.

Em 1494, o Tratado de Tordesilhas havia repartido o mundo em duas partes iguais entre Castela e Portugal. A linha de demarcação que dividia o Atlântico de um polo a outro era muito facilmente localizável, mas a que percorria a outra face do globo, o antimeridiano, era tão imprecisa quanto virtual. O arquipélago caberia, de direito, aos portugueses, ou se encontrava na metade destinada a Castela? Os dois campos, portanto, vão se enfrentar — de início diplomaticamente, em seguida pela interposição de pilotos, marinheiros e soldados — em torno de uma fronteira de localização incerta, situada no outro lado da Terra. Tendo como aposta o controle das especiarias que as ilhas Banda e as Molucas produzem em abundância.[3]

Senhores da rota do cabo da Boa Esperança, os portugueses são os primeiros a se aproximar do alvo, e em seguida a alcançá-lo. Em 1505, d. Manuel estimula a continuação dos descobrimentos em direção a Malaca, e, no ano seguinte, preocupado em deter uma ameaça castelhana — o Novo Mundo parece muito próximo —, exige que se construa uma fortaleza, no local ou nas proximidades. Mas é impossível frequentar a região sem se preocupar com aqueles comerciantes bastante empreendedores que são chamados chins e sobre os quais Marco Polo não dissera uma só palavra. Em 1508, impaciente, o rei manda que Diogo Lopes de Sequeira se informe sobre esses chins. Portugueses teriam topado com eles ao norte de Sumatra, onde lhes foi oferecida porcelana chinesa.[4] No ano seguinte, em julho de 1509, em Malaca, a frota portuguesa se vê cara a cara com juncos chineses. Mas tudo corre bem. Há convites para jantar, perguntas sobre os respectivos países. Sem dúvida, esse encontro nos vale a primeira descrição física dos chineses. O contato é feito e a atmosfera, distendida. Visivelmente, os chineses não são muçulmanos, mas serão verdadeiramente cristãos, como em certo momento acreditam os portugueses?

Em 1511, os soldados e os marinheiros de Lisboa arrancam Malaca do sultão Mahmud Shah. O porto se torna uma base indispensável à progressão dos portugueses na Ásia oriental. Malaca abriga então numerosas comunidades mercantis. Os novos senhores se aliam aos tâmiles e aos *kelig* da cidade, mas afugentam os membros da comunidade guzerate.[5] Embora tenham repelido as ofertas de colaboração por parte dos chineses, estabelecem-se contatos com a comunidade mercantil que se fixou no grande porto. Em 1512, um dos representantes dela embarca para Lisboa. Nesse mesmo ano, malogra uma viagem projetada em direção à China, enquanto desde essa data portugueses aportam às Molucas e às ilhas Banda. O objetivo é atingido pelo lado português.

Quanto aos castelhanos, eles não perdem totalmente a esperança de ter acesso às especiarias. Em 1512, o rei Fernando, o Católico, decide enviar o português João Dias de Sólis no rastro de seus compatriotas. Ele deve navegar até as Molucas, tomar posse delas e fixar de uma vez por todas a posição da linha de Tordesilhas, "que com isso será perpetuamente conhecida e claramente estabelecida". No programa, Ceilão, Sumatra Pegu e, por que não, o "país dos chineses e dos juncos"?[6] Teria circulado então em Castela um mapa que situava Malaca, as especiarias e a costa chinesa do lado adequado, ou seja do espanhol.[7] Assim, antes mesmo que se tivesse a mínima ideia da existência do México, os castelhanos exibiram suas intenções sobre a China. Mas o projeto exaspera Lisboa. D. Manuel se enfurece e, por fim, a expedição de Sólis não acontecerá. Com isso, Castela abandona a luta? Em 1515, Fernando pede ao mesmo Sólis que parta em busca de uma passagem entre o Atlântico e o mar que Balboa descobriu, em setembro de 1513; aquele mar do Sul que será batizado como oceano Pacífico. Nada feito! Não somente o rio da Prata não é a entrada tão esperada para a Ásia como João Dias de Sólis acaba na barriga dos índios.

No entanto, já que a Terra é redonda, os portugueses sabem que qualquer esforço espanhol de progressão para o oeste acabará, mais dia menos dia, por atingir o Extremo Oriente. Então procuram por todos os meios, e o mais depressa possível, consolidar sua presença no mar da China e nas Molucas. Esse é o sentido da embaixada que, em 1515, Manuel decide despachar para Beijing. Os portugueses de Malaca não perderam seu tempo. Em 1512, uma carta evoca os preparativos de uma viagem à China, abortada por causa da oposição dos intermediários muçulmanos que pretendem barrar a rota de Cantão.[8] Em maio de 1513, Jorge Alvarez manda erguer uma estela de pedra, o chamado padrão, na costa chinesa. Dois anos depois, um primo português de Cristóvão Colombo, Rafael Perestrello, deixa Malaca "para descobrir a China" e desembarca em Cantão. Retorna a Lisboa três anos mais tarde, concluindo a primeira ida e volta entre Portugal e a China.

Castela, porém, ainda não disse sua última palavra. Em 1518, Fernão de Magalhães, outro navegador português a serviço do inimigo, retoma o projeto de Sólis[9] de chegar às Molucas seguindo a rota do oeste. Ele é um bom conhecedor da região. Viveu anos na Ásia portuguesa, participou da conquista de Malaca e da exploração do arquipélago da Sonda. Em 1519, a escala que Magalhães faz no Brasil redobra os temores de Lisboa. Desta vez, o Pacífico será alcançado e em seguida atravessado de um lado a outro, de leste a oeste.

Os portugueses, porém, têm mais uma preocupação que hoje nos parece absurda. O descobrimento de novas terras entre as Antilhas e a Ásia poderia fazer pairar outra ameaça que já se lê em globos, quer sejam aqueles concebidos por Johannes Schöner em 1515 e 1520, e que mostram um Pacífico ridiculamente pequeno, ou ainda outros, fabricados nos anos 1520, que ligam a América Central à Ásia.[10] E a ideia, errada, dessa suposta proximidade sobreviverá até mesmo ao fracasso de Gomes de Espinosa, aquele navegador que vai tentar, sem conseguir, reatravessar o Pacífico e alcançar as Antilhas, em um dos navios da frota de Magalhães.[11]

Portanto, dificilmente se podem dissociar as intenções portuguesas quanto ao Sudeste Asiático, ou os empreendimentos castelhanos no Novo Mundo, da conquista das ilhas das especiarias. É a questão das Molucas que mobiliza as Coroas de Castela e Portugal, com suas apostas planetárias, suas perspectivas de riqueza inesgotável e seu lote de rivalidades infernais. O México, enquanto tal, ainda está no limbo, ao passo que a China já se desenha no horizonte. Um dos cronistas da expedição de Magalhães, Maximiliano Transilvano, expressa isso com todas as letras: "Nosso navio atravessou todo o Ocidente, passou abaixo do nosso hemisfério, depois penetrou no Oriente para em seguida retornar ao Ocidente".[12]

A proeza, superior à dos argonautas, acabou por escamotear o objetivo principal da viagem, que era tomar posse das ilhas das especiarias e se instalar na parte mais extrema da Ásia. O que também significava aproximar-se da China. É isso que dá a entender, da Espanha, o cronista Pietro Martire d'Anghiera: "Os espanhóis seguiram o sol poente, como os portugueses haviam seguido o sol nascente, e chegaram a leste das ilhas Molucas, que não são muito distantes do país onde Ptolomeu situa Cattigara e o Grande Golfo, a porta aberta para a China".[13]

O PRECEDENTE COLOMBIANO

Não basta situar os empreendimentos portugueses e castelhanos na perspectiva da caça às especiarias. A iniciativa de Lisboa no sentido de fazer contato com a China não pode deixar de evocar um dos clichês da epopeia de Cristóvão Colombo, seu anseio desvairado por atingir a Ásia. Esqueceu-se muito depressa que a continuação oceânica dada à Reconquista espanhola nunca foi a conquista da América, mas a busca de uma passagem para a Ásia. Como lembra o Memorial de la Mejorada, os reis católicos haviam encarregado Colombo de "procurar e descobrir as Índias, as ilhas e as terras firmes da extremidade do Oriente navegando da Espanha ao poente".[14]

É isso que de fato inquieta e revolta o rei de Portugal. Na cabeça de Colombo, o espaço situado além do cabo da Boa Esperança e que vai do oceano Índico às ilhas que ele descobriu pertence de pleno direito à Coroa de Castela.[15] De certo modo, o Oeste, para Castela, é a Ásia — um mundo muito distante, mas que ocupava o imaginário mediterrâneo desde a Antiguidade e que todos sabiam ser bem real. A ideia era tão enraizada que a América espanhola conservará o nome de Índias Ocidentais até o século XIX. E até hoje os nativos do continente, da Patagônia ao Canadá, são "índios" para a Europa. A América começou como um acidente e um obstáculo na corrida da Espanha rumo ao Oriente, e a tarefa do historiador é fazer compreender que a "invenção" dela, isto é, a maneira como a imaginamos progressivamente, é tão indissociável de nossa relação com a Ásia quanto de nossa relação com o islã.[16]

4. O salto para o desconhecido?

O que se sabe na Europa sobre a China de Zhengde e o México de Moctezuma, nos primeiros anos do século XVI? Na verdade, nada, embora desde algum tempo antes os portugueses visitem o litoral da Índia e os espanhóis circulem pelo Caribe. A China e o México ainda não faziam parte dos horizontes europeus. Então os ibéricos se lançam sempre no desconhecido ou no vazio? Esse salto prefigura aquela propensão europeia a se interessar, custe o que custar, pelas *terrae incognitae*?

A metáfora do salto é sedutora mas enganosa, pois não dá conta do estado de espírito e das práticas dos nossos navegadores. Eles não singram rumo ao desconhecido. A partir do início do século XV, os portugueses embarcaram na construção progressiva, e por muito tempo tateante, de uma talassocracia balizada por suas experiências marítimas e pelos saberes que recolheram aqui e ali. Desse modo conseguiram uma boa vantagem ligando a África, e em seguida o oceano Índico, a Lisboa e à Europa. Desde então, os marinheiros portugueses engolem as distâncias a uma velocidade sem precedentes: desembarcados na costa da Índia em

1498, estão em Malaca em 1511, atingem as Molucas no ano seguinte e a China em 1513. Tudo isso teria sido impossível e incon-
cebível sem a exploração das rotas mercantis e das redes de informações que havia séculos demarcavam o Extremo Oriente. Mestres
na arte de acumular e mais ainda na de recuperar os saberes, os
portugueses jamais penetram em águas desconhecidas. Os castelhanos, que estão longe de ter a experiência de seus vizinhos, supostamente também sabem aonde vão. Vista dos portos da Andaluzia, a China de Marco Polo, o Catai, surge no oeste.

O CATAI DE MARCO POLO

Os portugueses não ignoravam nada da obra do veneziano,
da qual a biblioteca do rei Duarte (1433-8) conservava uma cópia
em latim. Mas é na segunda metade do século xv que sua influência se manifesta mais diretamente. Por volta de 1457-9, o mapa
traçado pelo camáldulo veneziano frei Mauro para o rei Afonso v
de Portugal extrai muita coisa da obra do explorador, especialmente os nomes das cidades e das províncias chinesas: Canbalech,
Quinsay, Zaiton (Zaytun), Mangi, Catai e Zimpagu (Cipangu, ou
seja, Japão). Anos mais tarde, uma carta do físico Paolo dal Pozzo
Toscanelli, que era o astrônomo da cidade de Florença, dirigida
ao cônego de Lisboa Fernão Martins, faria correr muita tinta.[1] Em
junho de 1474, o florentino explica ao seu correspondente que é
possível alcançar as Índias atravessando o Atlântico. Toscanelli
envia ao cônego um mapa que ele comenta evocando um porto
de prosperidade inaudita, onde são desembarcadas enormes cargas de especiarias. Multidões povoam o lugar, o príncipe que o
dirige se chama o Grande Khan e seus palácios se erguem na província de Catai. Ele teria ouvido tudo isso de uma embaixada que
viera encontrar o papa Eugênio iv. Quinsay se situaria na provín-

cia de Mangi, perto do Catai, e seu nome significaria "cidade do Céu". O erudito florentino também fornece números, como a distância entre Lisboa e a "muito grande cidade de Quinsay": 26 espaços marcados no mapa, cada um com quatrocentos quilômetros de comprimento. "Da ilha de Antillia [supostamente situada no centro do Atlântico], que o senhor conhece, à nobilíssima ilha de Cipangu, contam-se dez espaços." Todas essas informações transmitidas ao cônego de Lisboa e, por intermédio dele, ao rei Afonso v de Portugal, provinham do texto de Marco Polo.

Sem dúvida, as expectativas criadas por Marco Polo circularam mais depressa do que sua obra, que por muito tempo foi pouco acessível aos leitores da península Ibérica. E é em Castela que se observam os efeitos mais espetaculares dela: em 1492, para a primeira viagem de Colombo, os marinheiros serão recrutados mediante a tentação de descobrir um país onde as casas teriam teto de ouro, belo golpe publicitário inspirado pelo *Livro do milhão*.[2] Mas qual relação estabelecer entre o genovês e o veneziano?

Já não se crê hoje que Colombo tenha lido Marco Polo antes de partir para o Novo Mundo. Como é provável, seus conhecimentos se limitavam então àquilo que a famosa carta de Toscanelli dizia a respeito. E é somente a partir da primavera de 1498 que ele mergulhará no *Livro do milhão*, beneficiando-se de um exemplar que o comerciante de Bristol John Day teria lhe enviado.[3] Em todo caso, a silhueta do Grande Khan se ergue constantemente diante dos olhos de Colombo, assim como diante dos olhos da rainha Isabel, que remete ao genovês credenciais que ele devia apresentar ao Rei dos Reis e a outros senhores da Índia.

Tudo o que Colombo vê e descobre é interpretado, e ele não é o único a fazer isso, à luz dos dados fornecidos pelo mapa de Toscanelli. Ou, mais exatamente, o genovês não descobre nada: ele reconhece, encontra, e sua última expedição ainda se apresentará como um empreendimento de etapas programadas. Durante a primeira viagem, sempre sem avistar terra no horizonte, imagina ter ultrapassado Cipangu e acha preferível seguir diretamente para terra firme, até a "cidade de Quinsay a fim de entregar as cartas de Sua Alteza ao Grande Khan, pedir uma resposta e retornar com ela".[4] Portanto, o rumo é o continente asiático.

Num primeiro momento, a ilha de Cuba lhe parece ser Cipangu, e depois ele a toma pela "terra firme e os reinos do Grande Khan ou seus limites".[5] A expedição teria à sua frente Zaytun e Quinsay, a "mais ou menos cem léguas de uma e da outra". Colombo despacha para a terra um embaixador, Rodrigo de Xérez, e um cristão-novo, Luís de Torres, que sabia hebraico e caldeu, com a missão de encontrar o Grande Khan. Composta igualmente de dois índios, essa embaixada deve se dirigir "em nome do rei e da rainha de Castela" ao senhor do lugar, oferecer-lhe presentes e amizade, e, claro, informar-se sobre "certas províncias, portos e rios dos quais o almirante tinha conhecimento". Colombo não está delirando. Os moradores de Caniba, das quais os índios da Hispaníola lhe falam, não são senão "o povo do Grande Khan, que deveria estar próximo dali",[6] e ele não desiste dessa ideia. É depois de sua segunda viagem que Colombo situa o porto chinês de Zaytun (Quanzhou), celebrado por Marco Polo, à altura do cabo Alfa e Ômega (Punta de Maisí, na extremidade oriental de Cuba), considerado por ele o término do Ocidente e o início do Oriente.[7] O Novo Mundo de Colombo se enrosca inteiramente na sombra da China.

Os mapas da época confirmam essa visão do mundo, obstinando-se em figurar as mesmas distâncias. No mapa-múndi de Henricus Martellus Germanus, conservado na British Library (1489 ou 1490), encontram-se Ciamba (Champa), Mangi, Quinsay e Catai, aqui vista como uma cidade. O mapa de Yale (1489) mostra Cipangu 90º a oeste das Canárias, enquanto Lisboa é situada a 105º de Cipangu e a 135º de Quinsay. Essa era a visão do espaço que se podia ter num ateliê florentino às vésperas da primeira viagem de Cristóvão Colombo. Em 1492, Martin Behaim (Nuremberg) constrói um globo, baseando-se provavelmente em versões diferentes da obra de Polo, calcula que não mais de 130° separam a Europa da Ásia e situa Cipangu a 25° da terra de Mangi, isto é, da China.[8]

A despeito dos ataques de que era alvo havia muito tempo, a obra de Polo continuava a se impor aos europeus. Era normal que ela se tornasse acessível aos que se sentiam os primeiros interessados nos escritos do veneziano. Em 1502, um alemão da Morávia instalado em Lisboa havia sete anos (1495), após uma breve passagem por Sevilha (1493), traduz o *Livro do milhão* para o leitor português pouco familiarizado com o veneziano, o toscano, o francês ou o latim. Trata-se do impressor e polígrafo Valentim Fernandes, o qual mantém uma relação epistolar com Albrecht Dürer, Conrad Peutinger[9] e Hieronymus Münzer. É ele quem revelará aos habitantes do Norte os descobrimentos portugueses, um pouco à maneira pela qual o milanês Pietro Martire d'Anghiera, na corte de Castela, se tornará o cantor das proezas de Colombo e dos castelhanos.[10]

A PREPARAÇÃO DAS VIAGENS

Na verdade, o empreendimento português em direção à China se baseia em informações muito mais sólidas do que a carta de um florentino familiarizado com as audiências papais ou com os escritos deixados por Marco Polo. Ele foi concebido e maduramente preparado em Lisboa. Objetos da Ásia chegavam regularmente ao grande porto do Tejo desde os últimos anos do século xv, e entre eles brocados e porcelanas da China, bem antes que essa terra fosse atingida por navios portugueses.

O alvo tem um nome, o "país dos chins", e adquire progressivamente uma existência física, humana e material. A conquista de Malaca pôs os portugueses em contato com uma importante comunidade chinesa ali instalada havia muito tempo. Em 1512, um chinês teria sido enviado a Cochin e, de lá, à corte de Lisboa. Um mapa de origem javanesa expedido de Malaca permite ao rei de Portugal situar o país dos chins. Ainda em 1512, livros chineses chegam a Lisboa e, dois anos mais tarde, Manuel oferecerá um deles ao papa Leão x. Em Roma, esse livro, como se verá, chama a atenção do grande humanista Paolo Giovio, que não consegue dissimular seu espanto e sua admiração.[11] A China desembarcava na Europa com seus objetos preciosos antes mesmo que os portugueses pisassem em seu solo. E, se é verdade que lhe devemos a invenção da imprensa, ela já não se havia insinuado, algumas décadas antes, no universo letrado dos europeus? Não lhes tinha cedido indiretamente uma das ferramentas privilegiadas do Renascimento deles, o livro impresso?

Os portugueses da Ásia dispõem de informações mais diretas e infinitamente mais abundantes. Desde a primeira viagem de Vasco da Gama (1498), eles evoluem por mares onde pululam informantes de todos os tipos. Em Malaca, o feitor do rei d. Manuel, Tomé Pires, não só conhece bem sua Ásia como provavelmente concluiu em 1515 um surpreendente tratado de geografia econômica e política, a *Suma oriental*, que faz um levantamento dos recursos da Ásia que os portugueses estão descobrindo.

A obra consagra certo número de páginas ao país dos chins, dois anos antes que seu autor pise no litoral deste. É como se Hernán Cortés tivesse redigido uma descrição do México e da América do Norte sem esperar desembarcar no Iucatã. "[As coisas da China] são tão grandes, quer se trate da terra, das pessoas, das riquezas, das instituições, que seria mais fácil acreditar que estamos na Europa e não nessa terra da China."[12] Pires evoca a brancura dos habitantes, descreve as roupas deles, multiplica as aproximações e as comparações ("como nós", "como em Portugal"). Conhecem-se vários defeitos dos chineses de Malaca — a mentira, o furto —, mas é porque eles são de baixa extração. É a primeira vez que um europeu nota o uso de pauzinhos nas refeições, por essas pessoas que gostam de porco e apreciam o vinho dos portugueses. As chinesas, como muitas mulheres na Ásia, também atraíram seu olhar: tão brancas quanto as europeias, elas lhe parecem espanholas e se maquilam como sevilhanas.[13] Mas ainda só pode tratar-se de damas vistas de relance em Malaca.

O país que lhe descreveram é coberto de cidades e fortalezas. O rei que reside em Cambara (Kanbalikh) vive escondido das multidões e dos grandes. É lá que ele recebe periodicamente a homenagem dos reinos periféricos, Champa, "Cochin China", "Liu Kiu" (Ryû Kyû), Japão, Sião, Pase (Pazem, na ilha de Sumatra) e Malaca, segundo um cerimonial detalhado e zelosamente observado. Os Estados vassalos lhe despacham regularmente embaixadas carregadas de tudo o que produzem de melhor, e o Filho do Céu, em retribuição, cobre-os de presentes. Pelo que é contado a Pires, o soberano receberia os visitantes dissimulado por um jogo de tapeçarias. Os enviados perceberiam apenas sua silhueta e só se comunicariam com ele através de intermediários. Nessa época, Pires ainda ignora que conduzirá uma missão à China, e que, portanto, um dia precisará enfrentar igualmente a rigidez do protocolo imperial. Não somente o rei é inacessível como também o reino é hermeticamente fechado. Nenhum chinês sai para Sião, Java, Malaca e Pazem sem o aval das autoridades de Cantão. Nenhum estrangeiro deixa o reino sem a autorização expressa do soberano. Todo junco que infringisse as leis teria sua mercadoria confiscada e sua tripulação dizimada. Para bom entendedor...[14]

Cantão é a cidade chinesa mais conhecida em Malaca. De novo, sem saber, Pires está se familiarizando com um lugar onde passará anos, provavelmente os últimos de sua vida. Ele obteria uma parte de suas informações com negociantes de Luçon (Filipinas) "que já estiveram lá". Situada na foz de um grande rio, Cantão é considerada o principal porto comercial do país: descrevem a Pires uma cidade construída em pedra de cantaria sobre um terreno plano, cercada de muralhas de sete braças de altura e de largura, cheias de portas monumentais. Cantão possui várias "enseadas" que abrigam grandes juncos. As embaixadas que vão até lá costumam tratar de seus assuntos comerciais dentro da cidade ou fora, a cerca de trinta léguas do porto. É a essa distância que ficam ilhas onde aportam as missões, à espera de que o responsável por Nanto, um porto na costa, anuncie a chegada delas às autoridades de Cantão e providencie a vinda de comerciantes para avaliar as cargas e o montante dos impostos a pagar. Os especialistas embolsam as taxas e perguntam quais mercadorias devem ser trazidas de Cantão para satisfazer os visitantes. Foi explicado a Pires que tudo é tratado fora de Cantão, por razões fiscais e para garantir a segurança da cidade, frequentemente exposta às ameaças dos corsários. Os chineses temeriam os juncos javaneses e malaios, que seriam infinitamente superiores aos do império — ou, mais exatamente, do reino, pois Pires nunca fala de império. O português conclui daí que um grande navio bastaria para dizimar Cantão e que isso seria uma "grande perda" para a China. Tal certeza não sairá mais da mente dos visitantes vindos de Lisboa.

Quantos dias para ir até a China saindo de Malaca? Vinte dias, ou não mais de quinze aproveitando o vento da monção. Em qual momento partir? Junho, de preferência. Quanto tempo para ir da China a Bornéu? Quinze dias.[15] Mas ida e volta exigem entre sete e oito meses. O que vender aos chineses? Pimenta-do-reino sobretudo, um pouco de cravo-da-índia e noz-moscada, e uma longa lista de outras mercadorias que vão de presas de elefante à cânfora de Bornéu. Onde atracar quando se vem de Malaca? Na ilha de Tunmen. O que comprar na China? Principalmente sedas, pérolas, almíscar, porcelanas em enorme quantidade e até açúcar, sem contar a pacotilha como a que chega de Flandres a Portugal.[16] De onde vêm as mercadorias? A seda branca, de Chancheo (Ch'uan-chou); a colorida, da Cochinchina; os damascos e os brocados, de Nanjing. Onde atracar sem ser em Cantão? Na costa do Fujian, bem mais ao nordeste, sobretudo se o navegante pretende ir até os "Lequios" (Ryû Kyû). Mas é Cantão que permanece como "a chave do reino da China". E, como precaução nunca é demais, convém desconfiar das pessoas do povo, "pouco inclinadas a falar a verdade", enquanto os grandes comerciantes, os compradores de pimenta-do-reino, parecem confiáveis.

Pires, portanto, sabe tudo, ou quase, do que convém saber para ir ao Império Celestial. Conhecimentos espantosos, se pensarmos que dez anos antes se ignorava tudo relativo à China, e suficientes para reduzir nossa pretensão a conhecer tudo hoje, em tempo recorde.

MALACA, ENCRUZILHADA DA ÁSIA

Pires deve esse saber à sua temporada em Malaca, um porto que no início do século xv se tornou uma plataforma giratória nessa região do mundo. Malaca, que busca bem cedo a proteção da China, serviu várias vezes de escala às frotas do almirante Zheng He (1371-1433).

A cidade abriga uma população cosmopolita de negociantes, vindos de todos os grandes portos da Ásia, sobre a qual Pires se mostra inesgotável. Malaca é sem dúvida uma das praças onde é possível obter o máximo de informações sobre as rotas marítimas dessa parte do mundo e sobre as comunidades mercantis que as percorrem. E Pires não é o único a querer se informar sobre a

China. Seus compatriotas Francisco Rodrigues em 1513 e Duarte Barbosa em 1516 recolhem igualmente todo tipo de dado: fabricação da porcelana e das sedas, protocolo das embaixadas recebidas na corte da China, descrição da rota marítima — "o caminho da China" — que leva de Malaca a Cantão.[17]

Em 1514 e 1515, um negociante florentino, Giovanni da Empoli, resume em duas cartas o que ficou sabendo sobre os chineses de Malaca e sobre os do continente. A China abriga "a riqueza e as coisas maiores do mundo".[18] Mas o florentino fala também da cidade de Zerum (Zaytun), onde residiria o rei da China, que ele identifica com o Grande Khan do Catai.[19] Teria compreendido antes de todos os outros que a China de Polo e a dos Ming era uma só? Em 1516, outro florentino, Andrea Corsali, traça por sua vez um inventário aproveitando, como outros, notícias trazidas pela expedição pioneira de Jorge Álvares.

Portanto, a viagem de Pires não será em absoluto a primeira. Já em 1513 Jorge Álvares toca a costa chinesa. Um ano mais tarde, outra expedição é confiada a Rafael Perestrello, primo português de segundo grau do filho de Cristóvão Colombo, Diego Colón, então vice-rei das Índias. Na primavera de 1515, à frente de três juncos, Perestrello navega para a China. Não é o único. Portugueses e italianos já frequentam a mesma rota. É em Cantão, em novembro de 1515, por ocasião de sua última estada na Ásia, que Giovanni da Empoli redige uma carta que descreve a China em algumas imagens fortes: as cidades, a população, as riquezas, as circulações, as construções, tudo lhe parece fora do comum. O comerciante italiano morreu ao largo da China no incêndio de seu navio (1517).

No local, quanto aos portugueses, já se está entrando no pós--Polo, quando a China dos Ming começa a eclipsar o Catai dos mongóis. Mas os eruditos europeus vão levar muito mais tempo para se atualizar. Os mapas continuarão repetindo o que Ptolomeu e Marco Polo escreveram sobre essa parte do mundo, enquanto os utilizados pelos marinheiros portugueses, e que eles dissimulavam ciumentamente, haviam registrado a descoberta: continham as últimas novidades sobre o litoral chinês e o delta do rio das Pérolas.

AS NOVAS ÍNDIAS FICAM NA ÁSIA?

Se os colonos espanhóis do Caribe puderam imaginar que se encontravam a uma pequena distância de sociedades prósperas e comerciantes, foi por causa das esperanças e das ilusões semeadas por Cristóvão Colombo, seguro como estava de ter atingido as paragens do Japão e do império do Grande Khan. Pelas razões que já vimos, o *Livro do milhão* de Marco Polo, que poucos haviam lido, mas do qual muitos tinham ouvido falar, se interpunha entre Castela e o Novo Mundo. Mas, em Lisboa como em Sevilha, nos primeiros anos do século XVI, o veneziano encontra um novo público. Após sua publicação em português em 1502, já no ano seguinte a obra de Polo conhece uma primeira edição castelhana, em Sevilha. Significa que o porto do Guadalquivir pretende ultrapassar o do Tejo? Por que traduzir Polo acrescentando-lhe o texto de "Micer Poggio, um florentino que trata das mesmas terras e das mesmas ilhas", no caso a relação das viagens de Nicolò de' Conti? Paradoxalmente, não se trata de reforçar as ideias de Colombo, mas, ao contrário, de fornecer argumentos aos que se recusam a confundir as Índias do genovês com a Ásia do veneziano.

No prólogo que abre sua tradução, o dominicano Rodrigo de Santaella se explica e se revela bem mais do que um simples tradutor. Coberto de títulos, protonotário apostólico, arquidiácono, cônego de Sevilha, Santaella é uma figura intelectual de peso no reino de Castela. Humanista formado em Bolonha e em Roma, autor de numerosas obras de moral cristã, promotor de uma reforma do clero, grande amante de arte, ele se interroga sobre a identidade dos descobrimentos castelhanos no oceano ocidental. Sua tradução de Polo é abertamente dirigida contra Colombo. Nesses primeiros anos do século XVI, quando o genovês já está em sua quarta viagem, Santaella refuta a ideia de que as ilhas ocidentais façam parte das Índias descritas por Marco Polo.[20]

O prólogo responde ao clima de incerteza que reina entre as elites sevilhanas e que discute a segurança com a qual os portugueses avançam. O descobrimento das Antilhas fazia sonhar "muitas pessoas do povo e homens de mais alto nível". Tratava-se das ilhas do rei Salomão, e portanto de um prolongamento da Ásia? O cônego afirma categoricamente que as ilhas descobertas por seus compatriotas pertencem a uma quarta parte do mundo: "Ao que parece, Ásia, Tharsis, Ophir e Lethin se encontram no Oriente, enquanto a Antilha espanhola está no Ocidente; sua localização e sua natureza são bastante diferentes". Os que defendem o contrário "enganam muitas pessoas simples com suas invenções sem fundamento". A tradução de Polo, vulgarizando o texto do veneziano, devia deixar bem clara a inanidade das afirmações de Colombo. Conclusão: os índios não são índios e é preciso parar de confundir o Ocidente com o Oriente. Assim é que começava a se desenhar a noção de Ocidente, de um Ocidente integral, que deixava de ser o apêndice franzino de um suntuoso Oriente.

Santaella não é um adversário dos grandes descobrimentos. O que há de mais prazeroso e de mais excitante, para quem deseja saber das coisas, do que interessar-se pelas "partes do mundo", em particular por aquelas às quais não se tem acesso e que só são conhecidas por um número bem pequeno de indivíduos? Santaella se dirige ao conde de Cifuentes, a quem dedica sua tradução, e à nobreza, ou seja, à corte, mas também ao vasto público de clérigos e de comerciantes que povoam a grande cidade andaluza.

Ele sabe lisonjear os ambientes que vivem à espera de coisas novas, jamais vistas e jamais contadas, ávidos por descobrir "as grandezas das senhorias, das províncias, das cidades, as riquezas e a diversidade das nações e dos povos com suas leis, suas seitas, seus costumes".

Santaella é sensível aos transtornos provocados pelas expedições ibéricas. São precisamente elas que incitam a reler o livro de Marco Polo sob uma luz diferente. Com frequência questionou-se a veracidade dos relatos do veneziano, e estes podem parecer inverossímeis se a pessoa se ativer à moldura restrita de "nossa Europa", de uma Europa anterior aos descobrimentos. Mas serão eles tão surpreendentes ainda, quando o leitor os situa no contexto dos descobrimentos castelhanos e portugueses que se sucedem dia após dia? As viagens dos ibéricos abriram tal leque de possibilidades e ampliaram tanto os horizontes que banalizaram o inacreditável e o inverossímil. As maravilhas descritas por Polo se tornam então mais críveis, portanto Polo é de fato um "autor autêntico" e seu livro constitui incontestavelmente um documento de primeira mão sobre a parte oriental do mundo. E é justamente por ele ter dito a verdade que é preciso compreender que as novas ilhas não têm manifestamente nada a ver com a Ásia. É lendo Polo em castelhano que se dará conta do caráter sem precedentes dos descobrimentos.

O humanista apresenta igualmente outro argumento, mais sutil e mais profundo. A obra de Polo não tem um interesse apenas "geográfico". Também deve ser lida "para que nossa gente não deixe de extrair dela uma série de proveitos". É que ela contém elementos suficientes para suscitar a reflexão do cristão. De saída, é um testemunho excepcional sobre a admirável diversidade da criação divina. Por menos que tome um recuo em relação ao mundo que lhe é familiar, o crente compreenderá melhor a chance que tem de haver recebido a fé, "estabelecendo entre o povo bárbaro e o povo católico uma diferença análoga àquela que separa as trevas da luz". Melhor ainda, essa tomada de consciência despertará nele o desejo de estender o conhecimento de Deus a esses povos pagãos, "a essas almas tão inumeráveis", "enviando, como a outras partes, operários, pois a colheita é abundante. E, afinal de contas, ao ver a maneira pela qual os idólatras e os pagãos, de quem se trata amplamente neste livro, servem e honram seus falsos deuses e seus ídolos insensíveis, as pessoas despertarão e sairão de seu pesado sono e de sua opressiva negligência para apressar-se a servir e a seguir nosso verdadeiro Deus".

Eis então esboçado, em poucas linhas, um vasto programa de cristianização destinado ao resto do mundo, às "outras partes", um programa anunciado e formulado antes mesmo que os castelhanos conheçam a existência das populações do México ou que Las Casas assuma a defesa dos índios.

O SONHO ASIÁTICO

A ofensiva de Santaella será suficientemente forte para varrer o desejo de Ásia que maltrata os castelhanos em sua rivalidade com os portugueses? O interesse espanhol por essa parte do mundo não se esgota. E não se limita a Polo. A viagem de Nicolò de' Conti à Índia, recolhida por Poggio, é publicada em Granada em 1510; dois anos depois, em Salamanca, sai uma das primeiríssimas obras consagradas às explorações portuguesas, *Conquista de las Indias de Persia*, de Martín Fernández de Figueroa. Em 1520 e 1523, Ludovico Varthema aparece em espanhol; nesse intervalo, em 1521, Jean de Mandeville, que tanto fizera sonhar a cristandade latina nos séculos XIV e XV, é editado em Valência.[21]

Mesmo na América central, os espanhóis continuam a sonhar com a Ásia. Ouçamos um letrado milanês instalado em Castela, Pietro Martire d'Anghiera, relatar os rumores que se espalham até chegar aos seus ouvidos. Esse italiano jamais deixa passar nada.

> Em 14 de outubro deste ano de 1516 vieram me ver Rodrigo Colmenares, de quem já falei, e certo Francisco de la Puente [...]. Ambos contam, um por ouvir dizer e o outro como testemunha, que no mar austral se encontram várias ilhas a oeste da baía de San Miguel e da ilha Rica, nas quais crescem e são cultivadas árvores que dão frutos semelhantes aos de Colocut, que, junto com Cochin e Camemori, é a feira dos aromas para os portugueses; eles deduzem disso que não longe dali começa a terra que produz todo tipo de substâncias aromáticas.[22]

Os candidatos têm pressa de explorar essa nova terra prometida. As referências — Colocut (Calicut), Cochin e Camemori (Cannanore) — certamente são extraídas do livro de Fernández de Figueroa, *Conquista de las Indias de Persia*, no qual os três portos da Índia aparecem exatamente na mesma ordem. Tudo indica, portanto, que a Ásia está a uma curta distância.

O SALTO NO VAZIO

No fundo, por que a ideia de que a Ásia está ao alcance da mão resiste tão bem? Porque se Santaella tivesse razão e as Índias do veneziano não fossem as do genovês, a convicção de que se havia chegado a um terreno "conhecido" desabaria. E, com ela, o entusiasmo dos marinheiros e as certezas dos investidores que esperavam recuperar-se com as riquezas da Ásia. Subitamente, o salto no desconhecido se tornava um salto no vazio e a exploração, um empreendimento às cegas. A comparação da extrema

Ásia e da América do Norte no planisfério de Waldseemüller (1507) é muito significativa: enquanto Catai e Cipangu exibem seus horizontes quase familiares na extremidade direita do mapa, na outra extremidade e à mesma altura estende-se um branco imaculado, enigmático, no ponto onde dez anos mais tarde surgirá um México de cuja existência ainda não se sabia. Nossa América do Norte é designada pelo nome de *Terra ulterius incognita*. Seis anos depois, em 1513, outro mapa de Waldseemüller continua mostrando um espaço vazio. E todo navegador ou todo investidor tem horror ao vazio.

Do Catai ao vazio, e do vazio ao descobrimento. Antes de 1517, nada se conhece das sociedades do México antigo. E não é a exploração da Castela do Ouro que fornecerá pistas. Uma testemunha tão prolixa e um observador tão infatigável quanto Bartolomé de Las Casas, estabelecido em São Domingos em 1503 e em Cuba a partir de 1512, provavelmente não recolheu nada que justificasse pensar que poderosas sociedades se desenvolveram no continente. Mas quem poderia imaginar por um só instante que existia um Novo Mundo do outro lado do Atlântico, que ele era coberto de ricas cidades e que, ainda por cima, esses reinos se situavam a milhares de léguas dos confins da Ásia?

Os espanhóis estão prestes a enfrentar sociedades que jamais tiveram contato com o resto do globo. Aqui, nada de intermediários muçulmanos, nada de mapas indígenas a interpretar ou de lembranças mais ou menos nebulosas a destrinçar, nenhuma diáspora mesoamericana fixada nas ilhas para facilitar o encontro. Para os espanhóis que partem às cegas, a situação que eles descobrem é duplamente perturbadora, como lembra, bem mais tarde, um veterano dessas expedições, Bernal Díaz del Castillo. Não somente "esta terra [a península do Iucatã, atingida em 1517] jamais havia sido descoberta e até então não se tinha conhecimento dela", como também os castelhanos se encontravam cara a cara com uma civilização urbana na América: "Dos navios, avistamos uma grande povoação [...] e, como a população era numerosa e jamais, na ilha de Cuba ou em Hispaníola, havíamos visto algo semelhante, nós a denominamos o Grande Cairo".[23]

5. Livros e cartas do fim do mundo

A estupefação suscitada pela novidade também ocorre na Península. Já em 1492, o milanês Pietro Martire d'Anghiera fez-se o cronista atento e lúcido dos empreendimentos de Colombo e dos sucessores dele. O humanista é inesgotável quanto ao caráter sem precedentes da descoberta: diz e repete isso aos papas que se sucedem, tanto a Adriano VI como a Leão X: dessas terras e desses homens "desconhecidos" afluem "coisas novas, inauditas e verdadeiramente espantosas".[1] A descrição entusiástica que ele traça dos presentes enviados por Cortés em março de 1520 a Valladolid inaugura a maneira pela qual a Europa letrada perceberá as grandes civilizações do México. Os discos de ouro e de prata, os colares de pedras semipreciosas e outras "campainhas de ouro", as "tiaras", as "mitras", os penachos, os leques de penas seduzem por sua beleza e pela extraordinária mestria que seus criadores exibem.[2] A afirmação é unânime, quer venha do dominicano espanhol Bartolomé de Las Casas ou do pintor alemão Albrecht Dürer.

"OS LIVROS DELES SÃO COMO OS NOSSOS"

Curiosos livros também fazem parte da remessa. Para Pietro Martire, não há dúvida de que os índios escrevem. O que lhes serve de papel ou de pergaminho — "o material sobre o qual os índios escrevem" — é uma fina casca de árvore que se assemelha àquela dos "frutos comestíveis de palmeira".

Pietro Martire quis que tudo lhe fosse explicado: começa-se por estender a folha para lhe dar sua forma definitiva. Uma vez endurecida, ela é recoberta "por algo que se assemelha a gesso ou por outro material do mesmo gênero". As folhas não são encadernadas, mas dispostas em sanfona, em "numerosos côvados". Quando é dobrado, o objeto forma um conjunto de elementos quadrados, unidos por um "betume resistente e flexível". "Recobertos por tabuinhas de madeira, [os livros dos indígenas] parecem ter saído das mãos de um hábil encadernador."

Papel indígena, confecção do livro, manipulação, nada escapa à visão do humanista milanês, o qual se interroga igualmente sobre o tipo de escrita que tem sob os olhos. Os glifos ameríndios "formam dados, ganchos, laços, arestas e outros objetos alinhados como entre nós". Parecem-lhe "quase semelhantes à escrita egípcia" que ele pudera observar de perto por ocasião de sua viagem ao Egito.[3] Um amigo de Pietro Martire, o núncio apostólico Giovanni Ruffo da Forlì, faz a mesma associação: "Nos pequenos quadrados havia figuras e signos em forma de caracteres árabes e egípcios que foram interpretados aqui como sendo as letras que eles utilizam, mas os índios não conseguiram explicar de maneira satisfatória o que era aquilo".[4] A alternância entre pictografias e desenhos sugere até uma comparação com inovações então em voga nos ateliês europeus. Ela lembra "a maneira pela qual os impressores, em nossos dias, para atrair os clientes, têm o hábito de intercalar, nas histórias gerais e mesmo nos livros de divertimento, pranchas que representam os protagonistas da narrativa".

"Uma vez fechados, os livros deles são como os nossos." Tem-se a sensação de que Pietro Martire se esforça por atenuar o que poderia separar a Europa e o Novo Mundo, embora essa apreciação nos pareça hoje um tanto apressada, ou mesmo redutora. É verdade que ele valoriza igualmente a riqueza dos conteúdos: "Os livros deles [...] encerram, ao que se crê, suas leis, a ordem de seus sacrifícios e de suas cerimônias, suas contas, as observações astronômicas, as maneiras e as épocas para semear".[5] Tal afirmação se inspira provavelmente nas explicações fornecidas pelos enviados de Cortés, Francisco de Montejo e Alonso Hernández de Porto-Carrero.[6] Ela é determinante, pois, se os livros mexicanos são depositários de um saber jurídico e religioso, astronômico e agrícola, tudo leva a crer que os habitantes daquelas paragens dispõem dos instrumentos indispensáveis ao funcionamento de uma sociedade civilizada e à sua projeção no futuro.

Assim, não se poderia imaginar uma apresentação mais atraente das sociedades mexicanas. Mas ninguém é perfeito. Há uma sombra nesse panorama, e é bem grande. As sociedades descobertas se dedicam ao sacrifício humano, em particular ao sacrifício de crianças. Coisa que, no entanto, o humanista se empenha em compreender, retomando as explicações fornecidas pelos índios.[7] É inegável, porém, que o espetáculo dos presentes trazidos do México o encanta e que, por fim, a fascinação o arrebata: "Parece-me jamais ter visto coisa semelhante, que possa por sua beleza atrair os olhares dos homens".[8]

"EXISTEM IMPRESSORES NA CHINA"

Em 1512, um chinês teria sido enviado a Cochin e, de lá, à corte de Lisboa. Certamente levou consigo, ou forneceu in loco, amostras da escrita ideográfica. Mesmo que isso não tenha acontecido, basta abrir o primeiro livro chegado na mesma época às margens do Tejo ou folhear aquele *Caderno de pinturas dos chineses*,[9] mencionado no inventário do guarda-roupa real, para fazer uma ideia da mestria dos artistas do Império Celestial. Em 1514, como dissemos, o rei d. Manuel oferecerá o livro chinês ao papa Leão x. Em Roma, a obra empolga o humanista Paolo Giovio[10] a tal ponto que podemos perguntar se, anos mais tarde, o entusiasmo que Pietro Martire manifesta não é calcado sobre o de seu ilustre colega.

A cena emblemática do erudito a perscrutar com um olhar informado as coisas de outro mundo conheceu um precedente romano. A posteridade esqueceu o lombardo Paolo Giovio, um dos intelectuais mais destacados de seu tempo, um desses espíritos ágeis que se identificam tão fortemente à sua época que acabam desaparecendo com ela. Diante dos livros chineses, Giovio não consegue dissimular sua admiração, mas aqui é o próprio processo da impressão que capta toda a sua atenção:

> Lá [na China] existem impressores que imprimem segundo nosso próprio método livros que contêm histórias e ritos sacros numa folha cujo lado maior é dobrado para o interior em páginas quadradas. O papa Leão teve a bondade de nos mostrar um livro desse gênero que lhe foi presenteado junto com um elefante pelo rei da Lusitânia, de modo que podemos facilmente pensar que exemplares desse gênero nos chegaram, antes que os lusitanos penetrassem na Índia, pelos citas e pelos moscovitas como ajuda incomparável para nossas letras.[11]

Paolo Giovio difundirá mais tarde a ideia de que a imprensa foi trazida da China por um comerciante, e não inventada completamente na Alemanha de Gutenberg.[12] Era o bastante para rebaixar a soberba de uma terra culpada de abrigar Lutero e seus sequazes.

A questão da origem chinesa da imprensa não mais cessaria de alimentar a crônica. No século XVI o médico Garcia de Orta, de Goa, o historiador português Jerónimo Osório e o jesuíta italiano Giampetro Maffei reproduzirão a versão de Paolo Giovio. O debate não tem nada de anedótico. Não somente a China é um país que produz livros e que tem domínio da imprensa, como também a Europa ficaria em dívida com ela. À diferença do México, cujas produções permanecem como curiosidades longínquas ou lembranças de um passado extinto como a Antiguidade egípcia, a China doou à cristandade uma técnica à qual um humanista não poderia ficar indiferente: a invenção do livro impresso. Não importa que ainda se ignorasse quase tudo sobre a China: esta, através da imprensa e do comércio de seus objetos preciosos, já havia se convidado ao seio das cortes europeias.

AMERICANISMO E ORIENTALISMO

Lisboa terá a oportunidade de comparar os livros da China com os do México: em 1521, d. Manuel recebe de Carlos V um dos códices enviados por Cortés, o *Codex Vindobonensis Mexicanus*, que em seguida passará às mãos de Clemente VIII.[13] Não era uma obra mexica que a corte de Lisboa tinha diante dos olhos, mas uma pintura mixteque, sem dúvida chegada à costa vera-cruzense entre os presentes oferecidos ao conquistador. As referências à história de Quetzalcoatl, o deus-serpente de plumas, contidas no códice, devem ter escapado tanto a Cortés quanto aos soberanos ibéricos que o examinaram. Pelo menos, pouco antes de morrer, Manuel teve oportunidade de constatar que a civilização descoberta por seus vizinhos castelhanos para seu genro póstumo Carlos era tão impressionante quanto a China que ele mantinha na linha de mira.

Mexicanas ou chinesas, essas peças vêm de mundos vivos e contemporâneos, dos quais propõem uma imagem espantosamente positiva, mesmo aos olhos exigentes da Itália letrada. Numa Europa que valoriza o escrito e coleciona os manuscritos antigos, livros chineses e códices mexicanos são marcadores indubitáveis de civilização, indispensáveis para situar sociedades que, até então, se desconhecia. A escrita e seus suportes aparecem como as molduras obrigatórias de toda memória e, portanto, de toda continuidade histórica. Paolo Giovio leva em conta as histórias que os livros chineses encerram, enquanto Pietro Martire sugere que os livros mexicanos contam "as gestas dos ancestrais de cada rei".[14] China e México são aprovados com sucesso no exame, numa época em que o Império otomano evoca para muitos a imagem de uma nação bárbara, destruidora da cultura grega e antiga.[15]

Tais objetos não têm absolutamente a mesma expectativa de vida. A escrita e as artes da China têm o futuro para elas e diante delas. Em contraposição, na época ninguém imagina que os códices mexicanos são as últimas realizações de uma arte e de uma técnica condenadas ao aniquilamento ou ao definhamento. Na verdade, quando Pietro Martire observa os códices, a sorte ainda não está lançada do outro lado do Atlântico. Mas a admiração do humanista milanês não impedirá as devastações da Conquista, e hoje é perturbador aproximar tais apreciações, tão laudatórias, da continuação que a história lhes dará. O momento em que o milanês escreve assinala uma etapa efêmera da relação da Europa com o México, a do descobrimento prévio à conquista e à destruição. Portugueses, italianos, castelhanos oferecem aqui a mesma face, a do colecionador. As curiosidades mexicanas valem por seu refinamento, sua estranheza, sua singularidade. Os livros chineses entram na mesma categoria, na qual se destacam o valor intelectual e a perícia técnica. Mas se, para Castela, a guerra, a predação e a destruição vão rapidamente passar à frente das coleções, em Lisboa se inscrevem de saída numa relação comercial: as remessas vindas da China representam sobretudo mercadorias preciosas de alto valor agregado. Vistos retrospectivamente, os livros mexicanos observados por Pietro Martire, assim como os tesouros enviados a Carlos v, fixaram o instantâneo de uma civilização logo destinada à perda, e por muito tempo fundamentaram nossa imagem de um México fossilizado em suas plumas e suas pirâmides, enquanto o comércio com a China não parou de abastecer o Ocidente em objetos de luxo que as pessoas pagavam caro para obter.

Por enquanto, tanto Pietro Martire d'Anghiera quanto Paolo Giovio — que se tornará um dos grandes especialistas sobre o mundo otomano — contribuem para lançar disciplinas chamadas a ocupar um lugar essencial na história do pensamento europeu: o americanismo e o orientalismo. Nossos humanistas estão entre os primeiros na Europa a observar, descrever e interpretar "cientificamente" objetos originários da China e da América[16] explorando redes de informação planetárias que, via Sevilha ou Lisboa, convergem para Roma. Antes deles, outros italianos haviam produzido e difundido conhecimentos sobre as outras partes do globo: para citar apenas os mais recentes, Ludovico di Varthema, de quem é editada em Roma, em 1510, a viagem à Índia e ao Sudeste Asiático, e Americo Vespucci, de quem são publicados os escritos autênticos ou apócrifos a partir de 1503.

Pietro Martire d'Anghiera e Paolo Giovio não se contentam em coletar informações novas: é como humanistas que se consagram à interpretação delas.[17] Suas reflexões sobre os mundos longínquos se apoiam em sua formação clássica, que fundamenta a autoridade deles ao mesmo tempo que lhes fornece instrumentos para pensar as relações da cristandade com o Egito mameluco e com o Novo Mundo (Pietro Martire d'Anghiera), com a China e com o Império otomano (Paolo Giovio), ou mesmo comparar a

América com a Ásia (Paolo Giovio). Tanto as viagens e as coleções de Giovio quanto as cartas de Anghiera desenham os contornos de uma República das Letras que doravante se empenha em divulgar as novas realidades do ecúmeno. Um dos efeitos da correspondência de Pietro Martire com a Itália dos príncipes, dos prelados e da Cúria romana não é o de ativar as primeiras redes eruditas entre o Novo Mundo e o Antigo? Diante da Casa de la Contratación em Sevilha e da corte de Lisboa, que polarizam a informação sobre as novas terras, os intermediários italianos garantem a difusão europeia explorando os canais da diplomacia, da Igreja e da imprensa.[18]

Nem todas essas redes se ativam ao mesmo tempo. Os saberes sobre a China só vão difundir-se na Europa a partir de meados do século XVI, não tanto porque os ambientes portugueses sejam deliberadamente mais discretos, mas porque a China é bem mais coriácea do que o México indígena, magnificamente servido pelas cartas e pelas *De orbe novo Decades* de Pietro Martire (1530), pelas cartas de relação de Cortés (publicadas a partir de 1522), pelas crônicas de Fernández de Oviedo (1535) e de López de Gómara (1552), para nos limitarmos aos textos de maior circulação.

A resistência da China não explica tudo. Por muito tempo, a difusão dos materiais reunidos sobre o país pelos florentinos e pelos portugueses permaneceu essencialmente manuscrita. Pelo que sabemos, somente a carta do florentino Andrea Corsali é publicada em tempo recorde para a época: expedida de Cochin em janeiro de 1516, ela chega a Florença em outubro e sai das prensas de Stephano Carlo da Pavia em dezembro do mesmo ano.[19] Claro, a ausência de versões impressas não impede que o *Livro das cousas* de Duarte Barbosa seja traduzido para o castelhano em 1524 sob os cuidados do embaixador de Gênova e do cartógrafo português Diogo Ribeiro, para o alemão em 1530, e de aparecer em 1539 em São Salvador do Congo.[20] Magalhães também detinha uma cópia em português. A informação sobre a China se difunde sem alarde; dirige-se quase exclusivamente a especialistas que leem português e se apresenta sob uma forma pouco adequada a entusiasmar o público letrado do Renascimento.

Na segunda metade do século, tudo muda: a China emerge então em plena luz, enquanto o México já atingiu seu máximo de admiradores e de curiosos. Escritos pioneiros como a primeira carta de Giovanni da Empoli, a *Suma oriental* de Tomé Pires, embora numa versão amputada, ou o *Livro das cousas* de Duarte Barbosa terão portanto esperado 1550 para que Giovanni Battista Ramusio os publique na primeira edição de suas *Navegações e viagens*.[21] Mais tarde, à medida que o século avança, as reedições italianas se multiplicam: 1554, 1563, 1587-8, 1606 e 1613 no caso da *Suma oriental*; 1554, 1563, 1587-8, 1603 e 1613 no caso do *Livro das cousas*.[22] Do lado português, a terceira *Década* de João de Barros só sai em 1563, trazendo grande quantidade de informações sobre o que aconteceu na costa da China nos anos 1510. Mas a essa altura outras obras, desta vez exclusivamente consagradas à China, monopolizam a atenção dos ambientes letrados europeus.

CARTAS DA CHINA E DO MÉXICO

Os primeiros contatos entre a Europa, a China e o México são, portanto, contemporâneos, mas não provocam o mesmo "impacto midiático". A epopeia dos conquistadores e o destino destroçado do império asteca continuam a fascinar, ao passo que a descoberta da China dos Ming e o fracasso de Tomé Pires jamais interessaram muita gente. No entanto, as duas séries de eventos ainda exercem seu impacto sobre nosso mundo contemporâneo. Marco Polo não teve necessidade de conquistar a China nem da invenção da imprensa para deixar uma obra-prima, o *Livro do milhão*, com garantia de permanência por séculos. Portanto, o fracasso ou o sucesso não bastam para explicar essa diferença de tratamento. Nem mesmo o extraordinário talento de escritor que se atribui ao futuro dono do México. A conquista do México encontraria seu Júlio César sob a pena de Hernán Cortés, que fixou a imagem triunfante desse acontecimento. Mas os portugueses deveriam contar com a de Tomé Pires, cuja *Suma oriental* prova que ele era igualmente capaz de retratar a singularidade das terras que visitava. O olhar de Pires vale o de Cortés, o que torna ainda mais lamentável o silêncio do primeiro. Pires não retornará vivo da China e, se por acaso tiver feito sair de seu calabouço em Cantão um manuscrito, este não chegou até nós. Seus companheiros de infortúnio, porém, redigiram cartas.

É portanto mediante cartas que se descobre a história dos primeiros contatos. Copiadas, comentadas, impressas, traduzidas, as de Hernán Cortés tornaram-se famosas a ponto de se alinhar entre as primeiras manifestações de uma literatura ocidental nascida no continente americano. Em contraposição, até hoje as missivas oriundas de Cantão e devidas a obscuros portugueses têm dificuldade para sair do mundo lusófono.

Em julho de 1519, em outubro de 1520, em maio de 1522, em outubro de 1524 e em setembro de 1526,[23] Cortés envia cinco "cartas de relação" a Carlos V que não somente circulam por toda a corte como têm a sorte de atrair rapidamente o interesse dos impressores europeus sobre os acontecimentos do México. Jacobo Cromberger publica a primeira carta já em novembro de 1522, ou seja, apenas três anos após o momento em que foi redigida. No ano seguinte, é a vez de um alemão radicado em Saragoça, Jorge Coci. Ele divulga uma segunda missiva, ilustrada com gravuras extraídas de uma edição das *Décadas* de Tito Lívio, e lhe dá um título tão interminável quanto sensacionalista que exalta a grandeza das cidades, as riquezas do comércio, o esplendor de

Tenochtitlán e a potência de Moctezuma.[24] Em março de 1523, Jacobo Cromberger imprime a terceira carta em Sevilha. Em 1524 aparece uma tradução para o latim da segunda e da terceira cartas, desta vez em Nuremberg, devida a Pietro Savorgniani, que compara Cortés a Alexandre e a Aníbal. Nela se insere um documento de primeiríssima importância: um mapa de México-Tenochtitlán, provavelmente inspirado num esboço enviado por Cortés no início dos anos 1520. A imagem obtém tal sucesso que é reimpressa em Veneza no mesmo ano, mas desta vez com legendas em italiano. Desde essa época, a Alemanha acompanha os eventos mexicanos, repercutidos por três cartas impressas e pelo diário de Albrecht Dürer, que visita em Bruxelas uma exposição dos tesouros enviados por Cortés. Em 1525, a quarta carta sai das prensas sevilhanas de Cromberger, um ano após sua redação em México-Tenochtitlán. Edições e traduções se sucederão ao longo dos séculos.

Lembremos que o primeiro livro impresso a tratar do México se deve à pena do humanista Pietro Martire d'Anghiera, o *De nuper sub D. Carolo repertis insulis*, que vem à luz na Basileia em 1521. A recepção dos objetos mexicanos na Espanha e a chegada de alguns índios ocasionaram apresentações cuidadosamente orquestradas que não deixaram de chamar a atenção dos diplomatas, como o humanista Gaspar Contarini, cuja correspondência informa o senado de Veneza sobre a conquista do México. E é ainda em Veneza, em 1528, que Tenochtitlán entra na lista das mais famosas ilhas do mundo, ao lado do Japão (Cipangu), graças a Benedetto Bordone e ao seu *Isolario*.[25] Inspirada na gravura de Nuremberg, a imagem da cidade sofre então retoques que acentuam sua semelhança com Veneza.[26] Ela se instala tão bem no imaginário dos venezianos que, com seu lago e seus canais, México-Tenochtitlán se torna um modelo de gestão das águas da laguna para os humanistas da cidade da Basílica de São Marcos.[27] Nas décadas seguintes, as informações se espalham como uma nuvem de poeira, alcançam o coração da Europa e alimentam a *Kosmografie Ceská* (1554), que evoca pela primeira vez em tcheco a possante cidade de Temixtitán (Tenochtitlán).

Portanto, é com base no testemunho de Cortés que se construirá e se desconstruirá nossa visão europeia da conquista da América, porque nas cartas ele se revela um narrador excepcional e um cenógrafo sem par, assim como o vencedor de um império prestigioso. Seu testemunho não só é direto como também feito no calor dos acontecimentos. Cortés opõe a uma situação que lhe escapa uma decifração incessante, de efeitos sempre calculados. Jamais esquece a autoridade à qual se dirige, o imperador Carlos v. Sem dúvida existe uma defasagem recorrente entre o instante vivido e sua interpretação epistolar, mas essa defasagem é bem inferior à de outros testemunhos diretos sobre a conquista. É o caso, por exemplo, da *Relación breve de la conquista de Nueva España*, de frei Francisco de Aguilar (*c.* 1560), ou da *Historia verdadera de la conquista de Nueva España*, de Bernal Díaz del Castillo (1568): redigidas décadas após os fatos, essas histórias releem as peripécias da conquista à luz de informações coletadas bem mais tarde numa Nova Espanha que deve justificar tanto a dominação castelhana quanto o esmagamento da sociedade dos vencidos. Aguilar e Díaz del Castillo contam uma história cujas circunstâncias e cujo desenlace conhecem, ao passo que o Cortés das primeiras cartas avança às cegas. Essa diferença é capital para nós, pois permite reexaminar as intenções originais do empreendimento antes que este se apresente como a implantação inelutável da primeira colonização dos tempos modernos. Percebe-se então que o empreendimento de Pires e o de Cortés têm mais de um ponto em comum.

Do lado português, falta-nos, como dissemos, o testemunho daquele que se encontra à frente do empreendimento lusitano, e que podemos considerar, guardadas as devidas proporções, o alter ego de Hernán Cortés. Não apenas Tomé Pires não deixou um documento escrito sobre a China, como as cartas que ele enviou de Nanjing a Jorge Botelho e a Diogo Calvo se perderam, privando-nos de uma descrição, sem dúvida excepcional, de seu encontro com Zhengde, o senhor do Império Celestial.[28]

As raras cartas portuguesas que escaparam ao desastre teriam sido redigidas por volta de 1524.[29] Seus autores são Christovão Vieira, um dos membros da embaixada portuguesa, e Vasco Calvo, sem dúvida um comerciante, que só chega à costa chinesa em 1521. Esses dois observadores são dotados de um olhar tão agudo quanto o do conquistador de México-Tenochtitlán e, como veremos, de ambições da mesma índole. Tais cartas não tiveram a mesma posteridade historiográfica e só subsistem por cópias descobertas na Bibliothèque Nationale de Paris no início do século XX.[30] De modo geral, a história das relações da China com o Ocidente negligenciou essa pré-história portuguesa e deixou de lado essas fontes diretas.[31] Embora não tenham os talentos literários de um Hernán Cortés, nossos dois portugueses manifestam dons de penetração tão excepcionais quanto a situação que enfrentam, alternando avaliação global e senso agudo do detalhe, recuo panorâmico e experiência pessoal. Como no caso de Cortés, suas reações no calor dos acontecimentos iluminam o engate que se opera entre mundos que se ignoram, um momento privilegiado se quisermos compreender o impulso tomado pela globalização no alvorecer do século XVI.

Assim como do lado castelhano, do lado português existem testemunhos posteriores que os grandes cronistas da expansão portuguesa nos transmitiram. João de Barros em suas *Décadas da Ásia*, Fernão Lopez de Castanheda em sua *História dos descobrimentos e conquista da Índia pelos portugueses*, Gaspar da Cruz em seu *Tratado das coisas da China*, Fernão Mendes Pinto em sua *Pe-*

regrinação proporcionam, como sua contrapartida aos castelhanos, complementos posteriores, preciosos, mas escritos sob uma óptica diferente daquela de Calvo e Vieira, uma vez abandonado todo projeto de conquista e de colonização do território chinês.[32]

O OLHAR DOS OUTROS

Cartas de Cortés e de portugueses só nos informam sobre a vertente europeia desses empreendimentos. Embora também registrem as reações dos adversários, isto é, dos índios e dos chineses, só retêm delas aquilo que captam e aquilo que interessa ou conforta a visão ibérica — um viés que não nos surpreende.

Teria o outro campo permanecido mudo, imobilizado no pavor ou na surpresa? Isso não é verdade nem quanto aos chineses nem quanto aos mexicanos, mas é a expedição castelhana que deixa as marcas mais profundas, à altura do cataclismo provocado. Será preciso esperar o século XIX para que textos indígenas venham assumir seu lugar ao lado das fontes espanholas e acabem por formar aquilo que Miguel León-Portilla chamará, com uma frase que se celebrizou, a "visão dos vencidos".[33] Frequentemente pungentes, esses textos contribuíram, especialmente na segunda metade do século XX, para reativar o interesse pela conquista do México e inspirar trabalhos que buscavam restituir o ponto de vista dos indígenas.

Do lado mexicano existe um conjunto de escritos de autoria de índios ou de mestiços, dominados por uma história da conquista ilustrada e redigida em náuatle em meados do século XVI, ou seja, mais de uma geração após os acontecimentos.[34] Ela deve sua existência ao trabalho de compilação realizado pelo franciscano Bernardino de Sahagún no âmbito de sua *História geral das coisas da Nova Espanha*.[35]

Os dados chineses que utilizamos provêm de histórias dinásticas, de crônicas provinciais e de biografias de grandes personagens.[36] Eles são difíceis de destrinçar, mesmo para o imenso sinólogo que foi Paul Pelliot. O que reter de suas minuciosas pesquisas nas quais abundam perspectivas cujo teor muitas vezes é desconcertante? As fontes chinesas que seguem mais de perto os eventos apresentam a versão das administrações de Beijing e de Cantão. Isso explica o fato de que elas podem desmentir em parte as declarações portuguesas. Mas, cerca de dez anos mais tarde, novas informações, frequentemente contraditórias, geram perplexidade. Parece que, com o tempo e a erosão das memórias, as fontes chinesas confundiram o embaixador dos portugueses, Tomé Pires, com um embaixador muçulmano que atendia pelo nome de Khôjja Asan. Sem dúvida, ambos tinham a ver com Malaca, mas o primeiro vinha da cidade conquistada pelos portugueses, ao passo que o segundo, de acordo com Paul Pelliot, era o enviado das antigas autoridades do lugar.

Também para nossa confusão, o *Mingshi* (ou *Ming-che*) evoca um misterioso Houo-tchö Ya-san, do qual não se sabe muito bem se designa nosso Tomé Pires ou um intérprete chinês da embaixada portuguesa, ou ainda um dos muçulmanos que acompanhavam a missão portuguesa. Seja como for, esse homem que foi executado em Beijing em 1521 não poderia ser Tomé Pires, o *kia-pi-tan-mo* das fontes chinesas, morto alguns anos mais tarde. Talvez fosse um muçulmano de origem malaia,[37] que conhecia o chinês e a língua dos bárbaros, segundo o *Ming-chan tsang*. Outras fontes ainda, porém, alegam que certo Khôjja Asan foi executado em 1529 em Cantão e associam esse Asan aos portugueses: sob tortura, o homem talvez tenha confessado que não passava de um falso embaixador, ou mesmo que era um chinês a serviço dos portugueses.[38] Algumas décadas mais tarde, para confundir ainda mais as coisas, Khôjja Asan nos é apresentado como o embaixador dos portugueses e o cúmplice dos excessos cometidos por um muçulmano da Ásia central particularmente bem situado na corte, Sayyd Husain.[39]

Como explicar essa valsa das identidades? Em parte isso acontece porque os chineses não têm a menor ideia de quem são realmente os portugueses. Se esse Khôjja Asan foi tomado pelo embaixador português ou por um chinês a serviço dos portugueses, é provavelmente porque se supunha que os novos senhores de Malaca vinham de um reino asiático ou muçulmano situado a sudoeste do oceano, em algum ponto ao sul de Java ou a noroeste de Sumatra.[40] A singularidade absoluta de seus visitantes lhes escapa. O mesmo se deu com os antigos mexicanos, que tomaram seus hóspedes pelos habitantes de um *altepetl* misterioso, de uma senhoria desconhecida, *Castilan*, mas, em última análise, de um *altepetl* semelhante aos deles.

A ILUSÃO RETROSPECTIVA

As fontes são, como sempre, lacunares e enviesadas. Mas há outro obstáculo que também será necessário tentar transpor: o de uma história teleológica, pois sempre se tende a deformar o que se passou entre os ibéricos, a China e o México a partir de 1517, reduzindo os eventos à sua continuação conhecida e projetando sobre esse momento particular as interpretações ou os silêncios que chineses, portugueses, espanhóis e mexicanos se apressaram a produzir *a posteriori* para tornar ao mesmo tempo compreensível e aceitável um passado problemático naquilo que encerrava de imprevisto, de inaudito e, para alguns, de intolerável. Não existe fato histórico bruto, tampouco cultura pura ou narrativa original. Mas pode-se tentar encontrar, sob a camada das certezas, dos clichês e dos não ditos acumulados pela história, o que a penetração desses alienígenas na China e no México representou, ao menos para a parte europeia.

Um risco nos espreita: o de substituir as diferentes histórias que se confrontam por um relato unitário, que venha superpor sua verdade aos materiais sempre lacônicos que podemos exumar. Nesse caso, a história global não seria mais do que uma nova manifestação da história ocidental. Pode-se também considerar, e é nossa opinião, que se trata apenas de outra abordagem, de um esclarecimento a mais, que se limita a produzir um passado questionável hoje. O historiador é um incansável restaurador que jamais esquece que o objeto por ele restaurado — a Idade Média, o Renascimento, a descoberta do Novo Mundo... — não tem nada de um original, mas sim é o fruto de construções anteriores, de arranjos realizados *a posteriori*, a serem refeitos incessantemente.

Aproximar a costa mexicana do mar da China é também atenuar nosso inextinguível eurocentrismo e fazer surgir novas questões. Trata-se de religar os cabos que as historiografias nacionais arrancaram e submeter os elementos assim reunidos a uma leitura global que os faça dialogar entre si, e não mais somente com a Europa. É variando os focos, e não mais invertendo os pontos de vista como no tempo já longínquo da "visão dos vencidos",[41] que podemos esperar chegar a uma história que faça sentido em nossa época. Tomadas essas precauções, vejamos o que uma leitura global das visitas ibéricas nos reserva.

6. Embaixadas ou conquistas?

Não é Cortés quem descobre o México. Sua expedição foi precedida, e portanto involuntariamente preparada, por duas "tomadas de contato" montadas a partir de Cuba. Conquistada em 1511 — o ano em que os portugueses se apossam de Malaca —, a ilha se tornará a base antilhana de uma série de incursões e de expedições de reconhecimento. Mas é somente *a posteriori* que aparecerá como um trampolim rumo ao México. Malaca, ao contrário, plataforma giratória do comércio no Sudeste Asiático, não esperou a chegada dos portugueses à região para ser a porta da China. Os portugueses encontram, nessa cidade de mais de 100 mil habitantes,[1] comerciantes asiáticos de todos os pontos, uma ativa diáspora chinesa e uma soma de informações comerciais e políticas sobre essa parte do mundo. Eles sabem que as Molucas e a China estão ao seu alcance, e sua presença militar — a tomada de Malaca foi de uma rara violência — modifica o jogo em toda a região.

Em Cuba, as coisas são diferentes. Ali, as pessoas estão fechadas na própria comunidade e bem cedo se veem girando em círculos. Após a execução do cacique Huatey, queimado vivo em

1512, a resistência indígena parou de ameaçar a presença espanhola, e os colonos não demoram a se sentir num espaço limitado, numa terra superexplorada. Não pensam senão em encontrar um exutório viável para o maior número.[2] O clima de fuga para diante, que logo se apodera da ilha, alimenta-se de esperanças que o povo projeta sobre a terra firme, onde não ignora que em algum lugar, mais ao sul, outros espanhóis estão explorando a Castela de Ouro.

IMPROVISAÇÕES E TRAPALHADAS

A primeira expedição espanhola deixa Cuba em fevereiro de 1517, por iniciativa de um grupo de colonos que buscam fazer outra coisa que não caçar escravos nas ilhas dos arredores. Eles têm em mente "ir descobrir terras novas".[3] O empreendimento é colocado sob a direção de Francisco Fernández de Córdoba. Reúne três navios, três pilotos, entre os quais Antón de Alaminos, um padre e, nunca se sabe, um inspetor ou *veedor*, oficialmente encarregado de coletar o quinto do rei sobre as riquezas, "ouro, prata ou pérolas", que se poderiam descobrir. O que ainda não passava de uma intuição não demora a tornar-se uma certeza. Os equipamentos são mesquinhos, "nossa frota se compunha de pobres", não há cabos suficientes para as enxárcias nem barricas suficientemente estanques para as provisões de água.

Todo esse mundinho parte ao acaso, ao sabor dos ventos, "na direção do pôr do sol, sem conhecer os ambientes nem os ventos nem as correntes dominantes naquela latitude". À diferença dos portugueses, os navegadores espanhóis circulam por mares que lhes são desconhecidos, sem a ajuda de pilotos locais, que não faltam nas águas do oceano Índico e do mar da China. Com riscos incomensuravelmente mais elevados. No ativo dessa primeira expedição, a descoberta do Iucatã, os primeiros contatos com os índios, que vivem em aglomerações e que se vestem corretamente — os das ilhas andavam nus —, a captura de dois nativos destinados a servir de intérpretes, "ambos eram vesgos". No passivo, escaramuças que por toda parte acabam mal para os espanhóis — estes perdem cinquenta de seus homens em Pontonchan,[4] ou seja, metade da tropa —, o medo, a fuga para os navios: "Deus quis que saíssemos vivos, com muita dificuldade, das mãos dessas pessoas".

Expedição atamancada, incursão com poucos meios, fracasso em toda a linha: para um ensaio, um verdadeiro desastre. Quase um pesadelo, que contradiz a imagem que por muito tempo se fez dos índios do México, supostamente paralisados pela estranheza e pelas armas de seus visitantes. A obstinada resistência deles só se iguala à sua capacidade de difundir a notícia e de soar o alarme pela costa. Não por acaso, os espanhóis são acolhidos em Campeche, sua segunda etapa, aos gritos de *"Castilan! Castilan!"*,[5] como se já se tivesse ouvido falar bastante deles. Seja como for, o episódio se situa nos antípodas de uma descoberta e de uma conquista cuidadosamente orquestradas. É muito mais um velho-oeste disparatado — no qual os brancos são esmagados — do que uma Europa engolindo a América.

Consciente da importância da aposta, o governador de Cuba assume o controle da coisa e, em 1518, despacha uma nova flotilha, agora com quatro navios. Juan de Grijalva e seus 240 homens recebem a missão de "obter o ouro e a prata que puderem", mas também de "povoar", se houver oportunidade. E, no lugar onde mais tarde será fundada Veracruz, Grijalva proclama em alto e bom som que de fato pretende "povoar",[6] isto é, colonizar a região. A Coroa teria dado autorização para tal? Nada é menos certo. Em todo caso, ele retorna a Cuba sem fazer nada disso. A expedição é um sucesso mediano. Ou os índios evitam o contato, ou são brutalmente repelidos a golpes de espada, tiros de falconete e bastonadas. Quando se esboça um contato, a troca se revela decepcionante: às exigências espanholas, as populações do rio Tabasco opõem uma recusa categórica. "Eles têm um senhor, e eis que nós chegamos e que, sem conhecê-los, já queremos lhes impor um; mais vale que os observemos duas vezes antes de lhes fazer a guerra", é a mensagem que os castelhanos acreditam adivinhar por trás da antipatia indígena.

A comunicação fez progressos em relação ao ano anterior, mas ninguém pode adivinhar a que coisa aludem esses índios que repetem a torto e a direito "Culua, Culua" e "México", apontando a direção do poente. Não se trata nem um pouco, é claro, da conquista de um imenso país sobre o qual nossos novos conquistadores não fazem a menor ideia. Eles ignoram particularmente que Moctezuma espia todos os seus passos desde a primeira expedição, e que instruiu seus governadores da costa a fazer trocas com os recém-chegados a fim de descobrir quem são e quais são suas intenções.[7]

Esse segundo episódio deixará um punhado de imagens fortes, como aquelas dezenas de grandes estandartes brancos agitados pelos índios nas margens do río de Banderas — o rio das Bandeiras — para chamar a atenção dos visitantes, a quem interpelam aos gritos, ou aqueles escudos recobertos de placas de casco de tartaruga que cintilam ao sol, na praia, e que os soldados acreditam ser de ouro. Outra decepção quando descobrem, mais tarde, que os seiscentos machados levados para Cuba, também considerados de ouro, não passam de instrumentos de vil cobre. A expedição afunda no ridículo.

À falta de meios e de homens em número suficiente, os conquistadores são obrigados a retornar a Cuba. Em Champotón, no atual estado de Campeche, encorajados por sua vitória no ano anterior, "altivos e orgulhosos [...] e bem armados à sua maneira", os índios haviam se lançado sobre os espanhóis. Os assaltantes acabam por recuar, mas se recusam a tratar com os invasores. O cronista Díaz del Castillo lança essa má vontade à conta dos dois tradutores indígenas: "Eles não devem ter dito o que lhes foi ordenado, mas totalmente o contrário".[8] Algum tempo mais tarde, os portugueses da China conhecerão os mesmos dissabores, que lembram o quanto os ibéricos estão à mercê de seus intérpretes.

GRANDE DESÍGNIO LISBOETA E INTRIGAS CARIBENHAS

A priori, tudo opõe o empreendimento português ao dos castelhanos. Para começar, a origem da iniciativa. A penetração portuguesa na China é uma operação concebida nas altas esferas do Estado e de Lisboa. O novo governador da Índia, Lopo Soares de Albergaria, quando desembarca em Cochin em setembro de 1515, está acompanhado de Fernão Peres de Andrade, que o rei d. Manuel resolveu enviar como capitão-mor de uma frota encarregada de "descobrir a China".[9] Conta-se com Peres de Andrade para escolher em sua roda um embaixador que fará contato oficialmente com as autoridades chinesas.

Mas Manuel, o Venturoso, não tem em mente apenas uma operação diplomática? Poderosos interesses econômicos e estratégicos levam o rei a interessar-se por essa região do mundo. A Coroa pretende implantar um dispositivo comercial para assumir o controle do comércio de pimenta-do-reino entre as Molucas, Sumatra e o Império Celestial.[10] Ao mesmo tempo, precisa prevenir-se contra a ameaça de uma ingerência castelhana. A isso se acrescenta em segundo plano o sonho de Manuel de apoderar-se de Jerusalém e de exercer uma responsabilidade imperial sobre o mundo.[11] "[O rei] contava [...] ser declarado suserano do maior número possível de soberanos na Ásia."[12] É por todas essas razões que a diplomacia manuelina se interessa pela Etiópia cristã, a qual deveria fornecer um precioso aliado contra os mouros do Egito e participar da grande ofensiva que o soberano deseja lançar contra os muçulmanos. Em paragens tão distantes quanto Ternate, a leste da Indonésia, Kilwa, na costa africana, ou Chaul, na Índia, os nativos se veem obrigados a pagar tributo ao rei de Portugal.

Estender a suserania portuguesa a locais tão longínquos como a China tem a ver, portanto, com a concepção manuelina da realeza portuguesa, e tais ambições combinam com a ideia de que os lucros do comércio com essa parte do mundo contribuirão para consolidar o jovem Estado da Índia e para financiar a rota do cabo da Boa Esperança. Esse sonho de suserania universal — mencionado por Valentim Fernandes em sua tradução de Marco Polo —, embora não implique a conquista militar da Ásia, não exclui lançar as bases de um império marítimo, e foi a isso que se consagrou o governador Afonso de Albuquerque ao tomar o arquipélago de Socotra (1506), Ormuz (1507), Goa (1510) e Malaca (1511). Ainda que, mesmo em Portugal, essa política de expansão imperialista enfrente a oposição de uma parte da nobreza e dos ambientes comerciais, que não toleram essas intervenções da Coroa.

In loco, em Goa e em Malaca, a expedição à China é uma operação bem organizada. Quando o responsável pela expedição, o capitão-mor Fernão Peres de Andrade, 26 anos, recruta um embaixador, é Tomé Pires que ele designa. Não se poderia encontrar melhor especialista em Extremo Oriente. Nascido por volta de 1468, filho de um boticário do rei João II, ele mesmo boticário de um príncipe da família real, em abril de 1511 Pires havia deixado Portugal rumo à Índia, a fim de ocupar as funções de "feitor das drogarias",[13] encarregado da aquisição das especiarias para a Coroa. Ele desembarca na Índia em setembro e, oito ou nove meses mais tarde, é enviado para organizar as contas do rei em Malaca, aonde chega em julho de 1512. É ali, quase de imediato, que suas competências e a morte oportuna do feitor do rei lhe valem a obtenção dos cargos de "escrivão da feitoria, contador e vedor das drogas".[14] Durante sua estada, no ano de 1513, ele efetua uma grande viagem a Java, de onde volta com uma carga de 1200 quintais de cravos-da-índia. Suas ocupações múltiplas, interrompidas durante alguns meses por febres malignas, ainda assim lhe permitem recolher informações excepcionais sobre toda a Ásia portuguesa. No final de janeiro de 1515, ele abandona Malaca após haver praticamente concluído a grande obra de sua vida, a *Suma oriental*, que durante pelo menos um século permanecerá como um insubstituível compêndio de geografia econômica sobre a região.

Mas não se deve esquecer a dimensão comercial dessa obra, que encerra noções geopolíticas e etnográficas nas quais se expressa a acuidade do olhar de Pires. Ele está sempre atento às práticas locais. Suas estadas em Cochin, em Cannanore e em Malaca puseram-no em contato com todos os tipos de mercadores asiáticos e o familiarizaram com um espantoso leque de idiomas, de costumes, de crenças e de culturas. Trata-se, portanto, de um dos melhores especialistas em questões asiáticas, e as autoridades locais não se enganaram a respeito. Sua curiosidade, sua sagacidade, seu conhecimento da região e das especiarias, seu olhar econômico, tudo isso faz dele um candidato ideal para chefiar a embaixada de d. Manuel na China, onde encontrará todos os obstáculos que uma sociedade que se sente agredida pode apresentar a europeus.

Na verdade, Pires tinha voltado à Índia na intenção de retornar a Lisboa com a considerável fortuna que havia acumulado, mas sua reputação e suas boas relações com Peres de Andrade incitam o novo governador, Lopo Soares de Albergaria, a reenviá-lo a Malaca em companhia do capitão-mor. Portanto, não se pode imaginar um empreendimento mais preparado do que esse, com o que Portugal contava de melhor em meios e em inteligência.

Embora seja concebida em Lisboa, a viagem é confiada a homens que sabem explorar os recursos humanos de que dispõem localmente. Nada é perfeito, contudo. O desenrolar das operações esbarra em imponderáveis. Com uma primeira partida falhada: em fevereiro de 1516, a frota de Peres de Andrade e de Pires encontra em Sumatra o navio de um italiano, Giovanni da Empoli, carregado de pimenta-do-reino para a China, mas a preciosa carga arde junto com a embarcação. A expedição retorna então a Malaca, que ela deixa novamente em agosto de 1516, apesar da chegada da monção e contra a opinião de Peres de Andrade. O mau tempo, como o capitão havia previsto, obriga-a a voltar ao seu porto de origem. Apesar desses contratempos, em junho de 1517 a grande expedição portuguesa parte para a China, onde acosta em 15 de agosto.

Pires é de origem plebeia. Sua família tem ligações com a corte, mas ele não é uma figura de primeiro plano. Não deixa de lembrar aquele *hidalgo* de Medellín, que em Cuba possui índios no regime de *encomienda* e que se chama Hernán Cortés. Nossos dois personagens saíram da península ibérica com a esperança de fazer fortuna. Nem um nem outro é indivíduo isolado: Cortés faz parte da roda do governador de Cuba, Diego Velázquez, padrinho de seu casamento com Catalina Suárez, assim como Pires se vangloria de ser "amigo" do capitão-mor Peres de Andrade. Mas a semelhança se detém aí. Pires, 52 anos, é um agente comercial, um especialista em assuntos da Ásia e o braço avançado do poder régio, ao passo que nosso espanhol, 32 anos, com estudos de direito, só tem a seu favor o conhecimento das leis e alguns amigos ricos, mas nenhuma experiência prévia, nenhum ou pouco dinheiro a investir, e suas relações com o potentado insular que o envia para descobrir "aquelas ricas paragens"[15] são, para dizer o mínimo, passavelmente instáveis. Em contraposição, nem em um nem em outro encontram-se sinais de um projeto pessoal maduramente refletido: Cortés, aparentemente, não se interessou pelas duas primeiras expedições ao México (1517-8) e Pires estava prestes a retornar à Europa quando lhe propuseram a China.[16]

A expansão europeia, e com ela a globalização ibérica, é tanto um assunto de destinos individuais quanto de política em grande escala. Uma questão de improvisação, mais do que uma máquina bem lubrificada, de objetivos programados.

A ÁSIA DAS ESPECIARIAS, MAS NÃO O NOVO MUNDO

Quanto mais d. Manuel alimenta sonhos de cruzada e de Ásia — a tomada de Meca e a recuperação de Jerusalém parecem obcecá-lo —,[17] mais dores de cabeça tem a Coroa de Castela, em 1517. Fernando, o Católico, faleceu em 1516. O jovem Carlos que lhe sucede, o futuro Carlos v, assume a regência de sua mãe Joana, a Louca. Em setembro de 1517, ele tem apenas dezessete anos quando desembarca nas Astúrias para tomar posse de seu reino, mas já em maio de 1520 se afasta de uma Espanha à beira da explosão para ocupar-se dos assuntos da Alemanha e tornar-se rei dos romanos em Aix-la-Chapelle. Só retornará a Castela em julho de 1522.[18] O ultramar, portanto, é a última de suas preocupações. E mais: a conquista do México por Cortés — em 1521 — se desenrola quando o imperador está retido no norte da Europa pela irrupção do luteranismo. Se Carlos pensa em Tordesilhas, é menos por causa do tratado de partilha do mundo que traz esse nome do que por ficar ali o castelo onde está enclausurada sua mãe, Joana, a Louca, a qual enquanto viver deve dividir o trono com ele. Se ele pensa em Portugal, é porque decidiu obrigar sua irmã mais velha, Leonor da Áustria, vinte anos, a desposar seu tio, o rei d. Manuel.

O futuro imperador não se importa com o ultramar? Não exatamente. Mas convém lembrar que Carlos v não é homem de aumentar suas possessões mediante conquistas. Essa ideia lhe é absolutamente estranha. O herdeiro dos duques de Borgonha, o jovem rei de Castela e Aragão, o futuro imperador do Sacro Império Romano-Germânico coleciona as heranças que lhe cabem e reivindica em alto e bom som as que lhe são recusadas, no caso o ducado de Borgonha. A lógica imperialista de Carlos é essencialmente uma lógica de recuperação patrimonial: "Seria um erro acreditar que no início houve uma ideia imperialista de conquista. Não, esse poder tinha nascido da menos agressiva de todas as noções, a do direito de família".[19] A isso se acrescentam dificuldades "internas" — a alergia de Castela aos flamengos da roda do jovem príncipe, a revolta na Alemanha do monge Martinho Lutero — e grandes problemas europeus, entre os quais a guerra com a França e a questão do Milanês. O sonho imperial de dominação universal só tomará impulso alguns anos mais tarde.

Na verdade, a partilha decidida em Tordesilhas não é inteiramente alheia ao pensamento de Carlos v. Não esqueçamos que o príncipe recebe Magalhães, no final de fevereiro ou no início de março de 1518 — é em abril que Grijalva, à frente da segunda expedição, singra rumo ao México —, e que aceita o projeto dele de descobrir "ilhas, terra firme e preciosas especiarias", quer encontrando a passagem pelo oeste, quer percorrendo a rota portuguesa pelo cabo da Boa Esperança. Insensível às recriminações do embaixador de Lisboa, Carlos concede todas as facilidades para a preparação da expedição, que parte em setembro de 1519.[20] Qualquer conquista está excluída de antemão. A ordem dada é a de estabelecer boas relações com os nativos e, sobretudo, não travar guerra contra eles.

Para o rei Carlos, Magalhães é antes de tudo um conhecedor das coisas da Ásia, um navegador experiente e ao mesmo tempo um especialista ao estilo de Tomé Pires. Afinal, Magalhães se encontrava em Malaca entre 1511 e 1512. Ele participou da tomada da cidade. E só a deixará em 11 de janeiro de 1513.[21] Provavelmente conheceu Pires, que residia ali desde julho do ano anterior. Fosse como fosse, beneficiou-se das informações recolhidas por um de seus amigos, talvez até seu primo, Francisco Serrão. Este foi o primeiro português a atingir as Molucas, onde decidiu permanecer, tendo-se tornado depois conselheiro do sultão de Ternate. Serrão, que se correspondeu com Magalhães e sabia tudo sobre as Molucas, forçosamente é também o informante de Pires para a *Suma oriental* do último. O fato de Serrão ter escrito a Magalhães — e, portanto, enviado mensagens de uma extremidade do mundo (a ilha de Ternate) a outra (Castela) — leva-nos até a perguntar se o amigo de sempre não teria também sucumbido às sereias castelhanas, como alegaram os portugueses. Dois amigos separados por milhares de quilômetros têm nas mãos os projetos de duas monarquias europeias envolvidas na mesma corrida rumo à outra face do globo. Magalhães, Serrão, Pires: essa primeira conexão revela o quanto a globalização ibérica já zomba do tempo e das distâncias.

Através do trânsfuga português, o olho do imperador avista as Molucas distantes e a imensa riqueza inexplorada das especiarias. A Ásia em vez do Novo Mundo: na Espanha, Carlos e todos os que investiram no negócio esperam com impaciência os resultados da operação, ao passo que no mesmo momento, mais perto deles, a conquista do México está se iniciando. Quando Magalhães perece diante de Cebu, em abril de 1521, Cortés está inteiramente voltado para a preparação do assédio a México-Tenochtitlán. A capital mexica cairá em agosto, três meses antes de os sobreviventes da expedição de Magalhães atingirem as ilhas das especiarias e Tidore.

Ao contrário do empreendimento de Pires, totalmente oficial, a expedição de Hernán Cortés não se inscreve nos horizontes e muito menos nas prioridades do jovem príncipe e de seus conselheiros. Impossível encontrar nela a expressão de um projeto imperial relativo ao Novo Mundo. Quando, em 1519, começa a terceira expedição, o futuro artífice da conquista, Hernán Cortés, é apenas o homem de confiança do governador de Cuba, que por sua vez é devoto servidor de Juan Rodríguez de Fonseca, bispo de Burgos, setenta anos, que de Castela controla a cena antilhana. Primeira surpresa. Seria de esperar que o episódio mexicano não tivesse nada a ver com os eventos na China, mas a diferença não está onde supúnhamos encontrá-la, pois o paradoxo quer que seja a Ásia das especiarias e da China, e não o México, o alvo deliberado, proclamado e cobiçado pelos empreendimentos ibéricos. De lá para cá, porém, o descobrimento e a conquista do Novo Mundo açambarcaram a tal ponto a memória que foi esquecido o fato de que as potências ibéricas dirigiam então suas energias para uma parte do globo totalmente oposta.

Com raras exceções, os livros de história de cada lado do Atlântico, a historiografia europeia, mexicana e latino-americana continuam apresentando o empreendimento de Hernán Cortés como uma conquista programada do império asteca, inscrita nos genes dos conquistadores e nos da Europa moderna. Ilusão retrospectiva, como tantas daquelas que o historiador encontra ou semeia em seu caminho. É somente por etapas sucessivas, e sobretudo porque dará certo, para além de todas as esperanças, que a louca aventura acabará adquirindo a significação que Cortés deliberou lhe dar, com a ajuda de seus companheiros e, mais tarde, de seus cronistas. Quanto ao episódio de Tomé Pires, é o fiasco ao qual ele conduz que o reduzirá às proporções de uma farsa diplomática ou de um não acontecimento.

De ambos os lados, os agentes ibéricos são treinados nos assuntos da Ásia e das Antilhas, portadores de uma expansão vigorosa que se comprovou ao longo de mais de vinte anos, tanto na Ásia quanto no Caribe, embora o adversário ameríndio se revelasse menos coriáceo do que o asiático muçulmano, que deve ser enfrentado na terra e no mar. Os conquistadores não são exclusivamente os castelhanos. O português Peres de Andrade, que devia conduzir a embaixada a Cantão, participou do ataque a Kilwa[22] (1505), da vitória em Calicut (1506), do assalto movido contra Patane (1507), da batalha de Diu[23] (1509). Tais episódios nos lembram de que a expansão portuguesa, nessa parte do mundo e nessa época, possui uma forte dimensão conquistadora e militar que culmina com a tomada de Malaca em 1511. É com dezoito navios e 1200 homens que o vice-rei das Índias, Afonso de Albuquerque, se apodera da praça malaia.

Se compararmos essa progressão na Ásia com a exploração e a ocupação do Caribe, a bandeira da conquista fica incontestavelmente nas mãos dos portugueses. Os espanhóis sabem disso, pois devem se contentar em escutar as proezas de seus vizinhos ibéricos ou com lê-las nas páginas publicadas em 1512, em Salamanca, por Martín Fernández de Figueroa. Quando se fala de conquista das Índias, é para o Oriente que convém se voltar, como apregoa o título de sua obra: *Conquista de las Indias de Persia e Arabia*. Nela, o leitor castelhano fica sabendo tudo sobre as "4 mil léguas descobertas e conquistadas" pelos homens de d. Manuel, assim como sobre "as batalhas que sua frota tornou insignes e imortais à custa de combates encarniçados".[24]

DESEMBARQUE PORTUGUÊS NA COSTA DA CHINA

É, portanto, em junho de 1517 que a embaixada de d. Manuel deixa Malaca e toma o rumo da China. Segundo as fontes chinesas, "no décimo segundo ano [1517]" ou "no décimo terceiro ano [1518], [os portugueses] enviaram uma embaixada".[25] E é várias semanas mais tarde, em 15 de agosto de 1517, que Fernão

Peres de Andrade aborda a ilha da Veniaga, identificada como Tamão em português e Tunmen em chinês, e situada entre a foz do rio das Pérolas e o rio Xi.[26] Esse lugar servia habitualmente de etapa aos comerciantes estrangeiros que chegavam à costa chinesa. Em 1513, ao que parece, um primeiro português, Jorge Alvarez, havia acostado em Tunmen para fazer comércio e erigir uma estela ou padrão, o sinal da implantação portuguesa.

É ali que os recém-chegados começam a construir cabanas e paliçadas, com a intenção de instalar-se para ficar. Impacientes por ir até Cantão, alguns deles decidem ignorar as autoridades chinesas da costa, as quais lhes haviam pedido que esperassem sua autorização para subir o rio das Pérolas. Passando adiante, velejam até Cantão, onde não acham nada melhor para fazer do que lançar várias salvas de canhão que aterrorizam a população, pouco familiarizada com essas manifestações ruidosas e intempestivas. Nunca, segundo os chineses, haviam chegado navios tão diretamente ao seio da cidade. Os navios lançam âncora e o grupo é recebido na "estação postal", espécie de hotel para a recepção e o alojamento das missões estrangeiras.[27] O estabelecimento ficava no cais dos Mexilhões, no sudoeste da cidade, e, portanto, fora das muralhas, à beira do rio. Os portugueses serão confinados ali sem, no entanto, estar verdadeiramente presos, visto que se aproveitam da confusão ocasionada pela Festa das Lanternas, em 24 de fevereiro de 1518, para fazer um tour pelas muralhas da cidade.[28] Um modo de desenferrujar as pernas, de satisfazer sua imensa curiosidade e de coletar informações de ordem militar: em outras palavras, de fazer um pouco de espionagem.

Chamados à ordem e aos bons usos, os portugueses solicitam que lhes seja explicada a maneira pela qual devem se comportar diante do vice-rei da província, Tch'en Kin. Segundo uma fonte chinesa, este último teria pedido que eles fossem iniciados nos ritos do protocolo no santuário de Guangxiao, ao mesmo tempo que expedia um relatório ao imperador para saber qual conduta adotar com os estrangeiros dali em diante. O Guangxiao seria a mesquita de Cantão, um venerável santuário fundado no século VII, sinal de que as autoridades chinesas teriam tomado por muçulmanos os visitantes: "Os que têm narizes pontudos e olheiras se assemelham muito a muçulmanos".[29] Segundo outras interpretações, o local seria o grande templo budista de Cantão. O que faria dos europeus não monoteístas, mas membros de uma seita do budismo, adoradora de imagens. Além disso, informa-se que os portugueses teriam gostado de "ler os livros búdicos". Ao longo dessa fase, os enviados aprendem a fazer a genuflexão e a bater a cabeça contra o solo. Enquanto isso, as autoridades elaboram o inventário dos produtos que eles introduzem: ramificações de coral, cânfora de Bornéu, couraças douradas, sedas grosseiras vermelhas, prismas de vidro, uma espada de três gumes, um facão em ferro flexível e muito afiado.

A missão inclui então cerca de 24 pessoas: além de Tomé Pires, seis portugueses, entre os quais três domésticos, doze servos originários do oceano Índico e cinco intérpretes, *juraçabas* — o termo é de origem malaia — ou *lingoas*. A resposta de Beijing demora. Os portugueses esperam. Finalmente, chega a reação da corte. Ao que parece, ela teria assumido a forma de um decreto imperial que estipula mandar embora os visitantes depois de pagar-lhes o valor de suas mercadorias.[30] Mas essa rejeição não desanima os membros da embaixada.

Enquanto isso, os portugueses que ficaram em Tunmen, instalados em terra, em acampamentos, ou vivendo em seus navios ancorados, dão o que falar, por seus usos e seus hábitos de traficantes de escravos. Correm boatos entre os camponeses e os pescadores dos arredores. Os estrangeiros são acusados de capturar crianças para comê-las. "Várias vezes, arrebataram criancinhas de menos de dez anos e as comeram assadas. Pagavam cem moedas de ouro por uma, e os jovens canalhas se aproveitavam para fazer esse tráfico [com eles]."[31] Voltaremos ao assunto.

As autoridades celestiais têm outros motivos para inquietar-se com a instalação dos europeus. O rei d. Manuel deseja eliminar a concorrência asiática no mercado chinês. Para isso, Lisboa pretende abrir uma rota marítima, de início entre Cochin e Cantão, e depois entre Pazem e o porto chinês. A cada vez, é necessário providenciar a construção de uma fortaleza na costa da China. Somente uma forte implantação na orla do império parece capaz de firmar a presença portuguesa na região. Tudo isso, evidentemente, deve ser feito sem consultar as autoridades chinesas, e dentro da ideia de reproduzir em solo chinês experiências já conduzidas alhures, na Ásia ou na África. A intenção de criar uma base militar, apoiada em veteranos das conquistas e dos campos de batalha portugueses (Azamor no Marrocos, Ormuz, Goa, Malaca), e dali fazer partir expedições de descoberta em navios construídos nos próprios locais, não deixa de lembrar a maneira pela qual, na mesma época, os castelhanos avançam pelas Antilhas e pelo golfo do México.

DESEMBARQUE ESPANHOL NA COSTA DO MÉXICO

Cortés também precisa de uma base no litoral do México. Ele a instala na baía de San Juan de Ulúa, não longe da localização do futuro porto de Veracruz. Aliás, é o termo fortaleza que ele emprega para designar sua fundação.[32] A baía tem uma triste fama, porque os espanhóis da segunda expedição encontraram ali uma ilha, batizada como "ilha dos Sacrifícios", onde descobriram vítimas ensanguentadas: "Dois meninos com o peito aberto, e seus corações e seu sangue dados em oferenda àquele maldito ídolo". O espetáculo é consternador: "Deu-nos muita pena encontrar mortos esses dois meninos e ver tal crueldade". Em contraposição, no estuário do rio das Pérolas, a ilhota que os portugueses abordaram e onde se estabeleceram como se estivessem em casa, é há muito tempo uma escala comercial, e daí vem seu nome, Veniaga, que significa "comércio" em malaio. Evidentemente, chineses e mexicanos não têm a mesma relação com o alto-mar. Mas a origem dos sacrifícios, se tivesse sido compreendida pelos espanhóis, poderia ter-lhes dado uma ideia da ampla dominação dos mexicas: no dizer dos sacerdotes encontrados na ilha, não tinham sido os habitantes de Culua — leia-se México-Tenochtitlán, longe, no interior das terras — que haviam ordenado fazer aquelas oferendas a um deus, que bem mais tarde Bernal Díaz del Castillo saberá ser o todo-poderoso Tezcatlipoca? Os espanhóis compreendem Ulua, e não Culua, e dão aquele nome à sinistra ilhota que se torna San Juan de Ulúa.

É diante dessa ilha que os espanhóis erguem seu acampamento. Mas lembremos primeiro como Cortés havia chegado lá. Em 1518, atraído e "inundado de alegria" pelas notícias trazidas por Juan de Grijalva, o governador de Cuba, Diego Velázquez de Cuéllar, nomeia um colono sem nenhuma experiência militar, Hernán Cortés, para chefiar uma terceira expedição. Nessa data, o governador está impaciente: ainda não obteve do imperador Carlos a autorização para colonizar — isto é, na linguagem da época, "fazer trocas, conquistar e povoar". Portanto, Cortés é encarregado apenas de "fazer trocas", e não de "povoar", embora em Cuba o governador já apregoe o contrário, seguro que está de obter da corte o título pomposo de governador (*adelantado*) do Iucatã.[33] Concretamente, e enquanto esperam algo melhor, os espanhóis têm ordem de explorar as paragens e de coletar tudo o que puderem, mas não de estabelecer-se para ficar. Em 18 de novembro, Cortés e seus amigos, com outra ideia na cabeça, zarpam às pressas de Santiago de Cuba, provocando a ira de seu chefe Diego

Velázquez. Dirigem-se ao Iucatã, abordam a costa do Tabasco e, de passagem, arranjam preciosos intérpretes, Jerónimo de Aguilar e a índia Malinche.

É somente alguns meses mais tarde, de volta à baía de San Juan, diante da famosa ilha dos Sacrifícios, em 22 de abril de 1519, que o empreendimento assume um caráter totalmente diferente daquele desejado pelo governador de Cuba, mas sem dúvida não o de um roteiro definido, com resultado conhecido de antemão. Nessa data, Pires e os seus continuam a entediar-se em Cantão, à espera de um sinal de Beijing.

À chegada dos navios de Cortés, os índios perguntaram sobre a origem das caravelas. Cortés fez contato com os caciques do lugar, aos quais manda oferecer roupas europeias, camisas, gibões, gorros e calças bufantes.[34] Trocam-se presentes. Segundo afirma Cortés, o cacique local se deslumbra: "Ele ficou muito contente e feliz". Não importa que a região tropical seja de uma umidade malsã, com seu labirinto de lagunas e de pântanos esmagados pelo calor: os recém-chegados parecem gostar dela. O lugar é ocupado por populações originárias do altiplano e enviadas para lá pelo senhor de Tenochtitlán. Portanto, a língua naua predomina, assim como a influência mexica. Aliás, perto da foz do Papaloapán, em Tlacotalpán, reside um coletor de impostos, ou *calpixqui*, nomeado por México-Tenochtitlán.[35] Os espanhóis ainda ignoram tudo isso, mas ficam encantados por encontrar ouro e comemoram a boa acolhida dos índios.

É nesse momento que a expedição muda abertamente de objetivo. Manipulados por Cortés, os capitães tomam a decisão de "povoar" e "fundar um *pueblo*", "onde haveria uma justiça para que eles sejam os senhores nestas terras". Em seguida — num ato de ventriloquia política — eles exigem que Cortés designe os alcaides e seus auxiliares, os *regidores*, para administrar a cidade, chegando até a fingir ameaçá-lo em caso de recusa. Cortés cede e funda uma povoação, batizada de Villa Rica de la Veracruz. Logo em seguida, a nova municipalidade se reúne, declara que os poderes de Cortés como representante de Diego Velázquez expiraram e apressa-se a nomear o capitão destituído "juiz-mor, capitão e chefe ao qual todos devemos obediência".

A partir daí, os castelhanos se comportam como os portugueses de Tunmen: como se estivessem na própria casa. Escolhe-se um sítio suficientemente plano para delimitar os locais que corresponderão à praça, à igreja e aos arsenais. Todos, inclusive Cortés, dão uma ajuda na construção da fortaleza, uns trabalhando nos alicerces, outros fabricando telhas ou tijolos, outros ainda trazendo água e alimentos. Erigem-se ameias e barbacãs. Logo se erguem um pelourinho na praça e um patíbulo fora do burgo. Em suma, medidas para se sentirem em casa e protegidos, com os meios de fazer justiça na devida forma. As páginas que Díaz del Castillo consagra ao episódio permitem imaginar igualmente a azáfama dos portugueses na ilha de Tunmen e a indispensável polivalência dos ibéricos nesse tipo de situação. Rapidamente, casas, uma igreja e uma fortaleza brotam do chão.

Outro episódio também aproxima as duas histórias, pois revela o quanto essas nações têm imediata propensão a se acreditar em uma terra conquistada. Na costa da China, como na do México, os recém-chegados exibem seu desprezo pelas autoridades constituídas. Enquanto os portugueses de Tunmen são acusados de ter maltratado os cobradores de taxas enviados pelas autoridades de Cantão, os homens de Cortés espancam e prendem os coletores de tributo despachados por Moctezuma. Cortés justifica seu comportamento explicando que desejava limitar as exigências desumanas dos mexicas. Era sobretudo um modo eficaz de impressionar as populações locais. De fato, tanto aqui como na China, tal atitude manifesta cruamente o instinto predador de intrusos que pretendem reservar para si as riquezas locais, sem prestar contas a ninguém. Ela prefigura o momento em que os espanhóis vencedores do México se apossarão do tributo indígena, coisa que os portugueses de Cantão também pretendem fazer e que teriam executado de bom grado se a China fosse o México. De qualquer modo, seja na corte de Beijing ou na de México-Tenochtitlán, as escandalosas iniciativas dos intrusos aborrecem e provocam represálias.[36]

Cortés, portanto, acaba de romper com o governador de Cuba. Embora tenha feito isso com luva de pelica, seu gesto é determinante. Em princípio, a página Diego Velázquez está virada. O número de ilusionismo é também um minigolpe de Estado. O antigo homem de confiança do protegido do bispo de Burgos já não passa de um usurpador e um traidor que arrisca a própria cabeça. Até porque, em 1º de julho, nosso conquistador em potencial fica sabendo que Diego Velázquez recebeu as autorizações esperadas de Castela.[37] Se há conquista nessa data, ou haverá, organizá-la cabe oficialmente ao governador de Cuba, e só a ele. Difícil imaginar que, nessas circunstâncias, o motim tenha conseguido planejar a conquista de um poderoso império. No máximo, Cortés mostra sua intenção de estabelecer-se nesse ponto da costa. Ele passa então noites inteiras escrevendo e buscando as ações possíveis. Com dois grandes desafios a destacar: convencer o imperador de suas boas intenções e tornar sua instalação definitiva e rentável aos olhos dos companheiros.

DESLIZE DE CORTÉS, INTENÇÕES PORTUGUESAS

Cortés então envia emissários à corte para defender sua causa. Por intermédio deles, oferece-se — e que outra coisa poderia propor? — para conduzir a conquista dessa terra, "extensa e tão povoada", bem melhor do que seu antigo protetor poderia fazer, e acompanha sua proposta com presentes magníficos para o regente Carlos. Segundo o ditado, "*dádivas quebrantan peñas*", "dádivas quebram rochedos".[38]

Tais presentes são também instrumentos políticos: devem constituir a prova tangível de que existe uma extraordinária civilização do outro lado do Oceano, sem comparação nenhuma com a do povo das ilhas ou da Castela de Ouro. Aos representantes de Cortés caberá demonstrar à corte que a aparente desobediência do capitão merece a indulgência do soberano. A aposta valia a pena. Cortés afirma ter se explicado numa primeira carta ao imperador, a qual supostamente justificava o injustificável. Não há nenhum rastro dela. Perdeu-se ou nunca existiu?[39] Se havia carta, ninguém podia acusar Cortés de ter se recusado a prestar contas. Mas está fora de questão usar como argumento essa misteriosa missiva — uma vez que ela "se perdera" — e suas confissões fixadas no papel para expor sua perfídia e sua astúcia.

Assim, procuradores e presentes navegaram rumo à Espanha — evitando cair nas mãos de Diego Velázquez — com a esperança de resolver a situação e de salvar a cabeça de Cortés e dos seus (26 de julho). Carlos os receberá em Tordesilhas no ano seguinte, em março de 1520, e depois em abril, em Valladolid. No entanto, a partida está longe de ser vencida e os temores de Cortés são mais do que fundamentados. Seus enviados se chocam na Espanha contra os amigos de Diego Velázquez e o todo-poderoso Fonseca, bispo de Burgos, que há anos tem nas mãos os assuntos das Índias. O humanista Pietro Martire d'Anghiera relata a atmosfera reinante na corte. Embora se extasie diante dos presentes levados para o imperador, o milanês lembra que o Conselho régio reprova a atitude do conquistador. Segundo ele, os emissários de Diego Velázquez e o lobby que os apoia não têm papas na língua: "São ladrões em fuga, culpados de lesa-majestade"; todos reclamam a pena de morte contra os rebeldes. A futura conquista do México está sempre a um passo de perder seu herói. Mais precisamente, o que está no centro da disputa é a iniciativa de Cortés de fundar uma "colônia",[40] a Villa Rica, no sentido romano do termo, sem que se cogite conquistar uma terra mais vasta do que a Espanha, embora os presentes e o ouro suscitem muitas cobiças. Pelo menos, é assim que Pietro Martire vê as coisas em 1520 e comunica ao papa Leão X e à cúria.

No ponto em que estamos, a conquista do México ainda não é mais do que um *pronunciamiento* lançado por um desconhecido a partir de uma terra desconhecida, sem dúvida rica, mas seguramente hostil. Por sua vez, a embaixada portuguesa em Cantão não é apenas um passeio diplomático? Quais são as intenções, ou antes o estado de espírito, dos portugueses que a compõem, e que se encontram retidos a milhares de quilômetros de Lisboa? As fontes não deixam pairar nenhuma dúvida: não somente a eventualidade de uma conquista está longe de ser excluída, como também é explicitamente evocada nas missivas de Vieira e de Calvo, seu companheiro de infortúnio, as quais constituem nossos testemunhos mais imediatos. Os enviados de Lisboa talvez passem menos por conquistadores natos do que seus rivais castelhanos, mas nunca descartam a ideia de uma expedição armada quando se veem diante de uma terra recém-descoberta. Os passeios sobre as muralhas de Cantão não são unicamente um passatempo de turistas bloqueados numa etapa que lhes parece interminável. Dos membros da embaixada espera-se que recolham o máximo possível de informações sobre os meios de defesa e as forças dos chineses, particularmente na região de Cantão, e eles não se privam disso. É o que revelam suas cartas, recheadas de informações sensíveis que eles se empenham em transmitir aos seus superiores e que visam a preparar uma intervenção, seguida de uma ocupação militar.

O que Christovão Vieira nos diz de Cantão e de sua importância estratégica? "A escala de toda a terra da China é Cantão".

É a porta da China, como será Hong Kong em sua época: "Ela é mais apta que outras para o trato com estrangeiros". Mas também "é o lugar e a terra mais suscetível do mundo a ser submetido". Mais informado, conclui, o rei d. Manuel não hesitaria em lançar essa conquista: "Por certo é maior a honra que a governança da Índia". Os trunfos de uma intervenção armada são múltiplos. Cansado dos maus-tratos, o povo chinês não pediria mais do que revoltar-se contra mandarins detestados. Não esperaria mais do que um desembarque português. "Toda a gente deseja revolta e vinda dos portugueses de Cantão [...] Toda a gente está esperando pelos portugueses."[41] A sublevação dos campos contra os mandarins, atiçada pela vinda dos europeus, facilmente esfomearia a cidade de Cantão, que desse modo cairia como um fruto maduro. Com a ausência de juncos de combate, o grande porto conta apenas com suas muralhas para se proteger. Uma vez tomada a cidade, só será preciso construir dois fortes para mantê-la sob controle: um no flanco norte, pois "daqui se pode apoderar-se da cidade", e outro do lado do desembarcadouro dos mandarins. O tom é peremptório: não há um instante a perder. Seria necessário menos tempo para conduzir bem a iniciativa do que para escrevê-la.

Essa pressa se baseia numa análise das supostas fraquezas do Império do Meio. A dominação chinesa seria recente e frágil:

até o momento não tiveram autoridade, mas pouco a pouco foram tomando a terra de seus vizinhos, e é por isso que o reino é grande, porque estes chineses são cheios de muita judaria e daí lhes vem serem presunçosos, soberbos, cruéis; e porque, até o presente, sendo gente covard(e), fraca, sem armas e sem nenhum exercício de guerra e sempre ganhando a terra de seus vizinhos e não pelas próprias mãos, mas por manhas e biocos, pensam que ninguém lhes pode fazer dano.[42]

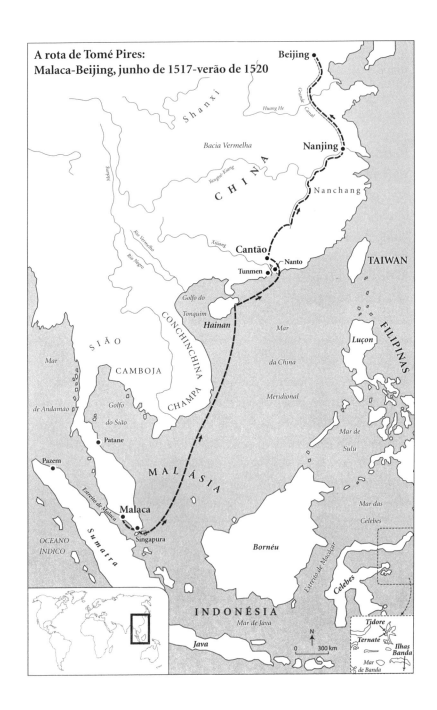

A rota de Tomé Pires:
Malaca-Beijing, junho de 1517-verão de 1520

Beijing

Shanxi

Huang He

Grande Canal

Bacia Vermelha

Nanjing

Yangzi-Kiang

C H I N A

Nanchang

Mekong

Rio Vermelho

Xijiang

Cantão

TAIWAN

Rio Negro

Nanto

Tunmen

Golfo do
Tonquim

Hainan

Mar

FILIPINAS

Luçon

CONCHINCHINA

da China

S I Ã O

Mar

CAMBOJA

Meridional

Mar de

de Andamão

CHAMPA

Sulu

Golfo
do Sião

Patane

Pazem

M A L Á S I A

Mar das

Estreito de Malaca

Celebes

Malaca

Estreito de Macáçar

Singapura

S u m a t r a

Bornéu

OCEANO
ÍNDICO

Celebes

Mar de
Banda

INDONÉSIA

Tidore

Mar de Java

Ternate

Ilhas
Banda

Java

N

0   300 km

Mar
de Banda

Os castelhanos de Cortés são conquistadores em potencial que por algum tempo vão bancar os embaixadores. Os portugueses de Pires são embaixadores que esperam ser recebidos como tais, mas estão cheios de segundas intenções belicosas. Perscrutados mais de perto, isto é, confrontando-se sistematicamente as fontes de que dispomos, os dois empreendimentos começam a se mostrar menos diametralmente opostos do que imaginaríamos de início. Eles lançam uma luz preciosa sobre as circunstâncias frequentemente confusas nas quais os mundos se conectam e os contatos se operam no limiar dos tempos modernos: a iniciativa tanto pode ser local (Cuba) quanto metropolitana (Lisboa); ou originalmente programada (Pires), ou decididamente imprevisível e incontrolável (Cortés). É sempre lastreada por sombrios cálculos e inspira aos europeus, como, aliás, aos seus anfitriões, comportamentos ambivalentes, acentuados pela novidade absoluta das situações nas quais todos se veem envolvidos. Observado de perto, por enquanto o esperado choque de civilizações (em suas variantes Europa/China ou Europa/México) assemelha-se mais ao jogo entre gato e rato, sem que possamos saber ainda quem é o gato e quem é o rato.

A MARCHA SOBRE BEIJING
(DE JANEIRO AO VERÃO DE 1520)

Em agosto de 1519, uma segunda frota portuguesa, conduzida por Simão de Andrade, acosta em Cantão. Ela se vincula à embaixada, mas deixa a China no verão de 1520. Nessa data, já faz seis meses que Pires partiu para Beijing. Em Cantão, as autoridades chinesas haviam começado por opor uma recusa à demanda portuguesa. Retida em Cantão, a embaixada tivera de esperar quase um ano até obter autorização para dirigir-se à capital. A situação se desbloqueia. Os portugueses, segundo o *Mingshi*, teriám conseguido corromper um dos eunucos encarregados do comissariado de assuntos marítimos do Guangdong e da guarda dos postos de fronteira.[43] A embaixada parte em 23 de janeiro de 1520 e se detém em Nanjing, onde teria encontrado o imperador.[44] Zhengde estava retornando de viagens ao norte e ao noroeste da China em 1518 e 1519, sob o impulso de seu favorito, Jiang Bin. Outro embaixador, Tuan Muhammad, está nos calcanhares de Tomé Pires. Enviado pelo rei de Bintan (que era o de Malaca) para se queixar dos portugueses, ele deixou Cantão no primeiro semestre de 1520 e também se encontra em Nanjing.

Pires chega a Beijing durante o verão de 1520, talvez no séquito imperial. Mas ainda terá de esperar janeiro de 1521 para vislumbrar a possibilidade de ser recebido em audiência oficial. A embaixada portuguesa, para facilitar os próprios passos, havia obtido o concurso de um eunuco bastante influente na corte, Ning Cheng, e do favorito do imperador, Jiang Bin.[45] Teria sido este último a permitir que Pires encontrasse pessoalmente o imperador em Nanjing. Se as coisas demoram tanto, é que o imperador, que se encontra perto de Beijing, em T'ong-tcheou, entre 5 de dezembro de 1519 e 18 de janeiro de 1521, recebeu alertas contra a missão de Tomé Pires e adiou sua resposta sob o efeito de acusações vindas de Cantão, Nanjing e Beijing. Na capital, ainda assim, as autoridades recebem com deferência os enviados portugueses. Estes dispõem de bastante tempo para tomar conhecimento do cerimonial a que o embaixador de d. Manuel está prestes a se submeter.[46] Mas, afinal, Pires acabará sendo oficialmente recebido?

A MARCHA SOBRE MÉXICO-TENOCHTITLÁN (DE AGOSTO A NOVEMBRO DE 1519)

Nesse período, enquanto Pires ainda marca passo em Cantão, no México o conquistador tateia, interroga-se sobre as relações de

As rotas de Hernán Cortés no México

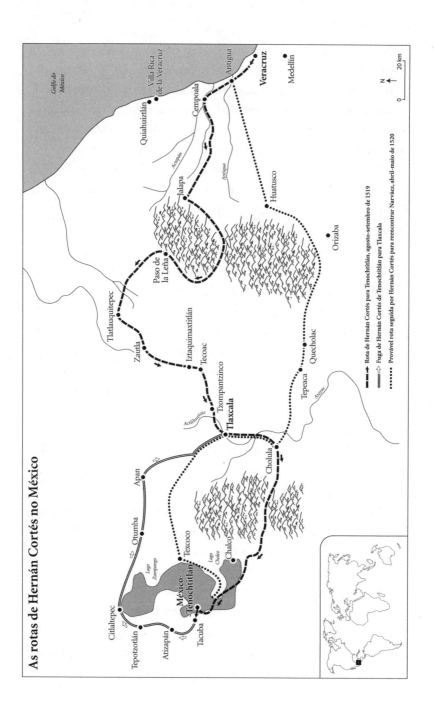

Golfo do México

Veracruz
Medellín

Villa Rica de la Veracruz
Quiahuiztlán
Cempoala
Antigua

N

0   20 km

Huattusco

Orizaba

Jalapa

Paso de la Leña

Tlatlauquitepec

Zautla

Iztaquimaxtilán
Tecoac

Izompantzinco
Tlaxcala

Quecholac

Tepeaca

Apan

Cholula

Otumba

Texcoco

Citlaltepec

Tepotzotlán

Atizapán

Tacuba

México-Tenochtitlán

Chalco

Lago Chalco

Lago Zumpango

→→→ Rota de Hernán Cortés para Tenochtitlán, agosto-setembro de 1519

⇨⇨⇨ Fuga de Hernán Cortés de Tenochtitlán para Tlaxcala

······ Provável rota seguida por Hernán Cortés para reencontrar Narváez, abril-maio de 1520 força, informa-se sobre o que parece ter se tornado seu alvo a partir da Páscoa de 1519 — México-Tenochtitlán — e, sobretudo, busca negociar alianças e fazer sua presença ser aceita localmente. Conclui-se um acordo com mais de trinta *pueblos* da Sierra, essencialmente totonacas, que não morrem de amores pelos mexicas.[47] É nesse contexto que é fundada a Villa Rica de Veracruz.

Cortés anseia por ver com os próprios olhos a capital asteca e encontrar Moctezuma. A destruição de seus navios bloqueia qualquer retorno à maneira de Grijalva e preludia a partida, em 16 de agosto de 1619, de uma expedição constituída por trezentos infantes ou *peones*, quinze cavaleiros, quatrocentos guerreiros totonacas e duzentos carregadores *tamemes* para transportar a artilharia.[48] Aparentemente, tudo se desenrola sem transtornos. Os senhores indígenas parecem encantados por ficar sob a dominação espanhola: "Eles se mostram muito contentes por serem vassalos de Vossa Majestade e meus amigos". A acolhida é calorosa tanto em Cempoala como em Sienchimalem (Xicochimalco) ou em Istaquimaxtitlán, onde os espanhóis passam uma semana. Cortés tranquiliza seus interlocutores, afirmando estar apenas de passagem: "Eu só ia até lá para vê-los". Seria um verdadeiro passeio se a friagem das montanhas não tivesse dizimado os índios da Fernandina (Cuba), que não tinham nada com que se agasalhar — "eles estavam malvestidos".[49]

Em tais condições, é difícil falar de um processo de conquista que se desenvolveria segundo um programa fixado de longa data, com o beneplácito das autoridades coloniais e imperiais e o apoio de todas as forças espanholas instaladas nas ilhas. Nesse momento Diego Velázquez está longe de admitir-se vencido. O governador de Cuba apressou-se a organizar uma tropa e uma frota para dominar a rebelião. Duas vezes maior do que a de Cortés, essa força levantará âncora em março de 1520. Em princípio, ela deveria eliminar o desordeiro sem a menor dificuldade, e então seria necessário recomeçar tudo do zero. Visto da metrópole, o destino de Cortés não parece muito melhor. De fato, a notícia de sua rebelião chega a Castela pouco antes da sublevação dos *Comuneros* de Castela: é a partir de junho de 1520 que o país se abrasa, e o incêndio só cederá com a vitória de Villalar, na província de Valladolid, quase um ano mais tarde (23 de abril de 1521). Desnecessário dizer que, nesse contexto, as iniciativas de Cortés causam transtornos. Muito ativo e influente na corte, o partido do governador de Cuba espera obter do rei Carlos a cabeça de um rebelde desconhecido do soberano e de seus conselheiros.[50] A manobra fracassará, assim como a frota lançada em perseguição a Cortés.

Não tendo podido intervir pessoalmente nem em Cuba nem na corte, Cortés se esforça por ganhar pontos in loco, penetrando inexoravelmente rumo a México-Tenochtitlán. A conquista propriamente dita ainda não se desencadeou, mas o capitão resolveu que nada, e menos ainda a hostilidade dos índios ou os temores dos seus, deveria detê-lo. Diante das portas de Tlaxcala, o avanço se complica. Obrigados a travar seus primeiros combates, os espanhóis perdem cerca de cinquenta homens. Aos que se queixam, Cortés retruca: "Mais valia morrer como homens de bem, como dizem as canções, do que viver na desonra".[51] Também sem sucesso, um aliado indígena procura conter o capitão com um argumento de que os chineses, bem mais tarde, se oporão aos portugueses dispostos a invadi-los: "Para além desta província, há tanta gente que 100 mil homens lutarão agora contra ti e, mortos ou vencidos estes, virão outros tantos, e durante muito tempo poderão substituir-se assim e morrer de 100 mil em 100 mil, e tu e os teus, já que pretendeis ser invencíveis, morrereis de fadiga à força de combater".[52] As variações do destino e a precariedade da situação não escapam a Pietro Martire d'Anghiera, que, da longínqua Castela, comenta as notícias: "Os nossos, contudo, nem sempre foram vencedores; com muita frequência a sorte lhes foi contrária e às vezes os bárbaros que se recusavam a ter hóspedes destruíram exércitos inteiros dos nossos".

As fontes transmitem imagens contraditórias da expedição. À distância e *a posteriori*, Pietro Martire lhe atribui cartas de nobreza comparando-a à guerra que Júlio César travou contra os helvécios e os germanos, ou à luta que opôs Temístocles às hordas de Xerxes. A conquista das Gálias! Pode-se imaginar modelo mais ilustre, mais clássico e mais fundamentado de conquista? O número de efetivos informado por Cortés reforça a grandiosidade do empreendimento: nada menos que 100 mil tlaxcaltecas teriam se oferecido para acompanhar os espanhóis em sua marcha sobre Cholula e México-Tenochtitlán![53] Mas, na realidade, a história é outra. Em pânico, os membros da expedição têm na cabeça um exemplo menos glorioso: comparam a aventura de Cortés à de um chefe de quadrilha medieval, tão popular quanto lendário, Pedro Carbonero, o "valoroso cordovês",[54] que arrastou seus homens a uma luta impossível contra os mouros.[55] A iniciativa acaba em desastre: os mouros não deixaram vivo um só cristão. "[Cortés] levara-os a um ponto de onde eles não poderiam mais sair."[56]

A OPÇÃO PELA DESMESURA

Portanto, nada de uma fria conquista imperialista pilotada do alto, e sim muito mais a audácia louca de um homem e sua roda, um capitão de legitimidade amputada, que só pode contar com Deus e consigo mesmo, e cujo empreendimento é suscetível de fracassar a qualquer momento. Cortés não hesita em relatar as afirmações de seus companheiros, que o chamam literalmente de louco. Mas esse louco tem sua lógica. Para conjurar as acusações de rebelião e sair vencedor do duelo que o opõe ao governador de

Cuba, Cortés não tem outro caminho afora o de apoderar-se dos domínios de Moctezuma, dando à sua iniciativa uma fachada legal, irrepreensível, imperial e cristã.[57] Em tais circunstâncias, a conquista do México não aparece nem como uma escolha maduramente decidida nem como a expressão de um projeto político: é uma questão de vida ou morte para o interessado. In loco, diante de seus homens inquietos e esgotados que desejam retornar à costa, Cortés fica reduzido a brandir a isca das riquezas e da glória dos futuros combates.

A situação, aparentemente sem saída, leva à desmesura. Cortés promete qualquer coisa: "Estávamos em condições de ganhar [...] os maiores reinos e as maiores senhorias que havia no mundo". Lutando, os espanhóis obteriam "a maior glória, a maior honra que uma geração obteve até nossa época".[58] Cortés se apresenta no cenário do mundo oferecendo-se como predador planetário e se ergue sozinho diante da posteridade, num frenesi conquistador que se atribui a tarefa de atacar as maiores potências da terra e de enquadrá-las. Se a modernidade é realmente o salto para o monstruoso que Peter Sloterdijk[59] descreve e a capacidade de assumir a total responsabilidade pelos crimes cometidos ou a cometer, Cortés é portador dessa modernidade. Seu programa é literalmente demencial, mas seria mais do que os projetos dos portugueses de Cantão, ou do que as proposições de um Tomé Pires, que, ainda sem saber que chefiará uma embaixada rumo à China, vaticina: "Com dez navios, o governador das Índias que tomou Malaca submeteria toda a China costeira"?[60]

A desmesura do programa de Cortés tinha tudo para inquietar o primeiro destinatário dessas cartas, o imperador Carlos, ele que não tinha nada de conquistador insaciável. Mas acabaria por coincidir com os ideais de monarquia universal e de *dominium mundi* que o chanceler Mercurio Gattinara começava a inculcar no jovem príncipe.[61] Só que ainda era muito cedo para que o projeto de "reconstruir [um] império universal de vocação cristã com o objetivo de lutar contra o islamismo" pudesse se apoiar na conquista do Novo Mundo.

Cortés deve empenhar-se em não desagradar ao imperador, encontrando as palavras suscetíveis de abrandá-lo e de arrancar seu perdão. Aqui, sua pena faz maravilhas. A versão que ele fornece em sua segunda carta (outubro de 1520), redigida depois que o objetivo (México-Tenochtitlán) é alcançado e que ele faz uma ideia bem mais precisa sobre o que o México representa, modifica todos os acontecimentos. A visão é ao mesmo tempo heroica e "politicamente correta"; é também visualmente espetacular, para não dizer hollywoodiana *avant la lettre*. É a visão que será retida pela posteridade, ávida de sensacionalismo. O empreendimento alcança o nível de "conquista e pacificação". O país é "maravilhoso", termo que retorna obstinadamente:

> [é] uma enorme província bastante rica, chamada Culua, onde se encontram cidades enormes, dotadas de maravilhosos edifícios, de grandes praças de comércio e de grandes riquezas, entre as quais há uma ainda mais maravilhosa e mais rica do que todas, denominada Tenustitlán, que é construída numa laguna por meio de uma arte maravilhosa; sobre essa cidade e essa província reina um grande senhor chamado Mutezuma; foi lá que aconteceram ao capitão e aos espanhóis coisas espantosas para contar.[62]

O destaque é dado às cidades indígenas do altiplano, descritas num crescendo que culmina em apoteose com a apresentação da metrópole da Tríplice Aliança, México-Tenochtitlán.[63]

A ênfase dada por Cortés repercutirá imediatamente para além das esperanças do conquistador; ela fascinará a cristandade latina, lançando no mercado do imaginário europeu, até os confins da Boêmia e da Polônia, clichês e cenas cujo estrépito contrasta com o silêncio que rodeia a China. Os europeus "verão" México-Tenochtitlán bem antes de ver Beijing: a famosa gravura da capital asteca, extraída de uma carta enviada por Cortés, será reproduzida e comentada sem descanso. No entanto, a descrição da China[64] feita por Vieira após seu relato sobre a embaixada de Pires também tem tudo para espantar. É a primeira que se deve a uma testemunha ocular que viajou pelo interior das terras. Mas passará quase despercebida.[65]

Cortés não cessa de atribuir-se o papel do bondoso. É como visitante,[66] como braço compassivo solicitado por toda parte ou como enviado do imperador Carlos v, disposto a retirar-se uma vez concluída sua visita, que sua carta o mostra, e é sob essa luz que ele se apresenta aos príncipes indígenas: "Vossa Majestade tinha conhecimento [da existência de Moctezuma] e [...] eu só vinha para vê-lo". Tanto pior se os indígenas não manejam a escrita alfabética! Tudo, supostamente, se resolve com eles mediante escritos — "os textos e os atos que elaborei com os nativos destas paragens" —, papéis que, é claro, desapareceram nas eventualidades da conquista. Tudo deve advogar a favor do conquistador a contragosto: tanto o emprego pretensamente escrupuloso do *requerimiento*, "em boa e devida forma com os intérpretes que eu levava comigo",[67] quanto a legítima defesa imposta por confrontos monstruosamente desiguais — 100 mil tlaxcaltecas contra quarenta besteiros, treze cavaleiros, cinco ou seis escopetas e meia dúzia de canhões.[68] Afinal, deviam deixar-se massacrar?

BLOQUEIOS

A que se comprometiam os índios do México em relação ao senhor distante e desconhecido de quem Cortés se dizia emissário? Aos olhos deles, os espanhóis seriam mais do que um bando de mercenários, cruelmente eficazes, dos quais era aconselhável obter as boas graças ou os serviços?

As etapas da viagem são pontuadas por trocas de presentes e de sinais de boas-vindas aos quais o espanhol faz dizer o que ele quer. Contudo, e isso é o essencial, a expedição colide com a oposição afável, mas firme, de Moctezuma. A primeira embaixada "oficial" do senhor de México-Tenochtitlán é recebida por ocasião das escaramuças que opõem os visitantes às tropas de Tlaxcala.

> Seis senhores dos principais vassalos de Mutezuma vieram me ver com cerca de duzentos homens a seu serviço e me disseram que vinham da parte de Mutezuma para me anunciar que ele queria ser vassalo de Vossa Alteza pagando tributo a cada ano [...], que ele daria tudo desde que eu não entre em sua terra, e que fazia isso porque ela era muito estéril e desprovida de qualquer recurso, e que não gostaria que eu passasse necessidade.[69]

A embaixada portuguesa, imobilizada em Cantão, também sofre um bloqueio que traduz a mesma recusa: nem pensar em permitir que os europeus se aproximem da capital. Nem Beijing nem México-Tenochtitlán querem que os estrangeiros venham pisar o coração de seu território: a reação dos mexicas é tão categórica quanto a das autoridades celestiais. O bloqueio chinês durará meses; só será suspenso ao preço da persistência da missão portuguesa e de sua capacidade de negociar localmente, e depois na corte, alianças que lhe abrirão a rota de Beijing. É a mesma persistência que notamos em Cortés, o qual se esforça por convencer os mexicas de que tem boas intenções, enquanto consolida as posições obtidas no centro do altiplano: em sua carta, o espanhol fala de sua "vontade determinada". Conquista ou embaixada, o primeiro round das penetrações ibéricas provoca incontestavelmente a hostilidade dos poderes locais; porém, contra toda expectativa, em ambos os casos os intrusos conseguem suspender a oposição da qual são objeto, ou melhor, constranger o adversário a fazer sua vontade.

Tudo, nessa primeira fase, é questão de palavrório e de conchavos. Em Tlaxcala, "chefes mensageiros de Moctezuma" não param de visitar Cortés; eles anunciam que outros enviados o aguardam em Cholula. Os enviados circulam entre a cidade tlaxcalteca e México-Tenochtitlán. Cortés, que se vê submetido às pressões contraditórias dos tlaxcaltecas e dos mexicas, decide explorar a fundo a cizânia entre os dois campos inimigos: "Não vi com desprazer a discórdia e o desacordo que opunham uns aos outros [...] e manipulava uns contra os outros".[70] Por ocasião da chegada a Cholula, "cidade de mesquitas", ele continua a interrogar-se sobre as intenções dos mexicas: estes lhe aprontariam uma última armadilha? Torna-se ameaçador:

> Assim, já que [Moctezuma] não era fiel à sua palavra e não me dizia a verdade, eu queria mudar de atitude; embora até então tencionasse ir até ele na intenção de vê-lo, de lhe falar, de tê-lo como amigo e de estabelecer um diálogo de paz, agora eu estava decidido a entrar em seu território para lhe dar combate, fazendo-lhe todo o mal que se pode fazer a um inimigo.[71]

Moctezuma teria então tranquilizado Cortés, remetendo-lhe um presente suntuoso — "dez pratos de ouro e 1500 peças de roupa". O *tlatoani* se alega estranho às intrigas dos cholultecas e se instala no papel do senhor magoado, a quem escapa o controle da situação. Cortés, por sua vez, aproveita para forjar a imagem de um príncipe astucioso, que é mais prudente não desafiar.

Ao fim daquilo que continua não sendo uma conquista, mas uma série de ofensivas diplomáticas, Moctezuma acaba aceitando que Cortés vá até México-Tenochtitlán, "pois percebeu que eu estava bem determinado a vê-lo". "Ele me receberia", escreve o conquistador, "na grande cidade onde se encontrava." Contudo, na chegada à província de Chalco, Cortés sofre novas pressões: "[Moctezuma] pedia que eu retrocedesse e não mais tentasse ir à sua cidade". Cortés alega o caráter imperioso de sua missão, embora se mantenha gentil ao máximo: "Respondi-lhe que voltar atrás não estava em meu poder, eu o faria para agradá-lo". De qualquer modo, "uma vez que o tivesse encontrado, se tal ainda fosse sua vontade de não me aceitar em sua companhia, [eu lhe disse que] iria embora". Em Amecameca, portanto cada vez mais perto de México-Tenochtitlán, ele recebe uma nova embaixada. De novo, escapa a um ataque surpresa graças às precauções de que se rodeia. Chega então uma enésima embaixada, cheia de ameaças, que pela última vez insiste que Cortés detenha seu avanço, "pois teria de suportar muitas dificuldades e privações [...], um ponto sobre o qual esses chefes insistiram muito".[72] O espanhol não lhes dá ouvidos. Já farto, Moctezuma decide permitir que venha a ele a tropa espanhola, que recebe em Iztapalapa presentes de boas-vindas, escravos, vestimentas e ouro. México-Tenochtitlán está prestes a receber Cortés.

Como compreender a mudança de atitude de Moctezuma, quando se pensa no destino que lhe será reservado? A comparação com os acontecimentos na China sugere algumas pistas. Um punhado de portugueses consegue ser recebido no coração do império, transpondo os obstáculos colocados em seu caminho. Que interesse podiam ter a corte de Beijing e a Tríplice Aliança em deixar vir a elas esses estranhos visitantes? Uma primeira resposta incitaria a considerar os bloqueios de que falamos como testes impostos para descobrir as intenções dos intrusos e suas capacidades para adaptar-se a um terreno desconhecido. Em ambos os casos, a identidade deles é problemática, tanto quanto suas motivações. Ela cria uma margem de incerteza que exige dos anfitriões um esforço de imaginação e certa flexibilidade. Nem Pires nem Cortés se apresentam como invasores clássicos: não são nem mongóis nem tlaxcaltecas. Cabe aos chineses e aos mexicas dar um sentido à vinda deles. Em função das interpretações levantadas, as reações locais evoluem. O interesse a ser atribuído a essa nova presença, seja ela comercial ou militar, pode bem depressa gerar aproximações: pensa-se nos comerciantes cantoneses atraídos pelas aberturas feitas pelos portugueses ou nos combatentes tlaxcaltecas aos quais não desagrada acrescentar às suas tropas a força estratégica dos recém-chegados. Na China como no México, as rivalidades que opunham a periferia ao centro — Cantão a Beijing, a costa vera-cruzense ou Tlaxcala a México-Tenochtitlán —, assim como as que dividiam o poder central, eram suscetíveis de criar condições favoráveis à recepção de um corpo estranho que introduzia um novo elemento no cenário político. As fontes chinesas tampouco dissimulam as más relações mantidas por Zheng-de com a administração central.

Conhecem-se mal as reações da roda de Moctezuma e as disputas que, no seio da Tríplice Aliança, incitaram o *tlatoani* a receber seu futuro conquistador e a lhe oferecer hospitalidade. Cortés precisa sobretudo manter as aparências na Espanha; é sem dúvida por isso que sua versão dos fatos nos mostra um cenário bonito demais para ser verdadeiro. Ele tem todo o interesse em apresentar a acolhida calorosa e as ofertas de aliança feitas por grande parte dos grupos indígenas como outros tantos indícios de uma submissão voluntária diante de uma autoridade indiscutível. Teria sido espontaneamente que, em Tlaxcala, os enviados de Moctezuma propuseram pagar tributo ao imperador.[73] Quando Cortés invoca a "amizade de Moctezuma" em relação a ele, é tanto para explicar as razões de seu sucesso num meio tão hostil quanto para dar à sua marcha uma coloração pacífica e legítima.

Tanto na China como no México, as duas expedições passam por uma etapa que deve ser o clímax da viagem: o encontro com o imperador. No caso chinês, o evento se dá em Nanjing na primavera de 1520. Ouçamos Christovão Vieira: "No ano de 1520, a 23 dias de janeiro partimos para o rei da China; em maio estávamos com o rei em Nanquim, dali mandou que fôssemos à cidade de Beijing para nos dar o despacho lá; a dois de agosto escrevo a Cantão do que havia passado com o rei".[74]

A descrição do encontro com Zhengde é de uma concisão frustrante, mas é verdade que ela alude a mensagens detalhadas expedidas para Cantão e hoje perdidas. Outras fontes portuguesas compensam muito pouco nossa curiosidade.[75] Elas nos informam que os portugueses viveram uma situação totalmente excepcional: "Em Nanjing, vimos o rei em pessoa divertindo-se contra o costume de sua terra, porque o rei nunca sai de seus aposentos e desde que a terra da China é terra, o rei pouco se permite sair do costume, nem o estrangeiro vê o rei da China como digo que o vimos". Alguns detalhes sugerem a intimidade à qual chegaram nossos enviados:

> Nos fez honra e teve prazer de nos ver e jogou távolas com Tomé Pires por vezes estando nós presente; assim nos mandou banquetear com todos os grandes: ao presente vimos por isto por três vezes. Entrou nos paraus em que íamos. Mandou sair todas as arcas para fora; tomou os vestidos que lhe pareceram bem e fez mercê a Tomé Pires, que fôssemos a Beijing, que nos despachava.

A singular familiaridade das relações não é inventada. A recepção em Nanjing contrasta, por sua simplicidade, com os fastos

e a grandiloquência que rodeiam a acolhida a Cortés em México-
-Tenochtitlán. É possível que a intervenção do favorito do imperador, Jiang Bin, talvez a soldo dos portugueses, tenha facilitado
os fatos, e que Zhengde não se tenha desagradado por encurtar as
rédeas de seus ministros.[76]

Provavelmente nunca se saberá se o imperador jogou xadrez
chinês — *xiangqi* — com Pires, ou se o português lhe ensinou um
dos "jogos de mesa", os ancestrais dos nossos jogos de damas, então em voga na península Ibérica.[77] Contudo, o emprego do termo português e a curiosidade que se pode atribuir a Zhengde em
tal ocasião nos inclinam para um jogo de mesa que se fazia sobre
um tabuleiro dotado de certo número de casas e com pequenos
discos à guisa de peões que eram chamados "tábuas", feitos de
madeira, osso ou marfim (nossas futuras damas), e dados de seis
faces.[78] As circunstâncias levam a pensar que o imperador talvez
quisesse conhecer um jogo novo e estrangeiro, em vez de me-
dir-se com um adversário novato demais para o xadrez chinês.
Aliás, não há nada de espantoso no fato de Pires ter viajado com
um material de jogo, bem apropriado a preencher as horas vagas
e a proporcionar alguma distração a expedições relativamente ar-
riscadas. Sabe-se hoje que os jogos circularam de uma extremidade a outra da Eurásia, e que xadrez europeu e xadrez chinês têm
provavelmente uma origem comum, a situar no noroeste da Índia por volta de 500 a.C. O que muda, com a irrupção dos portugueses, é que os itinerários ancestrais percorridos pelas caravanas
e pelos jogos, ao sabor de incontáveis adaptações e transformações, são bruscamente encurtados. Entram em contato mundos
que até então só mantiveram relações distantes, indiretas e episó-
dicas, e esse contato pode também passar pelo jogo.

Também no México, é esse o caso. As relações cotidianas da
roda de Cortés com Moctezuma se baseiam ao mesmo tempo nas
trocas de presentes e de vestimentas e na paixão pelo jogo, que

parece ser universalmente compartilhada. Díaz de Castillo, que estava montando guarda, lembra-se de ter visto Cortés jogar *totoloque* com o *tlatoani*: "O jogo que chamavam assim era dotado de bolinhas muito lisas, feitas em ouro especialmente para esse fim; lançavam essas bolinhas a certa distância, assim como umas plaquinhas, também feitas de ouro, e em cinco jogadas e tentativas ganhavam ou perdiam certas peças de ouro ou ricas joias que apostavam".[79] Todos se divertem, especialmente Moctezuma, ao ver um dos futuros conquistadores, Pedro de Alvarado, tentar trapacear: "Ele fazia muito *ixoxol* quando contava os pontos".[80]

Na pena do cronista, Moctezuma assume ares de grão-senhor liberal. Mas então o *tlatoani* mexica não é mais do que o rei de um romance de cavalaria? Sob o clichê, por trás da cortesia prodigalizada, desenham-se outras preocupações que decorrem da própria maneira como as sociedades indígenas concebem o jogo. Para Moctezuma, sejam quais forem as inteligências e as forças presentes, é a sorte, e só ela, que decidirá o desenlace. O *tlatoani* se comporta como atento perscrutador dos destinos, ávido por conhecer para qual lado se inclina a balança, quando não é ajudada pela mão humana. Cabe ao jogo prefigurar e revelar o resultado, um resultado que verá o perdedor fadado ao desastre absoluto e o vencedor, ao triunfo sem partilha.[81] Não há meias medidas entre os mexicas: os vencidos do jogo de bola são sacrificados. Moctezuma pertence a um mundo no qual o guerreiro vencedor de ontem pode expirar amanhã sob o cutelo de obsidiana do sacerdote sacrificador. Dirão que os mexicas "jogam" com o destino e o tempo, enquanto seus visitantes, mais prosaicamente, se divertem e enchem os bolsos? Seria esquecer que a expedição castelhana inclui também um astrólogo, Botello, que não se constrange em interrogar o destino. Daí a imaginar que, também para Cortés, os resultados do jogo podem prefigurar a sorte que os espera, ele e seus companheiros...[82] Em Nanjing, tende-se a pensar que o jogo se baseia no acúmulo de atitudes acertadas, e, portanto, na experiência e na astúcia, e que o acaso tem uma participação bem mais reduzida. Mas evitemos fazer de Tomé Pires ou de Zhengde gente demasiado semelhantes a nós.

Nesse ano de 1520, em Nanjing ou em México-Tenochtitlán, obscuros europeus que jamais se aproximaram de seus próprios soberanos se veem lado a lado com os "donos do mundo", em princípio inacessíveis aos mortais comuns. Aqui eles jogam damas, lá manejam bastões: um modo como outro de se divertir, mas também uma oportunidade de relaxar em situações particularmente estressantes, tanto para os europeus como para Moctezuma, então refém — ao menos, é o que Cortés afirma — de seus visitantes. Os mundos não se conectam em um dia e o jogo ajuda a vencer os imprevistos ou a matar o tempo, que nem sempre é exclusivamente consagrado a espionar o outro ou a tentar apanhá-lo numa armadilha. A curiosidade de cada um entra em jogo tanto quanto o desejo de conquistar e de possuir. E não somente a curiosidade dos recém-chegados. As pessoas logo esquecem que, para figuras da envergadura de Moctezuma e de Zhengde, depositárias de tradições seculares e de conhecimentos esotéricos, a frequentação dessas criaturas bizarras vindas de longe, totalmente ignorantes dos usos e dos códigos mais elementares na China e no México, mas portadoras de outros saberes, era intrigante e até fascinante. Fosse como fosse, a monotonia do cotidiano, que engloba as sociedades e as culturas, era quebrada durante alguns instantes. Ainda que a grosseira ignorância dos usos — como a daquele brutamontes espanhol que não acha nada melhor para ocupar a noite do que se masturbar durante seus turnos de guarda — choque o senhor de México-Tenochtitlán, que se queixa imediatamente.[83]

Em México-Tenochtitlán, à diferença de Nanjing, os episódios desse tipo não precedem o encontro oficial. Situam-se semanas após um acontecimento ao qual as duas partes deram uma importância excepcional, tanto os mexicas, pela mobilização de recursos e de homens que ele envolveu, quanto os espanhóis, pelo destaque que seus relatos darão ao evento. O encontro entre Cortés e Moctezuma é também um momento forte porque, na pena de Cortés, se torna o cerne da argumentação de sua segunda carta. Ao revelar ao seu leitor os esplendores da Veneza americana e ao narrar para o imperador a rendição de Moctezuma, ele lança mão dos únicos meios de que dispõe para ser perdoado por sua rebelião. Difícil, portanto, ou mesmo impossível, distinguir o que Cortés viu e compreendeu in loco daquilo que ele transmitiu à Europa sobre o assunto, alguns meses mais tarde.

A descoberta e a descrição da "grande cidade" marcam, de todo modo, uma guinada na história da expansão espanhola na América. Transpõe-se um limiar, que fornece a Cortés a melhor das justificativas. Após a conquista dos selvagens das ilhas — mas, em certo sentido, era algo diferente de uma reencenação tropical da conquista das Canárias no século xv? —, após as frustradas esperanças de Colombo no sentido de alcançar o império do Grande Khan, os espanhóis finalmente chegam a um mundo que vale a pena e que nós diríamos "civilizado", e todos, Cortés à frente, tomam consciência disso imediatamente: "Na maneira de ser deles, quase se encontra o modo de viver na Espanha, com tanta ordem e organização quanto lá; e, se considerarmos que esses indivíduos são bárbaros tão afastados do conhecimento de Deus e da comunicação com outras nações dotadas de razão, é admirável ver aquela que eles aplicam a todas as coisas". Pois o *señorío* de Moctezuma não é apenas grande "quase como na Espanha":[84] ele encarna a emergência, entre a Europa e a Ásia oriental, de um continente povoado por sociedades numerosas, que permaneceram sem contato com o resto do planeta e com o Deus revelado. Tinha-se feito bem mais do que descobrir novas terras: tinha-se topado cara a cara com outra humanidade surgida do nada. Cortés sabe magnificar a aposta mundial e histórica da expedição anunciando a conquista dos "maiores reinos do mundo" e o empreendimento mais glorioso que já houve.[85] É o bastante para poder trocar seus andrajos de desordeiro das ilhas pelo penacho imortal do conquistador.

Para justificar suas ações perante a Coroa, os juristas e os teólogos, impunha-se a submissão espontânea de Moctezuma: só ela podia varrer as interrogações sobre a legitimidade da conquista. Isso garantia ao conquistador um percurso sem erro, indiscutível, sem a menor nota falsa, e dava todo o valor à sua iniciativa acrescentando um novo império àquele que seu senhor Carlos possuía: este último "pode atribuir-se o título de novo imperador destas paragens, com tanto destaque e mérito quanto os de imperador da Alemanha".

Como Cortés consegue isso? Blefando. Colocando na boca de Moctezuma um raciocínio que explica a submissão do *tlatoani* por um ato voluntário de restituição. Assim como os espanhóis, os mexicas não são estrangeiros neste solo? "Não somos originários destas paragens, mas estrangeiros, pois chegamos aqui vindos de regiões muito distantes."[86] Mas não vieram sozinhos. Um senhor, que em seguida voltou à sua terra — "retornou ao lugar de onde é natural" —, é que os teria conduzido a México-Tenochtitlán. Portanto, estava na ordem das coisas que um dia os descendentes dele — os castelhanos — viessem reclamar o que lhes era devido. Com isso, Moctezuma abdica de seu poder e, tal como o japonês Hirohito em janeiro de 1946, renuncia no mesmo impulso à sua natureza divina: "Sou de carne e osso como vós, e como cada um de vós sou mortal e posso ser tocado". Por um prodígio de aceleração da história, Moctezuma abraçava uma visão secularizada do mundo, ainda mais depressa do que seu povo passaria do cobre ao aço.

Da continuação imediata esperava-se que confirmasse os bons sentimentos do príncipe em relação aos invasores. Tudo se desenrolava como se Moctezuma tivesse aproveitado a oportunidade para se submeter a César: sentia-se "tal vontade e tal prazer em Moctezuma e em todos os indígenas destas terras, como se *ab initio* eles tivessem reconhecido em Vossa Sagrada Majestade seu rei e senhor natural".[87] A mil léguas das improvisações, dos compromissos, dos passos em falso e dos deslizes de todo tipo que não deixaram de marcar a progressão dos espanhóis em terra mexicana e sua instalação em México-Tenochtitlán,[88] o roteiro que Cortés apresenta parece pautado como uma partitura. A pena do futuro conquistador produz então um dos mitos fundadores da expansão ocidental, colocando seu imperador diante do fato consumado.

Ao que ele escreve, essa penetração é tão natural, essa intrusão é tão "esperada", tão recoberta de boa consciência, tão imbuída da certeza de estar dentro do direito e da linha da história, que acabaríamos acreditando que as coisas não poderiam ser diferentes. Estava escrito, tanto entre os índios quanto entre os espanhóis: "Há muitos dias os índios estavam a par". Quanto ao imperador Carlos, "há muitos dias que ele sabia", tinha conhecimento havia bastante tempo da existência desses vassalos longínquos, como se Carlos v tivesse sempre sabido da existência dos astecas! Portanto, só resta aos índios, sem que haja guerra nem derrota, entregar-se de pés e mãos atados aos seus visitantes, que nem precisam ser seus opressores: "Podeis dispor à vontade de tudo o que temos".[89]

É também a ilustração escolar de um uso introduzido no Caribe, o do *requerimiento*, esse apelo à submissão voluntária das populações encontradas — só que, desta vez, ele é praticado não mais à escala de uma tribo de insulares, mas à de uma potência continental, para não dizer de uma civilização inteira. Não sem algumas manipulações que Cortés confessa sem rodeios: "Pareceu-me que convinha especialmente fazê-los crer que Vossa Majestade era aquele que eles esperavam". Tanto pior se o imperador não era realmente o "messias" esperado pelos índios! México-Te-nochtitlán, que empresta seu cenário inesquecível a esse episódio que Cortés soube reconstituir tão genialmente para seu senhor, bem vale uma pequena mentira! Como não sucumbir "à grande-za, às coisas singulares e maravilhosas dessa grande cidade de Te-mixtitán [Tenochtitlán]"?[90]

7. O choque das civilizações

Não se deve receber o embaixador deles, e é preciso fazê-los saber claramente se, aos nossos olhos, estão obedecendo ou são recalcitrantes. Deve-se ordenar-lhes devolver o território [que ocupam] em Malaca; e só depois é que se consentirá que tragam o tributo. Se permanecerem obstinadamente agarrados à sua ilusão, convém enviar comunicados a todos os povos estrangeiros para publicar seus crimes e lançar contra eles expedições punitivas.

Relatório do censor imperial K'ieou Tao-long
(segundo semestre de 1520)[1]

Em México-Tenochtitlán como em Nanjing, de início as coisas se desenrolam pacificamente. Por enquanto, não há choque de civilizações. A intrusão dos ibéricos se fez acompanhar de alguns erros: instalação ilegal dos portugueses em Tunmen e dos espanhóis em Veracruz, recusa a aceitar as ordens das autoridades locais que desejavam mantê-los longe, e até mesmo surtos de violência cujo preço os mercadores do Sião, os *calpixquis* ou os mandarins do fisco pagaram. Espanhóis e portugueses estão numa situação que lhes escapa inteiramente: cada um tem experiências em seu ativo — o Caribe, a Índia costeira, Malaca —, mas as reações do adversário, tanto das sociedades indígenas quanto do império chinês, são imprevisíveis.

SITUAÇÕES DESCONFORTÁVEIS

Tomé Pires entra em Beijing por volta de 1º de agosto de 1520. É alojado, segundo Vieira, em construções fechadas, reservadas aos estrangeiros. Agora, precisa ser recebido oficialmente. Para seguir o protocolo chinês, comunica a mensagem do rei d. Manuel ao ministério dos Ritos. Na verdade, várias cartas são entregues às autoridades chinesas. Uma, lacrada, só pode ser aberta em Beijing. Outra, redigida em chinês, é a tradução, feita por intérpretes recrutados em Malaca, de uma mensagem de Peres de Andrade.[2] Os intérpretes, porém, não se contentam em traduzir do português para o chinês: também redigiram a missiva sob formas aceitáveis pela corte de Beijing. Por conta disso, os portugueses se veem prestando fidelidade ao Filho do Céu. Quando se dá conta da iniciativa tomada pelos tradutores, Tomé Pires expressa um protesto que bem depressa torna desconfortável sua posição. Porque, se os enviados de d. Manuel não tinham vindo jurar submissão, aos olhos dos chineses a carta dos intérpretes era apenas uma fraude, os enviados, uns mentirosos, e a embaixada, uma farsa. Portanto, a credencial não é aceita. Pires deve esperar que o imperador retorne a Beijing para que sua sorte seja decidida.

Se os portugueses se encontram num momento difícil, é também porque altos funcionários os veem com maus olhos. Tudo indica que foram colocados obstáculos no caminho da delegação europeia ao longo dos intermináveis 2 mil quilômetros que separam Cantão de Beijing. Os grandes secretários Yang T'ing-houo e Mao Ki devem ter feito pressão sobre o imperador, que havia permanecido em T'ong-techou, antes mesmo que ele retornasse a Beijing.[3] Os censores imperiais querem aguardar a vinda do embaixador Tuan Muhammad, mandado pelo soberano deposto de Malaca, e que só chegará à corte depois de janeiro de 1521. Os enviados malaios tinham prevenido Beijing: os portugueses vinham fazer espionagem na China. Tratava-se de ladrões que mantinham o costume de erigir uma estela e de construir uma casa nas terras das quais queriam se apoderar. Era assim que haviam procedido em Malaca. Apesar disso, o imperador Zhengde parece disposto a tolerar esses estrangeiros, que visivelmente — mas, afinal, era culpa deles? — não estão muito a par dos costumes locais.

Pires, portanto, deve armar-se de paciência. É com os outros enviados estrangeiros que ele aprende os detalhes do cerimonial do qual se prepara para participar em Beijing, pois em Nanjing só viu o imperador em audiência privada. Nem Barros nem Vieira deixam transparecer o menor incômodo ante a ideia de prestar homenagem ao imperador. Mas Pires nunca receberá autorização para ir ao palácio imperial a fim de se prosternar três vezes diante de uma parede atrás da qual supostamente se encontra o imperador.[4] A morte de Zhengde, em 20 de abril de 1521, reduz a nada os contatos feitos em Nanjing. Os embaixadores que se encontram em Beijing são todos dispensados. Pires deve retomar a rota de Cantão.

Em México-Tenochtitlán, a situação não é muito mais promissora. Cortés avalia a armadilha que a capital lacustre pode constituir. Os visitantes, bem pouco numerosos, algumas centenas, no máximo uns quinhentos, estão à mercê, ao menos para se alojar e se alimentar, dos 200 mil a 300 mil mexicas que habitam a cidade. Se não forem abastecidos, os hóspedes, assim como seus cavalos, podem morrer de fome e de sede. Não é absolutamente o caso de capturar Moctezuma, pois isso desencadearia um caos cujas primeiras vítimas seriam justamente os intrusos. No entanto, Cortés vai afirmar o contrário em sua segunda carta. Para que os mexicas sejam considerados um povo em revolta contra Carlos, e portanto o alvo de uma reação apresentada como um ato de legítima defesa, é preciso inventar o relato de uma submissão e, para tornar essa submissão mais completa, o senhor do lugar deve ser refém de seus visitantes.[5] Mas, estranhamente, de novembro a maio, Cortés não achou conveniente informar o imperador quanto ao domínio que ele supostamente assumiu. As contradições entre as fontes que fazem alternadamente de Moctezuma um prisioneiro estritamente vigiado e um soberano sob controle muito pouco rigoroso reduzem bastante a credibilidade da versão de Cortés.[6]

Por sua vez, durante muito tempo o *tlatoani* evitou os confrontos com os intrusos: combates em México-Tenochtitlán, mesmo desfavoráveis aos europeus, ameaçariam abalar o domínio dos mexicas sobre seus aliados da Tríplice Aliança. Expor-se a uma batalha em campo aberto seria fornecer aos espanhóis a oportunidade de manifestar sua temível eficácia. Era preciso evitar, por todos os meios, desmoralizar-se perante as outras cidades do Vale. E incidentes dentro da cidade, devidos à fúria combinada dos espanhóis e de seus aliados tlaxcaltecas, poderiam desencadear transtornos e desestabilizar o poder do *tlatoani*. Este dispunha ainda de outras razões para contemporizar, quer tenha preferido esperar a recepção do tributo ou o fim da estação das chuvas. Tudo, portanto, é feito para não se opor abertamente aos seus visitantes inoportunos.

Nessa situação, os dirigentes de México-Tenochtitlán não permanecem como espectadores simplesmente à espera do que vai acontecer. Sempre alerta, Moctezuma não parou de enviar espiões atrás dos intrusos. Mandou pintar imagens dos castelhanos, tanto para saber qual era a aparência deles e que armas portavam quanto para agir à distância sobre suas representações. Nós o imaginamos rodeado por um verdadeiro "gabinete de crise", informado dia após dia sobre a progressão dos recém-chegados por relatórios que se sucedem.[7] A darmos crédito ao cronista Diego Durán, que imprime à coisa um cunho muito europeu, o *tlatoani* teria ordenado uma consulta aos arquivos para descobrir precedentes e identificar os recém-chegados. Não necessariamente em vão, já que a hipótese de um "retorno ao país", sob a forma ou não de um retorno de Quetzalcoatl, vai acabar por impor-se na mente dos índios. Em México-Tenochtitlán, observações e testes prosseguem, depois de instalado na cidade o exército de Cortés. Tudo leva a pensar, portanto, que Moctezuma jamais ignora nada do que acontece: ele estava a par dos argumentos e das intenções dos espanhóis antes mesmo da chegada deles e de seu encontro em México-Tenochtitlán.

Os espanhóis precisam de tempo: para aperfeiçoar as relações com seus aliados indígenas, para repensar o uso do cavalo, eficaz mas muito exposto aos ataques dos índios, para imaginar o socorro e o armamento de uma força naval no lago de México-Tenochtitlán, para estabelecer uma ligação que forneça de modo permanente reforços vindos por mar, para fazer sentir a eficácia paralisante de suas intervenções "robustas".[8] Ou seja, vantagens acumuladas suscetíveis, com o tempo, de fazer uma parte das populações indígenas inclinar-se a favor deles. Por enquanto, os intrusos ainda estão avaliando o conjunto da situação. E, muito naturalmente, interrogando-se sobre as possibilidades de uma conquista...

A MORTE DOS IMPERADORES

Ao saber, no início de maio de 1520, que uma frota espanhola partida de Cuba vem apoderar-se de sua pessoa, Cortés sai de

México-Tenochtitlán, onde deixa o grosso de seus homens. O risco é duplo: cair nas mãos do enviado de Diego Velázquez e abandonar os seus à mercê dos mexicas.

A ameaça vinda de Cuba é rapidamente conjurada, mas, na ausência de Cortés, México-Tenochtitlán se revolta. Assim que ele retorna, o cerco se fecha. Cortés fica consternado: "A melhor e mais nobre cidade dentre tudo o que acabava de ser descoberto no mundo estava prestes a ser perdida e, uma vez perdida, perdia-se tudo o que se tinha".[9] Parece que, em tais circunstâncias, Moctezuma teria se tornado refém e prisioneiro dos castelhanos. Os espanhóis se entrincheiraram então no palácio deles, transformado em fortaleza, com 3 mil aliados tlaxcaltecas. Os mexicas se esforçam para privá-los de alimentos. Os projéteis chovem sobre os europeus. Já no primeiro dia de combate, o ataque faz oitenta feridos, entre os quais o capitão. As hostilidades, portanto, explodiram no seio da cidade antes mesmo que a conquista começasse. Cortés ainda tenta servir-se de Moctezuma para persuadir os índios a depor as armas, mas logo perde seu maior trunfo: segundo as fontes europeias, o *tlatoani* foi gravemente ferido por uma pedra e morreu três dias depois. Segundo o outro lado, foram os espanhóis que o teriam executado.

Os chefes da ofensiva mexicana ordenam então a Cortés que deixe imediatamente o país. A superioridade numérica dos mexicas é esmagadora, e aparentemente a situação não tem saída. Uma retirada diurna seria catastrófica e um contra-ataque, um suicídio: "E eles tinham feito as contas, se morressem 25 deles e somente um dos nossos, nós seríamos eliminados primeiro, pois éramos poucos e eles, numerosos".[10] Aos intrusos, só resta empreender a fuga em meio às trevas de uma noite de tempestade, sofrendo enormes perdas: centenas de espanhóis, 45 montarias e 2 mil índios "amigos" perdem a vida. É o episódio desastroso ao qual a posteridade dará o nome de *Noche triste*.

Incitada pela morte do *tlatoani*, a revolta de México-Tenochtitlán marca uma guinada decisiva. O partido belicoso se sobrepôs, bem decidido, dessa vez, a acabar com os estrangeiros, a qualquer preço. Só nesse momento é que os visitantes são forçados a uma guerra sem trégua.[11] Ainda não é uma guerra de conquista, mas antes uma fuga desvairada que comprova o estado de despreparo e a inferioridade militar dos espanhóis. Os sobreviventes, que escaparam do aniquilamento por um triz, estão longe de já ter vestido a pele dos conquistadores. O choque das armas começa favorecendo os índios.

Na China, igualmente, a morte do soberano transtorna a situação dos visitantes, mas por razões totalmente diversas. Zhengde morreu em 20 de abril de 1521, das sequelas de uma pneumonia. A administração chinesa não demora a reagir. O favorito do defunto, Jiang Bin, caído em desgraça, é detido e em seguida rapidamente executado com seus quatro filhos. Todos os enviados estrangeiros são dispensados. Lê-se no *Shilu*: "Naquele dia, [...] aos bárbaros portadores de tributo de Kumul, Turfan, Fo-lang-ki [os portugueses] e outros lugares, concederam-se recompensas a todos, e prescreveu-se que eles retornassem a seus países".[12] Quando em 27 de maio o novo imperador, Jiajing, entra na capital, Pires já não está em Beijing, de onde teve de sair entre 2 de abril e 21 de maio. O que está acontecendo? A mudança de governante provoca uma mudança de política, e a hostilidade acumulada contra o imperador defunto se desencadeia. Os clãs que se agitam em torno do jovem herdeiro — ele só tem treze anos — empenham-se em expurgar a roda imperial e em apagar os rastros do reinado precedente. Por exemplo, fechando a Casa dos Leopardos, onde Zhengde gostava de passar temporadas, e ao mesmo tempo livrando-se de embaixadores considerados excessivamente bem situados na corte. Mas, à diferença dos outros enviados, só Tomé Pires vai embora sem presentes nem título honorífico.

O embaixador português não sabe o que o espera em Cantão. Na primavera de 1521, no momento em que Pires retomou o caminho do sul, uma flotilha de navios portugueses, carregados de pimenta-do-reino e de madeira de sapão e dirigidos por Diogo Calvo, penetra na enseada de Tunmen (Tamão), onde parece ter descarregado sem transtornos suas mercadorias. As medidas de retaliação tomadas em fevereiro pelo ministério dos Ritos, entre as quais a proibição feita a qualquer navio estrangeiro de acostar no litoral chinês, ainda não chegaram a Cantão. Embarcações portuguesas continuam a frequentar Tunmen, no início do verão. A frota chinesa monta um bloqueio. Portugueses que se encontram em Cantão, entre os quais Vasco Calvo, são detidos. Em junho, Duarte Coelho força o bloqueio de Tunmen com um junco fortemente armado e outro barco fretado pelos comerciantes de Malaca. Wang Hung, o *haidao* (almirante) da província, decide passar ao ataque, mas a artilharia portuguesa repele as forças dele.

Os combates já se arrastam há quarenta dias quando se apresentam outros dois navios portugueses, que conseguem escapar dos chineses e chegar a Tunmen. É ali, em 7 de setembro de 1521, que é tomada a decisão de ir embora. Aproveitando-se da escuridão, a frota portuguesa abandona seu atracadouro. De madrugada, é alcançada pelos chineses, que iniciam o combate. Os portugueses se poupam de um desastre favorecidos por uma formidável tempestade. Será sua primeira *Noche triste*. Por fim conseguem alcançar o largo e fogem da China, como os castelhanos fugiram de México-Tenochtitlán no ano anterior. Estão de volta a Malaca no final de outubro. Pouco após essa data, a embaixada de Tomé Pires chega a Cantão e é imediatamente posta sob vigilância.

Desde o mês de agosto de 1521, os chineses de Cantão temiam que os recém-chegados viessem ajudar Pires e seu grupo.

Nesse momento, [as autoridades do Guangdong] fizeram um novo relatório afirmando que, entre os navios de alto-mar, havia alguns de que [os ocupantes] diziam ser [pessoas] do reino dos Fo-lang-ki que vinham socorrer o embaixador [Tomé Pires] com roupas e víveres, e [as autoridades] pediram que se suspendessem as tarifas de acordo com os regulamentos sobre as mercadorias estrangeiras que transportavam.

O assunto foi submetido ao ministério dos Ritos, o qual respondeu:

Os Fo-lang-ki não são um reino que [seja admitido a] vir à corte e oferecer o tributo. Além disso, eles invadiram [um país] vizinho que tinha a investidura [da China]; mostraram-se violentos e infringiram as leis; trazem mercadorias para fazer comércio, e dão o falso pretexto de vir em auxílio [ao seu embaixador]. Ademais, os sentimentos dos bárbaros são insondáveis; se eles permanecerem por muito tempo, pode-se desconfiar que espionam. Convém ordenar aos mandarins encarregados da vigilância que os expulsem todos, sem lhes permitir penetrar no território. Doravante, quando se tratar de bárbaros de além-mar que, nas datas previstas, vierem oferecer o tributo, as tarifas serão suspensas de acordo com o regulamento. Quanto àqueles que não se prestarem às verificações ou que vierem com mercadorias fora das datas previstas, será preciso romper com todos eles.[13]

Beijing recomenda responder ao pedido de socorro do embaixador malaio, mas sem enviar frota chinesa: Malaca deverá ser restituída ao seu soberano, com o auxílio do Sião e dos países vizinhos.

De volta a Cantão no final de setembro ou desde o final de agosto de 1521, Tomé Pires descobre ali um clima extremamente tenso. Mulheres, cuja passagem as fontes registraram, alegram o tempo morto que se reinstala. Pires já não é senão um refém nas mãos dos cantoneses. As autoridades chinesas decidiram submetê-lo a uma chantagem diplomática: exigem que ele negocie o retorno de Malaca ao seu legítimo soberano. Pois os malaios, que haviam ido em embaixada a Beijing, também tinham sido devolvidos a Cantão. Tinham chegado trazendo uma carta oficial a ser entregue a Pires e destinada ao rei de Portugal, com cópia para o governador de Malaca. A carta é apresentada a Pires em outubro de 1522. Ela estipula a restituição de Malaca ao seu legítimo senhor. As ameaças, o tom e as considerações do ministro dos Ritos traduzem o desprezo com o qual doravante são encarados os intrusos: "A terra dos Franges devia ser coisa pequena, próxima ao mar, depois que o mundo é mundo, nunca viera à terra da China embaixador de tal terra".[14] As autoridades chinesas não se contentam em bater a porta. Elas reclamam a destruição do fortim da *Ilha de Mercadoria* (Tunmen) e a partida dos portugueses de Malaca. Exigem saber exatamente quantos portugueses se encontram em Malaca, em Cochin e no Ceilão. Para avaliar melhor as capacidades do adversário e despojá-lo de toda superioridade técnica e militar, chega-se a ordenar aos portugueses que construam "galeras" e fabriquem pólvora e bombardas.[15] Pires se recusa a lançar-se numa negociação da qual não é mandatário.

O SEGUNDO DESASTRE PORTUGUÊS

Enquanto isso, uma nova frota portuguesa — cinco navios e um junco de Malaca, sob a direção de Afonso de Melo Coutinho — havia chegado a Tunmen em agosto de 1522. Mas ele fora proibido de comercializar e de se comunicar com Tomé Pires. No mês de agosto, Melo Coutinho tenta tomar de assalto o quartel-general das forças chinesas em Nanto (Nan-t'eou). Trava-se uma batalha indecisa. Por algum tempo os portugueses resistem às dezenas de juncos de combate, mas são esmagados pelo número. Acabam por retirar-se após catorze dias de luta, não sem ter sofrido grandes perdas em homens e navios.[16]

[No primeiro ano de Jiajing], eles devastaram por fim a baía de Si-ts'ao. O "comandante das medidas de defesa contra os japoneses" e o *po-hou* [centurião] Wang Ying-ngen conduziram a ofensiva. Um homem de Hiang-houa [uma guarnição], P'an Ting--keou, subiu primeiro [à abordagem]; todos o seguiram; capturaram-se vivas 42 pessoas, entre as quais Pie-tou-lou e Chou-che-li, cortaram-se [além disso] 35 cabeças e tomou-se posse de dois navios [dos Fo-lang-ki]. O que restava dos bandidos [os portugueses] trouxe ainda três navios que retomaram o combate. [Wang] Ying-ngen pereceu combatendo. Aqueles bandidos foram também derrotados e fugiram. As tropas imperiais obtiveram os canhões deles, que foram denominados *fo-lang-ki*. O *fou-che* [comandante da frota do Guangdong] Wang Hong os fez chegar à corte [...].[17]

Segundo outra fonte chinesa,[18]

o *haidao* Wang Hong [quis] expulsar [os portugueses] com tropas; mas estes não concordaram em ir embora e, muito pelo contrário, servindo-se de seus canhões, atacaram e derrotaram nossas tropas. A partir desse momento, nosso pessoal os olhava de longe, temendo-os, e não ousava se aproximar. Alguém sugeriu um meio que foi o de enviar bons nadadores, os quais, entrando na água, perfuraram e afundaram os navios [portugueses], e todos estes últimos foram capturados. Por essa razão, Wang Hong foi recomendado para empregos [mais elevados].[19]

Portanto, a frota chinesa teria sofrido um ou vários reveses antes de recorrer ao mencionado estratagema.[20]

Do lado português, Vieira faz o balanço desse segundo desastre: um dos quatro navios explodiu, o outro foi afundado; dois outros ainda, os de Diogo de Mello e de Pedro Homem, teriam sido capturados, e cerca de quarenta portugueses teriam caído nas mãos do adversário.[21] Os feridos são sumariamente executados assim que chegam aos navios dos chineses: "Porque bradaram das feridas e prisões, lhes cortaram as cabeças nos mesmos juncos".[22] As fontes chinesas também insistem quanto à captura de um estrangeiro "*fo-lang-ki* denominado *Pie-tou-lou*", ou seja, Pedro Homem, que na realidade lhes escapou, visto que encontrou a morte na batalha naval. Ao que parece, os vencedores lançaram mão de um embuste, atribuindo a um dos portugueses o papel de embaixador a fim de inflar ainda mais sua vitória.[23]

Para Vieira e seus companheiros de infortúnio, no dia 14 de agosto de 1522, com a chegada de Mello, a expedição se torna um pesadelo. Os membros da embaixada portuguesa retidos em Cantão são lançados à prisão. Expostos à vingança da administração chinesa — mandarins, militares e eunucos —, os vencidos sofrem todo tipo de provação mental e física: "Trazíamos os braços inchados, as pernas rocadas das cadeias estreitas". Vieira relata o calvário deles e contabiliza os mortos. Muitos prisioneiros perecem de fome e frio.[24] As mulheres que acompanhavam a expedição são vendidas como escravas.

Em dezembro de 1522, os juízes de Cantão emitem uma sentença sem apelação: "Ladrões pequenos do mar enviados pelo ladrão grande falsamente vêm espiar nossa terra". Os intrusos, portanto, não passam de ladrões e suas mercadorias são apenas o produto da receptação, "fazenda de ladrões". Na primavera seguinte, um édito marca a execução dos prisioneiros. Em 23 de setembro, cumpre-se a sentença. Os portugueses desfilam pelas ruas principais da cidade e dos arredores de Cantão, antes de serem executados a tiros de balestra. "Foram estas 23 pessoas feitas em pedaços, isto é, cada uma com cabeças, pernas, braços e suas naturezas nas bocas e tronco do corpo cortado pela barriga em dois pedaços." A carta de Vieira enumera uma a uma as vítimas portuguesas, africanas ou indianas dos chineses, detalha a natureza dos castigos administrados, registra o número de mortos e as crueldades sofridas, com uma indignação que quase nos faz sorrir, se pensarmos na brutalidade com a qual os ibéricos costumavam se comportar em terreno conquistado ou visitado. A repressão também se abate sobre os colaboradores asiáticos e chineses. Atinge as tripulações dos juncos que conduziram os portugueses a Cantão: "Foram afogados, muitos mortos a pancadas e a fome nas cadeias". Siameses têm a cabeça cortada e o corpo empalado por terem introduzido prisioneiros portugueses na China.[25]

As autoridades chinesas contavam com o caráter espetacular das execuções a fim de impressionar as multidões e dissuadi-las de qualquer colaboração com os estrangeiros:

> Para que todos os vissem, tanto os de Cantão como os da região, para dar a entender que não tinham em conta ocupar-se dos portugueses e para que o povo não falasse dos portugueses [...] As suas cabeças e naturezas foram trazidas pelos portugueses diante dos mandarins de Cantão, com tangeres foram vistas, penduradas pelas ruas e depois jogadas nos monturos e *disso ficou não consentirem mais portugueses na terra nem outros estrangeiros.*

Como enfiar melhor na cabeça da população de Cantão e dos arredores que os portugueses são uma corja imunda, vinda de um lugar insignificante? Era o bastante para excitar a xenofobia das multidões, visto que, aos olhos dos chineses letrados, todo estrangeiro é considerado um selvagem e um "bárbaro" (*fan--ren*).[26] Em consequência disso, os portugueses que se arriscam na costa são maltratados e executados às dezenas. Em 1523, ou talvez em maio de 1524, também o próprio Pires é verossimilmente executado: as fontes chinesas falam da eliminação do "arquicriminoso"[27] Huo-chê Ya-san. Até hoje, a sorte do embaixador Tomé Pires permanece cercada de mistério, pois segundo uma tradição ele teria escapado à execução para ser exilado e morrer numa cidade do interior do império.

Em sua desgraça, no entanto, os portugueses de Cantão tomam o cuidado de distinguir os autores de sua derrota — os mandarins de Cantão — e as autoridades imperiais: "Por esta causa destas fazendas e da dos cinco juncos os mandarins foram muito ricos; estes que furtaram, há muito tempo que não estão em Cantão, foram mandados para outras governanças segundo seus costumes, agora foram promovidos os m(ai)ores do reino".[28] As vítimas insistem quanto ao caráter local da maquinação, denunciando uma escandalosa recusa de justiça: "Isto não é justiça, mas é justiça de três mandarins ladrões".[29] Um modo diplomático de minimizar a afronta feita à Coroa de Portugal, de poupar Beijing e, afinal, de não tomar consciência da amplitude e da radicalidade da reação chinesa.

Seja como for, o Portugal de João III, chegado ao poder em 1521, passa a esponja. O novo rei abandona as ambições universais de seu pai e não procura replicar ao adversário. Prefere concentrar seus esforços a leste de Malaca e reforçar a presença dos seus nas Molucas. Em 1524, ele ordena a construção de uma fortaleza no arquipélago da Sonda para enfrentar um novo perigo, o de "que os castelhanos fossem tomar aquela terra sabendo a muita pimenta que havia nela".[30]

A aventura de Cortés não se conclui com a *Noche triste*. À diferença dos chineses, os mexicas não tiveram a satisfação de se livrar de todos os seus adversários. É verdade que, se Cortés escapa ao cenário cantonês, é só por um triz, ao preço de grandes perdas humanas, na humilhação de uma *Noche triste* durante a qual os conquistadores se transformam em fugitivos desvairados, enregelados pela chuva, cobertos de lama e de sangue. Assim, nem tudo é muito diferenciado entre os acontecimentos da China e os do México. Seria um equívoco opor a lucidez ou a reatividade chinesas à inconsciência ou à candura mexicanas, a firmeza sem falha dos mandarins às contemporizações dos dirigentes mexicas. As reações chinesas e mexicanas são menos divergentes do que poderíamos imaginar. São igualmente complexas e igualmente brutais. Às violências indígenas, corpos massacrados, sacrificados e devorados à vista de seus colegas, correspondem os corpos esquartejados das prisões cantonesas. Os espanhóis estiveram pertíssimo de desaparecer do palco da história, como o pessoal de Pires e os soldados das duas frotas portuguesas, e de ser massacrados pelos mexicas. Só que, mexicana ou chinesa, a eficácia da réplica não é a mesma, e o que a posteridade acabará retendo são as crueldades dos espanhóis.

Tendo saído de México-Tenochtitlán, Cortés, ferido, bate em retirada com homens e cavalos à beira do esgotamento. Os índios perseguem esse bando de estropiados, os quais imaginam que "seu último dia chegou".[31] Foi por milagre que os aliados tlaxcaltecas não se voltaram contra os restos da tropa espanhola a fim de "recuperar a liberdade que tinham antes". Ao contrário, essas populações indígenas permanecem fiéis ao seu novo aliado. É o momento que Cortés escolhe para se lançar à conquista de México-Tenochtitlán — aquilo que ele denomina "a pacificação da região" —, em vez de entrincheirar-se no litoral, à espera de um eventual socorro. Assim como apresenta seu empreendimento como "a retomada da tão grande e tão maravilhosa cidade de Temixtitán e das outras províncias que lhe são sujeitas".

Se não quiser passar por traidor que abandona o terreno, Cortés tem de castigar uma revolta indígena que explodiu "sem nenhuma razão". Aos seus olhos, portanto, a guerra é triplamente justificada: a legítima defesa — "a segurança de nossas vidas" —, a retomada daquilo que acabava de ser perdido e o combate contra a barbárie e a idolatria. A introdução dos temas da propagação da fé e da luta contra a barbárie completa uma argumentação que reúne todas as peças do imperialismo colonial. Se isso não for suficiente, Cortés acrescenta o tema da justa vingança e do acerto de contas: os adversários não são povos inocentes que foram invadidos, mas vassalos revoltados que traíram a palavra "dada". Compreende-se agora a razão de ser e o "maquiavelismo" da encenação da chegada a México-Tenochtitlán: era necessário que Moctezuma tivesse entregado seu reino aos estrangeiros para que a ruptura dos vínculos pudesse passar por "traição".[32]

A desmesura de Cortés está sempre presente: diante das dezenas de milhares de índios em pé de guerra, em Tlaxcala, contam-se apenas quarenta cavaleiros espanhóis, quinhentos "pedestres", entre os quais oitenta arcabuzeiros e balestreiros, oito ou nove canhões e "pouquíssima pólvora".[33] Mais do que suas armas, seus homens e seus cavalos, é o apoio de numerosas senhorias indígenas que oferecerá a Cortés a vantagem sobre os adversários. A "pacificação" das aldeias do altiplano treina suas tropas na guerra indígena e agrega novos grupos, ainda que pertençam ao campo inimigo. É tanto à negociação quanto ao sucesso de suas armas que Cortés deve o fato de voltar para montar o assédio diante de México-Tenochtitlán.

A operação é longamente amadurecida e preparada. Ela se beneficia de um aliado imprevisto: a epidemia de varíola que se alastra após a expulsão dos espanhóis de México-Tenochtitlán (junho de 1520). Sem dúvida, a doença não foi a arma imbatível que decidiu a vitória dos estrangeiros, pois atingiu igualmente os "amigos" indígenas do conquistador, mas contribuiu fortemente para desarvorar os mexicas.[34] A construção de uma frota de bergantins se revela um golpe de mestre. Ela confere uma formidável mobilidade à artilharia espanhola. É um trunfo decisivo, mesmo diante dos chineses, como perceberam os portugueses do delta do rio das Pérolas.

México-Tenochtitlán cai em agosto de 1521, ao mesmo tempo que Tomé Pires, repelido, retomou a interminável rota de Cantão. É menos a superioridade muito relativa dos espanhóis do que a fragmentação política do mundo mesoamericano que decide a sorte dessa região do mundo. A isso se acrescenta sua extraordinária fragilidade imunitária diante das patologias originárias da parte eurasiana do mundo. Nem império couraçado nem armadura bacteriológica, a população de México-Tenochtitlán não mais conseguirá se livrar de seus visitantes.

O CHOQUE DAS CIVILIZAÇÕES

Vistas hoje, a queda de México-Tenochtitlán e o desbaratamento das sociedades indígenas parecem ter sido inevitáveis, e esquecemos que os primeiros confrontos haviam terminado mal para os espanhóis. O cronista Díaz del Castillo guarda uma lembrança assustadora da expedição de 1517: "Oh! como é penoso descobrir terras novas, e sobretudo fazer isso do modo pelo qual nós nos aventuramos! É impossível medi-lo, a não ser que se tenha passado por extremas provações".[35] Hernán Cortés, com seus quinhentos homens e sua pequena vintena de cavalos, sem contar uma centena de marinheiros,[36] tem diante dele as populações indígenas do México, que se aproximam dos 20 milhões. Um total bem menor do que os 150 milhões da China dos Ming, mas ainda é gigantesco. Num daqueles cálculos globais cujo segredo ele possuía, Pierre Chaunu lembra que a América média valia uma China do Norte, e a América dos altos planaltos, em sua integralidade e "seus impérios", andino e mesoamericano, uma China inteira.[37] A desmesura sobre a qual insistimos várias vezes já se aloja nessa diferença abissal. Ela caracteriza o conjunto desta história que oferece um dos exemplos mais espetaculares e mais dramáticos de colisão dos mundos. E de uma colisão que desemboca numa vitória inapelável dos europeus.

Desse choque de civilizações, a memória ocidental conservou sobretudo a lembrança da brutalidade: bastante inferiores em número, os espanhóis se desencadearam contra índios que levarão tempo para habituar-se a combater cavaleiros, a respirar o cheiro da pólvora e a ouvir trovejarem os canhões. A lenda negra reterá as crueldades dos castelhanos a ponto de deixar na sombra a fúria com a qual numerosas sociedades indígenas resistiram aos conquistadores. Ela exagerará a velocidade da conquista e ignorará seu arranque lento, suas improvisações e seus fracassos. A queda da cidade de México-Tenochtitlán, em agosto de 1521, não soou de um dia para outro o dobre de finados do mundo pré-hispânico e o advento do México espanhol. Serão necessárias gerações para que o país se hispanize e se ocidentalize. Não somente os colonos deverão enfrentar todo tipo de resistência e de estorvos pesados, como também a proliferação das mestiçagens terá resultados imprevistos e imprevisíveis que impedirão as sociedades locais de afundar no vazio ou de se tornar clones das aldeias de Castela.

É inegável, contudo, que a tomada da capital mexica assinala o início de um longo processo de captura do continente americano, que durante séculos ancorará essa parte do mundo no campo ibérico, europeu, e depois ocidental. Sob esse ponto de vista, é um evento continental. Há mais, porém. A conquista do México aparece como uma etapa crucial da globalização ibérica, pois estimulou a integração das sociedades continentais da América ao seio de um império espanhol espalhado pelos quatro cantos do mundo. Inscreve-se, assim, numa corrida para a Ásia da China e das especiarias. A esse título, é também um evento de alcance mundial.

Discutiu-se muito sobre as razões da derrocada das sociedades indígenas: a diplomacia de Cortés, hábil em utilizar as divisões dos adversários e dos seus, o pragmatismo do conquistador, a superioridade do armamento ibérico e, sobretudo, as primeiras devastações causadas pelas doenças vindas da Europa. O ferro teria prevalecido sobre o cobre, antes de o cristianismo missionário e desestabilizador se empenhar em quebrar a rotina das idolatrias antigas para instalar outras, novas. Todas excelentes razões que reencontraremos em ação em outras partes do continente americano durante as décadas seguintes.

Ante a relevância da conquista do México, a embaixada de Tomé Pires faz uma triste figura, ou mesmo a figura de não acontecimento; não passa de um incidente esquecido pela historiografia mundial, conhecido, no máximo, pelo círculo estreito dos historiadores da Ásia portuguesa. Não somente a embaixada é um fiasco, mas também aparece como um episódio sem continuação. Nada de penetração efetiva na China, nem conquista nem colonização, muito menos cristianização, e sobretudo nada que se aparente com uma estiva ao grande navio da globalização ibérica. Será que o Ocidente só conserva na memória os choques que têm sucesso, como os das Américas?

Como explicar sortes tão contrárias, exceto pelos contextos que acabamos de evocar? Diferenças entre homens e entre imagens nacionais vêm de imediato à mente. O feitor do rei, Tomé Pires, comerciante e grande observador do mundo dos negócios, não é Cortés, simultaneamente desordeiro, bem-sucedido *condottiere* e refinado político. Os castelhanos, por sua vez, passam tradicionalmente por conquistadores natos, e os portugueses, por viajantes de comércio. Contudo, vários traços aproximam as duas nações: o gosto pela descoberta e a sede de riquezas, o domínio incontestável do mar, a capacidade de sobrepujar uma considerável inferioridade numérica, a eficácia de seu armamento, o apoio de bases na retaguarda (Cuba equivale a Malaca) e mesmo a presença de excepcionais guerreiros. Albuquerque, o conquistador de Goa, de Malaca e de Ormuz, que foi comparado aos grandes capitães da Antiguidade, tem toda a envergadura de um Cortés.[38] Convém ainda introduzir outro ponto em comum, mais surpreendente: o exame das cartas de Vieira e de Calvo revela que os portugueses também tinham a intenção de conquistar e colonizar uma parte da China, precisamente aquela onde se encontravam apanhados na armadilha.

As tentativas portuguesas de abordar a China foram pulverizadas pelas reações chinesas. Para explicar destinos tão opostos, convém buscar a diferença sobretudo do lado do adversário e do terreno. Os portugueses foram paralisados antes de ser reduzidos ao silêncio e depois ao nada. Jamais conseguiram dominar a situação que seu desembarque provocou, ao passo que temos a impressão de que foram as próprias contradições do mundo mesoamericano que catapultaram os conquistadores à linha de frente da história americana.

8. O nome dos outros

De onde saem os visitantes da China? O armamento deles sugeriu a letrados chineses a hipótese de uma origem asiática. Segundo o *Yue-chan ts'ong-t'an*,

> o reino dos Fo-lang-ki fica ao sul do reino de Java. Esses dois reinos usam armas de fogo, cuja forma é semelhante, mas as armas de fogo dos Fo-lang-ki são grandes, as de Java são pequenas. Os habitantes do país as usam com grande habilidade, e com as pequenas podem matar um pardal. Quando os chineses as usam, se não tomarem cuidado arrancam-se vários dedos, ou cortam uma mão ou um braço. As armas de fogo devem ser longas; se forem curtas, não atiram longe. A alma deve ser redonda e lisa; se for desviada ou rugosa, o projétil não parte em linha reta. Somente as pessoas de Tong-kouan as fabricam no mesmo modelo dos estrangeiros (*fan-ren*); as que são fabricadas alhures frequentemente são [demasiado] curtas, e inúteis.[1]

Mas buscar para os Fo-lang-ki uma origem javanesa não era dar provas de uma amnésia bastante singular? Europeus, e não só Marco Polo, haviam visitado a China desde o século XIII até o início do século XV. No século XIV, havia até sido despachada de Avignon pelo papa uma embaixada, conduzida pelo franciscano Giovanni de Marignolli, à corte do Grande Khan de Catai, aonde chegou em maio ou junho de 1342. Anais chineses conservavam a lembrança dos grandes cavalos levados como presente do *Fou--lang*. O *Yuan che*, quando evoca a embaixada de Marignolli, denomina *Fou-lang* o lugar de onde vinham os enviados do papa. No início do século seguinte, ainda se faz alusão, em anais Ming sobre Calicut,[2] a sabres de dois gumes, ditos *fou-lang*. Apesar desses vestígios escritos, parece que a memória desses contatos diretos ou indiretos se extinguiu no início do século XVI. A *Coletânea das ordenações Ming* não diz nada sobre o país dos estrangeiros nem sobre uma visita anterior. Nada aparece tampouco nos relatórios das expedições do almirante Zheng He (1371-1433), o qual havia alcançado a costa da África oriental. As autoridades chinesas tinham motivos para se mostrar perplexas.

É aplicando aos estrangeiros o nome do canhão deles que as autoridades chinesas os batizam de Fo-lang-ki. Dando-lhes um nome cuja origem árabe ou persa elas esqueceram, e que os portugueses, familiarizados com o termo, transcrevem por *Franges* ou *Frangues*.[3] Mas essa colagem não significa indiferença. As fontes chinesas se perdem em conjeturas sobre a localização do misterioso país: o reino dos Fo-lang-ki se situaria a sudoeste do Oceano, não longe de Malaca? Encontra-se, como vimos, ao sul de Java? Seria um novo nome do país de Lambri, a noroeste de Sumatra, ou do país de P'o-li?[4] Os Fo-lang-ki viriam de ilhas povoadas por antropófagos? Assim, na China, em vez de reativar o termo *Fou-lang*, de acordo com a tradição, para traduzir *Farangi* ou *Frangi*, é *Fo-lang* que se impõe. Sem dúvida uma transcrição fonética provocou a passagem de *Fou-lang* a *Fo-lang*. O que não deixa de ter consequências, pois *Fo* designa Buda, e então *Fo-lang* pode também ser compreendido como "Filhos de Buda". Sendo Buda originário da Índia, tal interpretação convinha àqueles que chegavam do oeste. Os sentidos diferentes dados a *Fo-lang* vinham ainda obscurecer ou enriquecer as coisas: era possível ler "Filhos de Buda", mas também se podia entender "Lobos de Buda", o que caía como uma luva para um povo famoso por sua ferocidade nos combates.

Beijing, contudo, não ignorava nada da presença portuguesa no Sudeste Asiático, e sobretudo de sua recente e brutal instalação em Malaca. A isso se acrescentava o olhar, presente em toda parte, da diáspora chinesa, um de cujos membros bem cedo havia embarcado para Lisboa. Os juncos que frequentavam os portos do Sudeste Asiático e que chegavam até os portos da Índia não transportavam somente mercadorias. Eles repassavam as informações e os rumores que os marinheiros muçulmanos espalhavam do oceano Índico até o Sudeste Asiático. E os fiéis do islã que singravam esses mares tinham todas as razões do mundo para divulgar uma imagem sombria de seus rivais cristãos e de alertar seus parceiros chineses, também eles frequentemente islamizados havia muito tempo.

Para encontrar indicações mais substanciais sobre os Fo-lang-ki, convém reportar-se ao *Kouang-tong t'ong-tche* de 1535 e ao *Hai-yu* de 1537, na notícia que ele consagra a Malaca. Mais tarde ainda, a história dos Ming se beneficia de um breve histórico:

> Os Fo-lang-ki são próximos de *Man-la-kia* [Malaca]. Sob Zheng-de, instalaram-se no território de Malaca e expulsaram o rei dali. No décimo terceiro ano, enviaram um embaixador *kia-pi-tan-mo*,

com outros, para oferecer produtos de seu país como tributo e pedir um sinete de investidura. Conheceu-se então seu nome pela primeira vez […]. Eles perambularam por muito tempo sem ir embora, pilhando os viajantes e chegando até a se apoderar de criancinhas para comê-las.[5]

O porte e o físico dos estrangeiros não passam despercebidos. As fontes chinesas descrevem os portugueses como indivíduos "de sete pés de altura, [com] um nariz comprido e pele branca, e um bico de papa-figo",[6] ou ainda "um bico de águia e olhos de gato, uma barba crespa e cabelos puxando para o ruivo". Fontes coreanas arriscam uma comparação com os vizinhos nipônicos: "Esse povo, cuja fisionomia lembra a dos japoneses, usam roupas e comem coisas que não são muito civilizadas".[7] É perfeitamente vago: de nada adianta os portugueses tentarem impor os termos "Portugal" e "portugueses", já em 1534 e certamente em 1565, quando afirmam chamar-se "P'ou-tou-li-kia".[8] Eles continuam sendo os Fo-lang-ki, cuja origem não parece empolgar muito os letrados chineses.

CASTILAN! CASTILAN!

A rede comercial e diplomática que rodeia a China não tem comparação com os raros meios de informação de que as sociedades da América média dispunham. No entanto, já em 1517, portanto desde o primeiro choque, os ibéricos são chamados pelo seu nome: os maias do Iucatã recebem os europeus aos gritos de "*Castilan! Castilan!*", perguntando-lhes se eles vêm do lugar onde o sol se levanta.[9]

De saída, os invasores recebiam uma origem e um nome — e desta vez era de fato o nome que eles usavam, *castellanos*. Como os conquistadores eram levados a pronunciar frequentemente essa palavra diante dos índios, foi sem dúvida um dos primeiros termos em espanhol que estes últimos tiveram oportunidade de gravar na memória. A atenção que eles davam a tudo impressionará mais tarde o cronista franciscano Motolinía: "Eles observam e notam bastante as coisas".[10] *Castellano,* que em náuatle fica *Caxtilan,* servirá sistematicamente para designar a origem estrangeira dos animais e das coisas introduzidas pelos espanhóis: um cavalo é chamado *Caxtillan mazatl,* "cervo de Castela"; um navio europeu, *Caxtillan acalli,* "barco de Castela"; mesma coisa para o papel, que se torna *iztac Caxtillan amatl,* "papel branco de Castela".[11] Isso não significa que os índios tivessem a menor ideia do país do qual falavam: *Castilan,* para eles, é tão vago quanto "franco" para os chineses e os malaios. No mundo mesoamericano, as pessoas não pertenciam nem a um país nem a um continente, mas as cidades-Estado, as *altepeme,* como Tlaxcala ou México-Tenochtitlán.[12] Com base nisso, *Castilan* remete a um hipotético lugar que teria esse nome. Se bem que tal ideia não tenha nada de estranho para os ibéricos, que se vinculam de bom grado ao seu lugar de origem: assim, Cortés é de saída um homem de Medellín. Contudo, o nome *Castilan* era também associado ao leste, ao Oriente e ao nascer do sol, o que podia favorecer a ideia de uma origem sobre-humana. O fato de os portugueses na China passarem por gente do Oeste (= de Buda) e os espanhóis no México por filhos do Leste expressa, com impressionante concisão, o torno em que os ibéricos se esforçavam então por abarcar o globo.

Na época do descobrimento do México, os europeus já circulavam pelo Caribe havia vinte anos. Contatos episódicos entre o litoral mexicano, o da América Central e o das Antilhas não devem ser excluídos, como prova a odisseia daquela índia da Jamaica que os espanhóis encontrarão na costa mexicana e que lhes servirá de intérprete. Certamente corriam rumores sobre a presença de visitantes desconhecidos nas ilhas do Caribe, sobre suas embarcações gigantescas e, sem dúvida, sobre seus hábitos predadores. Em 1502, Colombo havia encontrado ao largo de Honduras um navio tão comprido quanto uma galera, cheio de mercadorias e de índios que cobriam o corpo e o rosto "à maneira dos mouros de Granada".[13] O encontro impressionou o navegador, mas impressionaria ainda mais os passageiros da embarcação maia. Daí as intuições do piloto Alaminos confidenciadas a Hernandez de Córdoba, um amigo de Las Casas: "Do lado deste mar do Poente, abaixo da ilha de Cuba, seu coração lhe dizia que devia encontrar-se algum lugar bastante rico". Mais ainda: náufragos espanhóis encalhados nas praias do Iucatã, onde haviam sido reduzidos à escravidão, tinham tido muitas oportunidades de informar seus anfitriões a respeito de seus compatriotas. Quanto aos maias que os haviam recolhido, estes dispuseram de muito tempo para observar as forças e as fraquezas dos que eles não tinham sacrificado. Os espanhóis sobreviventes haviam se indianizado mais ou menos fortemente. A tal ponto que um dos náufragos espanhóis preferiu continuar do lado indígena e pôr seus conhecimentos a serviço da luta contra os invasores.[14]

Mas a informação não circula somente ao longo da costa do golfo do México e na península iucateque. É provável que os habitantes de México-Tenochtitlán tenham recebido, desde o início do século XVI, notícias do mar do Leste. Vínculos políticos e comerciais introduziam no centro do país bens, seres e notícias provenientes das senhorias tributárias ou das terras quentes que davam para o golfo do México e o mar do Caribe. Poderosos mercadores nauas, os pochtecas, animavam um tráfico de longa distância que os mantinha em contato com os povos maias e o litoral tropical. Sabe-se que eles se aproveitavam disso para fazer espionagem por conta da Tríplice Aliança e que eram próximos dos círculos do poder. A celeridade com que Moctezuma é informado sobre o que está sendo tramado na costa do golfo quando surge a frota de Narváez diz muito sobre a eficácia dos serviços de informação da Tríplice Aliança.

É a perda das fontes indígenas e a reescritura indígena e colonial da história que mantêm a impressão de que a invasão espanhola teria tomado completamente de surpresa as sociedades locais: estas teriam desmoronado sob o duplo golpe do imprevisto e do imprevisível. O suficiente, claro, para explicar melhor a inexplicável derrota e minorar os equívocos diante dos conquistadores.

Enfim, mesmo que não tivesse havido náufragos nas praias mexicanas, a expedição de Cortés não explode como um trovão num belo céu estival. Ela sobrevém após duas primeiras tentativas (1517-8) que deram aos índios o tempo e os meios de tomar consciência da ameaça que pesava sobre eles, e portanto de preparar-se para isso. Quando pisam o solo do México, os soldados de Cortés já não brotam do nada. E em geral são recebidos como merecem.

BÁRBAROS OU PIRATAS?

Fo-lang-ki, Castilan. Tanto na China como no México, o outro que vem de um lugar desconhecido, o alienígena, isto é, o ibérico, recebe um nome. Mas esses nomes que definem um povo e uma região, além de permanecer extremamente opacos, não passam de um elemento e de uma etapa de um processo de identificação bem mais complexo. Uma identificação que não se desenvolve com a mesma urgência. Afinal, para os chineses, os Fo-lang-ki não são mais do que visitantes grosseiros entre tantos outros, ao passo que os índios do México sentem uma necessidade vital de compreender o agressor que os invade e que logo os esmagará e os transformará. Convém irmos mais longe. Parece que as sociedades mesoamericanas sempre guardaram um lugar para o outro, o

168

que explicaria o fato de elas terem muito mais dificuldade de se fechar e de se proteger do que o Império Celestial.

Portugueses e espanhóis encarnam o desconhecido e o mistério, tanto para os chineses quanto para os mexicanos. Eles suscitam interrogações sobre sua natureza e sobre o sentido de sua irrupção. E interpretações que dão a impressão de coincidir, sempre que buscam fazer do aparecimento dos estrangeiros um evento anunciado de longa data e carregado de todos os perigos. Do lado mexicano, os espanhóis poderiam ser os descendentes de um príncipe exilado que veio recuperar seu bem. Do lado chinês, tradições cuja origem é ignorada alertam contra uma invasão anunciada que destruiria o país.[15]

Outras reações se relacionam com o arsenal de crenças e de experiências de que cada um dispunha. Na China, ninguém sabe de onde vêm exatamente os portugueses e ninguém se lembra dos europeus que, séculos antes, frequentavam o império dos Yuan, os predecessores dos Ming. E serão necessárias décadas para que se levante o véu sobre a misteriosa origem dos Fo-lang-ki. Mas há outra forma de conhecimento que se adquire diretamente pela experiência e pela frequentação dos intrusos. Aos olhos dos chineses, como nos explicam Vieira e Calvo, os portugueses entram na categoria dos estrangeiros; são, portanto, selvagens (*fan-ren*). Pelo que os portugueses compreenderam, são selvagens aqueles que não pertencem à "terra de Deus", e portanto "que não conhecem Deus nem terra".[16] Mas *fan-ren* também se aplica ao criminoso, ao delinquente, ao culpado, ao que viola, infringe, transgride. Os portugueses são homens como os chineses, mas de uma espécie inferior não muito recomendável, um pouco como podiam ser os *barbaroi* em relação aos gregos, que os acusavam de práticas bestiais, em particular a de devorar fetos humanos.[17] Cruéis, ferozes, intelectualmente inferiores, toda uma série de qualificativos denegritivos rebaixam o estrangeiro e reforçam a convicção da superioridade inata do observador.

Paradoxalmente, diante desses modos de ver, os portugueses têm a impressão de estar em terreno familiar. Tanto chineses quanto portugueses alimentam a maior desconfiança diante de pessoas que vivem fora do mundo conhecido, seja ele cristão ou sinizado. Só que, desta vez, os bárbaros são os ibéricos, e os outros é que os veem como seres de segunda classe. Essa situação desagradável não é nova para os portugueses da Ásia, incessantemente confrontados com sociedades comparáveis à deles, quando não são, sob vários pontos de vista, superiores em força e recursos. Os marinheiros de Lisboa compartilham a sorte precária daqueles que viajam; por toda parte são desconhecidos de passagem, frequentemente postos em dificuldade ou em posição de inferioridade, especialmente por seus rivais muçulmanos.

Portanto, os portugueses são bárbaros, mas bárbaros dotados de alguns trunfos. Por menos civilizados que sejam aos olhos dos chineses, também aparecem como seres que circulam em barcos rápidos, dotados de grande potência de fogo e portanto suscetíveis de exibir, em matéria militar, tecnologias sofisticadas. Seriam irrecuperáveis? Em Cantão, os visitantes foram instruídos nos costumes chineses e o imperador julgou os desvios deles com benevolência. Mas sua imagem se degradou progressivamente, à medida que os chineses os foram conhecendo melhor.

Os marinheiros de Lisboa desembarcam precedidos de uma reputação detestável. As autoridades de Cantão, e depois as de Beijing, sabem que eles se apoderaram de Malaca em 1511 e que se comportam como tiranetes na costa chinesa. Mesmo em Beijing, os portugueses, mal-educados e arrogantes, teriam se revelado insuportáveis: "Eles brigaram pela precedência".[18] O embaixador malaio junto à corte de Beijing, Tuan Muhammad, não é sutil em suas acusações: "Os *Franges* ladrões com coração grande vieram a Malaca com muita gente e tomaram a terra e destruíram e mataram muita gente e a roubaram e outra cativaram e a outra gente que fica está sob o domínio dos *Franges*".[19] Os mandarins exigirão que Malaca seja devolvida ao seu legítimo senhor, lembrando que esse reino estava sob proteção chinesa.

Os malaios não são os únicos a expressar suas queixas. Censores da região de Cantão reclamaram perante o secretariado dos Ritos. Um concerto de recriminações se elevou contra os intrusos.[20] Os estrangeiros não pagavam as tarifas sobre as mercadorias que eles desembarcavam na ilha de Tunmen, ao largo de Cantão; impediam o povo do Sião de quitá-las e lhes barravam o acesso ao comércio; capturavam e sequestravam os juncos dos outros mercadores; mantinham muitos indivíduos armados e bombardas. Tinham até procedido a uma execução capital, com abundante publicidade. A presença portuguesa se exibia escandalosamente: "Tinham uma fortaleza feita de pedra coberta de telha e cercada de artilharia e dentro muitas armas". Percebidos como estrangeiros ameaçadores, os recém-chegados não enganam ninguém. São espiões que vêm se instalar nas terras alheias, como demonstram os famosos padrões, aquelas pedras que os navegadores de Lisboa erigiam por toda parte à sua passagem. O julgamento das autoridades chinesas é taxativo: "Éramos ladrões" e assassinos. Os Fo--lang-ki, portanto, não são apenas bárbaros, mas também piratas e espiões,[21] a julgar pelas sentenças pronunciadas contra eles em dezembro de 1522. As execuções e o destino dado a Tomé Pires não poderiam ser mais aviltantes para os portugueses. No entanto, a vingança dos chineses irá ainda mais longe.

Inegavelmente, porém, apesar de todas essas acusações, quer fossem justificadas ou não, para os chineses, que procuravam encher os bolsos com novos parceiros comerciais, os "bárbaros" estrangeiros eram interlocutores preciosos e inevitáveis, com os quais era possível se entender. De um lado, o discurso oficial, os argumentos dos letrados mergulhados em suas certezas, a propaganda xenófoba destinada a tornar efetivo o fechamento do país; de outro, interesses bem compreendidos de muitos lobbies comerciais ou de pobres que extraíam seus meios de sobrevivência do comércio com os estrangeiros.

SERES DIVINAMENTE MONSTRUOSOS

Mesma coisa do lado mexicano. Os grupos que pensavam manipular a intervenção espanhola não devem ter visto os castelhanos com o mesmo olhar que os mexicas, os quais desejavam livrar-se deles a qualquer custo. É difícil descobrir as primeiras reações indígenas. Quem eram os espanhóis que haviam surgido na costa? Homens, gente como os índios, *tlacatl*? Gente comum, *macehualli*? Gente de alta linhagem, senhores, de novo *tlacatl*? Forças onipotentes como podiam ser Huitzilopochtli ou Ehecatl, e nesse caso é mais uma vez o termo *tlacatl* o que seria empregado?[22] Preferiu-se outra palavra, que colocava os recém-chegados à distância da humanidade índia. Assim como os indígenas das Antilhas haviam tomado os navegadores por uma gente vinda do céu, e antes que os peruanos os assimilassem a *viracochas*, os antigos mexicanos fizeram de seus incômodos visitantes criaturas divinas.

Segundo as fontes europeias e indígenas, os espanhóis foram vistos como "deuses", *teteo*, transcrito como *teules* em castelhano. Os índios os assimilaram a seres sobrenaturais ou vindos de um espaço sobrenatural, e portanto a visitantes potencialmente perigosos e oriundos de um mundo sobre o qual os indígenas, na condição de "habitantes da superfície da terra", não tinham em princípio nenhum controle. Mesmo as armas da magia, às quais os mexicas recorrem, revelam-se ineficazes. Numa sociedade bastante atenta às formas reverenciais, o registro do divino regulava uma questão que a novidade da situação deixava pendente. *Teotl* — *teteo* no plural — oferecia um modo elegante de dirigir-se a seres que não ocupavam nenhum lugar nas hierarquias locais, já que não faziam parte da sociedade indígena. Como falar a esses seres, que não podiam ser abordados como senhores "naturais", a não ser tratando-os por *teules*? Logicamente, os divinos espanhóis foram alojados em santuários que os índios chamavam *teocalli*, "casa do deus", ou *teopan*, "lugar onde se encontra o deus".[23]

Teotl remete a uma concepção ameríndia do divino da qual nossos termos "deus" ou "divindade" só nos dão uma versão muito aproximativa. Bem cedo, alguns espanhóis perceberam que *teotl* podia significar ao mesmo tempo "deus" e "demônio". Essa palavra servia também para designar potências inquietantes, de comportamento imprevisível e incontrolável, e seria aplicável até aos seres humanos que supostamente as encarnavam na terra, nos ritos e nas celebrações. O cronista Bernal Díaz del Castillo relata um episódio que mostra até que ponto os conquistadores haviam aprendido a jogar com esse duplo sentido. Para impressionar os índios, Cortés decide enviar o horrível Heredia, um basco manco e caolho, de rosto repulsivo, coberto de cicatrizes e com uma longa barba, ordenando-lhe disparar tiros no mato com seu mosquete. E o conquistador explica: "Faço isso para eles acreditarem que nós somos deuses ou que correspondemos ao nome e à reputação que nos deram, e, como tens uma cara horrorosa, eles acreditarão que és um ídolo".[24] Um *teotl* é também um candidato ao sacrifício humano, uma vítima "divinizada", pronta e boa para ser consumida. Os índios que tinham a oportunidade de capturar espanhóis certamente deviam se lembrar disso.

Do lado mexicano, a invasão estrangeira se concretiza, enquanto, para os chineses, ela permanece da ordem da fantasia ou da tentativa abortada. Os visitantes do México se instalam para ficar. Não são gente que possa ser expulsa ou que se consiga eliminar fisicamente. Portanto, será necessário dizer o que esses "deuses" vieram buscar em solo indígena. E mesmo chegar a fazer de sua irrupção um acontecimento previsto e inevitável, a fim de explicar o encadeamento dos passos em falso, dos erros de cálculo e dos adiamentos que levaram à derrota. A atitude e as afirmações que Cortés atribui a Moctezuma em novembro de 1519 expressam a resignação e a abdicação ante o cumprimento do destino, uma resignação e uma abdicação um tanto imediatas demais para serem críveis. Mas prefiguram os raciocínios que tornarão inevitáveis a queda de México-Tenochtitlán e a ocupação da Nova Espanha, quando for indispensável dar um sentido à invasão e uma justificativa para a derrota.[25]

Uma vez vencedores e donos do país, os invasores passaram progressivamente da categoria de *teules* à de *tecuhtli*, senhores. E isso às vezes a contragosto, como lembram os missionários: "Espanhóis muito néscios sentiram-se ofendidos, queixaram-se e se indignaram contra nós, dizendo que lhes tirávamos seu nome, [...] e não se davam conta, os pobres, de que usurpavam um nome que só pertence a Deus".[26] Até então, eles tinham ficado encantados com o nome que haviam recebido, que haviam feito seu e hispanizado em *teules*. O uso de *teules* se manteve durante vários anos, antes que a colonização trouxesse definitivamente de volta à Terra os invasores do México.

O INFERNO SÃO OS OUTROS

Os índios do Novo Mundo são bárbaros. Sobre isso, os europeus são tão peremptórios quanto os chineses a respeito dos portugueses. Enquanto os últimos não usam os termos "selvagem" ou "bárbaro" para falar dos chineses, seus primos espanhóis não se constrangem em distribuir esses qualificativos aos povos indígenas da América, justificando por tais palavras o regime ao qual pretendiam submetê-los.

Desde a Antiguidade, nós, isto é, os gregos, os romanos, os cristãos, os europeus, e depois os ocidentais, criamos o hábito de chamar os outros de "bárbaros". A distância entre as linguagens e os modos de vida para os gregos, a diferença religiosa para os cristãos, a inferioridade técnica, militar e cultural para os europeus do Renascimento e das Luzes e, no século XIX, a raça reavivaram incansavelmente essa distinção. O termo "bárbaro" tornou-se chave mestra a tal ponto que se aplica até a europeus quando se trata, em Maquiavel, de denunciar a intrusão de estrangeiros no solo da pátria.

Durante o século XVI, na esteira da globalização ibérica, europeus viram-se diante da maioria das grandes civilizações do planeta e de miríades de populações que por muito tempo foram qualificadas de primitivas. No Novo Mundo, espanhóis e portugueses usaram e abusaram do termo "bárbaro" (enquanto eles mesmos se apresentavam geralmente como *cristianos*),[27] introduzindo distinções que não eram simples exercícios de estilo, já que orientariam as relações que os colonizadores manteriam com os colonizados.

Do lado espanhol, o debate se desenvolveu durante toda a primeira metade do século XVI, mobilizando juristas como Juan López de Palacios Rubios, teólogos como Francisco de Vitoria, humanistas como Ginés de Sepúlveda e a imensa figura do dominicano Bartolomé de Las Casas. Os índios do Caribe eram escravos por natureza, já que eram bárbaros? Onde situar os índios do México e os do Peru, cujas cidades, cujo comércio e artesanato, cujos cultos exibiam muitas marcas de civilização, mas que eram repelidos para a barbárie por causa de práticas deploráveis — o sacrifício humano, a antropofagia, e mesmo a sodomia? Os índios da América eram homens ainda na infância, cuja educação convinha aperfeiçoar? Ou sub-homens, *homunculi* fadados a trabalhar a serviço das pessoas civilizadas? Ademais das situações a resolver com urgência, o descobrimento da América oferecia amplos materiais para reflexão, quer se tratasse de criticar a noção de bárbaro — considerada injusta ou demasiado imprecisa — ou de reajustá-la e refiná-la a partir das experiências de além-atlântico. O debate conheceu momentos fortes, como a Junta de Burgos, em 1512, na qual começou a se definir os direitos e as obrigações dos índios; a descoberta das civilizações do México em 1517; os ensinamentos do dominicano Vitoria em Salamanca entre 1526 e 1539; a controvérsia entre Las Casas e Sepúlveda em 1550...

De tudo isso, os chineses estão ausentes. Se eles aparecem nos escritos de Las Casas, é sob o nome pelo qual eram conhecidos na Antiguidade — os Seres — e com base em informações que remontam àquele período longínquo.

NOMEAR OS INDÍGENAS

Chineses e mexicanos se esforçam por nomear seus visitantes. Estes também têm o mesmo desafio a enfrentar. Se a palavra "bárbaro" não obtém unanimidade, "índio" é adotado desde o início e de uma vez por todas. Os espanhóis precisavam nomear os nativos do Novo Mundo e fizeram isso com a convicção de que a Ásia ficava muito perto e bem antes de terem consciência de que se encontravam diante de um novo continente. Portanto, "índios" se impôs, como se as populações descobertas por Colombo pertencessem a uma das Índias dos antigos. Ainda que os gregos tampouco tenham inventado nada. A denominação derivava de um termo do antigo persa, *Sindhi*, que designava "indo". Do grego, o termo passou ao latim.

Se reciclam um termo clássico que podia ser igualmente aplicado aos ribeirinhos do oceano Índico, os espanhóis aprendem dos portugueses a existência dos chins. Os portugueses e os ibéricos em geral falam dos chins antes mesmo de desembarcarem na costa do Império Celestial. A obra espanhola publicada em Salamanca em 1512, *A conquista das Índias da Pérsia*, evoca "os chins que são indivíduos próximos de Malaca, que calçam botas de couro e que são brancos como cristãos. Eles não comem com as mãos, mas sim com palitinhos de uma madeira muito perfumada".[28] Mas chins é um nome que os marinheiros de Lisboa não fazem senão passar adiante. O termo vem também do persa, que, por sua vez, deve tê-lo tomado emprestado do sânscrito. Em outras palavras, continuamos a designar os habitantes do Império Celestial e os povos autóctones do Novo Mundo por termos de origem persa, sempre sem perceber muito bem o papel de mediadores que essa grande civilização exerceu. Aliás, viu-se que foi também pelo persa que transitou a palavra *francos*, da qual vêm o termo *Frangi* e o termo *Fo-lang* que os chineses associam aos portugueses.

Em suma, o encontro dos ibéricos com os índios e os chineses obrigou todos os interlocutores a dar-se nomes, a dá-los e a recebê-los. Mas a operação não se limitou a colar estereótipos sobre o adversário, pois afinal era preciso falar dos outros utilizando termos localmente compreensíveis, e portanto familiares às populações nativas. Assim, os espanhóis se esforçaram por assimilar uma vasta terminologia índia destinada a dar conta da diversidade das sociedades locais, diversidade linguística, étnica, cultural: os habitantes de México-Tenochtitlán aparecem imediatamente sob o nome de *colhuas*, "índios de Culua",[29] que lhes era dado pelos povos tributários do altiplano. Cortés aprende rapidamente que os "naturais de Taxcaltecal" — os tlaxcaltecas — são os adversários tradicionais dos mexicas, e assim por diante. O que não impede os conquistadores de desbatizar o Anahuac para fazer dele a "Nova Espanha", como explica Cortés em sua segunda carta, de outubro de 1520.[30]

Em outras palavras, o ato de nomear os outros se declina de várias maneiras: pode-se tomar empréstimos a uma bagagem ancestral baseada num dualismo redutor — bárbaros/cristãos ou bárbaros/Han —, recorrer a termos tirados das línguas dos envolvidos — Culua, Castilan — ou inventar uma categoria — *teules*, ou ainda Filhos de Buda — e aplicá-la sobre a realidade observada. Esmaga-se o interlocutor sob o clichê, ou então se alega a precisão etnográfica e o respeito pelos usos do outro. As tradições têm vida longa, já que continuamos a falar dos "índios" quando evocamos as populações indígenas da América, ou dos "astecas" — o que não é muito melhor — para designar os mexicas de México-Tenochtitlán. Somente o termo "bárbaro", por força do politicamente correto e do relativismo cultural, foi banido de nosso jargão científico.

De igual modo, o uso validou os termos "China" e "chineses", de origem persa, ao passo que, in loco, os portugueses logo aprenderam que a China se chamava "reino de Dõ", isto é, de *Than* ("aquilo que é ilimitado"), nome que os japoneses lhe davam.[31] Ao longo de todo o século, portugueses e espanhóis vão discutir a maneira pela qual convém chamar os habitantes do Império Celestial. Assim como "índios", "chineses" vai se impor. Somente a expressão "Índias Ocidentais" — as *Indias occidentales* dos espanhóis — caiu em desuso, exceto para designar, em inglês, as ilhas do Caribe, *West Indies*.

NOMEAR OS INTRUSOS

Identificar não é somente atribuir uma origem geográfica e uma natureza aos recém-chegados, é também designar indivíduos. É aplicar nomes e títulos sobre os rostos utilizando esquemas que variam segundo as civilizações e os países. As diversas fontes chinesas — entre as quais o *Shilu* dos Ming —[32] falam do *kia-pi-tan-mo* que chefia a missão. Elas dão a Tomé Pires o título que Peres de Andrade usava (capitão-mor)[33] e fazem desse título o nome do personagem, uma prática corrente no Sudeste Asiático. O termo "capitão", em sua versão italiana ou portuguesa, passou por várias línguas da Índia, da Insulíndia, antes de atravessar o chinês e de atingir o japonês. Será de espantar que os nauas se comportem da mesma maneira? Quando evocam Hernán Cortés, eles o denominam igualmente *capitán*, e reencontra-se esse termo tanto na boca dos informantes de Sahagún quanto na dos autores dos *Cantares*, aqueles cantos indígenas da época colonial.[34]

Nem sempre os nomes são estáveis. As mudanças reveladas pelas fontes chinesas provam que as intenções e a identidade dos portugueses eram problemáticas. Assim, Tomé Pires, batizado de *kia-pi-tan-mo*, pode tornar-se *Huo-chê Ya-san* — é sob esse nome que ele teria sido apresentado ao imperador em Nanjing —,[35] sem que se compreendam bem as razões dessa mudança. O português teria então decidido por conta própria assumir um nome de consonâncias muçulmanas — como Khôjja Hassan —, que soaria mais familiar aos ouvidos chineses? Os índios, por sua vez, não hesitam em indianizar os nomes dos espanhóis: um homem de Cortés, Rodrigo de Castañada, torna-se *Xicotencatl*;[36] Pedro de Alvarado, *Tonatiuh*, o sol, por causa de sua abundante cabeleira loura. Mas, em razão de suas proezas, os combatentes castelhanos recebem títulos prestigiosos.

Em Cantão, os portugueses lançados à prisão perdem até seus nomes e seus títulos: Tomé Pires, de início tratado como "capitão-mor embaixador", é rebaixado à condição de *kia-pi-tan-mo*,[37] capitão-mor, quando a embaixada deixa de ser considerada como tal e os enviados são destituídos do estatuto que lhes fora concedido. Por razões de inércia burocrática, Christovão Vieira é recoberto pelo nome do notário que ele substitui, Tristão da Pìnha: "Por estar já nos livros dos mandarins escrito é assim que me chamam".

Não é fácil escrever em chinês os nomes portugueses. Vasco Calvo torna-se *Cellamen*: "Todos tinham os nomes desvairados porque não se podiam escrever nem têm letras que se escrevam os chineses, que são letras do diabo".[38] Os espanhóis não se arranjam muito melhor com os nomes indígenas. A diferença é que, em Cantão, são os chineses que possuem a pena do vencedor, enquanto no Novo Mundo são os castelhanos.

ÍNDIOS CANIBAIS E PORTUGUESES ANTROPÓFAGOS

Aos olhos dos chineses, os portugueses não passavam de "bandidos do mar". Os rumores os acusam de canibalismo perpetrado contra criancinhas. Esses boatos difundem imagens aterrorizantes que parecem desproporcionais em relação ao choque provocado pela irrupção de seres "não civilizados", e portanto estranhos aos costumes chineses.[39] Observe-se que essas denúncias não vêm explicitamente das autoridades chinesas, mas parecem ter sido utilizadas para manter a população afastada desses inquietantes visitantes. Os portugueses, portanto, roubariam crianças para consumi-las: "Eles as comiam assadas".[40]

As fontes portuguesas registraram a terrível acusação, mas maquilando-a, já que o copista teve a ideia de substituir pela palavra "cão" a palavra "criança". Os textos chineses são mais prolixos. Os intrusos teriam o hábito de cozinhar as crianças no vapor, em recipientes metálicos, antes de esfolá-las vivas e refogá-las.[41] Em suas *Décadas* da Ásia, João de Barros faz-se eco desse rumor e até procura explicá-lo: "Para aqueles que nunca tiveram notícias, éramos o terror e o medo a todo aquele Oriente, não era muito crível que fazíamos estas coisas, porque outro tanto cremos nos deles e de outras nações tão remotas, e de que temos pouca notícia".[42]

Quando evocamos o canibalismo no século XVI, é invariavelmente o Novo Mundo que nos vem à mente, repassado por Montaigne e por muitos outros textos que descreveram as práticas antropofágicas ou se interrogaram sobre elas.[43] A acusação de canibalismo ocupa um lugar crucial na imagem exótica que os europeus fizeram das novas populações, nas justificativas da Conquista e, por ricochete, na crítica em espelho da sociedade europeia. Atacados, desprezados ou defendidos — ouçamos Montaigne: "Não creio que haja mais barbárie em comer um homem vivo do que em comê-lo morto" —,[44] os índios permanecem como o eterno objeto das especulações europeias, figuras longínquas de um discurso às quais se fará dizer o que se quiser. Qualquer que seja o aspecto pelo qual os tomemos, esses índios não questionam nem por um instante a posição daqueles que os observam.

Com a China, tudo se inverte. Desta vez, o alvo da acusação já não são hordas distanciadas no espaço ou no tempo, mas os próprios europeus.[45] Assim como passam por bárbaros, os portugueses aparecem como amantes de carne fresca. Os chineses teriam um prazer maligno em devolver ao remetente os preconceitos com os quais ele desembarcava?[46] Mas, dessa vez, não há nenhuma circunstância atenuante: nem a religião, nem os rituais nem a ética guerreira podem justificar o comportamento dos europeus. Do lado chinês, tampouco há voz, que eu saiba, para varrer essas maluquices.

INVISIBILIDADE PORTUGUESA, EXIBICIONISMO CASTELHANO

Esses preconceitos e esses rumores confirmam que por muito tempo a origem dos Fo-lang-ki permanecerá para os chineses um assunto nebuloso. Ninguém sabe onde fica a terra de onde partiram, nenhum autor antigo falou a respeito. A história de sua chegada também não é clara.

Um texto espantoso, cujos fios Paul Pelliot destrinçou pacientemente, mistura vários relatos sobre embaixadas em Beijing que teriam todas acabado mal. Esse escrito faz do enviado Houo--Tchö Ya-san (Khôjja Asan) um chinês a serviço dos portugueses ou o próprio embaixador português. Como se a memória chinesa confundisse os homens e os fatos por capricho, supondo-se que tivesse valido a pena demorar-se seriamente sobre esse acontecimento! Admitamos que não era fácil identificar os recém-chegados: os portugueses viviam rodeados de asiáticos de origens diferentes, tinham mulheres asiáticas, muitas vezes faziam-se passar por mercadores dessa parte do mundo, especialmente do Sião, e eram tratados como tais, quando não eram tomados por chineses! Essa discrição facilitava a comunicação; ela parece ter sido útil a todo mundo, evitando levantar questões às quais era complicado responder e que, afinal, não tinham grande importância num mundo onde se privilegiava a movimentação dos negócios e do dinheiro. A globalização não tem a ver com a precisão etnográfica.

No México, em contraposição, os invasores não param de explicar quem são, quem os envia, de afirmar sua diferença e, sobretudo, de impor-se à atenção de seus interlocutores. Os portugueses vencidos vão aprender logo a inserir-se na paisagem da beira-mar — baías discretas, litorais tranquilos e arborizados, enseadas efêmeras... —, ao passo que seus primos se lançam a reconstruir o México à sua própria imagem, à imagem daquilo que eles sonham para a Nova Espanha.

9. Uma história de canhões

Os fo-lang-ki, *quem os fez?* [...]
Seu trovão apavora a cem li,
e a coragem dos bandidos os abandona [...].
Os fo-lang-ki, *quem os fez?*

Wang Yangming[1]

É em 1519, o mesmo ano em que Cortés desembarca no México, que o filósofo chinês Wang Yangming compõe essa elegia dedicada ao senhor Lin Kien-sou. Hoje ele é considerado uma figura capital da história do confucianismo. Seu pensamento domina a cena intelectual da China no século XVI, especialmente por seu *Questionamento sobre o grande estudo*.[2] Mas suas reflexões sobre a "consciência moral inata" ou suas afirmações sobre a unidade entre o princípio e o espírito não o impediram de desenvolver uma carreira política e de servir o império lutando contra os bandos armados. Esse pensador pôde escrever: "O grande homem é aquele que considera o mundo uma só família e o país uma só pessoa, [...] todos os homens do mundo são seus irmãos. [...] Formar um só todo com os 10 mil seres".[3] É também um homem de ação que conduziu campanhas de repressão em nome do imperador, e é por ocasião de uma delas que ele presta uma curta homenagem aos misteriosos *fo-lang-ki*, singularmente eficazes contra os bandidos e os motins, numa elegia privada intitulada *Escrito em lembrança dos fo-lang-ki*.[4] O sábio que foi encarregado de neutralizar a sublevação do príncipe Tchou Tch'en-hao havia pedido ajuda ao senhor Lin Kien-sou. "Era então a sexta lua, e o calor era maligno; muitos de insolação na estrada. O senhor enviou dois servos portadores de provisões que, por caminhos secundários, desafiando o calor, caminharam dia e noite ao longo de mais de 3 mil *li* para entregá-las a mim." Após seu sucesso, ele agradece ao senhor Lin por ter tido a ideia de mandar fabricar canhões do tipo *fo-lang-ki* e por enviar-lhe receitas de pólvora para canhão, assim como víveres, a fim de auxiliá-lo nessa difícil campanha.

A ARTILHARIA DOS INVASORES

Difícil imaginar os vencidos de Tenochtitlán entoando semelhante antífona. O esmagamento dos mexicas e de seus aliados é comumente associado ao poder de fogo dos castelhanos. Nas duas margens do Pacífico, em condições bem diferentes, a arma fatal dos ibéricos, o canhão, impôs-se por sua energia devastadora. Os chineses o denominaram o "canhão dos francos" (*fo-lang-ki*) e os índios nauas, a "trombeta de fogo" (*tlequiquiztli*), enquanto o arcabuz se tornava *xiuhalcapoz*, o "alcapoz de fogo", transcrição fonética do termo original. Em náuatle, *tlequiquiço* passou a designar tudo o que podia servir para lançar projéteis: arcabuzes, bombardas, canhões.[5] Ainda que o difícil manejo dessas armas, acrescido da falta de pólvora e de munições, tenha singularmente limitado a eficácia dos europeus nos campos de batalha, é evidente que contribuíram para amplificar a força de choque deles.

É mais surpreendente constatar que os chineses temem, tanto quanto os índios, os canhões ibéricos, embora sejam os inventores da pólvora e da artilharia. Convém lembrar as batalhas navais entre chineses e portugueses e o poder de ataque das embarcações ibéricas armadas de canhões leves. Os portugueses "não sabem pelejar em terra, porque são como peixes que quando os tiram da água ou do mar logo morrem",[6] mas, empoleirados em seus navios, revelam-se temíveis. Segundo um censor imperial, "os Fo--lang-ki são indivíduos muito cruéis e astuciosos. Eles têm armas superiores às dos outros estrangeiros. Alguns anos atrás, irromperam na cidade de Cantão e o barulho de seu canhão abalou a terra. [...] Se agora nós lhes permitirmos ir e vir e fazer seu comércio, é inevitável que tudo acabe em combates e em sangue derramado. Então, as desgraças de nosso Sul não terão mais fim".[7] De fato, a manejabilidade e a mobilidade dadas à potência de fogo dos intrusos se revelaram tão devastadoras no delta do rio das Pérolas quanto na laguna de México-Tenochtitlán.

PIRATARIA CHINESA

O que fazer diante dos canhões dos ibéricos? Nosso informante português, Christovão Vieira,[8] explica que, conscientes da superioridade das armas portuguesas, os chineses se teriam arranjado para obter o segredo delas. Aproveitaram-se de defecções no campo do adversário? É o que se depreende do episódio que ele relata. Em 1521, ao ver as coisas malparadas, Pedro, um cristão chinês que viajava com sua mulher no navio de Diogo Calvo, saiu ao largo e retornou ao lugar "de onde era originário". Escondeu-se ali até o momento em que obteve um salvo-conduto dos mandarins, em troca de informações sobre as forças portuguesas em Cochin e em Malaca, e da promessa de fabricar pólvora, bombardas e galeras. As duas galeras que ele fez construir não tiveram a sorte de satisfazer os mandarins, os quais acharam que elas utilizavam madeira demais. Preferiu-se então enviar Pedro a Beijing, para que exercesse ali seu ofício de fogueteiro, e como recompensa ele obteve uma pensão alimentícia. Teriam então contado a Vieira que Pedro fabricava canhões na longínqua capital do Norte. As fontes chinesas trazem outras informações, mas se afastam da versão portuguesa.[9] De fato elas nos falam de um chinês, Ho-Jou, que teria sido distinguido pelo imperador, mas Ho Jou exerce um papel diferente e é enviado a Nanjing, não a Beijing, como o Pedro de Vieira.

Houve o assistente da estação [vigilância] (*siun-kien*) de Paicha, do subdepartamento de Tong-kouan, Ho-Jou, que estivera a bordo dos navios dos Fo-lang-ki com a missão de receber as tarifas. Era lá que ele tinha visto chineses, Yang San, Tai Ming e outros, que haviam habitado aquele país por muito tempo e conheciam a fundo os métodos para construir navios, fundir canhões e fabricar pólvora. [Wang] Hong encarregou Ho Jou de enviar secretamente a estes [navios], sob o pretexto de vender vinho e arroz, pessoas que se reuniriam às escondidas com Yang San e outros, e lhes recomendariam retornar à civilização,[10] com a promessa de grande recompensa. Estes finalmente aceitaram com alegria, e foi decidido que, nessa mesma noite, Ho Jou enviaria secretamente um barco que os recolheria e os deixaria em terra, e que ele controlaria cuidadosamente a verdade das coisas [quanto aos talentos técnicos desses homens]; por fim, ordenou-lhes fabricar [canhões] conformes aos modelos.

A continuação nos informa que, graças a esses canhões, em 1522 Wang Hong se livrou dos portugueses. E que nessa ocasião "apoderou-se de mais de vinte canhões [portugueses] grandes e pequenos". Wang Hong estava convencido da eficácia da artilharia ibérica. Foi o que ele explicou mais tarde, quando se tornou primeiro-ministro:

> Se os Fo-lang-ki são de uma violência extremamente perigosa, é unicamente graças a esses canhões, assim como a esses navios. No que se refere à potência destruidora dos canhões, desde a Antiguidade nenhuma arma lhes foi superior. Se os empregarmos para repelir os bárbaros [do Norte, ou seja, os mongóis], a guarda das muralhas será extremamente fácil. Peço que seja enviado um modelo a cada fronteira, para que [lá] eles o fabriquem a fim de repelir os bárbaros. O imperador aprovou este [relatório]; até hoje, eles se servem muito desses [canhões] nas fronteiras.

Se não há dúvida de que os chineses aproveitaram os confrontos com os intrusos para piratear os procedimentos portugueses, a chegada dos canhões *fo-lang-ki* ao Império certamente seria anterior à presença dos portugueses. Já em 1519, como vimos, encontra-se menção, sob a pena de Wang Yangming, à máquina destruidora dos *Fo-lang*. Portanto, se nessa data eram conhecidos no Fujian os canhões *fo-lang-ki* e se já se sabia fabricá-los, é que os habitantes da região tinham tido tempo de familiarizar-se com a nova arma. Isso confirma uma informação que remonta a 1510. Naquele ano, teriam sido utilizados mais de cem canhões *fo-lang-ki* contra os bandidos da província. Isso significa que os canhões estrangeiros não esperaram os portugueses para desembarcar na China. Assim, os chineses teriam começado por conhecer as máquinas (*ki*), chamando-as de "máquinas dos *Fo-lang*" (*fo-lang-ki*), e, alguns anos mais tarde, teriam dado esse mesmo nome de *Fo-lang-ki* aos intrusos conservando o caractere final *ki*, e portanto identificando os indivíduos de Lisboa com a arma da qual eles eram portadores.

Como explicar, então, que os canhões portugueses tenham chegado sozinhos à China? A circulação das palavras pode nos oferecer pistas. Sabe-se que, por volta de 1500, Babur, o fundador da dinastia dos Grandes Mongóis, denomina *farangi* as armas dos portugueses. Esse termo de origem turca teria em seguida passado ao télugo e depois ao malaio. Daí a hipótese de que intermediários malaios tenham introduzido os primeiros canhões na China, e isso antes mesmo da tomada de Malaca (1511).

UM CANHÃO PARA O ALÉM

Como os mexicanos reagiram aos tiros dos canhões e dos arcabuzes? O barulho ensurdecedor, o cheiro da pólvora e as destruições maciças impressionaram as mentes por tanto tempo que os índios da Nova Espanha não podiam mais evocar os eventos da Conquista sem aludir às armas dos invasores. O relato ilustrado deixado pelos informantes do franciscano Bernardino de Sahagún em meados do século XVI no Códice de Florença contém muitas imagens nas quais se reconhecem canhões e arcabuzes, em pausa ou em ação.[11] Outros códices do período colonial insistem quanto a essa presença. Também se encontrava a lembrança dela por ocasião das grandes festas, quando índios dançavam e cantavam as proezas dos combatentes durante a invasão espanhola. Seus cantos, ou *cantares*, descreviam o assédio a México-Tenochtitlán[12] com um tom de encantamento alucinatório, e a lembrança das armas de fogo tinha seu papel nessa ressurreição efêmera do passado: "O trovão, ainda o trovão, explode jorrando do arcabuz de turquesa, e a fumaça forma volutas".[13]

Os *cantares* também guardavam a memória de episódios nos quais os mexicas de 1521 já não aparecem como carne de canhão, mas como bravos capazes de reverter a situação. Isso é encenado por um dos *cantares*, intitulado *Peça tlaxcalteca*, no qual se reproduzem os combates que acompanharam o cerco a México-Tenochtitlán. Ao som dos tambores que aceleram suas cadências, guerreiros mexicas se lançam na dança para enfrentar seus tradicionais inimigos vindos de Tlaxcala e de Huejotzingo, então aliados dos espanhóis. Reaparecem os grandes senhores, sob os olhares estupefatos da multidão colonial, índia, espanhola e mestiça. É então que surge o grande capitão mexica Motelchiuh, "a Águia que é nossa muralha, o Jaguar que é nossa muralha", e seu aparecimento marca a retomada da ofensiva e o recuo (temporário) dos espanhóis: "E quando eles capturaram a artilharia dos conquistadores, Coelho grita: 'Que a dança comece! Eh, eh! gente de Tlaxcala! Eh, eh! gente de Huejotzingo!'".[14] Para Motelchiuh e os seus, que conseguiram desarmar e até destruir os "conquistadores" (*tepehuanime*), chegaram a hora dos senhores e o tempo das danças de ação de graças, na fúria dos combates encarnada por Coelho, o deus de todas as embriaguezes.

Breve trégua, porque, logo depois, a continuação do canto descreve a chegada dos castelhanos em seus bergantins, que cercam os tenochcas e os tlatelolcos, e em seguida a captura de Cuauhtémoc e a fuga alucinada dos príncipes pelo lago, sob o trovão das armas de fogo. Em meados do século XVI, a milhares de léguas da China, no coração da cidade de México-Tenochtitlán, jovem capital colonial da Nova Espanha, nobres indígenas dançam, revestidos por suas mais belas plumas, e, ao ritmo dos tambores, vozes escandem:

O trovão, ainda o trovão,
explode jorrando do arcabuz de turquesa,

e a fumaça forma volutas [...].
E os príncipes fogem sobre as águas.
Os tenochcas são cercados,
assim como os tlatelolcos.[15]

A alusão desse *cantar* à tomada dos canhões se esclarece com a leitura do livro XII do *Códice de Florença*.[16] Redigido em náuatl, mais de trinta anos após os acontecimentos, esse relato constitui um dos mais ricos testemunhos indígenas de que dispomos sobre a conquista e a tomada de México-Tenochtitlán, pois foi recolhido junto a sobreviventes que lutaram contra os espanhóis. É inesgotável a crônica sobre os danos causados pela artilharia espanhola.[17] Ela descreve as devastações feitas pelos canhões espanhóis instalados nos bergantins que singram a laguna. Aproveitando-se de sua extraordinária mobilidade, os artilheiros se esforçam por escolher os alvos e demoli-los provocando incêndios que acabam por aniquilar bairros inteiros. Os assediados, contudo, não se deixam abater. Aprendem depressa a escapar às balas de armas pequenas e de canhões. Bem cedo, empenham-se em inventar defesas: "Os mexicas começaram a se manter afastados e a se proteger da artilharia serpenteando, e, quando viam que havia tiros, agachavam-se nas canoas". O texto náuatl é mais imageado do que a tradução espanhola do franciscano Sahagún: "Quando viam que um canhão ia atirar, eles se jogavam no chão, deitavam-se e se colavam ao solo".[18] Outra tática consiste em obrigar os prisioneiros espanhóis a atirar contra os próprios companheiros, mas nem sempre a manobra tem sucesso. Quando um arcabuzeiro não aceita prestar-se a esse serviço e atira para o ar, os índios reagem despedaçando-o "com grande crueldade".[19] O episódio diz menos sobre a cólera dos indígenas do que sobre sua incapacidade em manejar as armas dos castelhanos.

É exatamente nesse ponto que se situa a inferioridade dos índios. Os informantes de Sahagún relatam em detalhes uma das brechas feitas pelos castelhanos:

> Eles trouxeram um grande canhão. Atacaram o pátio da águia; atiraram contra o edifício que ficava lá; o trovão e a fumaça apavoraram e afugentaram os que estavam embaixo. [...] Avançaram ainda mais o canhão na direção do pátio do templo de Uitzilopochtli, onde havia uma grande pedra redonda, como a mó de um moinho.

Os espanhóis tiveram então de recuar ante a chegada de reforços mexicas transportados em canoas: "índios astuciosos saltaram em terra e começaram a chamar outros a fim de barrar a entrada dos espanhóis". É nesse preciso momento que nativos se apoderam do canhão espanhol: "E de lá eles o levaram e o jogaram numa água profunda chamada Tetamaçulco, perto do monte Tepetzinco, onde se encontram os banhos". A versão em náuatle insiste na fúria dos índios que arrastaram o canhão desde a pedra do sacrifício.[20]

Como interpretar o gesto dos índios? *Tamazolin* significa "sapo" em náuatle, e *Tetamazolco* pode então ser lido como "sapo de pedra". Esse topônimo designaria uma ribanceira da laguna de Tetzcoco, onde acostavam os barcos que os sacerdotes haviam conduzido para o redemoinho de Pantitlán. Por ocasião da festa de *Etzalqualiztli*, em homenagem aos deuses da chuva ou *tlaloque*, sacerdotes visitavam as paragens de Pantitlán, onde lançavam oferendas de corações humanos: "A água então começava a se agitar, fazia ondas e espuma". De volta a Tetamazolco, os sacerdotes tomavam um banho ritual. Sabe-se mais, porém, sobre esse lugar sagrado.[21] Por ocasião da celebração da deusa Xilonen, tinha-se o costume de sacrificar uma mulher que usava os ornamentos da deusa, "dizia-se que ela era sua imagem". Antes de matá-

-la, levavam-na para oferecer incenso às "Quatro Direções". Pois bem, Tetamazolco era justamente um desses quatro pontos "onde se faziam oferendas em homenagem aos quatro signos da contagem dos anos": *acatl*, caniço; *técpatl*, sílex; *calli*, casa, e *tochtli*, coelho. Tetamazolco correspondia à direção leste, a Acatl, à cor vermelha e ao masculino. E como não associar a origem oriental da peça à direção marcada por Tetamazolco, o leste vermelho?

O que esses lugares tinham de tão extraordinário? Eles materializavam quatro pontos de transição entre os mundos humano e divino. Por eles passavam os quatro pilares do céu, ou as quatro árvores sagradas, ou ainda quatro *tlaloque* que enviavam as chuvas "desde os confins da terra". Eram os caminhos que os deuses e suas forças tomavam para chegar à superfície da terra: as influências divinas se irradiavam a partir dessas árvores, assim como o fogo do destino e o tempo. "Assim, esses caminhos relacionavam o lugar da turquesa (o céu) ao da obsidiana (o mundo subterrâneo) para produzir no centro, no lugar da pedra verde preciosa (a superfície terrestre), o tempo, a mudança, a guerra dos dois fluxos."[22] Desse modo, portanto, os sacerdotes mexicas se apressaram a expedir o canhão espanhol para o outro mundo. Longe de tentar copiá-lo ou, se preferirmos, de "pirateá-lo", os índios se livram dele orientando-o para outros lugares onde pode servir como oferenda de qualidade e deixará definitivamente de prejudicar os defensores de México-Tenochtitlán.

UMA TECNOLOGIA DO PASSADO

Convém entoar aqui a antífona da invencível superioridade técnica dos europeus sobre ameríndios ainda na idade neolítica? Os testemunhos indígenas não deixam de lembrar outro episódio do cerco a México-Tenochtitlán: a história do trabuco.

Naquele tempo, os espanhóis tinham instalado sobre uma edícula uma catapulta de madeira para lançar pedras contra os índios. Como já tinham terminado e se aprestavam para atirar, muitos se aglomeraram ao redor dela, apontando, uns e outros observando com admiração. Todos os índios ficaram olhando. Os espanhóis se apressam então a atirar contra eles. Atiravam como se utilizassem uma funda. Mas as pedras não caíram sobre os nativos, foram cair atrás deles, num canto do mercado. Foi por isso, parece, que os espanhóis brigaram. Com as mãos, acenavam em direção aos índios. A agitação era grande.

O testemunho náuatle restitui o olhar dos índios:

A rede para pedra de madeira (*quauhtematlatl*) dava voltas e voltas, sem ter direção precisa, com uma grande lentidão ajustava seu tiro. Em seguida, viu-se o que era. Havia uma funda em sua ponta e a corda era muito grossa (*tomauac inmecatl*). E, por causa dessa corda, foi-lhe dado o nome de "funda de madeira" (*quauhtematlatl*).[23]

O fracasso da catapulta — *el trabuco* — montada pelos espanhóis contra os tlatelolcos corrige a impressão de impotência e de pânico dada pelos índios ante as armas espanholas. Os informantes de Sahagún também mostram que o medo não era apanágio dos índios, os quais também sabem apavorar o adversário. Se o *cihuacoatl* (conselheiro) Tlacotzin exorta os seus a empregar a insígnia de Huitzilopochtli, uma lança comprida com uma ponta de obsidiana, é que nela se encontra a "vontade de Huitzilopochtli" para aterrorizar os espanhóis: é a "serpente de fogo", o "perfurador de fogo"...[24] E eis que se lança ao ataque o "mocho de quetzal". "As penas de quetzal davam a impressão de se abrir. Quando nossos inimigos [os espanhóis] os viram, foi como se uma montanha desabasse. Todos os espanhóis foram tomados de pânico; encheram-se de medo, como se na insígnia vissem outra coisa." Isso não impediu que a cidade caísse nas mãos dos espanhóis e de seus aliados.

Com a Conquista, os índios passam brutalmente da idade da obsidiana e do cobre à idade do ferro e do aço. A defasagem é patente, mas será logo recuperada. Com notável rapidez, eles ultrapassam então a desvantagem que em parte lhes valeu a derrota. Os espanhóis introduzem a arte da forja nas cidades e nos campos, o ferro destrona o cobre local e os artesãos indígenas se iniciam no manejo da bigorna, do martelo e do fole. O ferro é chamado *tliltic tepoztli*, "cobre negro", enquanto o aço recebe o nome de *tlaquahuac tliltic tepoztli*, "cobre negro e duro".[25] Surge uma série de palavras para identificar os novos objetos e ferramentas que invadem o cotidiano: machados, serras, pregos, tesouras, arames, correntes, bigornas, martelos e muitos outros. Todas são construídas sobre a raiz *tepoztli*, o cobre, durante muito tempo o metal por excelência para os índios.

PALAVRAS PARA DIZÊ-LO

Seria de esperar que os índios procedessem da mesma maneira para dar nomes às armas dos vencedores, já que, em parte, elas deviam sua aterrorizante eficácia aos novos metais. Nada disso. De fato, os índios inventaram muitas palavras para descrever as armas dos ibéricos e seu manejo, mas lidaram com o assunto de outro modo. Foi *tlequiquiztli*, "trombeta de fogo", o termo mantido para transmitir a noção de arma de fogo. A palavra parece inclusive ter sido forjada no instante da Conquista. Em *tlequiquiztli*, *tletl* conota o fogo, enquanto *quiquiztli* é um búzio marinho ou uma trompa feita de uma concha que os sacerdotes faziam soar no alto dos templos. Os índios nauas, portanto, privilegiaram referências visuais e sonoras que associam o objeto estrangeiro a contextos rituais, já que o búzio e o fogo entravam em numerosas celebrações religiosas. O termo *tlequiquiztli* rapidamente servirá de núcleo a toda uma gama de neologismos relativos às armas de fogo, indo desde a pólvora, dita "terra para a trombeta de fogo", ao arcabuz, chamado "trombeta de fogo manual".[26] Portanto, todos os verbos e substantivos dão as costas à matéria metálica nova, o ferro, como para melhor conservar a marca indelével da primeira impressão causada pela explosão brotada de um tubo.

Os chineses, que conhecem há muito tempo a pólvora, já possuíam a palavra e a coisa: "canhão" se diz *tch'ong*. Por conseguinte, não tinham nenhum motivo para espantar-se com a estranheza ou com o funcionamento da arma dos portugueses, exceto por sua eficácia arrasadora. O que eles precisavam identificar não era a máquina, mas sua procedência. Chamaram-na então de *fol-ang ki*, "máquina dos *Fo-lang*". O caractere *ki* (ou *chi*)[27] remete ao conceito de máquina enquanto força motriz, agente ou mecanismo; mas *ki* também conota o recurso engenhoso, o estratagema, o artifício. *Fo-lang* designa origem estrangeira: o canhão português é a "máquina dos *Fo-lang*". Essa marcação serve para distinguir o objeto dos canhões tradicionais, mas também para lembrar que sua presença é resultado de um empréstimo, de uma apropriação rápida e bem-sucedida. No limiar do século XVI, como lembramos acima, os canhões portugueses aparecem na Índia antes de espalhar-se pelo Sudeste Asiático e de ser adotados pelos chineses. A referência aos francos que lhes é acrescida (*Frangi*) circula de língua em língua. Mas na China, como vimos, em vez de *Fou-lang* para traduzir *Farangi* ou *Frangi*,[28] é *Fo-lang* que se sobrepõe. Como *Fo* designa Buda e ele é originário da Índia, tal interpretação confirmava que as máquinas de matar vinham do oeste. Restava estabelecer a ligação entre os canhões e os recém-chegados. Coisa ratificada após a derrota naval dos portugueses em 1522: "As tropas régias obtiveram canhões que foram denominados *fo-lang-ki*".[29] Em outras palavras, os canhões europeus desembarcaram primeiro e receberam um nome antes dos portugueses. Estes serão condenados a levar o nome de seus canhões, *fo-lang-ki*. Mas um nome não basta para esclarecer a origem geográfica e a identidade dos estrangeiros. Voltaremos ao assunto no capítulo seguinte.

Embora sejam unânimes em ligar a irrupção dos ibéricos à potente artilharia deles, índios e chineses reagem com registros diferentes. No México, os índios pensam no búzio marinho, na trompa, enquanto na China os especialistas falam de máquina. Seria fácil opor o arcaísmo dos índios, acuados numa esfera ritual e visual, à modernidade dos chineses, loucos por mecanismos e por inovação técnica. Contudo, não é assim tão simples, pois as duas interpretações, mexicana e chinesa, repousam sobre a ideia de um instrumento destinado a produzir um som poderoso. Mas a máquina está do lado espanhol ou do chinês. Os ameríndios não têm canhões, assim como não têm roda, carroça ou barco a vela. Inegavelmente, porém, todas essas máquinas e todos esses dispositivos inspiram a invenção de muitos termos locais adequados à nova ordem das coisas.[30] Pois conectar os mundos é, de início, encontrar as palavras para dizê-los; e denominá-los já é domesticá-los, à falta de apropriar-se deles.

10. Opacidade ou transparência?

Vosso vassalo e outros tiveram oportunidade de entreter-se com eles [os portugueses] e os consideraram pessoas muito abertas.
Lichao Shilu, fonte coreana

Nossa intenção [é] de prezar aqueles que vêm de longe.
Imperador Zhengde, em Yu Ruji, *Libu zhighao*, 1620

Chineses, portugueses, espanhóis e mexicanos terão sido imediatamente capazes de comunicar-se entre si, ou os mundos que se defrontavam eram tão estanques que os ibéricos tinham todas as dificuldades em estabelecer vínculos com as populações das regiões onde desembarcavam? É no momento preciso em que sociedades entram em contato que é possível interrogar-se sobre a opacidade que as separa ou sobre as proximidades que se instauram. E tais questões valem tanto para o campo dos ibéricos quanto para o dos chineses e o dos antigos mexicanos.[1]

Os invasores europeus não parecem ter encontrado dificuldade em comunicar-se com seus anfitriões asiáticos ou ameríndios. No que ela tem de empírico, de improvisado, de perpetuamente refeito, de tropeços e de mais ou menos, a comunicação, tal como a entendemos aqui, tem pouco a ver com uma confrontação intelectual que desembocaria invariavelmente na constatação da incomensurabilidade das culturas ali presentes. Os ibéricos e seus parceiros não são exploradores do pensamento, e têm de resolver incessantemente problemas de adaptação e de sobrevivência que ditam trocas contínuas com as populações circundantes.

O esforço, sem dúvida, cabe prioritariamente aos recém-chegados, que não conhecem nada da China nem do México. A desenvoltura com que os ibéricos desembarcam, instalam-se, negociam, informam-se, tomam o pulso do país, é muito desconcertante. Os portugueses de Tomé Pires, assim como os castelhanos de Cortés, frequentemente dão a impressão de mover-se como peixes n'água. Sabem espantar-se quando é o caso, e, se as paragens ou as situações que vivem são suficientes para provocar-lhes surpresa, raramente encontraremos indícios de embaraço ou de desorientação. A estupefação diante do imprevisto acarreta uma brusca tomada de consciência, e esta se opera por um retorno sobre si mesmo, isto é, sobre o visto ou sobre o conhecido. A grandeza de México-Tenochtitlán ou de Cantão suscita comparações com cidades familiares, como Lisboa, Veneza ou Granada. Os ibéricos não param de domesticar a realidade dos outros.

Tem-se a sensação de que a opacidade dos mundos defrontados, se é inegável aos nossos olhos de hoje, na época não é um obstáculo radical. Em todo caso, não está no centro das preocupações. Aliás, a compreensão exaustiva nunca foi requisito prévio para a comunicação. Basta saber o suficiente para atingir os objetivos buscados. Ninguém tem a vontade nem a ideia de entregar-se a uma etnografia do outro, o que seria bastante anacrônico. Daí as incertezas dos chineses sobre os portugueses, os julgamentos taxativos dos castelhanos sobre os índios, os estereótipos de todo tipo ("divindades", bárbaros, bandidos) que esboçam referências grosseiras e elementares para fixar os respectivos papéis e enquadrar os encontros.

É verdade que os atores desses dramas não são pessoas quaisquer. Sem dúvida, no dizer de João de Barros, Tomé Pires "não era homem de tanta qualidade por ser boticário [...] mas para aquele negócio era o mais hábil e apto que podia ser porque era muito curioso de inquerir e saber as coisas e tinha um espírito vivo para tudo".[2] E o caso de Tomé Pires não é isolado. Em Malaca, os portugueses dão a impressão de ter se sentido imediatamente em pé de igualdade com os comerciantes chineses. O governador Afonso de Albuquerque teve oportunidade de apreciar os que frequentavam o grande porto, e não lhes poupa elogios. Segundo o cronista João de Barros, "na comunicação que teve com eles, viu que eram gente nobre, política, douta em todo gênero de ciência, e que não se comportava de modo bárbaro como as outras nações da Índia".[3] Portanto, a qualidade das relações estabelecidas com os chineses é sentida como excepcional, e é essa a lembrança que se conserva, quase quarenta anos depois, na época em que Barros publica sua crônica.

As ações de Cortés em terra índia também não parecem encontrar grandes obstáculos, a ponto de chegarmos a pensar que, mais do que os potentados indígenas, eram sobretudo seus compatriotas, os esbirros do governador de Cuba ou mesmo alguns de seus companheiros, que lhe complicavam as coisas. Assim, nada nas fontes percorridas convida a filosofar sobre a incomunicabilidade dos mundos defrontados. Isso não significa que, entre os homens como entre as sociedades, não existam diferenças, mas sim que em geral há um esforço por estender pontes, mais ou menos sólidas, mais ou menos pacíficas, a fim de favorecer um embrião de coexistência e de trocas. Em determinadas situações, os ibéricos acreditavam compreender o que tinham à sua frente, ao passo que estavam superinterpretando ou deformando aquilo que lhes era explicado, mas justamente esse tipo de equívoco, de mal-entendido, de simplificação ou de aproximação é com frequência o fundamento, e às vezes o motor, dos vínculos que os homens estabelecem entre si.

Tanto para os castelhanos quanto para os portugueses, o México e a China são universos compreensíveis, que de início podem ser abordados indiretamente (o que Tomé Pires tentou em sua *Suma oriental*) ou destrinçados de imediato, com o inconveniente de, num primeiro momento, servir-se do conhecido — o islã de Granada — para tornar menos desconcertante o que já o era demais (o que Hernán Cortés faz quando observa e descreve um México cheio de mesquitas). Evidentemente, é por estarem seguros, nos dois casos, de compreender o essencial, que os ibéricos constroem projetos de conquista e de colonização. Como esquecer a maneira pela qual Cortés recolhe e explora sistematicamente toda informação que lhe chega, antes de extrair-lhe a quintessência (com frequência, o que corresponde ao politicamente correto) destinada à Península? A Malinche não é sua única fonte de informações. Cortés sabe fazer de seus aliados ou de suas presas — é o caso de Moctezuma e dos príncipes indígenas — informantes de primeiríssimo plano. Quando os mexicas tentam atrair os castelhanos para a armadilha de Cholula, são os tlaxcaltecas que "decodificam" a situação por conta de Cortés: "Os moradores dessa cidade me disseram que era uma trapaça".[4] Tomé Pires maneja igualmente suas fontes, e a *Suma oriental* demonstra que ele é tão capaz quanto Cortés de fazer-lhes a síntese —

que interessará muitos especialistas europeus, depois de traduzida para o italiano e difundida pelo veneziano Ramusio.

As duas intervenções souberam jogar a carta da diplomacia, oficialmente e de ponta a ponta como Tomé Pires, taticamente e de maneira oportunista como Cortés. Foi durante o século xv, e portanto justamente antes do período que nos ocupa aqui, que os europeus elaboraram suas práticas diplomáticas, afiaram instrumentos formais e se conscientizaram melhor das divergências de concepção e de estilo em uso entre eles e ao redor deles.[5] O estabelecimento de relações entre as partes do mundo é facilitado por essa nova ferramenta, a diplomacia, que as cortes da cristandade latina desenvolveram entre si e com os mundos muçulmanos. É compreensível que os portugueses presentes na África e na Ásia tenham adquirido o hábito de tratar com potências extraeuropeias. Os castelhanos não ficam atrás. Não somente a guerra de Granada os confronta aos donos do Maghreb e aos mamelucos do Egito, como também, no alvorecer do século xv, a corte de Castela não hesitou em despachar uma embaixada a Tamerlão. Mais do que um sucesso diplomático, os enviados do rei Henrique iii haviam trazido de sua viagem um extraordinário relato que revela qualidades de observadores capazes de fazer empalidecer os melhores embaixadores italianos do Renascimento.[6]

Os exemplos de Pires e de Cortés demonstram que já existem regras a seguir e que elas não se ajustam forçosamente às do país visitado. Aos olhos dos portugueses, o respeito pelas formas parece obsedar constantemente os chineses: "Nessas matérias, eles eram bastante suscetíveis".[7] Daí os esforços de aprendizagem e de adaptação, daí também as dissonâncias inevitáveis. Nem Pires nem Cortés são diplomatas por ofício: somente o português teve oportunidade de tratar com potências estrangeiras, mas dentro do espírito de estabelecer negociações comerciais.

A diplomacia explica o sentido dos presentes recebidos por Cortés, descritos em detalhes em sua primeira carta e enviados ao imperador. Os jaguares mexicanos que atravessaram o Atlântico deveriam ir ao encontro dos leões e dos leopardos oferecidos pelos príncipes do Maghreb, se a longa viagem não os tivesse maltratado tanto. De igual modo, o conquistador registra os presentes dados a Moctezuma: uma taça em vidro de Veneza, um colar de pérolas e "diamantes de vidro",[8] roupas de veludo, ainda que não venham do imperador, mas dos próprios bens do capitão. Convém saber oferecer e não economizar nas larguezas — a ponto de improvisar para em seguida receber dignamente.

É também a diplomacia que explica a importância conferida às audiências e aos cerimoniais de recepção: Cortés terá direito a isso às portas de México-Tenochtitlán, mas Pires, que cumpre quarentena em Beijing, deve contentar-se com uma audiência privada em Nanjing. É no século XV que os embaixadores aprendem a se adaptar aos usos e costumes locais. É o caso de Pires, que não parece ter rejeitado a ideia de prosternar-se diante do imperador, ou mesmo de Cortés, que os pintores índios do *Códice de Florença* retratam enfeitado com as penas enviadas por Moctezuma: "Eles mostraram os ornamentos que traziam e fizeram com que o capitão d. Hernán Cortés os usasse, à maneira de adorno; primeiro colocaram-lhe a coroa e a máscara, em seguida os colares de pedras em torno do pescoço com as joias em ouro, e no braço esquerdo penduraram-lhe o escudo de que falamos acima".[9]

A comunicação escrita exerce um papel cada vez mais crucial no século XV, e não só no seio da cristandade, com Bizâncio ou os mundos muçulmanos. Ela é evidente entre Portugal e a China. Já evocamos as cartas de que Pires é portador. Poderíamos imaginar que essa dimensão está ausente no México, à falta de escrita alfabética ou ideográfica. Isso não é totalmente verdadeiro. Cortés não para de introduzi-la e assegura ao imperador que os acordos estabelecidos com os senhores indígenas foram todos objeto de uma formalização escrita.

A diplomacia é um meio de fazer a paz, ou então a guerra. Pode-se interpretar o *requerimiento* castelhano, que impõe às populações indígenas a aceitação da suserania do imperador, como um instrumento diplomático destinado a evitar o derramamento de sangue, mas que só deixa uma saída. De certa maneira, a vontade obstinada das autoridades chinesas de só tratar com Estados tributários que reconhecem a supremacia do senhor de Beijing chega ao mesmo resultado: somente a completa obediência do demandante é aceitável. Tal atitude não deixa muito espaço a uma situação de igualdade e de reciprocidade. Ainda assim, os representantes dos soberanos envolvidos devem evitar a qualquer preço que seu senhor se desmoralize. Cortés, ao que alega, reitera continuamente a grandeza de Carlos v, um absoluto desconhecido no cenário mexicano. Pires pode aceitar tudo, menos que seu rei se incline perante o imperador da China. Se existe certa margem de manobra, ela não pode ultrapassar as instruções de que o emissário é portador: para Pires, é impossível negociar a restituição de Malaca.

As relações seriam então mais fáceis no Mediterrâneo, entre muçulmanos e cristãos? Para que as trocas se realizassem, ficava-se reduzido de cada lado a explorar as "falhas jurídicas"[10] dos sistemas envolvidos. Quanto a Cortés, que aliás não tinha nenhum mandato oficial, maquilou tão bem suas ações e seus gestos que é difícil saber até que ponto ele realmente explicou aos seus anfitriões o que a fidelidade a Carlos v implicava. Portanto, sua insistência em imitar as formas e os efeitos da diplomacia é um sinal da importância adquirida por esta última no século xvi. Cortés se apresenta a Moctezuma como o embaixador de seu imperador, e jogará com isso a ponto de garantir, ao menos por alguns meses, uma espécie de imunidade temporária aos seus homens e aos seus aliados.

O obstáculo linguístico, que poderia ter impedido toda progressão, é rapidamente removido pela intervenção de intérpretes encarregados de transmitir as intenções dos europeus e as reações dos indígenas. Na primeira expedição, em 1517, os espanhóis não podem contar com ninguém. Por ocasião da segunda, eles se fazem acompanhar por dois índios maias, Melchorejo e Juliano, do cabo Catoche, e travam conhecimento com uma índia que fala a língua da Jamaica — uma língua aparentada com a de Cuba e que os conquistadores compreendem. Durante essa expedição, conseguem outro indígena que por sua vez se tornará intérprete, sem dúvida para o idioma náuatle. Mas com frequência as coisas ainda se passam "por sinais".[11] Na terceira expedição, os futuros conquistadores dispõem finalmente de intermediários eficazes que os ajudam a transpor a distância entre os dois mundos: outra indígena, a Malinche, e um espanhol, Jerónimo de Aguilar. A primeira se ocupa em verter o náuatle dos mexicas para o maia, o segundo traduz o maia para o castelhano, até que a bela índia se arranja suficientemente bem na língua de Cortés para acelerar a comunicação e dispensar a intermediação do maia.

Quanto à China, Pires dispõe de contatos e de um *savoir-faire* adquirido em toda a Ásia. A embaixada portuguesa deixou Malaca flanqueada por um grupo de tradutores, sem dúvida chineses ou *jurabaças*. Em Cantão, ela dispõe de bastante tempo para adquirir algumas chaves indispensáveis antes de adentrar a longínqua Beijing. Os meses de espera no grande porto são aproveitados para aprender rudimentos de chinês, e a lentidão das tratativas com a capital imperial se revela propícia ao estudo do meio, assim como a uma primeira impregnação com os usos e costumes locais.

Na Ásia ou na América, os ibéricos recrutam seus tradutores entre os nativos ou entre europeus que passaram pelo outro lado.

No México, não parece ter havido intérpretes profissionais, embora possamos imaginar que os mercadores pochtecas recorriam in loco a correspondentes que os ajudavam em seus tratos. Em todo caso, ante os europeus, eles são reduzidos a recuperar em suas fileiras os intérpretes indígenas formados pelos espanhóis ou a beneficiar-se no Iucatã dos serviços de Jerónimo de Aguilar, um náufrago espanhol que ficou em cativeiro entre os maias. Mas, aqui, não há nada que se aparente às equipes de tradutores, explicáveis pela antiguidade e pela intensidade das relações entre a China e o Sudeste Asiático. Tanto o andaluz Aguilar quanto a índia Malinche se formaram no exercício da função.

Na Ásia ou na América, os intérpretes são intermediários por excelência, e de início é sobre eles que repousa em grande parte a comunicação. Não sem equívocos nem falhas. Retornemos ao caso das missivas de que Tomé Pires é portador. O português, como foi dito, introduz-se em Beijing munido de três cartas: uma, lacrada, vem do rei d. Manuel; a segunda é de Fernão Peres de Andrade, o chefe militar da expedição, e é traduzida para o chinês pelos intérpretes; a terceira, enfim, emana dos "governadores de Cantão". Pois bem, a primeira carta é exatamente o oposto da segunda. Nesta última, os tradutores haviam expressado segundo a tradição chinesa as afirmações do capitão da expedição: o rei de Portugal aparece nela como um vassalo respeitoso do "Filho de Deus, Senhor do Mundo". Não há uma só palavra desse tipo na missiva de d. Manuel, a qual, embora marcada por uma cortesia totalmente diplomática, não tem nada de um ato de submissão. O ministério chinês logo exige explicações. A cólera portuguesa contra os intérpretes agrava ainda mais a situação, e a confusão assim criada resulta na rejeição da embaixada por parte de Beijing. Alguém poderia apontar nisso um erro de tradução, e portanto reintroduzir a questão da incomunicabilidade. Uma fonte chinesa, *A crônica verídica do imperador Wu-*

zong, até pareceria ir nesse sentido: "Os assuntos dos bárbaros são contraditórios, o que não poderia deixar de nos preocupar".[12] Mas nós a interpretaremos preferencialmente como a percepção chinesa de ambiguidades bem reais que rodeiam a embaixada portuguesa. As autoridades imperiais compreendem estar diante de atitudes equívocas e suspeitas. Elas sabem ler suficientemente o comportamento dos portugueses para desconfiar deles cada vez mais.

Observado de perto, o escândalo provocado pelos tradutores não provém de uma dificuldade ou de um erro de tradução de um mundo para outro. Ao contrário, ele tem tudo a ver com um esforço de inteligibilidade a ser atribuído aos intérpretes, por mais que seja "politicamente incorreto" aos olhos dos portugueses. Os próprios tradutores se explicaram. Como poderiam ser fiéis à carta de d. Manuel, se não haviam tido acesso a ela (que vinha fechada e lacrada, e não podia ser lida nem sequer aberta)? Como fariam a mínima ideia de seu conteúdo? Em tais condições, por que não verter as afirmações dos portugueses dentro da única forma possível aos olhos dos usos diplomáticos da corte imperial, "segundo o costume da China, […] segundo o uso do país"?[13] Não havia outra solução a considerar. Portanto, o comportamento dos tradutores não decorre de um erro sobre o sentido de uma mensagem que eles não conheciam, mas, ao contrário, de uma vontade de adaptação à visão chinesa das coisas, embora oposta ao espírito dos negociadores portugueses, desconcertados por tal iniciativa. Eles não tinham razão alguma, e muito menos o direito, de fazer do rei de Portugal um vassalo solícito do imperador da China.

Ao contratempo da morte do imperador, vinha acrescentar-se um pavoroso tropeço diplomático. Já desconfiadas, as autoridades chinesas viram com muito maus olhos esses estrangeiros que não somente se recusavam a satisfazer os usos ancestrais, mas também apresentavam uma carta em chinês cujo conteúdo se apressavam a desmentir. Com isso, a embaixada de Tomé Pires já não é uma embaixada, é tão "falsa" quanto a carta, e os estrangeiros logo se tornam suspeitos de impostura e de trapaça: "A todos pareceu que havíamos entrado de maneira fraudulenta na China, para ver o país, e que a diferença entre as cartas era um caso de trapaça".[14] A carta de d. Manuel será queimada. A nova administração despedirá os estrangeiros e os portugueses ficarão bloqueados em Cantão, despojados de todo estatuto diplomático e ainda por cima acusados de espionagem.

A lógica portuguesa compromete a embaixada de Pires, que, no entanto, bem antes de pôr os pés na China, havia sido informado sobre o caráter meticuloso da etiqueta chinesa e dos limites que a diplomacia de Beijing fixava para as relações com os estrangeiros. Sem dúvida o português havia subestimado a força e o enraizamento das pretensões imperiais. A isso, acrescenta-se que na China os tradutores têm fama de ser coniventes com os estrangeiros, e a repressão que se abate sobre a equipe de Tomé Pires não é exceção. Esses intérpretes de origem duvidosa — o Império não gosta muito dos chineses da diáspora — muitas vezes são criticados por fazer espionagem para seus empregadores e por infringir as leis que fecham o país. Do lado mexicano, os intérpretes sempre improvisados têm reações contraditórias, sujeitas a variáveis relações de força. Cansados de ser manipulados pelos castelhanos, alguns fogem e retornam ao mundo indígena. Outros, certos de estarem do lado do mais forte, tornam-se cúmplices incontornáveis de seus patrões, a exemplo da Malinche, serva atenta dos interesses de Hernán Cortés. Tanto no México quanto na Ásia, as mulheres exercem um papel de intermediárias e de parceiras — tanto sexuais quanto políticas ou comerciais — que não se deve negligenciar, embora as fontes, quaisquer que sejam, permaneçam sempre discretas nessa matéria.

No México, castelhanos e índios não compartilhavam a mesma visão das diferenças que os separavam. A dicotomia europeus/ ameríndios só tem sentido para nós. Habituados a situar-se ante os muçulmanos de Granada ou os indígenas do Caribe, os intrusos têm o hábito de se apresentar como castelhanos ou cristãos. Para os habitantes da Mesoamérica, as coisas são totalmente diversas. Os castelhanos são forçosamente originários de uma cidade-Estado, de um *altepetl*. Não são percebidos como gente de um país, de um continente ou ainda de uma religião distinta. Ante os invasores, aliás, é raríssimo que os indígenas se definam globalmente como "nós, a gente daqui", *nican titlaca*.[15] À falta de contexto e de informações, muitas vezes eles reduzem tudo a padrões locais e por conseguinte dessingularizam a maioria das coisas novas que observam. Uma catapulta se torna um *quauhtemamatl*, uma funda de madeira; um cavalo, um "cervo" (*maçatl*); um arcabuz, uma "trombeta de fogo", e assim por diante. Toda novidade é amortecida e absorvida, contrariamente ao que a historiografia da Conquista dá a entender. Isso nos leva a especificar aquilo que adiantamos acima: se o empreendimento de Cortés pode aparecer, do lado europeu, como um choque de civilizações, esse não é imediatamente o caso para os habitantes da Mesoamérica. Serão necessários o recuo do tempo, o enraizamento da sociedade colonial, as devastações da exploração e das epidemias, as campanhas de cristianização, em suma, uma situação de não retorno, para que as sociedades vencidas se deem conta de que uma página havia sido irremediavelmente virada às custas delas.

Do lado castelhano, identifica-se sem dificuldade, e mesmo com alívio — após a "barbárie" das ilhas —, a presença de cidades, fortalezas, mercadores, edifícios de culto, logo qualificados de "mesquitas". O que choca o olhar é menos a diferença de religião em si mesma do que um conjunto de comportamentos manifestos, considerados incompatíveis com os usos e as crenças dos cristãos: a idolatria, a antropofagia, o sacrifício humano. São distâncias espetaculares, todas de caráter religioso, que provocam entre os invasores as mais fortes reações de repulsa. Oficialmente, isto é, na versão enviada à corte espanhola, a conduta do grupo se prende a uma impecável ortodoxia. Cortés não hesita em correr riscos: quebra os ídolos e exige que sejam substituídos por imagens cristãs. Recusa-se a tocar na carne dos sacrificados e combate essa prática.

Longe das autoridades da metrópole, a realidade é sensivelmente diferente. Sobretudo, Cortés apenas aparenta combater a antropofagia, visto que a tolera entre seus aliados indígenas, assim como é forçado a fechar os olhos para as práticas idólatras deles. Portanto, é levado a gerir, diríamos hoje, certas diferenças que não pode eliminar — em outras palavras, a aceitá-las para não pôr em perigo sua política de aliança com os grupos indígenas. Os limites de tolerância em vigor nos reinos cristãos da península ibérica se deslocam, em terra mexicana, ao sabor das relações de força. É verdade que, nessa época, as práticas muçulmanas ainda são aceitas no reino de Granada e em outras regiões da Espanha, e que ainda estamos bem longe da rigidez que marcará a segunda metade do século XVI.

Vimos que os ameríndios, por sua vez, também se esforçam por definir e dominar a diferença que notam em seus visitantes fazendo-os *teules*, com toda a ambivalência que esse termo carrega. É complicado saber mais sobre isso, pois os testemunhos indígenas recolhidos depois da derrota, da colonização e da cristianização mostram-se extraordinariamente parciais. Dos raros indícios de que dispomos quanto ao período inicial, retira-se a impressão de que os mexicas põem no mesmo saco os castelhanos e os aliados indígenas destes, percebendo-os em bloco como os adversários irredutíveis da Tríplice Aliança. Será necessário algum tempo para que os habitantes da Mesoamérica se habituem à categoria de índios com a qual os vencedores os revestem e para que imaginem a extensão do mundo longínquo que o nome "castelhanos" recobre.

Na China, os portugueses são igualmente sensíveis às diferenças que observam entre seus anfitriões. Desde que deixaram seu reino, quer estivessem na costa da África, nas margens do oceano Índico ou no mais longínquo Sudeste Asiático, não cessaram de ser expostos a todos os tipos de diferenças, como aquelas que Tomé Pires pôde recensear na *Suma oriental*. Portanto, sua sensibilidade e sua atenção parecem mais aguçadas do que as dos castelhanos do Novo Mundo, em grande parte porque eles são bem mais informados por seus intérpretes e porque circulam em regiões do mundo que estão em contato há milênios. As coisas, as pessoas, as situações e os contextos são mais imediatamente legíveis do que no México. E, se é possível falar de maior flexibilidade dos portugueses, na maioria das vezes isso se deve à sua posição de fraqueza ante os reinos e as sociedades das quais se aproximam. Esse é especialmente o caso na China, onde estão em situação precária. Desta vez, a questão da diferença do outro é menos levantada pelos europeus do que por seus interlocutores.

Para os chineses, ao contrário dos índios do México, o mundo se divide entre chineses e bárbaros. E os portugueses são bárbaros da pior espécie. Por conseguinte, são eles que se encontram no banco dos réus. O que cria problemas é sua diferença, e é a ela que os remetem incansavelmente os chineses. Eles os constrangem a encarar a própria singularidade como uma desvantagem constante, uma limitação que não decorre apenas de um desconhecimento dos usos e costumes, mas constitui o sinal revelador de um estado de barbárie e de uma condição inferior. Um exemplo: quando os navios portugueses que levam Tomé Pires chegam à vista de Cantão, as tripulações acreditam estar agindo certo ao disparar salvas de artilharia e desfraldar suas bandeiras, sob o pretexto de que esse é o costume português e de que os chineses fariam a mesma coisa em Malaca.[16] Não importa que o façam de boa-fé: os cantoneses em pânico se sobressaltam e as autoridades da cidade devem lembrar aos recém-chegados que esses maus modos não são aceitáveis na China. Desde já os portugueses são obrigados a se familiarizar com um "estilo chinês", hábitos, modos de agir que eles ignoram e que seus anfitriões se empenham em lhes inculcar. Preparam-nos para isso em Cantão durante longos meses, sem que se saiba muito bem se para tal eles foram instalados na grande mesquita ou num templo budista. As autoridades chinesas sempre deixam claro para os visitantes que lhes são superiores. Contam com os fastos e a riqueza local para impressioná-los. Os portugueses não se deixam enganar: estão bem conscientes de que a lentidão calculada com a qual as autoridades chinesas tratam a embaixada em Cantão não passa de um estratagema concebido para deslumbrar os estrangeiros com "a majestade e a pompa de suas pessoas".[17]

Nem todos os chineses são igualmente minuciosos. A ignorância e a desenvoltura dos portugueses chocam a administração provincial, mas parecem ter divertido o imperador, que teria tomado a defesa de seus visitantes. É verdade que Zhengde experimenta um prazer maldoso em contrariar sua burocracia e demonstra uma abertura de espírito bastante excepcional. O imperador, que mandou construir a "casa dos Leopardos" para escapar às limitações da Cidade Proibida, rodeia-se de monges budistas tibetanos, de bufões originários da Ásia central, de seguranças mongóis e *jurchen*, de clérigos muçulmanos. Conhece rudimentos dos idiomas mongol e tibetano, gosta de entreter-se com os embaixadores mongóis ou muçulmanos, diverte-se vestindo as roupas deles e experimentando sua culinária.[18] Em certa época, seu interesse até o faz seguir as prescrições alimentares do Alcorão. A palavra de ordem dada é "prezar aqueles que vêm de longe".[19]

Os portugueses saberão aproveitar essa curiosidade pelos mundos estrangeiros, e compreende-se melhor ainda que a morte do imperador não os tenha ajudado. Em Beijing, observadores coreanos se mostram tão interessados quanto Zhengde. Consideram os visitantes particularmente "abertos", espantam-se com seus trajes "feitos com penas de ganso" — na realidade, trata-se de veludo —, destacam o uso da fresa e notam a beleza dos seus livros, escritos de outra maneira: "Pareciam conter verdadeiras frases de tipo proverbial, [...], eram de uma qualidade refinadíssima, sem comparação com nenhuma outra".[20]

A DECIFRAÇÃO DAS SOCIEDADES

No essencial, os ibéricos têm a impressão de haver compreendido suficientemente a especificidade das sociedades que acabam de descobrir para traçar um diagnóstico delas e identificar suas fraquezas. Evitemos julgar a profundidade da compreensão adquirida baseando-nos no sucesso ou no fracasso do empreendimento de conquista e de colonização, embora sejamos logo tentados a ligar a vitória de Cortés à acuidade de sua análise ou a atribuir o fiasco português a uma miopia política e social. Teriam os castelhanos compreendido melhor o mundo mexicano do que os portugueses o mundo chinês?

O critério de sucesso nos parece bastante discutível. Espanhóis e portugueses seguramente deixaram de perceber coisas essenciais, mas nada nos garante que estamos mais equipados diante da China ou do México do século XXI. Os ibéricos souberam captar certas dimensões da sociedade que invadiam, notar dinâmicas e contradições, reunir dados que pareceram suficientes para elaborar um projeto de conquista e de colonização, e — no caso espanhol — desencadeá-lo com sucesso. Fizeram isso explorando colaborações locais que souberam suscitar, como faria hoje qualquer pesquisador de campo. Não foi sem motivo que as autoridades chinesas acusaram os portugueses de espionagem.

Por trás de tudo isso, pressente-se a emergência de uma "esfera global", isto é, de um espaço planetário no qual todas as circulações e todos os encontros se tornam possíveis e no qual se estabelecem as bases mínimas de trocas regulares. Muitos "*middle grounds*"[21] se esboçam nos cantos mais diversos do planeta, no cruzamento das religiões e das civilizações. A China dos portugueses e o México dos castelhanos não fazem senão acrescentar espaços suplementares ao ecúmeno que os europeus conhecem. Cada uma de seu lado, mas simultaneamente, essas zonas veem os primeiros balbucios de uma sincronia planetária que articula uma após a outra as diferentes partes do globo.

11. As maiores cidades do mundo

A Terra da China hé de muitas cidades e fortalezas todas de
pedra e quall. A cidade omde o rei estaa chama-se Cambara.
Hé de gramde povo e de muitos fidallgos, de imfimdos cavallos.

Tomé Pires, *Suma oriental*

Esta gran ciudad de Temixtitan está fundada en esta laguna
salada [...]. Tiene cuatro entradas, todas de calzada hecha a
mano, tan ancha como dos lanzas jineta.

Cortés, *Segunda carta*

Uma das maneiras mais insidiosas pelas quais os ibéricos — e
em seguida o resto da Europa ocidental — apoderaram-se do globo consistiu em descrever por palavras, mapas e imagens os territórios que exploravam ou colonizavam. Vitória ou fiasco, os dois
empreendimentos ibéricos dirigiram-se para duas regiões do
mundo destinadas a ocupar um espaço gigantesco no horizonte
dos europeus. Eles nos deixaram também os primeiros retratos da

China, do México e das cidades de ambos. Essa dupla entrada em cena, não combinada mas simultânea, tão estrepitosa para o México quanto discreta para a China, marca uma etapa crucial no advento de uma consciência-mundo e de um imaginário planetário.

A GEOGRAFIA OU A ARTE DE ESPIONAR

Graças à *Suma oriental* de Pires e a alguns outros textos de menor importância, a China ultrapassa um pouco o Novo Mundo mexicano sob a pena dos europeus. De fato, nosso infeliz embaixador foi o primeiro a esboçar um retrato da China dos Ming digno desse nome, no mesmo momento em que portugueses e italianos começam a frequentar o litoral daquele país. Mas Pires escreveu antes de pôr os pés na China.

O cativeiro em Cantão permitiu que Vasco Calvo e Christovão Vieira reunissem muitas informações, mas essa curiosidade não agradou muito aos seus anfitriões, que já não queriam liberá-los. Como Tomé Pires, nossos dois portugueses dispõem de elementos para esboçar um quadro geral da China. Um pouco de geografia administrativa e econômica: quinze governanças, duas capitais, Nanjing e Beijing, cujas respectivas latitudes nos são dadas, indicando que a segunda passa à frente da primeira; um litoral coberto de cidades; circulações que se operam sobretudo por via fluvial, pois as estradas seriam em geral menos seguras; não há navegação marítima entre o norte e o sul "por se não devassar a terra".[1] É por água que Nanjing se liga a Beijing, a qual recebe do sul do país o essencial de seu abastecimento. O destaque é dado às três províncias meridionais — Guanxi, Guangdong e Fujian —, aquelas, claro, que interessam de saída aos portugueses e que eles conhecem menos mal. Separadas das outras doze por montanhas, elas só seriam ligadas por dois "caminhos muito íngremes e trabalhosos". A descrição de Cantão, da própria cidade, desde a costa a partir da ilha de Hainan até o delta do rio das Pérolas, visa a preparar a invasão portuguesa. Se considerarmos, com nossos portugueses, que todos os arsenais se concentram em torno de Cantão e que o mar constitui o cordão umbilical da província, compreenderemos que nada, aos olhos dos portugueses, poderia resistir a um ataque marítimo por parte deles, já que deteriam a superioridade naval. Tais observações, entre outras, dão razão aos chineses, que acusavam de espionagem seus visitantes estrangeiros. E é realmente assim que convém interpretar as cartas de Vieira e de Calvo.

A riqueza agrícola e mercantil da província de Cantão faz dela uma das mais prósperas da China. Os impostos pagos sobre as importações enchem o caixa do soberano e os dos mandarins. A província produz "cordame, linho, seda, tecidos de algodão". Ali se pescam pérolas, cultivam-se arequeiras — "é a melhor coisa que há na terra da China".[2] Essa província seria até mesmo a única região do país a abrigar jazidas de ferro. Um metal que serve para fabricar "tachos, pregos, armas e tudo o mais em ferro". A mão de obra qualificada, como sabemos, é abundante, e poderia ser exportada como qualquer outra mercadoria, pois "daqui se podem tirar a cada ano quatro, cinco mil homens sem fazer nenhuma míngua na terra".

O sistema judiciário e administrativo já não parece ter muitos segredos para Vieira e seu acólito. Meses passados entre prisões, tribunais e processos familiarizaram os dois com os arcanos da burocracia chinesa. Eles nos detalham a hierarquia dos mandarins, a repartição dos poderes, a distribuição e a circulação dos funcionários; explicam as mutações constantes e imprevistas, e até as progressões de carreira. De momento, Vieira extrai disso conclusões bastante negativas que contrastam com os elogios que os observadores europeus não cessarão de tecer: a corrupção é onipresente, os juízes só pensam em encher os bolsos, negligenciam o bem público, exploram o povo tanto quanto podem: "E o povo é mais maltratado por estes mandarins do que pelo diabo no inferno". Uma administração ruim demonstra um mau governo e uma dominação fragilizada. A população enavereda irresistivelmente pela delinquência e pelo banditismo, a tal ponto que as revoltas se contariam aos milhares nos lugares situados longe dos rios onde se concentram as forças da ordem. A repressão seria de extrema brutalidade, se dermos crédito à descrição feita pelos nossos portugueses dos castigos e dos suplícios, do mais cruel ao menos mutilante, ao lado dos quais a prática do banimento — o equivalente ao *degredo* português — parece de uma excepcional mansuetude.

Agora, o Exército e a Defesa. Nesse domínio, aos portugueses tudo parece superestimado. Os chefes? À margem da burocracia, existem responsáveis militares, "mandarins cavaleiros" que não têm poder de justiça, exceto sobre os homens que eles enquadram. São repreendidos por bagatelas e tratados como um aldeão qualquer. Os soldados? Com frequência, são condenados de direito comum cuja pena foi comutada em banimento para uma província longínqua. Uma palavra sobre as armas, especialmente sobre os canhões: "Antes de virem os portugueses, não tinham bombardas, somente umas feitas a maneira de talhas de Monte--mor, coisa de vento".[3] A população é desarmada e os militares devem devolver ao mandarim as armas que possuem, quando não fazem uso delas. Quanto à defesa, tudo — as fortificações, a resistência dos muros, a guarda das muralhas e das portas — constitui objeto de levantamentos minuciosos e críticos.

De que se constitui a frota chinesa? Em grande parte, de juncos de piratas adaptados ao serviço da Coroa após um acordo feito com os mandarins de Cantão. As tripulações se compõem de "gente fraca e vil", todos obrigados a servir, a maioria jovem demais e sem experiência. Após a tempestade que destruiu a maior parte dos navios em 1523, pode-se estimar que a cidade já não tem senão suas muralhas para se defender. Portanto, tampouco nada a temer sob esse ponto de vista.

E a condição do campesinato? É esmagado por impostos, forçado a vender suas terras e seus filhos. Quando não são intimados a prestar serviços pessoais aos mandarins, os camponeses são explorados nas estações de muda utilizadas por viajantes e altos funcionários. Compreende-se que não lhes reste nada para viver, depois que o fisco passou. Em caso de recusa da prestação, os bens são confiscados e o envolvido é lançado à prisão. Em tais condições, todos preferem consentir, ante o risco de se submeter a todo tipo de humilhação: "Com a cabeça no chão, o rosto na terra ouve e olha o mandarim como outro relampejando". Balanço: o povo está mergulhado numa negra miséria. As prisões ocorrem por qualquer motivo: "A cada dia prendem muitos e soltam menos; e morrem nas cadeias com fome como bichos, daqui vem o povo *a estar em ódio com os mandarins* [e] desejam *novidades* para terem *liberdade*". Séculos antes do regime de Mao, a circulação dos chineses é objeto de um controle detalhista. Nem pensar em afastar-se mais de vinte léguas de suas casas sem uma permissão dos mandarins. Tal permissão, que é comprada, traz o nome e a idade do indivíduo. Se forem flagrados sem esse documento — o que é fácil, pois as estradas formigam de espiões —, os infratores são imediatamente detidos, acusados de banditismo e severamente castigados.

É pouco, e ao mesmo tempo é muito, para uma tomada de contato. Evidentemente, de ponta a ponta a análise é comandada pela ideia de que uma conquista é factível e até necessária. Mas os portugueses também demonstram uma curiosidade incessante e uma acentuada habilidade em livrar-se de dificuldades. O quadro que Calvo nos traça baseia-se num documento chinês que ele conseguiu obter: "Tenho o livro de todas as quinze governanças, cada governança quantas cidades tem e vilas e outros lugares, tudo escrito largamente e o modo e maneira que se tem em toda a terra do regimento dela como de todo o mais e cidades como estão assentadas e outros lugares". De passagem, Calvo nos diz uma palavrinha sobre seu método: preso e doente, o português teria aprendido a ler e a escrever em chinês, e também teria se beneficiado da ajuda de um tradutor — por prudência, ele não dá nomes — para explorar a obra da qual acaba de nos falar. O livro conteria também um mapa da governadoria de Cantão: "Toda a qual significa os rios, as cidades que são dez, toda com seu nome ao pé desta folha". Calvo localiza ali pelo menos dez vilas, "cada uma dez vezes maior do que a cidade de Évora", e calcula uma distância entre cinquenta e sessenta léguas entre as ilhas do delta e Cantão.

Esse primeiro retrato, bastante razoável para uma tentativa, combina ao mesmo tempo dados escritos e cartográficos de origem chinesa que transmitem uma visão de conjunto do país, uma informação mais detalhada sobre a região e sobre as coisas vistas, complementadas segundo o caso por comparações com cidades da metrópole: Cantão "é do jeito da cidade de Lisboa".[4]

AS MAIORES CIDADES DO MUNDO

Com pouco mais de um ano de diferença, os ibéricos descobrem México-Tenochtitlán (novembro de 1519) e Beijing (dezembro de 1520). Ao percorrerem os campos da China e do altiplano mexicano, eles visitam outras cidades que em certos casos são outras capitais: Nanjing para o Império Celestial, Tlaxcala na Mesoamérica. De Beijing a México-Tenochtitlán, os europeus enfrentam a singularidade dos mundos nos quais penetram, e sabendo que estes ameaçam engoli-los a qualquer momento. Os testemunhos ibéricos são excepcionais, pois os visitantes são levados a comparar à sua maneira, que não é a dos teóricos da cidade como Alberti ou Dürer, vários dos grandes modelos urbanos que pontuam então o planeta: a cidade chinesa, a cidade mesoamericana, a cidade ibérica, com, sempre em segundo plano, a cidade árabe-andaluz. Em contraposição, não há olhar asiático ou ameríndio sobre a cidade europeia: os habitantes da Mesoamérica e os da China estão reduzidos a imaginar a cidade portuguesa ou espanhola como o duplo de um *altepetl* ou de uma cidade chinesa. No máximo, certos mercadores de Cantão ou do Fujian conhecem as instalações portuguesas de Malaca — na verdade, muito pouca coisa, pois aqueles de Lisboa mal tiveram tempo de se instalar em sua recente conquista (1511).

O duplo achado que os ibéricos tiveram oportunidade de fazer não é banal. México-Tenochtitlán ainda não é a capital do México, mas é a cidade dominante da Tríplice Aliança, uma confederação que controla a maior parte do altiplano sobre um território que vai das margens do Atlântico às do Pacífico. À chegada dos espanhóis, estima-se que México-Tenochtitlán teria 250 mil habitantes. Sem sombra de dúvida, é então a metrópole das Américas. O que ela é ainda hoje.[5] Edificada segundo um plano ortogonal no qual se lê a influência de Teotihuacán, organizada segundo princípios cosmológicos e orientada segundo os pontos cardeais, a cidade se desenvolveu de maneira original em torno de um enorme centro cerimonial que substituiu a grande praça habitual das cidades nauas. O Templo Mayor se ergue no meio do recinto sagrado, que ele domina com toda a sua altura e de onde partem avenidas que dividem a cidade em quatro bairros.

Enquanto México-Tenochtitlán foi fundada no início do século XIV, as origens de Beijing se perdem no primeiro milênio antes de Cristo. A Beijing dos Ming é a cabeça de um imenso império que se estende das fronteiras mongóis à península indochinesa, da Ásia central às margens do mar da China.[6] Foi depois de um declínio de mais de meio século que Beijing recuperou o posto que era ocupado por Dadu, a Grande Capital, coração do poder mongol desde a segunda metade do século xiii. Dadu é a Khanbalikh descrita por Marco Polo, a qual teria abrigado, à época do veneziano, pelo menos meio milhão de pessoas. Em 1420, dentro da ideia de submeter a Ásia a uma ordem sinocêntrica, o imperador Yongle decide restituir à antiga capital mongol o nível original.[7] Ele lhe dá o nome que a cidade tem hoje, Beijing, "capital do Norte". Beijing aparece então como a materialização de um projeto ideológico de exaltação dos valores confucianos; encarna um programa político de centralização do poder e uma vontade estratégica de enfrentar as ameaças vindas do norte. Em meados do século xvi, a cidade tem o tamanho que conservará até o início do século xx. Ela é hoje a segunda cidade da China depois de Shanghai.

Se o centro de México-Tenochtitlán — e, portanto, o centro do universo — é marcado pelo Templo Mayor, o de Beijing é constituído pela Cidade Púrpura Proibida.[8] O nome da Cidade Proibida, *zi jin cheng*, remete à estrela Ziwei, a estrela polar onde reside a divindade suprema, no topo da abóbada celeste. A cidade opera a síntese da cosmologia do *yin* e do *yang*; ela traz a marca do neoconfucianismo que faz do príncipe o sábio por excelência, reinando sob os céus. Claro que semelhante centralidade cósmica, seja chinesa ou mexica, está totalmente ausente de Valladolid, cidade de corte, ou mesmo de Granada, antiga capital nasrida. É para Roma ou para Jerusalém, longe da Espanha, portanto, que será preciso voltar-se para encontrar longínquos equivalentes na Europa cristã.

O que os ibéricos compreenderam na cidade chinesa ou na cidade mexicana? Essencialmente, o que percebiam vendo-as de fora, as massas humanas que elas reuniam, o que anunciavam de riquezas e de comodidades, o que exibiam de força militar e de ameaça potencial. Castelhanos e portugueses estão longe de ser todos letrados, mas aqueles que possuem um verniz de letras clássicas não ignoram que a cidade é a pedra de toque de uma sociedade civilizada. Habitar em cidades é demonstrar que se pertence a "nações dotadas de intelecto e de razão".[9] A *ciudad* é a *respublica*, é o núcleo por excelência de toda a vida em sociedade, como explica Aristóteles e como repete Bartolomé de las Casas em todos os debates sobre os índios da América.

O dominicano usará ao máximo o argumento urbano para defender a racionalidade dos habitantes do Novo Mundo. Será o primeiro a traçar um quadro panorâmico das cidades pré-colombianas das Américas, desde as de Cibola, na América do Norte, até a Cuzco dos incas e as ruínas de Tiahuanaco.[10] No século XVI, a reflexão sobre o homem americano passará pela questão da cidade. Nos antípodas do Bom Selvagem, na contracorrente dos clichês silvestres associados à nossa visão de europeus, o dominicano defenderá a imagem de um índio urbano, de um índio das cidades:

> Aqueles viviam em sociedade como homens racionais em grandes aglomerações que nós chamamos burgos e cidades [...] e estas não eram uma coisa qualquer, eram cidades grandes e admiráveis, dotadas de grandes edifícios, ornadas em múltiplos locais, e algumas eram maiores e melhores do que as outras, assim como homens de razão podem diferir entre si.[11]

Essa visão da cidade não servirá apenas para alçar a sociedade mexicana ao nível daquelas do Velho Mundo: ela propulsionará a sociedade chinesa às primeiras fileiras da humanidade.

COMO LISBOA OU COMO SALAMANCA...

A chegada dos espanhóis em frente ao litoral do Iucatã marca imediatamente uma ruptura significativa com o mundo insular que eles haviam frequentado até então. "Dos navios, nós percebemos uma grande aglomeração que parecia se encontrar a duas léguas da costa e, como vimos que era um burgo de importância e jamais se vira algo semelhante nem na ilha de Cuba nem na de Hispaníola, demos-lhe o nome de Grande Cairo."[12] É a capital dos mamelucos que oferece uma primeira referência, uma cidade sobre a qual, pouco mais de um século depois, o escocês William Lithgow escreverá que "é a cidade mais admirável do mundo".[13] Por trás do toque de exotismo africano — o Cairo não é nem Granada, nem Salamanca, nem Veneza, que servirão de termo de comparação —, percebe-se a transposição de um limite desde a expedição de 1517.

A existência de cidades subverte o curso dos descobrimentos castelhanos. Sob os olhos dos visitantes esboça-se finalmente um mundo que lhes recorda aquele de onde vêm. Nas aglomerações da costa vivem mercadores e sacerdotes. A vitrine urbana manifesta de maneira irrefutável a civilização da população: "Entre eles, existem todas as formas de ordem e de civilização (*policía*), são pessoas perfeitamente racionais e organizadas, e a melhor parte da África não chega a seus pés".[14] As primeiras aglomerações notadas são as cidades maias do Iucatã. De início no local do cabo Catoche, na ponta nordeste da península iucateque. Após quinze dias, em Campeche, os castelhanos avistam de seus navios outro *pueblo*, "de aparência bastante grande". Ali se encontram "edificações muito grandes, que eram oratórios dos ídolos deles, corretamente feitas de pedra e de cal".[15] Mas é somente durante a terceira expedição (1519), e ao fim de uma marcha de vários meses pelo interior das terras, que os conquistadores entrarão em contato com as cidades do altiplano e chegarão a México-Tenochtitlán.

Na primeira missiva (julho de 1519) expedida por Cortés, só se fala de *pueblos*, isto é, de povoados; mas para alguns trata-se de "*pueblos* grandes e bem organizados". Ele introduz as categorias de *ciudades* e de *villas* em sua segunda missiva, tanto para designar as aglomerações que teria mencionado em sua carta supostamente perdida quanto, sobretudo, para apresentar aquelas que atravessaram no caminho que o leva até México-Tenochtitlán: Cempoala, Nautecatl, Tlaxcala, Cholula e, claro, fulcro da expedição, México-Tenochtitlán, sistematicamente qualificada como "grande cidade".[16] Parecem igualmente muitas *villas* e *fortalezas*, sem que o conquistador faça distinção nítida entre as duas.[17] Tal mudança de terminologia não responde somente à importância das novas aglomerações encontradas: dá a impressão de que Cortés está agora disposto a tudo para conferir à sua descoberta o porte de um acontecimento excepcional. Mesmo um lugar tão secundário quanto Iztaquimaxtitlan é levado ao pináculo com suas "três ou quatro léguas de aglomeração contínua", "com a melhor fortaleza [em comparação com as] que há em boa parte da Espanha".[18]

Enfim, Cortés nota *aldeas* e *alquerías* de tamanho bem mais modesto.[19] A herança árabe pesa sobre o olhar, tanto quanto a tradição latina: se, no alto da escala, *ciudad* e *villa* remetem ao latim e à ocupação romana, *aldea* e *alquería* — que designam as aldeias e as granjas — são termos de origem árabe, vestígios dos longos séculos de dominação muçulmana. As populações urbanas geralmente são objeto de uma estimativa em números: atribuem-se 30 mil lares à cidade de Texcoco, uma das capitais da Tríplice Aliança, ao passo que se calculam entre 3 mil e 4 mil para cidades de menor importância.[20] Se necessário, as particularidades da topografia urbana são levantadas com cuidado. Assim é que, em Iztaquimaxtitlan, Cortés opõe um *downtown* a um *uptown*, e os habitantes da parte baixa, perto do rio, parecem mais modestos do que os do alto, "que têm casas bastante boas e que são mais ricos do que os que se encontram no fundo do vale".[21]

O balanço é mais do que positivo. Aos seus olhos, o México não tem nada a invejar na Espanha: "No caminho, eles atravessaram três províncias [...] de uma belíssima terra, cheia de burgos, cidades e aldeias, com construções tão boas quanto as que se encontram na Espanha". As comparações, forçosamente subjetivas, que os invasores multiplicam — com Burgos, Granada, Sevilha, Córdoba, Salamanca — em geral dão a vantagem ao México.[22] Os conquistadores se limitam às cidades de Castela e da Andaluzia, que lhes são razoavelmente familiares; mais excepcionalmente, fazem referência às cidades da Itália que alguns frequentaram, e até as capitais mais distantes das quais ouviram falar, como as do Império Otomano e do Egito mameluco. Com isso, pode-se fazer uma ideia da maneira pela qual os castelhanos imaginavam e concebiam a cidade no século XVI em um contexto que os obrigava a expressar em palavras suas impressões, a calibrar e a interpretar incessantemente o que se apresentava ao seu olhar. Assim, a cidade de Tlaxcala lhes parece maior e muito mais povoada do que Granada; continuamente abastecida, ela abriga um mercado que reúne cotidianamente umas 30 mil pessoas e onde se encontra de tudo, "tão bem organizado quanto pode ser em todas as praças e nos mercados do mundo".

Esboço de uma consciência-mundo? Sem dúvida é um efeito de retórica, mas também é evidente que, à força de comparar as cidades mexicanas com as da Europa, da Ásia e da África, o pensamento substitui os horizontes ibéricos ou mediterrâneos por horizontes planetários. Essa mutação explica que a América apreendida em sua forma mexicana, e depois continental, possa exercer um impulso fundamental na emergência de uma consciência-mundo. À diferença da China, que vem se inscrever numa Ásia que as pessoas conhecem ou acreditam conhecer há muito tempo. A China dos Ming apenas introduz uma peça a mais; o México impõe aquela que faltava para pensar a totalidade do mundo e que dá ao Oeste toda a sua espessura humana e civilizacional, precisamente através da cidade.

Outro meio de abordar as cidades indígenas: a singularidade das formas políticas que elas acolhem. Tlaxcala atrai bem cedo o olhar de Cortés, pois é a sede de um poder oligárquico que a aparenta com as "senhorias de Veneza, de Gênova e de Pisa", ao passo que México-Tenochtitlán ou Texcoco estão nas mãos de um monarca. Por todas essas razões, a cidade é um instrumento de referenciamento essencial: os índios, como vimos, identificam-se a partir da aglomeração à qual pertencem — o que não tem nada de desconcertante para um Cortés que, como dissemos, aos olhos dos seus é de saída um homem de Medellín (Extremadura). E nomear os tlaxcaltecas ou os culuas é tirar os indígenas da massa indistinta, anônima e sem história que o termo "índio" veicula. A cidade-Estado está no coração da geopolítica mesoamericana, Cortés compreendeu isso bem depressa.

Objetivo da longa marcha através do país, México-Tenochtitlán faz transpor um último limiar quantitativo e qualitativo. A cidade fascina antes mesmo de ser alcançada. Como não se impressionar com o sítio da cidade, plantada no meio de um lago, no coração de um vale dominado por dois grandes vulcões? As autoridades mexicas fazem de tudo para que os fastos da capital de Moctezuma impressionem logo de início seus visitantes. O primeiro contato com a cidade se opera, portanto, sob o ângulo do espetacular e do político. Calçadas de acesso, pontes móveis, ruas retas e largas, muitas vezes acompanhadas por canais, palácios e "mesquitas" deixam tontos os recém-chegados. A maneira de encenar a acolhida a Cortés fornece uma nova prova daquilo que a espetacularização do poder no mundo mesoamericano pode dar.

É num segundo momento que os invasores calculam a importância econômica de México-Tenochtitlán: os mercados não podiam deixar de atrair invasores tão ávidos por ouro e riquezas. No mais frequentado, que lhes parece ter o tamanho da cidade de

Salamanca, não são menos de 60 mil as pessoas que se agitam num espaço estritamente regulamentado: cada corredor é consagrado a produtos específicos, aqui as plantas medicinais, ali as frutas e os legumes, adiante a caça, mais adiante ainda os utensílios em terracota.[23]

Por razões que conhecemos, os escritos portugueses contemporâneos da chegada à China estão longe de ter o poder sugestivo das cartas de Cortés. As missivas nas quais Pires, à maneira de Cortés, deve ter se estendido sobre sua estada em Cantão, sobre a recepção em Nanjing e mais tarde sobre sua chegada a Beijing foram perdidas, assim como os desenhos.[24] Resta a correspondência enviada da prisão por Vieira e Calvo. Eles exploram investigações orais, utilizam mapas e até uma documentação escrita de origem chinesa, como aquele "livro das quinze governadorias" cuja decifração foi pedida a um tradutor competente.[25] Nessa correspondência encontra-se uma abundância de coisas vistas quanto a Cantão e seus arredores. Mas "coisas vistas" da prisão. Ou seja, o olhar português sobre as cidades tem possibilidades de ser bem mais informado do que o de Cortés. Mas é constante e pesadamente enquadrado pelas autoridades chinesas. Ele transmite um diagnóstico que emana do âmago da cidade chinesa, ao passo que a visão de Cortés sobre México-Tenochtitlán seria antes uma visão a partir do alto, panorâmica, quer seja tomada dos contrafortes dos vulcões no momento de desembocar no vale ou do topo do Templo Mayor que domina a cidade.

Cantão é a primeira cidade chinesa em que os portugueses pisam, e, portanto, a que eles ficam conhecendo melhor. O tempo e o ócio forçado facilitaram as coisas. Foram necessários meses para que a embaixada recebesse autorização para continuar a viagem e chegasse de início a Nanjing e depois a Beijing. Isso possibilitou que os portugueses observassem com calma os lugares onde estacionavam e as paisagens que atravessavam, durante seus longos deslocamentos por milhares de quilômetros. Como no México, o fato urbano constitui um elemento de apreciação fundamental das novas realidades. A densidade urbana fascina os visitantes: quanto mais aglomerações se acumulam ao longo do percurso, mais bonita lhes parece a viagem. Por toda parte o tamanho e a beleza das cidades chinesas impressionam nossos observadores.[26] Desta vez, as referências que eles aplicam sobre aquilo que seus olhos descobrem são portuguesas (Lisboa, Évora) e, mais excepcionalmente, indianas (Calicut). Mas a comparação não cessa de revelar uma considerável diferença de escala: Cantão, uma cidade mais do que média, teria o tamanho de Lisboa; os burgos atravessados são dez vezes mais povoados do que Évora.[27]

"Beijing é a principal onde o rei por ordenança está assentado."[28] O olhar português, sempre ávido por coordenadas geográficas, calcula a posição da cidade entre 38º e 39º latitude Norte. Ele nota a importância estratégica da capital chinesa diante dos mongóis: "Está na extrema da sua terra porque tem guerra com gente chamada Tazas", assim como sua origem mongol e sua dependência em relação a Nanjing e ao resto do país, de onde provém toda a sua subsistência: "A terra não tem arroz por ser fria e de poucos mantimentos [...] Esta não tem madeira nem pedra nem tijolo". Beijing, portanto, é corretamente percebida como capital política e base estratégica diante da fronteira setentrional onde se situa a principal ameaça à China.

É o cronista João de Barros quem sintetiza as informações coletadas pelos primeiros visitantes de Cantão: "O que faz esta situação da cidade mais formosa na ordem das casas é ter duas ruas feitas em cruz, que tomam quatro portas da cidade, das sete que tem de sua serventia, e assim estão direitas, e compassadas, que quem se põe em uma porta, pode ver a outra de fronte, sobre as quais duas ruas vão ordenadas, e à porta de cada casa está plantada uma árvore, que tem todo ano folha, somente para sombra e frescor, e assim postas em ordem, para o pé de uma se podem ver com a vista enfiar o de cada uma das outras".[29] Barros, que afirma saber mais sobre o assunto, promete o resto para os livros de sua *Geografia*, hoje lamentavelmente perdida.

Como no México, as aglomerações chinesas se veem classificadas em cidades e vilas, mas os primeiros observadores portugueses também sentem necessidade de introduzir categorias locais, como *chenos* (de *xian*, departamento), para distinguir as mais importantes, aquelas que os chineses situam acima das cidades.[30] Ao longo de todo o século XVI, os portugueses continuarão recorrendo a tais categorias, seguindo as explicações fornecidas in loco pelos informantes e buscando dados na literatura chinesa.[31] Os portugueses contam as cidades. A governadoria de Cantão abrigaria, sozinha, treze delas, sete departamentos e uma centena de vilas. Eles se interrogam sobre o nível que cada uma dessas categorias supostamente ocupa. E então percebem que a hierarquia das cidadezinhas e dos burgos não repousa sobre sua importância demográfica, mas sobre a existência ou não de fortificações e de funções administrativas.[32]

A distinção entre as elites chinesas e as massas exploradas é um dos *leitmotiven* que atravessam as análises portuguesas. Ela está impressa na fisionomia da cidade, particularmente na de Cantão. Esta última abriga de um lado um habitat popular, feito de casas de madeira, "com paredes de taipa e de argila, e onde se amontoam parentelas (*parenteiras*)";[33] de outro, templos, palácios da administração, residências de mandarins e várias prisões que constituem verdadeiras microssociedades. A impressão é a de que o olhar português é atraído sobretudo pelos extremos, ou, simplesmente, de que os visitantes, que vieram fazer comércio e espionagem, não estão especialmente preparados para a sociologia urbana.

As cidades chinesas são encaradas principalmente sob o ponto de vista econômico e militar. É o caso das cidades do Guangdong e sobretudo de Cantão, que deteria o monopólio das relações com o estrangeiro e do comércio exterior. Se a situação geográfica e a topografia desse empório são estudadas tão cuidadosamente, é porque os visitantes visam com urgência à sua ocupação.

Portanto, o olhar português é como o de Cortés: um olhar espião e conquistador, atento a todas as questões militares. As cidades chinesas aparecem assim centros rodeados por muralhas, abundantemente dotadas de portas monumentais, mas desprovidas de fortaleza. Os portugueses que conseguem passear sobre as muralhas de Cantão registram atentamente a extensão delas. Contam as torres e enumeram noventa, "que faziam as vezes de bastião". Calculam o número de soldados da guarnição: "Estavam continuamente 3 mil homens guardando as portas da cidade com capitães".[34] Como manter a cidade, depois de tomá-la? Os europeus notam logo "um cabeço no chão pegado ao muro da abada do norte", na qual se fará um burgo fortificado. Dali, será possível controlar facilmente toda a cidade.[35] No coração de Cantão, será utilizado o embarcadouro dos mandarins para construir uma segunda estrutura e assim manter toda a aglomeração sob uma tenaz. É de imaginar que Cortés e os seus alimentavam ideias semelhantes em sua mente a cada vez que circulavam por México-Tenochtitlán.

Do outro lado do Pacífico, os conquistadores lançam o mesmo olhar sobre as cidades mexicanas, quer as visitem ou as ataquem. As linhas de defesa, a altura e a extensão das muralhas,[36] a resistência dos materiais de construção e dos terraplenos, os pontos estratégicos são minuciosamente estudados, avaliados ao mesmo título que as forças do adversário e suas capacidades defensivas. De tudo o que poderia atrapalhar o avanço ou facilitar a penetração dos europeus, nada deve ser deixado de fora. Eles desnudam a cidade que têm à sua frente com o mesmo empenho com que arriscam sua vida e a sorte da expedição. Isso ocorre igualmente com nossos portugueses, que enviam todo tipo de informação estratégica aos seus compatriotas de Malaca, na esperança de que logo virão tirá-los das prisões cantonesas.

O TRIUNFO PÓSTUMO DA CAPITAL ASTECA

O desaparecimento do embaixador português Tomé Pires, a difusão restrita das missivas enviadas de Cantão, a perda de muitas delas, a discrição que rodeia inapelavelmente as descobertas portuguesas explicam o fato de que essa primeira imagem da China jamais se tenha imposto aos leitores do Velho Mundo. Não importa que Tomé Pires se tenha demorado em Beijing: a cidade que a precedeu, Khanbalikh, a capital dos mongóis, e o Catai, que fora visitado por europeus nos séculos XIII e XIV, e de que Marco Polo havia falado abundantemente em seu *Livro do milhão*, continuam a reinar na mente dos europeus.[37]

A China dos Ming perdeu sua entrada no horizonte intelectual do Renascimento. Como se o fiasco diplomático e militar tivesse se transformado em fiasco midiático, que servirá à imagem futura da China. As descrições horripilantes, as avaliações negativas, a desconstrução pouco lisonjeira à qual Vieira e Calvo se dedicam não terão praticamente nenhuma posteridade imediata, deixando o campo livre a uma valorização contínua da grandeza da China, comercial e política, intelectual e artística. Ainda será preciso esperar a segunda metade do século XVI para que alguns jesuítas ou um agostiniano, como Gaspar da Cruz, enxertem esse perpétuo objeto de admiração e de fascinação no imaginário europeu. Significa que a primeira impressão será apagada para sempre? Não de todo. Décadas mais tarde, reencontraremos a imagem negativa de Calvo e de Vieira, como se existisse outra face da China, uma face negra e inquietante, apropriada a justificar uma pronta intervenção.

A ressonância atordoante da expedição de Cortés contrasta com o silêncio relativo que rodeia a visita portuguesa a Beijing. A difusão das cartas de Cortés na Europa, o revezamento por parte dos humanistas e dos pintores — Albrecht Dürer extasiando-se diante dos tesouros de México-Tenochtitlán — familiarizaram toda a cristandade com os esplendores do México indígena e da cidade lacustre. Cortés fez de tudo, até enviar um desenho, para instalar aquele grande centro na mente dos espanhóis da Corte, e depois na dos letrados do Velho Mundo. O mapa de Tenochtitlán publicado em Nuremberg em 1524 acrescentou a ilustração aos textos. Provavelmente inspirou as especulações de Dürer sobre a cidade ideal no tratado das fortificações que ele publica três anos mais tarde, também em Nuremberg. A representação de México-Tenochtitlán, um misto de elementos indígenas e de releituras europeias, participou assim da gestação da cidade moderna, de uma modernidade nascida no cruzamento dos mundos e dentro do choque de civilizações.

Muito esplendor, bastante sensacionalismo e uma valorização da conquista em todos os sentidos acabam por lançar uma imagem inesquecível que ficará gravada durante séculos na memória europeia. Impossível retomar aqui os elementos que Cortés nos fornece de ponta a ponta e que são todos fundadores de nossa visão americanista e mexicanista: a delimitação arbitrária de um espaço territorial, a Nova Espanha ou México; uma metrópole emblemática, México-Tenochtitlán; a ênfase dada aos mexicas em detrimento de seus vizinhos, de seus aliados e de seus adversários, e que se prolonga em nossa fixação sobre os "astecas"; a ideia de que haveria uma "religião indígena" com seus locais de culto ou pirâmides, suas grandes festas, seus sacrifícios humanos; os tesouros enviados ao imperador; enfim, a ambiguidade do olhar lançado sobre uma civilização cujo exotismo fascina, mas que será aniquilada sem hesitações.

A partir de Cortés, os ibéricos, e mais tarde os europeus, farão do México uma sociedade parada no tempo, esquartejada entre um prestigioso passado pré-hispânico e uma história colonial totalmente ocupada em destruir o que sobreviveu dos tempos antigos. É dentro desse quadro que continuamos a imaginar o México, e é à conquista de Cortés que remonta a genealogia de nosso olhar atual. Hoje, cadinho de todas as mestiçagens, remanejado do direito ao avesso pelos colonizadores, submetido a todas as ondas da ocidentalização e da modernidade, o *altepetl* mesoamericano se tornou um dos monstros urbanos da América Latina. Desse modo, a Cidade do México foi ao encontro de Beijing e de Cantão no clube das megalópoles de um mundo globalizado. Contudo, nós jamais a imaginamos tal como imaginamos as grandes cidades chinesas, que escaparam às colonizações. Esse início do século xvi do qual esboçamos aqui outra história tem muito a ver com o assunto.

O atrativo da América mexicana só se apaga então diante do interesse suscitado pelo Império Otomano. A Índia hinduísta, que tanto fez sonharem os antigos e seus herdeiros da Idade Média, não teve muito mais sucesso do que a China de Pires. Mais uma vez, as datas coincidem, se considerarmos que uma terra tão extraordinária quanto o México antigo, o reino de Vijayanagar, acolhe em 1520 um mercador de cavalos português que deixará dele uma rica descrição. Mas será preciso esperar que os cronistas João de Barros e Jerónimo Osório se apoderem do tema para que o lugar entre no repertório patenteado do orientalismo europeu, sem jamais, na verdade, chegar a fomentar a fascinação e o interesse que o Império Otomano, o Império Mongol, a China ou o Japão vão alimentar.[38] O Novo Mundo mexicano é percebido como muito mais do que uma página suplementar que ia se acrescentar ao atlas do mundo conhecido: ele é a peça que faltava e que permite finalmente pensar o globo em sua totalidade, uma parte que os europeus tomarão o cuidado de não deixar escapar.

12. A hora do crime

Quando se conquistam territórios de uma província com línguas, costumes e leis contrastantes, aqui surgem as dificuldades, e aqui é preciso ter grande sorte e grande engenho para mantê-los. [...] É melhor ser impetuoso que prudente: porque a fortuna é mulher, e é preciso, caso se queira mantê-la submissa, dobrá-la e forçá-la.

Maquiavel, *O príncipe*

O que há de melhor que "enviar colônias ou pequenos grupos, isto é, gente do nosso país com toda a família, para povoar um ou dois lugares que sejam a chave de tal conquista"?[1] Em 1513, quando está banido de Florença, Maquiavel se interroga sobre a melhor maneira de conquistar terras e de conservá-las. Suas reflexões se referem principalmente aos Estados europeus, mas não excluem terras mais distantes, africanas ou asiáticas, "diferentes por idioma, costumes e instituições", já que se interessa também pela monarquia turca e pelo Oriente antigo. Pois bem, foi só poucos anos após a redação de *O príncipe* que a questão da conquista e da diferença se apresentou sob a forma mais crua e mais pragmática aos ibéricos. Na Ásia e na América, estes se viram confrontados com o triplo desafio de compreender sociedades novas, de "ganhá-las" e de "mantê-las". Compreender, conquistar e conservar, ou antes compreender para conquistar e conservar, pois enganar-se é correr o risco de perder a vida a qualquer momento. Longe dos litorais da Espanha e de Portugal, longe do quadro familiar do Mediterrâneo latino e do mundo antigo, Cortés, Pires, Vieira e Calvo provavelmente se tornaram os primeiros europeus a pensar o político fora do mundo cristão-muçulmano. A esse título, eles deveriam ter assumido um lugar ao lado do autor de *O príncipe*, se séculos de eurocentrismo não tivessem expurgado a modernidade de suas periferias "exóticas".

A ARTE DE DESMANCHAR AS SOCIEDADES

Como encarar populações sobre as quais não se sabia absolutamente nada, diferentes sob vários pontos de vista, manifestamente civilizadas, do tamanho da população da China e do México? Como transpor o obstáculo do número, da distância e do imprevisível? Espanhóis e portugueses tiveram de responder ao mesmo tempo às mesmas perguntas e aos mesmos desafios. Para começar, e sem que eles saibam, pondo em prática o conselho de Maquiavel: "povoar um ou dois lugares que sejam a chave de tal conquista".[2] Chegados por mar, apressaram-se a conseguir uma base no litoral a fim de manter ligações diretas com o exterior, quer fosse Cuba para os espanhóis ou Malaca para os portugueses. A fundação da Villa Rica de la Vera Cruz, em julho de 1519, ou a edificação da fortaleza e do cadafalso de Tunmen, em 1518, concretizam esse objetivo. É ali que Pires e Cortés armazenam materiais e instalam homens para garantir sua retaguarda, antes de empreender a longa marcha que os conduzirá ao coração dos dois "impérios".

Resta fazer com que a sabedoria política — a *virtù* maquiavélica — vença as eventualidades da fortuna e o imprevisto da situação, com risco de utilizar a força bruta. Quanto à *virtù*, portugueses e castelhanos se parecem: as similitudes de ordem tática e estratégica, a convergência de objetivos, a ambiguidade inerente aos dois empreendimentos — missão diplomática, operação de reconhecimento ou pré-conquista? — revelam hábeis manobristas; mobilidade, adaptabilidade, reatividade ante o desconhecido e o imprevisível, nossos europeus dispõem de trunfos incontestáveis. Quanto à fortuna — é assim que Maquiavel fala das circunstâncias, da sorte, do acaso —, a realidade chinesa se mostrará mais coriácea do que a realidade mexicana.

Os ibéricos estão convencidos, como Maquiavel, de que convém explorar as dissensões do adversário para ter sucesso, e de que é preciso recorrer à força para alcançar os objetivos. Desde que percebam as clivagens e os conflitos que fraturam as sociedades que eles estão descobrindo e penetrando pouco a pouco. Bem cedo Cortés compreende o partido que pode tirar dos rancores suscitados pela dominação da Tríplice Aliança. Ele aposta na fragmentação do país, menos nas diferenças "étnicas" ou "culturais" — que, claro, nunca são abordadas nesses termos — do que na fragilidade de uma hegemonia recente, a qual repousa, segundo afirma, sobre a ameaça, a chantagem e a brutalidade das armas. Mas explicar a ascendência dos mexicas sobre seus vassalos indígenas pelo "medo"[3] que eles inspiram é também privá-los de toda legitimidade e justificar um futuro recurso à força, isto é, a conquista. Cabe a Cortés neutralizar os temores que México-Tenochtitlán suscita e transformar os vassalos de Moctezuma em súditos do imperador, favorecendo por toda parte, pelo ferro ou pela negociação, as transferências de obediência. Impressionadas pela força bélica dos intrusos, muitas cidades índias vão passar para o lado dos adversários da Tríplice Aliança — um lado que não é percebido, nesse momento, como o campo espanhol, e muito menos como o campo dos vencedores. Cortés já não precisará mais do que pôr homens, canhões e cavalos a serviço de seus novos aliados contra "os índios de Culua, inimigos deles e nossos".[4]

Também resta compor com o imprevisível, aproveitar a sorte, impor-lhe determinação e lucidez, isto é, a *virtù* maquiavélica. De ponta a ponta, e a cada instante, Cortés dá a impressão de dominar as circunstâncias, reverter as situações e ultrapassar as crises, uma após outra. Seu percurso, que ele nos apresenta quase como perfeito, faria dele um notável discípulo de Maquiavel se nosso homem não tivesse se construído totalmente sozinho, a milhares de quilômetros da Europa, testado por sua descoberta.

Quanto à China, as coisas são diferentes. No entanto, os portugueses não pouparam esforços para adaptar-se às circunstâncias. Vieira e Calvo procuraram dissecar a sociedade chinesa. A visão deles é dualista: o "povo" afronta os mandarins, como, em Maquiavel, o *popolo* se opõe aos grandes (*grandi/nobili*). O povo chinês é explorado: "A gente é muito pobre e maltratada pelos mandarins que governam". Vivem amordaçadas e atenazadas pelo temor: "O povo é tão sujeito e medroso que não ousa falar". Tal regime o acua à revolta contra o poder instalado: "toda a gente deseja revolta e vinda dos portugueses".[5] Em Maquiavel, é também o ódio popular que desestabiliza o príncipe. Este não deve jamais "deixar-se odiar pelo povo", pois "a melhor fortaleza que existe é não ser odiado de modo algum pelo povo". "Ser odiado pelo povo" é perder a "amizade" dele e suas "boas graças",[6] e, portanto, correr o risco de ser expulso do poder. Os portugueses da Ásia ignoravam que Maquiavel fazia dessa oposição, recorrente em *O príncipe* e *Discursos*, a mola principal da mecânica política que ele analisava.[7] Aliás, ela era um lugar-comum da Idade Média,[8] e as crônicas portuguesas, como a de Fernão Lopes, não hesitavam em descrever o papel exercido pelo povo contra os senhores, e em evocar "os conflitos dos pequenos contra os grandes".

O povo português se manifesta inteiramente como um agente na chegada ao poder (1385) do mestre de Avis, o futuro João I, como se a origem popular da nova dinastia, e, portanto, do poder régio, fosse natural.[9] Não é de espantar que essas ideias tenham acompanhado os portugueses em suas peregrinações asiáticas, e que as reencontremos em Cantão. Como o florentino, os prisioneiros de Cantão estavam convencidos de que, apoiando o "povo" contra os grandes, seria fácil apoderar-se das rédeas do país. Só que os "grandes" com os quais Vieira e Calvo devem lidar não são membros da nobreza, mas um corpo e uma instituição de uma extensão monstruosa que nem Maquiavel nem os nostálgicos do Império Romano podiam imaginar: a burocracia celestial. É uma das razões pelas quais a análise que nossos portugueses propõem da situação chinesa está no antípoda da análise de Cortés. E pelas quais ela se equivoca. Na China, o inimigo a abater é a emanação de uma máquina burocrática sem equivalente na Europa ocidental: os mandarins. No México, trata-se, mais classicamente, de uma coalizão de Estados, recém-dominada pelos mexicas. Porém, é inegável que, tanto na China quanto no México, os ibéricos pretendem de fato aproveitar-se do medo que o poder inspira.

Os portugueses não cessam de apontar a fragilidade da dominação mandarínica e a exploração desenfreada das massas. Estas últimas estariam prontas a sublevar-se à menor fraqueza das autoridades. "Estão imóveis, porém todos desejosos de toda *novidade* porque são postos em cima de toda sujeição, é muito mais do que digo." A irrupção das forças portuguesas não poderia deixar de provocar um estado de choque que resultará em caos: "Estas cidades serão logo levantadas e as pessoas vão roubar e matar uns aos outros porque não há de ter quem as governe nem a quem obedecer, porque vão matar os mandarins ou fugirem". Os visitantes de Malaca só terão de aproveitar-se da balbúrdia. Serão então acolhidos como libertadores por um povo encolerizado. Em uma palavra, e Vieira repete isso a toda hora, o povo "não ama seu rei", transborda de ódio contra os mandarins e aspira a mudanças que lhe proporcionem a liberdade.[10]

Toda vez, portanto, aí estão os ibéricos prontos a bancar os defensores dos oprimidos. No México, Cortés pretende explorar a fragmentação política apoiando-se nas senhorias inimigas da Tríplice Aliança, e, por conseguinte, em cidades-Estado, e bem mais raramente em clivagens internas entre senhores e gente comum.[11] Na China, é o conflito social, para não dizer a "luta de classes", que deveria acarretar a queda dos ricos e dar a vitória aos invasores. É revelador que os portugueses usem continuamente o termo "povo", e que o vejam submetido a condições de vida consideradas insuportáveis.[12] Exagerando, oporemos espanhóis mergulhados no México em uma guerra feudal, de senhoria para senhoria, em que a questão é só de vassalagem e de transferência de suserania, a portugueses que se imaginam fomentando uma guerra popular de libertação.

É dentro desse espírito que Vieira até concebe a redação de uma proclamação, "enviada a pregar a liberdade na terra para todos".[13] Não é a primeira vez que ele emprega o termo "liberdade". Mas de que liberdade se trata? Seríamos tentados a aproximá-la daquela "independência em relação à tirania" de que falam Maquiavel e os humanistas florentinos, se conhecêssemos melhor o pensamento político português da época. Livre é o povo que se livrou de um governo tirânico.[14] De qualquer modo, o que há de mais fácil na China além de mobilizar populações prontas a entregar-se ao primeiro que aparecer? "Não têm lealdade [...] nem com o rei nem com pai nem com a mãe, não se contentam a não ser com quem pode mais."[15] A apreciação pode parecer surpreendente se pensarmos na imagem de potência que circunda a dominação Ming. Mas nós a compreendemos melhor se recordarmos que, desde Malaca, os portugueses estão cotidianamente em relação com chineses em situação irregular, ou com populações dos litorais habituadas a infringir as leis para negociar com piratas e contrabandistas.

O que fazer do senhor da China ou do *tlatoani*? A pergunta se apresentou tanto em Cantão como no México. Durante meses, Cortés negocia com Moctezuma antes de reduzi-lo à sua mercê e de tentar servir-se dele para pacificar a revolta de México-Tenochtitlán. Com os portugueses, a figura do imperador chinês não é diretamente questionada. A corte de Beijing, muito distante, quase inacessível, só aparece em segundo plano por trás das autoridades cantonesas, a burocracia provincial. Apesar de tudo, visa-se a fazer do imperador Ming um tributário de Lisboa — coisa que, não esqueçamos, é a primeira opção oferecida a Moctezuma.

Como se chegou a minimizar a capacidade de reação de sociedades infinitamente superiores em número? Na mente dos ibéricos, a fragilidade do adversário, chinês e mexicano, não é somente fruto das circunstâncias. A instalação do poder chinês ou mexica é percebida como demasiado recente ou demasiado contestada para ser suficientemente sólida. Portanto, essa fragilidade se torna também um dado estrutural. Ela é supostamente vivida como tal pelos interessados. Segundo o próprio Moctezuma, os habitantes de México-Tenochtitlán se veem como estrangeiros vindos de outro lugar: "Eles não eram originários daqui".[16] Quanto aos chineses, doidos para perderem a terra porque até o momento não tiveram senhorio, mas pouco a pouco foram tomando a terra de seus vizinhos, e por isso o reino é grande [...] sempre foram ganhando a terra de seus vizinhos e não por suas mãos mas por manhas e bicos, e cuidam para que ninguém lhes faça dano.[17]

Os visitantes não se constrangem em atribuir ao seu adversário a inquietação e a má consciência de quem se sabe politicamente frágil. Na mesma medida que a percepção do poder mexica é bastante justa — trata-se realmente de um grupo recém-instalado no altiplano e de legitimidade contestada —, a leitura do passado chinês causa perplexidade, a não ser que nos atenhamos à juventude da dinastia Ming — somente um século e meio de existência — e aos seus dissabores na fronteira norte.

A VANTAGEM DAS ARMAS

A fragilidade da sociedade chinesa é igualmente atribuída às deficiências de suas forças armadas, a tal ponto que os portugueses se comprazem em encarar a conquista como uma guerra-relâmpago. Com um punhado de navios e algumas centenas de homens, eles provocarão o desabamento do castelo de cartas. É a mesma coisa do lado mexicano, desde que se aja mais depressa do que os mexicas: custe o que custar, Cortés deve fazer o equilíbrio das forças pender ao seu favor interrompendo as adesões à Tríplice Aliança[18] e enquadrando ou atraindo as fidelidades hesitantes. Bater com força, antes que México-Tenochtitlán recupere o controle e que os aliados indígenas se deem conta do perigo que os espanhóis representam.

A fraqueza dos exércitos locais, apesar de seu tamanho e da renovação constante de seus efetivos, espantou os ibéricos. Entre o México e a China, ela se expressa de maneira diferente. Os chineses, em seu conjunto, não são gente que saiba combater: "Desde que nasce até a morte não tomam na mão nem uma faca sem ponta para cortarem para comer". As pessoas do povo não têm armas, nem espada nem flecha: tudo o que sabem fazer, sentindo-se agredidas, é enterrar os poucos bens que possuem.[19] Na eventualidade de uma guerra, entrincheiram-se em casa e acabam rendendo-se ao vencedor, seja quem for. Os observadores portugueses aprenderam a distinguir nitidamente o exército e o povo chinês. No México, em contraposição, todos os indígenas são suscetíveis de estar em pé de guerra. Aliás, eles vão se revelar temíveis adversários no corpo a corpo, mas, como principal desvantagem, não possuem nem armas de ferro nem cavalos nem artilharia.

No México e na China, o poder de fogo da artilharia europeia exerce os mesmos efeitos sobre as populações locais. As reações de pânico que ele provoca no adversário reforçam nos ibéricos a ideia da própria superioridade, embora, com frequência, haja mais medo do que dano. São incontáveis nas crônicas espanholas as cenas de terror desencadeadas pelos tiros dos conquistadores. Imagina-se menos que os chineses sejam abalados de modo semelhante pelos canhões portugueses: "Metem o dedo na boca, espantados de coisa tão forte, por respeito de ser gente que não tem estômago". O povo chinês é desprovido de coragem, os portugueses não têm nenhuma dúvida quanto a isso.

Então, para que serve o Exército chinês, já que existe exército profissional? Essencialmente, para perseguir os bandidos e reprimir as sublevações populares. Seu poder de ataque deixa a desejar: "Atiram flechas e não muito bem".[20] O recrutamento das tropas é feito entre os delinquentes de direito comum que foram banidos de sua província e que se revelam homens de armas bastante medíocres. Vieira e Calvo veem neles o equivalente aos degredados portugueses, criminosos que eram exilados para longe da metrópole. Contam-se de 13 mil a 14 mil soldados, 3 mil dos quais em Cantão. Mas não seriam necessários ao menos 40 mil para enfrentar um único soldado malabar? Os soldados chineses, com seu ar efeminado, parecem mulheres: "Eles não têm nada no ventre, só sabem guinchar".

Com os combatentes mexicanos as coisas são diferentes. É verdade que, aqui, Cortés e seus companheiros têm todo o interesse em exagerar a valentia do adversário a fim de aumentar a própria glória, ao passo que os portugueses se empenham em minimizar o valor do inimigo para convencer Lisboa e Goa de que seria possível invadir sem transtornos a China. Tanto espanhóis como portugueses bem sabem que os exércitos que encontram têm efetivos temíveis, mas estão convencidos de que sua própria capacidade técnica e de manobra e sua coragem conseguirão manter sob controle ou desbaratar as massas que têm diante de si.

PLANOS DE CONQUISTA

Mesmas causas, mesmos efeitos, ou quase. A revolta de México-Tenochtitlán contra os conquistadores e a repressão que se abate sobre os portugueses de Cantão levam os ibéricos a projetar a conquista militar dos territórios que lhes escapam. Agora, todos consideram dispor das melhores razões do mundo para resolver pelas armas uma situação que se tornou insuportável. A "crueldade" e a "velhacaria" dos mandarins, que agem como bem entendem pilhando navios portugueses, a suposta felonia e a fúria incontrolável dos mexicas — a morte de Moctezuma destrói o último freio —, mas também a insegurança cotidiana vivida pelos ibéricos, impõem com urgência, na visão deles, uma solução militar. Uma solução tanto mais natural quanto, na mente de Cortés, ou melhor, sob sua pena, a guerra não é senão o resultado de um justo retorno das coisas, uma retomada do controle combinada a um ato de legítima defesa: "Em muito pouco tempo, [...] o país voltará ao estado no qual eu o mantinha antes". De fato, o que haveria de mais conveniente para apresentar a Carlos v, sob a melhor das luzes, o lançamento da conquista?

Os portugueses de Cantão podiam igualmente apresentar esse argumento, já que, durante alguns anos, haviam desfrutado de uma tranquilidade e de uma liberdade de ação bastante relativas na ilha de Tunmen. Ao que eles dizem, a conquista deve ser uma desforra diante das decepções da embaixada, das promessas recebidas e não cumpridas; é também um modo de castigar os mandarins execrados, e sobretudo de ter uma esperança de sair das masmorras cantonesas. Os portugueses têm a impressão de ainda poder reter uma sorte que lhes escapa. Agora, diante de um adversário irredutível e "monstruosamente" iníquo, quer se esteja em México-Tenochtitlán ou em Cantão, é impensável recuar, embora seja preciso evitar qualquer passo em falso que ameaçaria, segundo Cortés, "açular ainda mais estes cães que disputam carniça e dar-lhes mais energia e audácia para empreender o que eles fariam".[21]

Como passar ao ataque? A segunda carta de Cortés e as de Vieira e Calvo expõem os planos germinados no cérebro de nossos aprendizes de conquistadores. No caso espanhol, Cortés terá a oportunidade — de novo, a sorte — e os meios de aplicar seu programa. No caso português, os projetos permanecerão como letra morta. Tanto em México-Tenochtitlán quanto em Cantão, esses testemunhos revelam o estado de espírito dos ibéricos, seus alvos e suas intenções a curto e médio prazos. Como se pudéssemos flagrar menores delinquentes na hora em que estão montando seu golpe. Quando o objeto do delito se chama China ou México, o golpe assume as dimensões monstruosas, as proporções desmesuradas e inauditas que Peter Sloterdijk associou à modernidade europeia: "Começamos a ver os tempos modernos, em seu conjunto, como uma época na qual coisas monstruosas foram provocadas por atores humanos, empreendedores, técnicos, artistas e consumidores. [...] Os tempos modernos são a era do monstruoso criada pelo homem".[22]

A "hora do crime" ia soar logo, mas doravante o crime ou a tentativa ganhariam ressonâncias planetárias. Nada a ver com as guerras da Itália, nem mesmo com os confrontos devidos às incursões berberes ou à pressão otomana. O agente é ibérico e intervém no mesmo momento a milhares de quilômetros de distância.

Expulso de México-Tenochtitlán em outubro de 1520, de início Cortés projeta refazer suas forças. Ele precisa obter, o mais depressa possível, reforços dos espanhóis estabelecidos nas ilhas do Caribe. Para Hispaníola (São Domingos), despacha quatro navios "a fim de que retornem carregados de cavalos e de homens para nosso socorro". Com a ideia de adquirir mais quatro para trazer montarias, armas, balestras, pólvora e tudo o que é necessário a uma conquista. Sem dúvida, o inimigo é temível porque tem a seu favor o número, possui cidades fortes e fortalezas e parece decidido a exterminar os "cristãos" ou expulsá-los do país. Com os reforços expedidos de Cuba e de Hispaníola, o conquistador acaricia o projeto de voltar a México-Tenochtitlán, assediar a cidade e apoderar-se dela, seguro de conseguir isso "em muito pouco tempo". Ele já tomou a iniciativa de construir doze bergantins a fim de atacar pelo lago. As embarcações são fabricadas em peças isoladas, as quais serão levadas por terra por carregadores a fim de serem montadas in loco em curtíssimo tempo. Enquanto isso, a construção de uma fortaleza e a fundação de uma *villa de españoles* em Tepeaca garantirão a segurança das comunicações entre o golfo do México e o acampamento de Cortés.[23]

Os portugueses de Cantão contentam-se com projetar sua conquista de dentro das "cadeias infernais". Ela permanecerá como um sonho de cativos sedentos por vingança e atormentados pela própria impotência. Inspirará cartas redigidas em condições insuportáveis, sem que os chineses as vejam e mesmo sem o conhecimento dos domésticos que servem os prisioneiros. "Não posso, senhor, escrever mais porque tenho a mão doente de chagas que me arrebentaram", anota Vasco Calvo no final de sua primeira missiva, enviada da "cadeia do juiz provincial". "Estou com o corpo doído de pontadas e dores", acrescenta ele, "e não me dá lugar a escrever com nossa pena senão com a pena da China, não se podendo fazer mais declarada letra."[24]

Vieira e Calvo, apesar de tudo, imaginam essa conquista desenvolvendo um roteiro tão implacável quanto o que Hernán Cortés seguirá no México. O projeto deve ter sido ruminado mil vezes em sua cabeça. Os portugueses conjuram o presente mergulhando num futuro ao qual aspiram com todas as forças. Eles também sabem que, em caso de ataque português e de fracasso, arriscam a própria pele. O Cortés expulso, derrotado e perseguido que se interroga após o desastre da *Noche triste* é tão diferente assim? Sua segunda carta a Carlos V (outubro de 1520) ainda não soa como uma literatura triunfal e triunfante, escrita de imediato, na excitação do sucesso. O conquistador e os seus viram-se muito perto de morrer na revolta de México-Tenochtitlán, e, se as populações indígenas souberem tirar proveito de tal insucesso, tanto os sonhos como a vida deles estará acabada, ninguém duvida disso. Os planos de conquista, venham de Cortés ou dos portugueses, são também pedidos de socorro dirigidos a soberanos muito distantes.

A conquista portuguesa deveria limitar-se à província de Cantão e à costa da China meridional. A invasão do sul da China é rapidamente considerada; porém, sobretudo para convencer Lisboa da factibilidade de uma intervenção mais restrita, e não como um objetivo real. Deve-se começar por assumir o controle do delta do rio das Pérolas e por aniquilar o máximo possível de embarcações inimigas. Como não se chegou a nada com trezentos homens — alusão ao fracasso de Afonso de Mello em 1522 —, serão necessários entre duzentos e trezentos mais para apoderar-se dos burgos situados nas ilhas do delta — Nanto ou outro ainda melhor —, percorrer e subir os rios, destruir todas as fustas e por toda parte deixar os chineses acuados. As margens do rio deverão ser incendiadas "porque queimando tudo ao longo do rio, ficando tudo limpo para a artilharia e para que não se ponham os chineses a atirarem flechas". E o missivista reforça: "É necessário por o fogo para que fique tudo limpo, sem nenhuma casa".

Tudo é meticulosamente detalhado: o uso da artilharia, a escolha de um ponto de desembarque perto da porta principal de Cantão, o emprego de três peças de artilharia para destruir duas portas recobertas de cobre.[25] Em meia jornada e com vento bom, será possível chegar a Cantão na mesma noite. Ao sul da cidade, haverá com que abastecer 20 mil homens em peixe, arroz e carne. Entre Nanto e Cantão, Anung-hoi, que dispõe de uma enseada protegida dos ventos, possui muitas pedras de cantaria para construir uma fortaleza do tamanho da de Goa. A frota trazida pelos portugueses cuidará de limpar os braços do delta. Aos mandarins só restará render-se, a não ser que prefiram evacuar a cidade e fugir. E Cantão cairá nas mãos dos portugueses.

Que ninguém imagine que o empreendimento vá exigir imensos meios. Não mais do que a conquista do México, que se fará sem nenhum reforço da Espanha. Para Calvo, um milharzinho de homens bastará. Com uma só galera portuguesa, a cidade será posta de joelhos. Vieira, mais guloso quanto aos recursos humanos ou mais realista, calcula as forças necessárias entre 2 mil e 3 mil homens. Uma vez dentro da cidade, só faltará pilhar os palácios dos mandarins, que regurgitam de ouro, prata e mercadorias: convém tomar o do grande tesoureiro *pochenci*, onde se encontra o tesouro real ("fazenda do rei"), e, a seguir, a prisão do governador do departamento de Cantão (*conchefaa* ou *chanchefu*), sem esquecer duas outras "feitorias". A caça aos tesouros prevista pelos nossos portugueses lembra um episódio famoso do saque de México-Tenochtitlán, quando os espanhóis tentam desesperadamente pegar de volta as joias indígenas lançadas às águas do lago. Os portugueses também planejam apoderar-se dos celeiros de arroz, o qual será vendido aos habitantes esfomeados, pois a cidade já não terá sido abastecida desde o início das hostilidades. Uma parte do cereal será distribuída como salário aos operários das fortalezas que os ocupantes pretendem edificar, tomando o cuidado de pagar-lhes melhor do que os mandarins pagavam, e sem que isso custe um só real a Lisboa.[26]

Apesar de tudo, as formalidades serão respeitadas. Antes de desencadear as hostilidades, um "recado" será expedido às autoridades de Cantão por intermédio de um "negrinho cafre" cujo destino funesto ninguém ousa imaginar. É o equivalente do *requerimiento* que os espanhóis praticam na América: lembrará a sorte injusta dada ao embaixador Tomé Pires, denunciará as agressões cometidas contra os bens, os navios e os soldados portugueses. Se o embaixador não for devolvido aos seus ou se a resposta demorar demais, o troco será impiedoso.[27] No México, tanto quanto na China, o tom é igualmente ameaçador.

A HORA DO CRIME OU A GUERRA SEM MISERICÓRDIA

Portugueses e espanhóis sabem que a melhor maneira de impor-se pela força é aterrorizar as populações. Os homens de Cortés não se cansam de dar amostras de seu *savoir-faire*, a começar pelos abusos cometidos nos primeiros confrontos que os opõem aos índios de Tlaxcala. Em Izucar, algum tempo mais tarde, "a centena de mesquitas e de oratórios fortificados que ali se encontravam foi incendiada".[28]

Os portugueses também estão decididos a praticar uma guerra sem misericórdia, à maneira de Cortés, para "fazer medo aos chineses". "De princípio, senhor, se meta o ferro neles e o fogo altamente porque assim se querem os inimigos de princípio."[29] A propósito da praça de Nanto,[30] na foz do rio das Pérolas, "que seja destruído este lugar [...] que seja todo tomado e queimado, este lugar todo ardido em fogo, que a gente que aí está hão de esperar". Serão cometidas "grandes destruições sem ficar coisa nenhuma, para apavorar a gente". Será aplicada a tática da terra queimada: "Não haverá coisa de chineses que não seja queimada". Todos os navios que não puderem ser transformados em vasos de guerra serão incendiados. E será observada uma norma que os homens de Cortés não teriam renegado: "Que a guerra se faça cruamente por onde quer que for".

A intervenção das armas portuguesas se tornará tão dissuasiva que o povo já não terá medo dos cruéis mandarins. Para submeter as forças chinesas, não basta saber "mostrar os dentes"? Os portugueses, aliás, manifestam uma confiança absoluta em seu poder de fogo: "Esta gente não tem nenhuma forma de defesa, como ao ouvir rugir uma bombarda, vão aos outeiros e escutar o que querem fazer os portugueses".[31] Contudo, é necessário que as operações sejam desencadeadas o mais prontamente possível a fim de não dar às autoridades provinciais tempo para reagir ou receber reforços.

O PÓS-GUERRA EM CANTÃO

As forças de ocupação deixarão Cantão sob seu controle construindo ali duas fortalezas. Para manter a cidade sob a artilharia portuguesa, deve-se começar por edificar um burgo fortificado ao norte da aglomeração. Os pagodes dos arredores fornecerão um excelente material de construção. Como em México-Tenochtitlán, o desmantelamento dos santuários pagãos está na ordem do dia. Uma segunda fortaleza completará o dispositivo: será erguida à beira d'água, no ponto onde ficava o desembarcadouro dos mandarins. O número de soldados instalados na guarnição, o revezamento deles a cada três ou quatro meses, tudo é especificado e contabilizado. As tropas de ocupação vigiarão o fechamento das portas da cidade. No próprio local, nos bairros, serão recrutados "sentinelas noturnos" encarregados de supervisionar os habitantes, "porque assim é o seu costume e estilo, lhe darem tambores retirados das casas destes mandarins".[32]

As fortalezas serão construídas em poucos dias graças às pedras de cantaria, à madeira e à cal que se encontram por toda parte, e sobretudo à mão de obra, que é abundante. Essa questão ocupa muito os portugueses. As massas chinesas estão aptas a fornecer trabalhadores dóceis, qualificados e baratos, que será preciso saber explorar. Todo esse contingente que os europeus já imaginam acotovelando-se para lhes prestar serviço — "virão 100 mil" — construirá galeras, galeaças, fustas e, por que não?, como em México-Tenochtitlán, bergantins. Portanto, a fiscalização das portas, o fechamento delas à noite, a distribuição das guarnições portuguesas, a tutelagem da cidade, tudo é pensado, pesado e sopesado, tudo é discutido entre Vieira, Calvo, Tomé Pires e outros, ao longo de seus intermináveis dias de cativeiro. Um programa a ser desenvolvido a toque de caixa: "Será necessário menos tempo para fazer isso do que para escrever".

Como controlar a região? Os portugueses de Cantão visam a construir fortins em todas as cidades que ocuparem. Para manter o litoral e as ilhas próximas dele, será erigida uma fortaleza em cada aglomeração principal, enquanto uns quinhentos portugueses patrulharão o "braço de mar". Outros fortins supervisionarão as cidades que se erguem à beira dos rios. Todos esses fortes receberão guarnições de uns cinquenta homens trazidos da Índia e encarregados de receber os impostos sobre os nativos: "Hão de ter todos cargo e hão de ser todos ricos, que este há de ser para o estilo da terra". Pois convém inovar o mínimo, limitando-se na medida do possível aos usos e costumes locais, ao "estilo da terra". As massas deverão continuar ajoelhando-se diante das autoridades, para não perder os bons hábitos, e a chibata será sempre administrada aos delinquentes pelo menor motivo, "pois a gente é má".[33]

Não se tocará no rei da China, desde que ele saiba manter-se razoável e aceite entregar a cada ano um navio carregado de prata, a fim de não ver os transtornos ganharem suas outras províncias. Isso significava impor-lhe a suserania daquele que os chineses chamavam de "rei dos ladrões", d. Manuel. Aliás, como vimos, é a mesma coisa que, no México, os castelhanos haviam de início oferecido a Moctezuma, propondo-lhe reconhecer Carlos v. Tais pretensões, alucinantes por parte dos europeus, confirmam que a hora do crime realmente soou nas duas extremidades do globo.

O PROJETO COLONIAL

A conquista deve ser rentável a curto e a médio prazo. A região de Cantão é percebida como uma galinha de ovos de ouro: "O local é de enorme importância e oferece grandes proveitos". Aproximadamente, a cidade poderá pagar 50 mil taéis de prata, e os burgos, entre 20 mil e 30 mil. Sozinhas, as cidades do delta proporcionarão rendas consideráveis. O gengibre que ali se encontra em grande quantidade e a canela "finíssima" encherão os porões dos navios portugueses. Cantão, "a terra é grande e de muitos proveitos", terá afinal custado à Coroa bem menos do que Goa. "No mundo se não achará terra de riqueza para submeter debaixo do poder senão esta, e o poder será grande quanto mais riqueza se alcançará".

A guerra e a interrupção do comércio exterior deveriam espalhar a desordem pela China. Reagindo ao marasmo acarretado pela invasão, a província de Cantão se sublevará e o interior se seguirá.[34] Vieira está consciente da tensão provocada pela decisão imperial de fechar a região aos estrangeiros, e vê na intervenção portuguesa a mistura detonadora que abalará o Império Celestial. As fábricas de porcelana e de seda do interior não demorarão a compreender o proveito que terão se tratarem com os portugueses e ficarem ao lado deles.

Pois o objetivo português ultrapassa a pura e simples predação. Calvo visa a uma exploração sistemática dos recursos da região dentro do quadro da Ásia portuguesa. Para tal, abrindo ali "outra casa da Índia", enviando ouro e prata à Índia, se houver necessidade disso por lá, expedindo também para lá matérias-primas, "cobre, salitre, chumbo, pedra alume, estopa, cabos, todo o ferro [possível], quinquilharias, breu". Se a Índia portuguesa precisar de navios, poderão ser fabricados na China "galeras, galeões, naves", aproveitando a madeira, os carpinteiros chineses, que "pululam como bichos", e a ajuda de todo tipo de artesão. Sem que seja preciso exigir nada, é claro, dos portugueses instalados in loco. Será instalada uma "grande feitoria" para a pimenta-do-reino de Pazem, Pedir (Sumatra), Patane e Banda, cujo monopólio será reservado à Coroa. Ela se encherá instantaneamente de mercadorias chinesas que deverão render muito.[35]

Depois de bem controlada a região, o raio de ação da "presença" portuguesa será ampliado. A partir da província de Cantão, o Fujian será atacado com uma frota de quarenta navios, reforçada por seiscentos a setecentos homens. Essa província, por sua vez, vai se tornar tributária de Lisboa, para onde expedirá a cada ano pelo menos uma carga de prata, sendo o ideal que os recursos do lugar sejam divididos, metade para o rei de Portugal e metade para os conquistadores. A operação só trará benefícios: "Outra Índia se alcançará e de tanto proveito e por tempo muito; por mais que cresça mais gente e assim irão alcançando mais e surgirão mais, e assim todos os portugueses muito ricos que a terra o consente". Uma vez submetido o "governo do Fujian", poderão prosseguir até as ilhas Ryû Kyû. Esse arquipélago, que há muito tempo comercia clandestinamente com a costa chinesa e constitui uma das grandes plataformas comerciais de toda a zona, possui riquezas em ouro, cobre e ferro, além de ser um grande comprador de pimenta-do-reino.

O que os portugueses ainda não sabem é que as Ryû Kyû são a porta de outra potência da região, o Cipangu de Marco Polo e Colombo, o Japão. Ocupando progressivamente todo o litoral sul da Índia, os lusos reatarão com os grupos de mercadores que, antes da chegada deles, tinham o hábito de ir a Malaca, e que desde então se limitaram a Patane.[36] Em outras palavras, os prisioneiros de Cantão visam e planejam um domínio completo sobre o comércio do mar da China. É o que provavelmente d. Manuel tinha em mente e o que os portugueses quiseram começar a instaurar impondo sua lei aos siameses que tentavam aproximar-se de Cantão.

Enfim, *last but not least*, a exportação de mão de obra qualificada para a Índia portuguesa — ou a deslocalização dos braços, se aceitarmos o anacronismo — abrirá outras perspectivas aliciantes, integrando ainda mais a área cantonesa à Ásia portuguesa. E já se imaginam os navios portugueses transportando artesãos chineses para os portos do oceano Índico: "carpinteiros, pedreiros, ferreiros, telheiros, serradores e de todos os ofícios com suas mulheres".[37] Em contraposição, no México, menos afortunado, são os espanhóis que deverão formar a mão de obra indígena para obter ferreiros, tecelãos ou padeiros, antes de poder explorá-los à vontade!

A RUDE APRENDIZAGEM DA COLONIZAÇÃO

Chinesa ou mexicana, uma vez conquistada e parcialmente destroçada, a cidade deverá receber a marca de seus vencedores.

Ela é intimada a se adaptar às exigências militares, comerciais e políticas dos europeus. Aproveitando as destruições devidas aos combates, por toda parte os ibéricos preveem remanejar o tecido urbano. Na China como no México, portugueses e espanhóis estão decididos a desmantelar os templos e os palácios dos nativos: deles serão tirados materiais para construir fortalezas em Cantão e em México-Tenochtitlán. Nesta última, onde os conquistadores alimentam preocupações evangelizadoras que são totalmente estranhas aos portugueses da China, também se pretende usar as pedras das "mesquitas" para edificar igrejas cristãs.

Dotados de grande reforço de mão de obra explorável à vontade, porque vencida, os canteiros de obras não implicam a transformação completa da cidade original em cidade europeia. No caso de Cantão, é explicitamente à Índia que se pretende tomar de empréstimo o modelo de uma das duas fortalezas cuja construção está prevista: ela deverá inspirar-se na de Calicut, que havia sido construída em 1513 com a concordância do soberano local.[38] No caso de México-Tenochtitlán, a opção de Cortés por fazer dela a capital da Nova Espanha impede qualquer política de tábula rasa, embora a metrópole indígena tenha sofrido enormemente com o cerco e os vencedores estejam bem determinados a deixar a própria marca.

Esse momento deveria figurar no seio de toda história urbana, já que não somente tradições milenares — europeia, asiática e ameríndia — se confrontam e se afrontam, como também essa situação gerou, ao menos na América, um objeto sem precedente: a cidade colonial de imposição europeia. Os projetos urbanos dos portugueses permanecerão virtuais. Cantão ficará intacta e inconsciente da sorte que pretendiam lhe reservar. Beijing se desembaraça de seus visitantes, ao passo que os espanhóis se apoderam de México-Tenochtitlán, penetram num monte de ruínas e preocupam-se com reconstrução. As devastações causadas pela guerra são incalculáveis. As semanas de assédio expuseram ao fogo e ao canhão espanhóis as estruturas da cidade, calçadas, bairros populares, palácios, pirâmides. A agonia da cidade mexica passa pelo extermínio de seus defensores e pelo êxodo dos sobreviventes. O choque provocado no espírito dos índios pela queda de México-Tenochtitlán é incomensurável.

O *altepetl* mexica, no entanto, conhecerá uma segunda vida, inspirando um novo modelo: a cidade colonial, que, sob formas diversas, será replicada de uma ponta a outra do continente. Acresce que os espanhóis não se contentarão em fortificar-se nas praças conquistadas, como pretendiam fazer os portugueses na China, ou com remanejá-las a seu critério, como farão em México-Tenochtitlán. Eles construirão cidades novas seguindo um programa sistemático de ocupação do solo, que consiste, segundo os próprios termos de Cortés, em identificar qual região dará "uma província particularmente adequada à colonização", em "identificar os locais para fazer aglomerações", em "traçá-las, configurá-las e erguer ali uma fortaleza".[39]

Erigindo cidades novas, os conquistadores introduzirão uma toponímia de origem europeia que coexistirá até os nossos dias com as toponímias indígenas: Puebla de los Angeles, Valladolid de Michoacán, Antequera de Oaxaca etc. Mas essas criações coloniais serão apenas a parte emersa de uma gigantesca apropriação do solo, dos homens e da natureza: esta engendrará a América Latina.

Não vamos acreditar que os ibéricos só dispunham da carta da conquista ou da carta da diplomacia. Nossa confrontação privilegia dois casos antitéticos, ao mesmo tempo pelos terrenos envolvidos e pelos resultados alcançados. Ela obriga a ressituar os sucessos ocidentais na perspectiva dos fracassos orientais, e vice-versa. Aliás, não há outra maneira de adquirir uma visão global dessa etapa da mundialização ibérica. Os últimos anos do século XV e o início do XVI são tempos de ensaios e de ajustes, quase tão variados quanto as terras então visitadas por castelhanos e portugueses. Conhece-se a experiência desastrosa que os espanhóis tiveram no Caribe. A África reserva outras possibilidades.

Desde 1489, os portugueses haviam desenvolvido contatos relativamente pacíficos com o reino do Congo, atraindo esse país para a suserania de Lisboa. Nenhuma invasão, nenhuma guerra, nem sequer tributo, mas uma série de vínculos que marcam a superioridade de Lisboa sobre a "província bárbara".[40] À aliança com o rei europeu e à pregação do cristianismo acrescentava-se uma espécie de "colonialismo didático",[41] de aculturação sem lágrimas com formação das elites na metrópole e elevação do nível material, técnico, militar, judiciário e administrativo do reino africano. A difusão da escrita devia exercer um papel crucial nesse contexto. In loco, os excessos dos portugueses da África, mais interessados em obter escravos do que em "civilizar" o Congo, mais inclinados a fazer contrabando de armas do que em dar o exemplo aos nativos, acabaram por sabotar esse projeto de colonização. Sem, contudo, que o rei do Congo venha por isso a renegar o catolicismo, já que em 1539 ele se dirigia a Paulo III para submeter-se em tudo ao papado.

A via congolesa difere tanto do episódio chinês quanto do mexicano: nem fiasco nem conquista, mas os caminhos tortuosos da corrupção e dos negócios sobre um fundo de elites catolicizadas. Mais uma vez, o início do século XVI imprimiu sua marca durável às relações entre os europeus e o resto do mundo. Claro, a África portuguesa não se limita ao Congo, mas esse exemplo basta para lembrar que, entre o Ocidente ameríndio e o Oriente asiático, a África também pesou bastante, e não somente a dos portos exportadores de marfim e de escravos. Ao historiador e aos leitores que lhe restam cabe empenhar-se em pensar a diversidade das situações, a singularidade das trajetórias e a complexidade dos vínculos que já as tornam indissociáveis.

13. O lugar dos brancos

O lugar dos brancos era marcado em encavo dentro de sistemas baseados num princípio dicotômico que, etapa após etapa, obriga a duplicar os termos de tal modo que a criação dos índios pelo demiurgo tornasse simultaneamente necessário que ele tivesse também criado não índios.

Claude Lévi-Strauss, *Histoire de lynx*

China e México ocupam o imaginário europeu desde a primeira metade do século XVI. A contrapartida seria verdadeira? Ou estamos diante de um traço específico da cristandade latina e de uma das condições da modernidade europeia, a descrição do resto do mundo em palavras, em imagens e em mapas? De fato, é bem mais difícil evocar as imagens que chineses e mexicanos fizeram das terras ibéricas, supondo-se que tais imagens tenham existido. Asiáticos e ameríndios se interrogavam sobre a natureza de seus visitantes e do país de origem destes, mas tanto uns quanto outros se viam em ampla desvantagem diante de europeus que haviam corrido metade do mundo com a firme intenção de descobrir novas terras, novas populações e, mais ainda, novas riquezas.

A VISÃO DOS VENCIDOS

Os índios que serão enviados à península Ibérica durante o século XVI formarão uma ideia concreta da cristandade latina, e os que ficarem no México, uma vez evangelizados e hispanizados, aprenderão a imaginar a terra de seus vencedores. O acesso a livros e a mapas e as conversas com os espanhóis lhes abrirão todo tipo de conhecimentos e de ideias sobre o outro lado do oceano. Mas não se conservou nenhum rastro daquilo que se aparentaria, da parte deles, com um esforço deliberado e sistemático de informação e de descrição das terras longínquas. No século XVII, os escritos do letrado índio Chimalpahin, sempre que se referem à Europa, são pura e simplesmente decalcados de obras que chegaram às suas mãos. Ele retoma especialmente as informações que o impressor e cosmógrafo alemão Heinrich Martin havia posto à disposição de seus leitores na Nova Espanha.[1] Em outras palavras, nenhum índio nos transmitiu sua visão pessoal da Espanha e do Velho Mundo, e aquelas que eles não deixaram de desenvolver permaneceram sem posteridade escrita, destinando o olhar europeu a ficar sem contrapartida índia.

Talvez exista uma maneira de detectar alguns fragmentos desse imaginário. Os *Cantares mexicanos* são poemas em náuatle que retomam, numa versão colonial, o trabalho de criação dos bardos pré-hispânicos. Eles pululam de visões surpreendentes, algumas das quais, excepcionalmente, evocam a Roma pontifícia, uma Roma indianizada cujos palácios são pintados com borboletas de ouro.[2] Na Cidade do México, festas espanholas representaram igualmente, sob uma forma teatral ou alegórica, terras mediterrâneas e orientais como a ilha de Rhodes ou Jerusalém. As exéquias solenes de Carlos V ocasionaram uma encenação de vários episódios da história europeia. A partir desses fragmentos e desses vislumbres, imagina-se precariamente do que podia compor-se a visão índia do país dos invasores. Mas há grande diferença entre a ideia de que existe outro mundo no Levante e um conhecimento direto, empírico e físico do coração da cristandade. Não se trata de insinuar que os europeus teriam tido qualidades de vidência das quais os outros eram desprovidos. Mas é inegável que os índios do Renascimento perderam a batalha do olhar. Não somente não dispuseram dos meios de construir e de transmitir a imagem de seu próprio mundo aos europeus — com poucas exceções, foram missionários e cronistas castelhanos que monopolizaram essa tarefa —, como também nós continuamos tendo a faculdade de criar clichês e de impô-los ao resto do mundo. Pouco importa que um México balneário e gastronômico tenha suplantado hoje o conjunto de imagens elaboradas no século XVI, reduzindo ainda mais nosso campo de visão. É sempre — mas por quanto tempo ainda? — o Ocidente que fixa a imagem do outro, muitas vezes com a contribuição solícita do interessado.

Os chineses têm uma vontade específica de interessar-se por seus visitantes? Aqui, o contexto é diametralmente oposto. Os índios atacados, invadidos e depois colonizados tinham todo o interesse em conhecer seus agressores. Os chineses, não. O incidente português deixou marcas que não têm nada de comparável ao choque desencadeado pela conquista espanhola. As fontes oficiais do Império Celestial conservam memória de uma curiosidade, mas esta jamais se transforma em desejo obsessivo de saber, de escrever e de explicar para possuir. Como constatamos acima, elas veem, descrevem fisicamente os intrusos insistindo quanto ao tamanho deles, à cor de sua pele, à forma de seu nariz e de seus olhos, aos seus cabelos e ao seu sistema piloso.[3] Especulam sobre sua origem geográfica e lhes atribuem uma série de hábitos bárbaros, chegando ao ponto de evocar a antropofagia.

É pouco, pensaremos nós, para um primeiro contato com os ibéricos, mas é suficiente se os intrusos são encarados como nada mais do que piratas vulgares. É de imaginar, contudo, que os chineses de Cantão e de Beijing, ou o imperador Zhengde em Nanjing, muitas vezes tiveram oportunidade de pedir aos visitantes que descrevessem Portugal e o mundo de onde vinham. Se disso restaram testemunhos escritos, estes não chegaram ao Ocidente, ao menos nada que contribuísse para lançar as bases de um saber cumulativo sobre a Europa e sobre Portugal. Os outros chineses, os habitantes simples do litoral, os chineses da diáspora, os funcionários atentos a tirar proveito da passagem do mais ínfimo visitante, deviam aprender a respeito apenas o suficiente para fazer negócio, baseando-se em algumas noções básicas que tornariam supérfluo e quase prejudicial qualquer aprofundamento. Sem dúvida a maioria dos índios do México compartilhava tal abordagem, banal em última análise, das coisas e das pessoas. Nem todos os europeus eram espiões ou etnólogos em potencial.

A PRESSÃO DOS BÁRBAROS

A estreiteza da curiosidade oficial provavelmente está ligada à maneira como a corte chinesa trata os estrangeiros e ao estatuto que ela lhes atribui. Os portugueses vinham de paragens desconhecidas dos chineses e não repertoriadas na nomenclatura dos Estados tributários. Ora, as relações da China com o mundo exterior eram extremamente codificadas, a tal ponto que a *Suma oriental* de Tomé Pires, escrita antes mesmo que ele pisasse o solo chinês, aborda essa particularidade.

Para despachar uma embaixada até Beijing, era preciso ter passe livre, isto é, fazer parte dos reinos reconhecidos como vassalos do Filho do Céu. A regra prescrevia então que se pagasse tributo, e era esse mesmo tributo que abria a possibilidade de trocas comerciais. Além disso, era preciso que Beijing aceitasse a embaixada e o tributo. A particularidade chinesa de ligar diplomacia e comércio não deixava alternativa, em caso de recusa. Exceto — no caso dos que dispunham dos meios para tal — a de fazer a guerra e de ir diretamente apoderar-se dos bens cujo acesso a corte da China lhes proibia.

Essas prevenções não se manifestavam unicamente em relação aos visitantes estrangeiros do Sul. De fato, as relações com os vizinhos do Norte, mongóis e outros nômades, eram um eterno assunto de preocupação. Sem dúvida por causa de suas turbulências, mas também porque o governo imperial se revelava incapaz de adotar uma linha clara e de ater-se a ela. Durante boa parte do século xv, a política chinesa diante dos mongóis e dos nômades do Norte provocou múltiplas tergiversações nas quais se exprimia mais o jogo das facções em Beijing do que a busca de uma contenção adequada para as ameaças que pesavam sobre a fronteira. Ora, como devemos lembrar, as dificuldades dos portugueses foram ligadas tanto às peripécias da vida cortesã quanto à consideração do que os recém-chegados representavam.

Em meados do século xv, a derrota de Tumu, a noroeste de Beijing, não longe da Grande Muralha, resultou em desastre para a dinastia Ming. A captura do imperador Zhengtong desfechou um golpe que poderia ter sido mortal para a dinastia. Os Ming devem então renunciar definitivamente a assumir o controle do mundo das estepes. Seu prestígio militar nunca se recuperará disso. Doravante o exército chinês é o calcanhar de Aquiles da China, algo que os portugueses e mais tarde os espanhóis terão mais de uma oportunidade de constatar.

Após a derrota de Tumu, e pela primeira vez desde o advento dos Ming, a estepe do Ordos — no meandro do rio Amarelo, hoje na Mongólia interior — cai nas mãos dos mongóis e situa-se no centro do "debate militar" que resultará na construção de imensas linhas defensivas, entre as quais a maior muralha Ming. Iniciada em 1474, a realização desta mobilizou 40 mil trabalhadores e custou 1 milhão de taéis de prata. Na segunda metade do século xv, os esforços de unificação das tribos mongóis e o progresso do reino de Turfan, a oeste, introduziram novas ameaças no norte do país, ao passo que a corte se dividia quanto às medidas a tomar. Em 1488, Batu Möngke, um descendente de Gêngis, proclamou-se khan dos Yuan, Dayan Khan, e tratou de reunir em torno dele todos os povos da estepe. Mais de vinte anos depois, eliminou seu rival Ibrahim e, entre 1508 e 1510, tomou posse do Ordos e confiou o comando deste a um de seus filhos.[4] Em 1520, um neto de Batu, Bodi Alagh, recebeu o título de khan, enquanto outros dois de seus descendentes se estabeleciam solidamente no meandro do rio Amarelo. Todos reprovavam um império que se recusava a entrar com eles num sistema de trocas. É nessa época que nossos portugueses acalentam o projeto de conquistar o sul da China.

Em Beijing, a defesa das fronteiras acabou por tornar-se ao mesmo tempo uma aposta e um pretexto para as lutas políticas, a ponto de deixar em segundo plano toda a estratégia no longo prazo. Em princípio, a construção de linhas defensivas é o único ponto de acordo possível entre as facções. Ainda assim, a proposta do ministro da Guerra Yu Tzu-chun (morto em 1485), que ia nesse sentido, choca-se com a oposição dos eunucos, que mandarão bloquear os canteiros. Por conseguinte, durante cinquenta anos, as obras são abandonadas, por assim dizer, em favor de intervenções esporádicas.

Não importa que o imperador Zhengde se diga favorável a uma reconquista do Ordos: o projeto perde força em proveito da edificação de novas muralhas, mas os trabalhos praticamente não avançam. Quando o imperador decide retomar a ofensiva, suas tropas obtêm uma vitória sobre os mongóis em 1517, ao sul de Datong.[5] Ela não terá futuro. As coisas não melhoram muito sob seu sucessor Jiajing (1522-67). Em 1540, o poder continua a hesitar: ofensiva de reconquista, ou contemporização e compromisso?

A ALERGIA AO ESTRANGEIRO

Para compensar a fraqueza ou a indecisão do poder imperial, faltava a firmeza de um primeiro-ministro ou de um chefe militar capaz de impor soluções enérgicas e de aplicá-las de maneira durável. Os obstáculos eram numerosos. Como reunir e alimentar os 150 mil homens que, segundo se calculava, seriam necessários em 1472 para limpar a fronteira e vencer o inimigo? Para isso, seria preciso desguarnecer a capital e fazer subir tropas de outras regiões do império. Como, igualmente, dominar o medo suscitado por cavaleiros nômades capazes de afugentar milhares de chineses pouco aguerridos? A exploração da população local, recrutada para as grandes obras e desviada das atividades agrícolas, trazia muitas outras dificuldades. E, mais ainda, a obtenção dos fundos indispensáveis para a manutenção de intermináveis linhas de fortificação, incessantemente atacadas pela erosão e pelas intempéries.

A esses obstáculos acrescentava-se a percepção que a alta administração tinha dos estrangeiros do Norte. Os ambientes letrados mostravam-se tradicionalmente hostis a qualquer aproximação com os bárbaros. Bem longe das fronteiras, particularmente no sul da China, a distância que separava os chineses dos mongóis parecia incomensurável. A busca de um rigor confucianista nas academias do Sul era acompanhada por uma radical alergia aos bárbaros. Fazia-se disso uma questão de ética, e a ética era o fundamento do Estado. Essa atitude, que se inscrevia numa visão idealista e idealizada do mundo, e portanto indiferente a toda forma de *realpolitik*, conheceria seu apogeu na época Song. Em tempos de fraqueza dinástica, esse recolhimento sobre a China, às vezes qualificado de "culturalismo chinês",[6] tendia a crescer e a cristalizar-se. E servia para sustentar as críticas da burocracia letrada contra o poder instalado, sempre que ele parecia indeciso e pouco seguro de si.

Também era preciso contar com a xenofobia que os nômades suscitavam. Ignorância e desprezo pelo mundo da estepe dominavam então, embora, paradoxalmente, o desastre de Tumu (1449) tivesse escancarado a prova indiscutível da superioridade militar dos bárbaros. Outros, contudo, mais familiarizados com os nômades do Norte, achavam que os projetos de conquista eram vãos e que somente uma abertura comercial seria capaz de estabilizar as relações entre as duas partes. Eles não hesitavam em apregoar uma política que fizera os bons momentos da dinastia Tang, dos Yuan e mesmo dos primeiros Ming. Mas os partidários de um acordo e de um compromisso nunca eram suficientemente influentes para impor suas opiniões. Às vezes eram considerados traidores cujas manobras resultariam numa paz humilhante para a China. O sucessor de Zhengde, o imperador Jiajing, detestava os mongóis. Considerava tão humilhante e insuportável manter relações com os bárbaros que até exigiu a redução do caractere *Yi* (bárbaro) a um tamanho insignificante.[7] Quando assumiu o poder, ele ainda era jovem demais para manifestar uma repulsa semelhante contra os portugueses, e quem se encarregou de liquidar a embaixada portuguesa foi o responsável por sua ascensão ao trono, o primeiro-ministro Yang Tinghe. Mas o episódio traduz um clima cujo preço, com ou sem razão, frequentemente foi pago pelos estrangeiros.

Assim, toda tentativa dos mongóis para instaurar relações diplomáticas e comerciais com o império era fadada ao fracasso. A diplomacia chinesa estava presa em um círculo vicioso. A firme recusa oposta pelas autoridades chinesas ofendia os nômades, que com isso eram reduzidos a servir-se por conta própria, multiplicando as razias. A transformação de uma embaixada repelida em *casus belli* — como os portugueses descobriram às próprias custas — era também algo frequente.[8] Assim como a execução dos enviados estrangeiros.[9] Esse modo de reagir, aliás, podia custar bem caro ao império. Em 1448, foi o fracasso da embaixada do chefe mongol Esen que desencadeou as hostilidades e precipitou o exército Ming à derrota de Tumu.

Não era fácil ser recebido em Beijing. Em 1462, Bolai, o chefe dos tártaros, despachou uma missão de trezentas pessoas que a corte rejeitou sob o pretexto de que ela era muito numerosa. No ano seguinte, uma embaixada de mais de mil pessoas conheceu a mesma sorte. Portanto, os enviados portugueses não eram em absoluto os únicos a sofrer os efeitos da desconfiança imperial. Se, no norte, missões foram aceitas por Beijing até 1506, a suspensão delas nos anos subsequentes relançou automaticamente as razias que forneciam a Batu e aos mongóis as mercadorias que eles não podiam obter de outra maneira. Segundo um alto funcionário imperial, "os mongóis eram uma calamidade para a China, pois tinham uma necessidade incessante de alimento e de roupas". Bem mais tarde, em 1550, o khan dos mongóis, Altan Khan, solicitará por sua vez o favor de pagar o tributo segundo o protocolo Ming, mas, tal como seus predecessores, enfrentará uma recusa: a corte usou como pretexto o fato de que sua carta não teria sido escrita em mongol, e portanto era impossível estabelecer a autenticidade dela. Isso basta para lembrar os dissabores dos nossos portugueses. Após muitas prorrogações, proíbe-se qualquer relação com os mongóis. Quando, em 1553, Altan Khan enviou seis embaixadores, todos foram lançados à prisão e quatro perderam a vida. De novo, ou quase, o roteiro que havia varrido os portugueses.[10]

Portanto, se houve choque de civilizações, é somente na perspectiva de uma história global que essa expressão pode ter um sentido. Os portugueses não foram repelidos enquanto europeus, cristãos ou canibais, mas sobretudo porque a administração chinesa de então era alérgica ao estrangeiro e ao bárbaro. É incontestável que o povo de Malaca e de Lisboa são portadoras de valores, de saberes e de interesses que emanam da cristandade latina. Mas visivelmente não é aquilo de que eles são portadores, conscientes ou inconscientes, que provoca o choque; é antes uma conjuntura política que desperta no seio da burocracia uma tradição de rejeição ao estrangeiro. E essa rejeição tem menos a ver com a xenofobia militante do que com uma incapacidade de sair dos trilhos da administração e com uma imagem idealizada da relação com o exterior.

Os nômades do Norte que haviam se refugiado em torno do lago Kökönor eram considerados piratas pelos chineses. Mas os verdadeiros piratas atacavam no mar do Sul. Desde tempos imemoriais, as regiões costeiras eram objeto de raides ou de campanhas ainda mais destrutivas.[11] Japoneses, coreanos, chineses organizavam bandos que se dedicavam a todos os tipos de negócios, tão frutíferos quanto ilegais, e com frequência não hesitavam em penetrar o interior das terras a fim de pilhá-las. No século xv, a expansão do comércio marítimo nos mares da Ásia oriental se fez acompanhar de um súbito aumento da pirataria e de muitas outras atividades clandestinas. A organização de uma frota de guerra, o reforço dos exércitos nas províncias marítimas, a caça aos piratas, as restrições que a administração procurou impor à circulação de pessoas e de navios, tudo se revelou inútil. Os resultados, por conseguinte, não eram muito mais brilhantes do que nas fronteiras setentrionais. A proibição oficial do comércio marítimo, em 1525, não fez senão provocar a recrudescência da pirataria e do contrabando.[12]

Tais fracassos poderiam então pôr em dúvida a eficácia da proibição, mas prevalecia a ideia de que também ali era preciso evitar qualquer compromisso com os bárbaros. Mais uma vez, qualquer debate sério sobre a política estrangeira era continuamente remetido a um conflito interno entre "traidores corruptos" e "servos irrepreensíveis". Eventualmente, as lições extraídas do Sul podiam ser aplicadas ao Norte, já que foram utilizados canhões portugueses, ou copiados de exemplares portugueses, para reforçar as defesas na fronteira mongol. Na verdade, o comprimento da costa, a extensão das cumplicidades em todas as camadas da população, o atrativo dos lucros tornavam incontrolável a situação. Como tantos outros, os portugueses se aproveitaram disso para insinuar-se na China, mas acabaram indefectivelmente — e não sem motivo — por ser assimilados aos milhares de piratas que inquietavam os responsáveis pelo império.

No entanto, os portugueses estavam prestes a atravessar as malhas da rede quando foram despertadas a desconfiança e a distância cultivadas pela administração chinesa em situações desse tipo. Para que tudo se abalasse, bastou a morte de Zhengde, uma vez que a nova equipe se apressou a aproveitar o vazio aberto pelo falecimento do imperador e a eliminar o apoiador dos portugueses, o favorito Jiang Bin e sua corja. As notícias alarmistas provenientes de Malaca e de Cantão fizeram o resto.

Portanto, a rejeição de que os intrusos foram objeto não tem nada de excepcional, e o fiasco diplomático deles era mais do que previsível, incapazes que eram de agir sobre as facções da corte ou sobre a concepção de mundo à qual se apegavam os letrados. Se lembrarmos que na mesma época, em 1520, as relações com o Japão — um reino conhecido desde a noite dos tempos — se deterioraram e que, no ano seguinte, uma embaixada japonesa pilhou a cidade de Ningbo, onde havia desembarcado,[13] o episódio português perde ainda mais sua singularidade. Aquilo que, visto da Europa, aparece como um primeiro contato oficial, e que o rei d. Manuel concebia como tal, tomou então para os chineses as proporções de um simples assunto de piratas. A aparente miopia chinesa, a essa altura da pesquisa, nos faz apreender a distância que o Império Celestial pretende guardar em relação aos seus visitantes, e a curiosidade variável que ele lhes atribui.

HÁ LUGAR PARA O ALIENÍGENA?

Diante dos alienígenas que são os ibéricos, a questão se apresenta simplesmente em termos de fechamento e abertura? Recolhimento sobre si mesmo e lucidez chineses contra abertura e candura mexicanas? Os índios do México não têm à primeira vista nenhum motivo para ser "abertos" do que os chineses, e suas reações não têm nada de monolítico nem de fatalista, mas eles não tiveram os meios de medir a extensão do perigo que os ameaçava. Se rapidamente souberam avaliar a capacidade de destruição dos invasores, estavam impossibilitados de imaginar as forças de que estes dispunham na retaguarda, as intenções que os animavam, e menos ainda a bomba bacteriológica que os mesmos estavam prestes a depositar sobre seu solo.

A facilidade e a rapidez com as quais o México, a América Central e depois a América do Sul cairão nas mãos dos espanhóis confirmam a amplitude desse erro de avaliação. *Castilan* ou *Teules* no México, *Viracochas* nos Andes, os espanhóis jamais são vistos como são na realidade, e, quando o são, é tarde demais. O erro é geral: os aliados indígenas dos espanhóis, que foram os indispensáveis operários da conquista do México, enganaram-se em relação aos castelhanos tanto quanto os mexicas. Todos foram apanhados desprevenidos por uma situação sobre a qual não tinham nenhum domínio, nenhuma informação, e para a qual não havia nenhum precedente.

O alienígena tem outro efeito sobre as mais altas autoridades chinesas: imperador, mandarins, ministérios, eunucos não estão espontaneamente fechados aos recém-chegados — a acolhida reservada inicialmente a Pires o comprova —, mas têm uma prática e uma ideia dos bárbaros que enquadram e limitam consideravelmente os efeitos do contato e os riscos de dano. Um estrangeiro é um bárbaro, e um bárbaro é uma ameaça. Nada mais lógico. Um arsenal de regras, de princípios, de prevenções, de experiências infelizes e de inércia diplomática protege então o império contra os mundos exteriores. A isso se acrescenta, nos ambientes do poder, o peso dos valores neoconfucianos. As sociedades ameríndias, em contraposição, não se beneficiam de nenhum recuo possível para avaliar a ameaça letal que seus visitantes representam ou para rebaixá-los banalizando-os. De igual modo, são desprovidas de um aparelho burocrático capaz de frear, bloquear ou neutralizar os intrusos: Tomé Pires deve estacionar durante meses em Cantão, ao passo que Cortés literalmente se lança sobre México-Tenochtitlán.

Enfim, longe de desqualificar sistematicamente o alienígena, as sociedades mexicanas se esforçam por mobilizar interpretações suscetíveis de fazê-lo entrar no quadro da história local. A ideia de que, em última análise, o estrangeiro estaria de volta à sua terra é suficiente para embaralhar as cartas e desativar as resistências. É que as sociedades mesoamericanas, e sem dúvida as sociedades ameríndias em geral, atribuem sempre um lugar ao outro.[14] Para Claude Lévi-Strauss, "[o dualismo ameríndio] extrai sua inspiração [...] de uma abertura para o outro que se manifesta de maneira demonstrativa por ocasião dos primeiros contatos com os brancos, embora estes fossem animados por disposições contrárias".[15]

O próprio canibalismo, numa análise mais acurada, não seria mais do que uma maneira física de integrar em si mesmo o outro, o intruso, o inimigo. E essa faculdade não seria estranha à proliferação das mestiçagens de todo tipo que a colonização desencadeará de norte a sul do continente americano.

As reações chinesas de banalização, de rejeição e de extirpação não permanecerão sem efeito sobre as formas da expansão europeia. Elas obrigarão os portugueses a elaborar um modo mais indireto de abordar a China, estabelecendo outro tipo de contato, de composição com numerosos parceiros asiáticos, que os ajudarão a esquivar-se das barreiras e das interdições que lhes eram apresentadas. Os portugueses se tornarão tanto mais facilmente aquilo que os chineses afirmavam, piratas em águas turvas, quanto já tinham o hábito de portar essa identidade. Enquanto isso os índios do México, vencidos, colonizados e cristianizados, aprenderão a ser os sobreviventes de uma civilização desaparecida.

14. A cada um seu pós-guerra

Digamos que esta tierra como otra Egipto, en ella el agua fue convertida em sangre de aquella cruel enfermedad.

Motolinía, *Memoriales*

[Antonio de Faria] se embarcou sem contradição nenhuma & todos muyto ricos e muyto contentes & com muytas moças muyto fermosas que era lastima velas yr atadas cōs murrões dos arcabuzes de quatro em quatro de cinco em cinco e todas chorando e nossos rindo e cantando.

Fernão Mendes Pinto, *Peregrinação*

O fracasso português em Cantão esboça a linha de partilha das águas entre Ásia e América. De um lado, um Novo Mundo que dará ao Ocidente sua razão de ser, e cujas riquezas, cujos homens e espaços serão impiedosamente explorados; de outro, uma China imperial que absorverá boa parte da prata extraída das entranhas da América pelos índios vencidos e pelos escravos africanos.[1] Doravante os destinos das duas margens do Pacífico vão ser ligados, pois os ibéricos implantaram os quadros econômicos e políticos de um gigantesco transvasamento de metal precioso. A história da colonização do Novo Mundo deve ter a China como pano de fundo, e a história da China moderna, a América em *vis-à-vis*. Aquilo que, com o recuo do tempo, nos parece evidente não o era para os contemporâneos. Nos anos 1520, as minas americanas ainda não foram descobertas; os ibéricos tentam abarcar o globo, mas ainda sem saber muito bem o que encontrarão ali nem o que farão disso; os ameríndios, vencidos ou aliados dos espanhóis, entram num pós-guerra caótico, e as autoridades chinesas já estão esquecendo os *Fo-lang-ki*.

OS IRMÃOS DA COSTA

O fracasso na China obriga a Coroa portuguesa a pensar em outro modo de aproximação. Ao sonho de d. Manuel segue-se o pragmatismo de d. João iii:[2] o sucessor do Venturoso toma distância em relação ao predecessor. Já não se trata de embaixada oficial nem de projeto de conquista, e ainda menos de guerra-relâmpago. Parece bem mais eficaz — mas tem-se realmente a opção? — deixar que os mercadores portugueses multipliquem as iniciativas pessoais e travem relações com seus confrades asiáticos, a fim de voltarem progressivamente a estabelecer-se na costa da China. Elimina-se toda ideia de ocupação e de espoliação das províncias meridionais para apostar nas redes pessoais, na discrição, e mesmo na clandestinidade, nas gratificações e nos golpes de sorte. Procura-se melhorar as relações com as comunidades de mercadores em toda a região. Patane, na Malásia, parece fornecer uma excelente base para lançar-se nessa "reconquista" pacífica, porque ali se encontram mercadores do Sião, da Malásia e da Ásia familiarizados com o litoral do Fujian, porque ali se topa com chineses com os quais é possível mancomunar-se facilmente para montar negócios frutíferos.

Cabe aos portugueses levar em conta vários fatores com os quais, bem ou mal, devem acomodar-se: a presença dos piratas *wokou*, trânsfugas do império, japoneses ou outros, que se beneficiam de apoios nas aldeias costeiras e frequentemente entram em conluio com os mercadores chineses da diáspora e do litoral;[3] a existência de uma frota imperial indiscutivelmente superior às forças portuguesas; as limitações que o fechamento do país apresenta — uma política oficialmente não negociável, mas contornável. É sob tais condições que as relações vão recomeçar lentamente ao longo dos anos 1520, para intensificar-se nas duas décadas seguintes. Deixa-se o Guangdong pelo Fujian, muito mais a nordeste, por solicitação dos chineses da costa com os quais se opera a retomada de contato.[4] Uma sociedade suspeita, luso-asiática, à base de ataques surpresa, de aparições efêmeras, móvel, espalhada ao longo da costa, constitui-se sobre centenas de quilômetros aproveitando-se de ilhas acolhedoras, de enseadas isoladas, de camponeses complacentes, de embarcações de defesa desatentas e de mandarins corruptos.

Mas os portugueses se beneficiam de um tecido preexistente. Eles não criam nada. Soldados, marinheiros ou negociantes, contentam-se em ser os primeiros europeus a infiltrar-se nessa economia-mundo instalada há muito tempo por mercadores chineses e muçulmanos.[5] Portanto, à perspectiva de uma conquista que abra caminho para uma colonização — a esperança louca de prisioneiros em pânico —, sucede a gestão pragmática do cotidiano em que tudo é risco, precariedade e sonho de lucros fabulosos. Cabe aos portugueses saber pactuar tanto com os mandarins da costa quanto com os "ladrões dos mares" e, por que não, diluir-se entre estes últimos. Aliás, o que eram eles, aos olhos dos juízes chineses que os qualificavam de "ladrõezinhos"?

A obra-prima de Fernão Mendes Pinto, *Peregrinação*, é o melhor guia para penetrar esse ambiente com olhos de europeu. A desenvoltura com que um dos heróis do livro, Antonio de Faria, muda de parceiro e substitui o corsário Quiay Panjão — morto inoportunamente — por outro chinês, Similau, da mesma laia, diz muito sobre práticas que Mendes Pinto justifica numa frase bem cunhada: "Como Antonio de Faria era naturalmente muito curioso e também não lhe faltava cobiça".[6] Três províncias marítimas do sul da China estão envolvidas: Guangdong, Fujian e Zhejiang.[7] Fujian e Zhejiang dominam até os anos 1540, Guangdong se sobrepõe na década seguinte, antes de Macau concentrar a presença portuguesa, a partir de meados do século XVI.

Em princípio, a administração imperial proíbe qualquer comércio com estrangeiros. Na prática, a situação é extremamente variável. A presença estrangeira depende de uma série de atores, facções, *lobbies* e grupos de interesse com preocupações mutáveis, frequentemente contraditórias. Como conciliar o tamanho do império, a integridade das fronteiras, a suscetibilidade dos mandarins, a avidez dos mercadores, o desenvolvimento das cidades da costa e a prosperidade do comércio marítimo? Diante dos grandes mercadores das três regiões envolvidas, das administrações provinciais e dos escritórios de Beijing, os portugueses manobram incessantemente para esquivar-se de um jogo que eles não controlam.

Os clãs da corte imperial permanecem imprevisíveis: como podemos lembrar, eles fizeram fracassar a embaixada de Tomé Pires. Em Cantão e nas províncias marítimas, os comandantes militares tendem a adotar o fechamento das fronteiras, ao passo que o pessoal da frota tem interesse em fechar os olhos, enquanto os juízes provinciais preferem seguir o vento dominante, oscilando entre "compreensão", não intervenção e hostilidade. Por tradição e por convicção, os letrados confucianos são bem mais inclinados a desconfiar dos bárbaros do que os negociantes que, há séculos, lidam com gente do Sião, de Malaca e do Sudeste Asiático. Na própria China, as rivalidades econômicas entre cidades e regiões costeiras complicam ainda mais o panorama. Para dizer o mínimo, os grandes mercadores de Cantão nem sempre compartilham as opiniões de seus confrades do Fujian e do Zhejiang, e todos se entregam a uma desenfreada concorrência da qual os estrangeiros devem aprender a tirar partido.

Na costa do Zhejiang e do Fujian, mercadores chineses infringem as leis e travam relações com os estrangeiros segundo o próprio arbítrio. As fontes chinesas nos informam sobre os mestres do contrabando que são Zhou Lan, Wang Zhi, Lin Xiyuan. Pirata e mercador originário do Zhejiang, sempre em estreita ligação com o Japão, Wang Zhi opera no litoral das três províncias até sua execução, em 1559. A figura de Lin Xiyuan é mais intrigante: letrado, ex-mandarim, comandante de uma frota considerável, nosso homem manteve o acesso à administração provincial, na qual seus contatos o ajudam a controlar o fornecimento de víveres aos navios portugueses que acostam ilegalmente.[8] Para as autoridades chinesas, todos são uns "vilões", como outros dois contrabandistas, Li Guangtou, do Fujian, e Xu Dong, do Anhui, com quem é possível topar em Shuangyu, perto de Ningbo.[9] Esses chineses não têm medo de nada, evadem-se quando necessário das prisões provinciais, levam ao fracasso as expedições lançadas em seu encalço, atacam as patrulhas da frota e chegam até a capturar chefes militares, que trocam por substanciais resgates. Os sequestros de personalidades e de pessoas ricas se tornaram uma atividade tão florescente que a administração deve pôr a prêmio a cabeça dos chefes de bando para livrar-se deles. Isso mostra a violência e a brutalidade que dominam essas sociedades de "irmãos da costa", ou essas máfias *avant la lettre*.

A esses chineses misturam-se mercadores estrangeiros, todos asiáticos — à exceção dos portugueses —, parte deles muçulmanos, que se entendem para fazer frutificar seus ganhos. O sucesso cabe a quem estabelecer as melhores relações com a administração chinesa, concluir parcerias privilegiadas com mercadores influentes, ou se associar, como vimos, a piratas solidamente armados, sejam chineses, malaios ou japoneses. Os portugueses que Mendes Pinto acompanha e descreve fazem parte desse grupo. A habilidade consiste em saber traçar uma linha entre comércio, contrabando e pirataria.

Os raides dos quais os portugueses participam deixam na memória de Mendes Pinto lembranças vivazes, que nenhuma censura edificante — a obra foi publicada bem depois da morte do autor — conseguiu sufocar: "[Antonio de Faria] embarcou sem contradição nenhuma e todos eram muito ricos e estavam muito contentes e com muitas moças muito formosas que davam lástima atadas aos arcabuzes de quatro em quatro, de cinco em cinco e todas chorando e nós rindo e cantando".[10] O saque a uma cidade chinesa, decidido a frio, é rigorosamente programado: apenas meia hora, por razões de segurança, mas, como as operações acabam ultrapassando uma hora e meia, o chefe é obrigado a mandar incendiar a cidade a fim de reconduzir seus homens ao navio. "Em menos de um quarto de hora ardeu tão bravamente que parecia coisa do inferno".[11]

Ficamos muito mal informados sobre essa sociedade clandestina (por força) e secreta (por natureza), exceto se tomarmos a *Peregrinação* de Mendes Pinto pelo que ela é: menos uma crônica fiel das ações dos portugueses no mar da China do que um apaixonado mergulho no universo equívoco do litoral, fervilhante de ensinamentos sobre mentalidades e comportamentos. Seguindo as pegadas de um Indiana Jones do século xvi, descobre-se ao longo dos capítulos, sempre curtos para facilitar a leitura e manter o suspense, um modo de vida espantoso. Pode-se mentir sobre as datas e os números — e Mendes Pinto não se priva disso —, pode-se ornar com piedosos pensamentos o relato das peripécias portuguesas; restam, contudo, situações e práticas que a pena e a sensibilidade do autor são de fato as únicas a nos revelar.

Da onda de aventuras à qual *Peregrinação* arrasta o leitor, emana imediatamente uma dinâmica: sem renunciar a ser eles mesmos, os portugueses devem fundir-se à paisagem. Desde sua chegada ao oceano Índico, a influência do ambiente asiático é irresistível. No mar da China, a asiatização transpõe um novo obstáculo. Não há como permanecer indene quando se convive diariamente com indianos, malaios, chineses; quando se aprendem línguas locais; quando topônimos e fenômenos climáticos (os tufões) se tornam familiares; quando se penetra nos arcanos das políticas regionais e, sobretudo, quando se aceita não ser os donos do jogo, mas simples parceiros em meio a milhares de mercadores que não esperaram a chegada dos portugueses para prosperar e que não têm nada a aprender com ninguém.

A acolhida que lhes foi reservada não deixou de facilitar essa conversão permanente. No Sudeste Asiático, muitos os tomavam por asiáticos, a começar pelos chineses. Nos anais da realeza de Malaca e de Johor, os portugueses tornam-se "gente branca de Bengala";[12] na China, supõe-se que eles são originários de Malaca ou do Sião;[13] em outro lugares, o rei de Portugal passa por ser um dos sultões do Sudeste Asiático. Quanto aos propriamente interessados, em vez de perder-se em longas explicações — Quem são eles? De onde vêm? O que procuram? —, muitos decidem fazer-se passar por comerciantes do Sião. Ou aceitam ser confundidos com chineses.[14] Era mais fácil fazer negócios sem alarde — o dinheiro não tem cheiro nem origem — do que lançar-se em aulas de geografia, de etnografia ou de história que não fariam mais do que complicar as coisas e semear a suspeita. É um jogo no qual os portugueses são exímios. A tal ponto que os reis Nugyuen da Cochinchina sempre distinguirão os habitantes de Macau dos outros europeus atribuindo-lhes privilégios que só concediam a mercadores asiáticos.[15] Na versão que Mendes Pinto nos dá, Tomé Pires não é executado em Cantão e vive sua velhice no interior da China, com mulher e filhos. Ainda que falsa, é reveladora de um estado de espírito e das pressões que se exerciam sobre os europeus... Fundir-se na paisagem asiática é também um destino!

A asiatização se beneficiava da fraca presença institucional dos portugueses na região. Tal presença se concentrava na zona de Goa e no oceano Índico. Passado o Ceilão, praticamente entregues a si mesmos, os portugueses certamente não tinham condições de lusitanizar seus anfitriões, se é que essa ideia lhes passou pela cabeça algum dia. Nessa parte do mundo, a asiatização concebida como adaptação máxima aos ambientes receptores resultará em um novo modelo "colonial": o estabelecimento de Macau.

UMA ILHA MESTIÇA

O cenário: uma ilha denominada Liampó na primavera de 1542, ou mais exatamente um canal entre duas ilhotas, não longe da cidade chinesa de Ningbo, a sudeste da região de Shanghai.[16] É ali que mercadores de todas as origens aportam para desembarcar suas mercadorias e carregar seus navios com produtos chineses. Acredita-se que se trata da enseada de Shuangyu, para onde os portugueses começam a afluir no início dos anos 1540, depois que o lugar foi transformado em base de contrabando por um chinês do Fujian, Deng Liao. Os portugueses não chegaram sozinhos. Os irmãos Xu Yi teriam introduzido em Liampó gente de

Patane, Malaca e, claro, portugueses — os bárbaros *Fo-lang-ki*.
Alguns anos mais tarde, em 1545, sempre segundo fontes chinesas, Wang Zhi, um sócio dos irmãos Xu Yi, atraía japoneses para essa sociedade de contrabandistas.[17] Sem dúvida, não eram os primeiros.

Os portugueses, que estavam longe de mandar nessas comunidades, tinham de compor com todos os grupos que se viam compartilhando um mesmo destino. Havia mestiçagem, claro, mas uma mestiçagem subordinada aos modos de vida, às crenças e às tradições do Sudeste Asiático, numa Ásia do contrabando e da pirataria. Em todo caso, a leitura de Mendes Pinto deixa surgir uma extraordinária proximidade entre os seres; ela revela trocas e circulações que fazem das ilhas da costa não simples espaços-tampão, mas lugares de encontro entre os mundos. Fora do controle de Lisboa e de Goa, mas no limiar do império chinês, a colônia portuguesa se insere em circuitos econômicos antigos que ela parasita, antes de conseguir impor-se como intermediária por excelência do comércio sino-japonês. A idealização e o orgulho que transparecem ao longo das páginas da *Peregrinação* são muito reveladores do atrativo que esse modo de vida exerceu e da nostalgia que Mendes Pinto conservava dele. Sem nunca ocultar as tensões e as explosões de violência, como se fossem inerentes à existência desses aventureiros. Tanto se pode saquear as povoações chinesas quanto alugar trupes de dançarinas e cantoras para celebrar uma boa tomada ou uma vitória sangrenta sobre os concorrentes.

Tal experiência se encerra com a instalação em Macau em 1554?[18] É evidente que a sedentarização dos portugueses e o progresso de uma comunidade que eles dominam, desta vez sem partilha, modificam as regras do jogo. Embora Macau não cesse de afirmar sua independência. É uma iniciativa local, à margem do Estado da Índia e da capitania de Malaca — Leonel de Souza em

1554 —, que lança as bases desse estabelecimento, negociado diretamente com os mandarins de Cantão. Objeto de transações permanentes com as autoridades chinesas, Macau praticará uma diplomacia de fronteira e de sobrevivência,[19] que se desenvolverá de maneira autônoma, incessantemente à espreita das mudanças na política imperial ou das derrubadas de dinastia, sempre atenta às transformações regionais, aberta à conclusão de acordos particulares com o Japão dos Tokugawa, o Sião, a Cochinchina. Sob vários pontos de vista, a "fórmula Macau" se revela herdeira dos anos de contrabando e de clandestinidade que se seguem à derrota de Cantão.

O extermínio da embaixada portuguesa em Cantão, portanto, não encerrou a presença europeia na região. Os portugueses ajudaram fortemente a China dos Ming a inserir-se numa economia-mundo que, no século XVI, vai se estender de Lisboa ao oceano Pacífico. Mas o recuo europeu abriu caminhos que não passavam nem pela conquista nem pela colonização e que, em última análise, fizeram dos chineses os donos do jogo. Brandindo a proibição oficial de qualquer comércio, Beijing dispunha de um formidável trunfo para pressionar tanto a oferta quanto a procura, enquanto na costa muitos súditos do Império Celestial se entregavam a todo tipo de tráfico.

CAOS MEXICANO

O cenário que o México de Cortés nos descortina é totalmente diverso. Ali, os primeiros dez anos da Conquista são um período de caos e de sondagens. A vitória castelhana gerou problemas sem precedentes: com quais meios submeter a poucos milhares de espanhóis os milhões de índios e as centenas de milhares de quilômetros quadrados que caíram nas mãos deles? Como integrar essas miríades de pagãos a um império católico? Ninguém podia então imaginar qual sociedade emergiria das ruínas da conquista e da derrocada da dominação mexica. Os espanhóis vinham da Reconquista da Espanha contra os mouros e haviam organizado uma colonização das ilhas do Caribe, com desastrosas consequências para as populações nativas. Mas os desafios que os esperavam no México não se comparavam às experiências anteriores: o número dos indígenas, o espaço continental — e não mais insular —, a natureza das sociedades e o papel a reservar às elites locais, tudo era problemático.

Contudo, de início foi o caos provocado pela guerra e pela queda de México-Tenochtitlán que os vencedores tiveram de enfrentar. Nos anos 1520, nada estava resolvido. Em outra obra, retomamos os testemunhos que relatam o caos político, social e humano, mas também econômico e religioso, que devora o México.[20] Todos os poderes estão desestabilizados, a guerra arruinou os campos, as epidemias ceifam as populações. Não estamos num pós-guerra clássico. É impossível retornar à situação anterior, restaurar pura e simplesmente a antiga ordem. Tampouco é possível contar com um projeto de reconstrução lançado da metrópole ou do Caribe. Não existia nenhuma receita para transformar as sociedades mesoamericanas em sociedades coloniais, e toda a modernidade de Maquiavel não bastaria para isso.

Os invasores precisarão criar formas de exploração e de dominação adequadas às condições locais, conceber uma política de evangelização, fazer funcionar instituições de origem hispânica numa escala que não funcionava, recuperando tudo o que podia servir localmente para edificar uma ordem nova e eliminando o que supostamente a contrariaria. Bem cedo, antes mesmo de ter conquistado o país, Cortés propôs à Coroa dar ao México o nome de Nova Espanha. Assim como o reino de Granada, caído em 1492, a terra indígena devia ser vassalizada e cristianizada. O único meio para impor tais mudanças era implantar instituições, poderes, crenças e valores, formas de vida urbana e uma paisagem agrária de origem castelhana e europeia. A necessidade de selecionar e de exportar para o México todo um arsenal de práticas, de costumes e de tradições desenvolvidas do outro lado do oceano obriga a avaliar constantemente o que é essencial à salvação de um cristão e à rentabilização, assim como à eficácia da dominação castelhana. Qualquer deslize — local ou metropolitano — é suscetível de aniquilar a preciosa mão de obra indígena, como acontecera nas ilhas, de exasperar os colonos indispensáveis a toda implantação durável, de pôr em questão o poder régio e as relações com o Caribe. Cabe aos colonos inventar aquilo que chamaremos de ocidentalização. O programa é gigantesco. Impor o direito castelhano, herdeiro do direito romano, aplicar as proibições do direito canônico, ensinar a leitura e a escrita alfabéticas, difundir a missa em latim, o casamento na Igreja e a confissão auricular, e muitas outras atividades mais prosaicas — tais como trabalhar o ferro, o hábito de beber vinho ou de cobrir as pernas com calções justos —, tudo isso é "ocidentalizar".

Em princípio, os espanhóis não podem transigir: as crenças cristãs não são negociáveis, de onde a imposição sistemática do cristianismo e a caça às idolatrias; impossível, para os vencidos, rejeitar o enquadramento político, que instaura uma situação de dependência absoluta dos índios em relação aos seus vencedores, e menos ainda a espoliação, em grau máximo, do país. Isso significaria que os espanhóis se contentam em impor o que eles são, e permanecem livres de qualquer influência das sociedades que invadem? Na verdade, os intrusos são forçados a se adaptar às comidas, às línguas, ao clima tropical, à alternância entre a estação seca e a estação das chuvas. Para que a colônia seja viável, é preciso saber incessantemente operar compromissos e ajustes entre os elementos europeus introduzidos no local e as realidades índias.

De igual modo, é preciso lidar com as resistências e os hábitos das populações locais. Os índios nunca são receptores passivos. Tudo o que é recebido ou imposto será progressivamente reinterpretado, alterado e às vezes fortemente transformado. Na prática, a fronteira entre o que se negocia e o que não se negocia mostra-se bem menos nítida do que parece à primeira vista. Os europeus vão inelutavelmente mestiçar-se, assim como boa parte das instituições, dos valores, dos hábitos que eles introduzem ou impõem. Portanto, o "choque de civilizações" não se traduziu unicamente por aniquilamentos e substituições. O confronto entre os seres e as sociedades desencadeou muitas misturas nos domínios mais inesperados. E essa repercussão da colonização do México não poderia passar despercebida hoje. Tais mestiçagens envolveram, pela primeira vez, seres originários de três continentes. Por conseguinte, elas marcam, tanto quanto a ocidentalização, uma etapa determinante da história do mundo e das globalizações.[21] Colonização, ocidentalização, mestiçagens: de tudo isso a China escapou duravelmente em 1522.

AMERICANIZAR-SE OU ASIATIZAR-SE

Embora tenha sido parcialmente antecipada nas ilhas, essa gigantesca operação de transferência do antigo regime medieval para as novas terras é o primeiro empreendimento de colonização de grande envergadura lançado por um país europeu. Até então, nenhum reino da Europa tivera de administrar terras longínquas tão extensas. A ocupação do Caribe confrontava os espanhóis a conquistas de razoável dimensão que os deixavam sempre perto dos navios e diante de populações rapidamente dizimadas. Do lado da Ásia portuguesa, o Estado da Índia e sua capital Goa (desde 1510) não passava de um lencinho de bolso em comparação com a Mesoamérica. A diferença se tornará incomensurável quando os espanhóis acrescentarem, ao México e à América Central, a América do Sul, da Colômbia à Patagônia.

Mas não poderíamos notar, para além da engrenagem da ocidentalização e das mestiçagens, ou antes como o resultado dessas duas dinâmicas, processos que seriam da ordem da americanização e que constituiriam o *pendant* da asiatização dos portugueses? Desde que, claro, não tomemos o termo "americanização" em sua acepção mais comum, que é hoje a da influência exercida pelos Estados Unidos sobre o resto do mundo. A experiência americana transforma os seres, a começar pelos europeus. Primeiro porque eles romperam com modelos de vida ancestrais e estão reconstruindo nichos a milhares de léguas da velha Espanha. Uma família da qual parte dos membros reside na América já não tem nada de comparável a uma família que permaneceu na Europa, num espaço conhecido por várias gerações. A distensão oceânica das relações familiares, o redirecionamento para uma terra desconhecida e não cristã, os hábitos de mobilidade, as fases de desenraizamento e de enraizamento transformam os indivíduos. O espaço americano, que não é simplesmente um espaço superdimensionado em relação ao espaço de vida original; o tempo das Índias, que já não é aquele das celebrações ancestrais do país de onde se vem; a coexistência e a intimidade com as mulheres indígenas, assim como várias outras situações, atuam sobre os comportamentos dos indivíduos, seguramente sem que eles percebam, mas não sem transformar, com o tempo, a vivência e a sensibilidade dos recém-chegados. A isso se acrescenta a vantagem que todos os vencedores possuem, mesmo os mais humildes, diante dos autóctones vencidos, esse empurrão social e econômico que, em Castela ou no País Basco, esperariam em vão.

Para boa parte dos europeus, a americanização se traduz pela ascensão e pelo reconhecimento sociais. É a garantia, no me-

lhor dos casos, de pertencer ao setor dominante de uma sociedade; no pior, de dispor de um punhado de trunfos que o Velho
Mundo lhes recusava. A asiatização também pode conduzir portugueses à riqueza e ao reconhecimento, mas estes se fazem acompanhar por uma forte precariedade e por uma inserção pelas
margens, nunca por uma dominação sem partilha.

15. Os segredos do mar do Sul

Ao longe, atrás dos aclives montanhosos, das colinas arboriza-
das, estende-se a perder de vista um imenso espelho de prata, o
mar, o grande mar lendário, que ninguém jamais havia visto,
com o qual até então as pessoas se limitavam a sonhar, o mar
buscado sem sucesso, havia anos, por Cristóvão Colombo e seus
sucessores, o mar cujas ondas banham as orlas da América, da
Índia e da China.
Stefan Zweig, Momentos decisivos da humanidade

La voluntad que yo de vuestra majestad conocí de saber los se-
cretos de este mar del Sur.
Hernán Cortés a Carlos V, 1532

A China estava agora fora do alcance dos europeus? Poderíamos interromper nossa história aqui, se imaginássemos que toda
ideia de conquista é definitivamente abandonada no início dos
anos 1520. Mas isso seria esquecer que os portugueses não são os

únicos europeus a interessar-se pelo Extremo Oriente, e que a colonização da América e a história asiática estão ligadas.

A CHINA DA PRIMEIRA VOLTA AO MUNDO

Os observadores europeus concordam quanto a esse ponto. Para Maximilianus Transylvanus, a viagem de Magalhães permitira "aproximar-se da China". Para o milanês Pietro Martire d'Anghiera, ele havia atingido o Grande Golfo de Ptolomeu, esta "porta aberta para a China".[1] A expedição não tinha tocado o litoral chinês, mas, de ilha em ilha, os marinheiros de Magalhães puderam localizar múltiplos indícios do Império Celestial.[2] Após a morte do português, eles topam com juncos chineses;[3] em Bacchian, encontram tecidos de ouro e de seda. E eis que nas proximidades de Bornéu passam por suas mãos moedas furadas: nelas figuram "de um só lado as quatro marcas que são as letras do grande rei da China". Informações coletadas nos portos da região descrevem um país governado "pelo maior rei do mundo, Santhoa Raja", na verdade Zhengde, o imperador Ming. Seu imenso poder se estenderia sobre todos os senhores da Índia maior e da Índia menor.[4] As pessoas o imaginam à frente de uma corte faustosa, vivendo rodeado por suas esposas e seus guardas num palácio de incontáveis salas. Os navegadores ouvem falar de um grande porto, Guantau (Cantão), e de duas capitais: Namchin (Nanjing) e Commihala (a Khanbalikh de Marco Polo). O país é atraente, até mesmo tranquilizador com seus habitantes "brancos e [decentemente] vestidos", que "comem sobre uma mesa", mas não é forçosamente de fácil acesso, já que o sinete do imperador seria indispensável para entrar na China. Espanhóis vendidos como escravos a mercadores chineses após o massacre de Cebu talvez até tenham tido a oportunidade de desembarcar no Império do Meio.[5] Durante toda a década de 1520, as Molucas, com a China em segundo plano, estão na mira castelhana.

AS TENTATIVAS A PARTIR DA ESPANHA

O fracasso da expedição de Magalhães não desencoraja a Coroa espanhola. O ano de 1525 é um ano feliz para Carlos v, que em 24 de fevereiro obtém a vitória de Pavia, selando assim sua supremacia militar e política na Europa; o rei da França, Francisco I, é feito prisioneiro nessa ocasião.[6] A esse brilhante laurel, o imperador pretende acrescentar as ilhas das especiarias. Em 24 de agosto de 1525, ele designa frei García Jofre de Loaisa, comendador da ordem de São João, para chefiar uma frota de oito navios e o envia para tomar posse das Molucas, com o encargo de instalar-se duravelmente nas ilhas e de garantir o governo delas.[7] Mas tudo leva a crer que o comendador contava igualmente ir até o Japão. Após a travessia do estreito de Magalhães, um patacho se desliga da esquadra e segue rumo ao norte: alcançará a Nova Espanha para informar Cortés sobre os objetivos da expedição. Mas Loaisa morre durante o percurso e os capitães que lhe sucedem também falecem. Somente um navio aborda as Molucas, onde sua chegada é suficiente para semear a desordem, "pois os mouros das Molucas são muito afeiçoados aos castelhanos".[8] Os portugueses da Ásia não estão dispostos a perdoar aos espanhóis as ligações privilegiadas que estes mantêm com os rivais muçulmanos dos primeiros.

Sempre em 1525, outra expedição se dirige às Molucas com o objetivo de "descobrir o Catai oriental".[9] Financiada pelo rico negociante Cristobal de Haro, comandada por um português, Estevan Gómez, ela zarpa de La Coruña, mas navega em direção ao noroeste, em busca de uma passagem para o Pacífico que se abriria entre a Flórida e a "terra dos bacalhaus". Gómez sobe até a altura da Nova Escócia e retorna com alguns escravos. A Espanha está tão impaciente por alcançar diretamente as Molucas que se inflama, ao ser anunciado o retorno de Gómez. Espalha-se o boato de que seu navio está carregado de *clavos* — cravos-da-índia —, ao passo que ele só trazia *esclavos*.[10] La Coruña jamais se tornará o terminal atlântico de uma nova rota das especiarias, aberta nas geleiras do Grande Norte.

Em abril de 1526, o *piloto mayor* Sebastián Cabot zarpa de La Coruña, à frente de uma expedição composta de três naus e uma caravela. Desta vez, rumo ao sudoeste. Mas, longe de atingir as Molucas e mesmo de entrar no oceano Pacífico, o veneziano se limitará a explorar o delta do rio da Prata. De volta à Espanha em 1530, Cabot será perseguido e aprisionado por desobediência, antes de obter o perdão imperial. Enquanto isso, a ideia de uma passagem através do norte do continente americano continua a esquentar os ânimos. Ela está por trás da retomada, em 1527, da exploração da Flórida, sob a direção de Pánfilo de Narváez. Mas essa expedição resulta em desastre.

A SEGUNDA VIDA DE HERNÁN CORTÉS

A partir de 1521, a conquista do México e o acesso ao seu litoral no Pacífico mudaram o jogo. A Nova Espanha é banhada por um mar imenso, o mar do Sul, "a descobrir, a conquistar e a povoar", e a costa mexicana oferece naturalmente uma nova base de partida para as Molucas. Assim, o obstáculo continental é contornado. O infatigável Hernán Cortés se convence disso tão cedo que, já em 1522, ocupa a região de Jalisco e de Zacatula, na vertente do Pacífico.[11] Sua terceira carta acena promissoramente com as perpectivas abertas pela exploração do "mar do Sul": "Ele imaginava que por ali faria virem as drogas das Molucas, de Ganda e as especiarias de Java com menos dificuldade e menos risco".[12] Em sua quarta carta (outubro de 1524), propõe a ocupação das ilhas das especiarias e a viagem até a China. Mas precisará ter paciência, esperar dois anos e o fracasso de Loaisa para que em junho de 1526, de Granada, o imperador lhe deixe campo livre e lhe ordene enviar seus navios em busca dos homens que restaram daquela viagem. Essa expedição de socorro terá também a missão de recolher os cerca de cinquenta sobreviventes da expedição de Magalhães que navegavam no *Trinidad*. Só resta a Cortés descobrir a rota que leva da Nova Espanha às Molucas.

Enquanto isso, ele dispôs de tempo para mandar reconhecer o litoral mexicano, para localizar os melhores sítios portuários, para obter a posse deles, para montar ali arsenais dotando-os das ferramentas e dos materiais necessários à construção de vários navios. Cortés não se recusa nada: equipamentos vindos da Espanha e trabalhadores qualificados são mobilizados para seus canteiros de obra. O conquistador do México é suficientemente rico e empreendedor para oferecer-se uma flotilha no Pacífico e alimentar ambições intercontinentais. Avisado sobre a passagem da expedição de Loaisa pelo patacho que se separara dela, Cortés apressou imediatamente a construção de suas embarcações. Ele está também convencido de que as Molucas são facilmente acessíveis a partir da Nova Espanha, como explica, em maio de 1527, numa carta dirigida ao rei de Cebu: "Nós estamos muito próximos e podemos travar contato em muito pouco tempo". Portanto, tudo o designava para mandar navios ao resgate dos espanhóis das Molucas, e muitos, tanto na Cidade do México quanto em Sevilha, não se desagradavam por desviar sua energia conquistadora para os abismos oceânicos.

O Pacífico se transforma rapidamente num negócio de família. À frente da expedição, Cortés se apressa a colocar seu primo Alvaro de Saavedra y Cerón, com instruções precisas (maio de 1527) que o intimam a seguir diretamente para as Molucas, sem se deter em outras ilhas ou terras, a não ser "para informar-se e relacionar as coisas que nelas se encontram". As normas estabelecidas por Cortés revelam a metamorfose do conquistador em empreendedor marítimo, mas o homem continua animado pela mesma preocupação de ordem e eficácia: proibição de blasfemar nos navios; restrição dos jogos a dinheiro ao estritamente necessário; nada de mulheres a bordo, "pois elas têm o hábito de causar problemas em grupos desse tipo"; nada de choque com as populações autóctones ("não as importunar nem irritar; ao contrário, saber contentá-las"); nenhuma relação, sob nenhuma hipótese, com as mulheres dos nativos. Cabe a Saavedra evitar qualquer confronto com as frotas portuguesas, reunir o máximo possível de informações, e especialmente coletar mudas de especiarias para serem aclimatadas à terra da Espanha.

O capitão que conduziu com mão forte a conquista do México se transforma em diplomata de longo curso quando corteja os senhores de Cebu e de Tidore. Ao primeiro, pede que perdoe os excessos cometidos por Magalhães, "por ter desencadeado a guerra e a discórdia convosco e com vosso povo". Mas, como explica Cortés, Deus o puniu: "O Senhor e Criador de todas as coisas permitiu que ele pagasse sua desobediência morrendo como morreu, na má ação que cometeu contra a vontade de seu príncipe".[13] Assim, poucas palavras bastam para liquidar o prestigioso navegador, lançá-lo à lixeira da história, atribuir-se — um tanto rapidamente — sua sucessão e erigir-se em interlocutor imparcial. Cortés se revela um manipulador sem igual, esquecido de que outrora também se erguera "contra a vontade de seu príncipe". Ao rei de Tidore, dirige agradecimentos pela acolhida reservada aos sobreviventes da expedição de Magalhães, assim como promessas de socorro e de ajuda militar "para defender e proteger vossas terras e vossa pessoa contra os ataques de vossos inimigos".[14] Diz-se até disposto a receber os enviados do rei "para que eles conheçam a Nova Espanha". O conquistador exibe as melhores intenções do mundo, em conformidade com as ordens do imperador, enquanto se dispõe a assumir os negócios da outra parte do globo.

Saavedra zarpa de Zihuatanejo em 31 de outubro de 1527, munido das cartas que Cortés dirige não só ao rei de Tidore, mas também a Sebastián Cabot, a Gómez de Espinosa e aos sobreviventes da viagem de Magalhães. A expedição atinge as ilhas Marshall (Rongelap). Passado o arquipélago dos Ladrões (as Marianas), os espanhóis desembarcam numa ilha onde são recebidos aos gritos de "*Castilla! Castilla!*". Em fevereiro de 1528, a flotilha chega a Mindanao, onde salva um espanhol da expedição Loaisa. Este último informa que outros prisioneiros (vindos com Magalhães) foram vendidos por moradores de Cebu a mercadores chineses. Numa ilha vizinha, marinheiros responsáveis por um motim contra Loaisa são recuperados, antes de ser castigados em Tidore.

Da ilha de Gilolo à Nova Espanha, Saavedra calcula a distância em 1500 léguas.[15] Finalmente acosta em Tidore, em 27 de março de 1528, onde se estava debilitando uma guarnição espanhola de 120 homens, colocados sob a direção de Hernando de la Torre. Este último lhe confia uma missiva para Cortés, a quem pede ajuda. A pequena tropa, que dispõe de duas dúzias de peças de artilharia, trava uma guerra sem trégua contra os portugueses da região. Saavedra lhe presta socorro: toma uma galeota e mata o capitão português desta. Portugal e Castela podem estar em paz na Europa e na América, mas enfrentar-se impiedosamente do outro lado do globo. Nisso veremos uma repercussão exótica e longínqua da expansão europeia, da qual as rivalidades coloniais dos séculos seguintes fornecerão muitos exemplos. É também uma manifestação política e militar particularmente precoce dos movimentos gerados pela globalização ibérica: a passagem de um cenário até então local ou continental a um teatro planetário.

A partir daí, a expedição resulta em fiasco. Em 12 de junho de 1528, Saavedra decide voltar, levando um carregamento de sessenta quintais de cravos-da-índia. O regresso ao leste fracassa uma primeira vez. Ventos e correntes o tornam impraticável. Refazendo o caminho, após terem passado pelas ilhas do Almirantado, pelo arquipélago de Bismarck, pelas Carolinas, pelas Marianas, após vários meses de mar, eles retornam a Tidore, onde mandam executar os prisioneiros portugueses: decapitados, esquartejados ou enforcados. Os castelhanos não são muito mais misericordiosos do que os chineses.

Em maio de 1529, Saavedra tenta novamente voltar à Nova Espanha. Ele dobra para o sul e mais uma vez aborda a costa da Nova Guiné. No caminho, os espanhóis aperfeiçoam seu conhecimento do Pacífico, descobrindo as Pintados (as ilhas Viasayan, no seio do arquipélago das Filipinas), e alcançam provavelmente o norte do arquipélago do Havaí. Saavedra nos fornece uma primeira descrição dos indígenas das Pintados: pelo rosto e pela estatura, parecem-lhe descender dos chineses, mas são chineses "degenerados": "Como estavam ali há tanto tempo, haviam se tornado tão bárbaros que já não tinham religião nem seita e não criavam animais".[16] Os ventos estão obstinadamente contra ele. Em outubro de 1529, a morte de Saavedra em pleno mar semeia a consternação no que subsiste da expedição.

O balanço será totalmente negativo? Os espanhóis se familiarizaram com as águas do Pacífico e estão reconhecendo ilhas e costas: Carolinas, ilhas dos Papuas (perto de Gilolo), arquipélago do Almirantado e outras ainda. É o suficiente para tentar de novo a travessia do imenso oceano. Saavedra, aliás, não passava de um testa de ferro de Cortés. O homem alimentava projetos que, retrospectivamente, justificavam a inquietação dos portugueses das Molucas: "Ele pretendia conseguir que o imperador abrisse uma passagem de mar a mar através da Castela de Ouro e da Nova Espanha", avançando sobre "a terra e o istmo do Panamá", onde só precisaria descarregar seus cravos-da-índia, que seriam expedidos em carroças até Nombre de Dios, "onde se encontram as naus de Castela". E inclusive tinha em vista quatro itinerários possíveis através da América Central.

Essa ligação entre as Molucas e as Canárias, através do Pacífico e do Atlântico, oferecia um enorme ganho de tempo, já que, do lado do Pacífico, a rota a percorrer seguiria entre o equador e o trópico de Câncer.[17] Já não era necessário contornar o cabo da Boa Esperança, atravessar o estreito de Magalhães ou percorrer um hipotético canal setentrional ao largo da Terra Nova. Mais uma vez, a globalização ibérica se revela uma globalização marítima: ela inspira o traçado de rotas oceânicas que abrangem o globo e difunde a ideia de que é possível ir de um ponto a outro do planeta passando tanto pelo Norte quanto pelo Sul, o Leste ou o Oeste. E, em sua aprendizagem do Pacífico, os espanhóis, ainda mais do que os portugueses, são confrontados com o desafio de apreender a esfera terrestre em sua globalidade.

AMBIÇÕES DE CORTÉS E CONSCIÊNCIA-MUNDO

Adivinham-se facilmente as razões que levam Cortés a se interessar pelas Molucas. O conquistador não podia se manter apartado de uma fonte de riquezas que, na época, era o alvo de todas as cobiças europeias e asiáticas. Com seus portos do Pacífico, ele se sabia o único em lugar privilegiado. Uma oportunidade única, a não deixar escapar. Mas "a sede do conquistador de descobrir o mar do Sul" também dependia da projeção planetária que ele dava aos seus empreendimentos: Cortés viu-se então como o artífice de um império universal e providencial. Ele exprime numa carta aos companheiros de Sebastián Cabot, em maio de 1527: "Eu me interessei muito por essas regiões, desejo vê-las sob o cetro imperial e confio em Nosso Senhor, persuadido que em nosso tempo veremos Sua Majestade como monarca do universo, porque não foi sem razão que Deus permitiu a descoberta de terras tão numerosas e tão extensas". O mesmo estado de espírito e mesma obsessão figuram numa carta dirigida em maio de 1527 ao longínquo soberano das ilhas que, segundo se espera, serão alcançadas e ocupadas: "[Deus] em sua bondade quis que [Carlos v] fosse imperador do universo e aquele cuja preeminência e autoridade todos os outros príncipes reconhecem".[18]

Entre o oceano Pacífico, a Nova Espanha e a Europa imperial estende-se um novo espaço superdimensionado que se impõe nas mentes antes mesmo de traduzir-se nas instituições — sinal de uma globalização que doravante incita a pensar não somente as circulações, mas também o poder na escala do globo, isto é, dos mares que os marinheiros de Magalhães percorreram.

Globalização implica sincronização. Será que, para além dos mares, o imperialismo de Cortés combina então com uma opinião europeia que espera do imperador Carlos v o restabelecimento da concórdia universal? Nessa data, o Velho Mundo fervilha de esperanças escatológicas. Já não é satisfatório aguardar o imperador dos Últimos Tempos ou viver as enésimas sequelas do joaquimismo medieval. É o próprio Erasmo que conclama Carlos v a instaurar a concórdia entre os povos, e é o chanceler Mercurio di Gattinara que elabora a imagem dele como imperador universal. Ora, quem encontramos entre os conselheiros de Gattinara? Maximilianus Transylvanus, aquele mesmo que relatou a expedição de Magalhães em seu livro *Sobre as Molucas*[19] e que foi provavelmente um dos primeiros europeus a perceber-lhe o alcance planetário. Se, depois da vitória de Pavia sobre o rei da França, Carlos v já aparece como "senhor do mundo", a coroação em Bolonha, em 1530, parece dar razão aos que esperam o advento de uma era de paz universal sob a égide do novo Augusto.[20]

Sem dúvida, as ambições do conquistador e as de seu senhor nunca estiveram tão próximas. E Cortés se aproveita disso. Numa carta enviada de Texcoco, uma das antigas capitais da Tríplice Aliança (outubro de 1530), ele lisonjeia as curiosidades asiáticas do imperador em termos que se aplicam igualmente à sua pessoa, quando evoca "o desejo que Vossa Majestade tem de saber o segredo dessas regiões". Dois anos mais tarde, volta ao assunto quase nos mesmos termos: "Bem sei a que ponto Vossa Majestade quer conhecer os segredos desse mar do Sul".[21] Ao mesmo tempo, a frase é bastante prudente: nem uma só palavra sobre futuras conquistas; trata-se apenas do Pacífico e de seus mistérios, e portanto de um simples apetite de saber sobre um espaço, em princípio, de obediência espanhola. Mas sabe-se a que esse tipo de curiosidade costuma conduzir os soldados de Castela.

A prudência de Cortés não tem nada de anódino, pois ele não pode ignorar que desde abril de 1529, pelo tratado de Saragoça, o imperador renunciou oficialmente às suas intenções sobre as Molucas mediante uma compensação, em dinheiro vivo, paga por João III de Portugal. Mas é patente que o mar do Sul esconde, entre seus segredos, o das rotas que levam do México às Molucas e à China, ida e volta. Em outubro de 1529, o conquistador obteve concessões que lhe abrem toda a extensão do Pacífico espanhol. Um consolo para aquele que esperou tornar-se vice-rei da Nova Espanha, mas que deve contentar-se com o título de marquês do vale de Oaxaca, complementado, em princípio, com cerca de 23 mil vassalos indígenas. Cabe a Cortés "descobrir, conquistar e povoar todas as ilhas que se encontram no mar do Sul da Nova Espanha e todas as que ele descobrir no Oeste". Desde Colombo e Magalhães, o Oeste continua exercendo incansavelmente suas fascinações. Às Antilhas sucedera o México, ao México agora sucede o Pacífico.

Portanto, em princípio as Molucas desaparecem do horizonte das terras a conquistar, mas não a Ásia oriental, cuja costa, ao que se supõe, encontra a da Nova Espanha no Pacífico Norte. Contudo, no caminho de Cortés ergue-se um obstáculo de bom tamanho: as águas que banham a "governadoria de Nuño de Guzmán" na Nova Galiza, e por conseguinte uma parte do Pacífico mexicano, são-lhe proibidas. Assim como estão excluídas das concessões aquelas que correspondem à governadoria da Flórida, atribuída a Pánfilo de Narváez. A isso Cortés responde por exigências insaciáveis: ousa reclamar o duodécimo das riquezas a descobrir no mar do Sul, para ele e seus descendentes, como compensação dos consideráveis investimentos requeridos pela realização das explorações. Nesse ponto não será atendido, mas obtém os direitos de jurisdição em primeira instância sobre as terras descobertas.

"OS OBSTÁCULOS INTERPOSTOS PELO DEMÔNIO"[22]

Uma situação difícil aguarda o conquistador em seu retorno à Nova Espanha, onde ele encontra a hostilidade das autoridades que o proíbem de entrar na Cidade do México. Em 1530, Cortés dispõe em princípio de cinco navios prontos para levantar âncora, mas em sua ausência a Audiência da Cidade do México mandou deter o responsável pelo estaleiro e apreender o material destinado a equipar os navios, e secou a fonte de mão de obra indígena. Basta pouco, então, para bloquear a exploração do Pacífico. Há mais ou menos um ano os artesãos espanhóis estão desempregados e "os navios, praticamente perdidos". Muitos abandonaram o estaleiro, todos reclamam salários atrasados.

Cortés fica revoltado: "Fizeram-me perder mais de 20 mil caste-lhanos [uma moeda de ouro] que eu tinha despendido na cons-trução e no equipamento dos cinco navios".[23] Apesar do prejuízo e dos obstáculos "diabólicos" apresentados pela primeira Audiên-cia, nosso homem persiste em seus projetos. Em 1531 uma Real Cédula vem lembrar-lhe seus compromissos dando-lhe dois anos para lançar a frota destinada a descobrir o Pacífico, sem o que as concessões ficarão sem efeito.

É possível que as ordens assinadas pela imperatriz Isabel em 1530 e em 1531 tivessem objetivos mais imediatos do que a ex-ploração do Pacífico, e antes de tudo procurassem afastar Cortés da capital do México em um momento no qual, in loco, o confli-to com a primeira Audência se anunciava explosivo. Isso não im-pede que a Coroa espanhola tenha se apressado, após a assinatura do tratado de Saragoça, a reafirmar seus direitos sobre o Pacífico, e ela fez isso com os meios disponíveis: a fortuna, as embarcações e os portos daquele que gostaria de tornar-se o senhor da Nova Espanha, Promessa é dívida: Cortés reconstitui sua frota. Em 1532, ele disporia de uma caravela em Tehuantepec, de dois ber-gantins em Acapulco, enquanto outros dois navios encontram-se no estaleiro. Carregadores índios, ou *tamemes*, vão e voltam entre Cuernavaca e a costa para levar "as ferramentas e os equipamen-tos dos bergantins". Se acrescentamos os cinco navios abandona-dos nos estaleiros durante sua ausência, Cortés se encontra então no comando de uma frota de nove ou dez navios.

Em 1532, na Nova Espanha, portanto dez anos após a Con-quista, nem todos enfrentam os mesmos problemas que Cortés. Os empreendimentos de descoberta prosseguem satisfatoria-mente e atraem cada vez mais espanhóis que já não têm o que comer no país. Nuño de Guzmán, o ex-presidente da Audiência, atua febrilmente em sua governadoria da Nova Galiza, onde construiu um bergantim para lançar-se à exploração do mar do

Sul. Quanto a Pedro de Alvarado, o governador da Guatemala, estaria preparando "nove naus de bom alcance", que deveriam zarpar em julho. Começa-se até a achar que ele se ocupa demais das coisas do mar. Por fim, no que se refere à Flórida, continua-se sem notícias de Pánfilo de Narváez, que partiu para descobrir a famosa passagem do Noroeste.

Mas é Cortés o alvo da Audiência. Esta exige que a Coroa confisque a caravela e os dois bergantins do conquistador, contra o qual está movendo um processo.[24] Cortés reage como sempre fez, antecipando-se. Em junho de 1532, seu primo Diego Hurtado de Mendoza zarpa de Acapulco, onde fica um dos arsenais do conquistador. Mendoza tem dois navios sob sua direção, o *San Miguel* e o *San Marcos*, adquiridos por Cortés a Juan Rodríguez de Villafuerte. Diego sobe a costa por mais ou menos duzentas léguas, tomando o cuidado de evitar as terras de Nuño de Guzmán. Reconhece o litoral de Colima e de Jalisco. Um de seus navios retorna ao sul, e sua tripulação é massacrada na baía de Banderas (Nayarit). O outro, sob o comando do primo, prossegue rumo ao norte, porém "não mais se ouviu falar dele nem do navio, que jamais foi visto novamente".[25] Cortés responsabiliza pelo fracasso a segunda Audiência, que teria feito de tudo para sabotar os preparativos da viagem e impedir o abastecimento das embarcações. Esses obstáculos confirmam que a Coroa e as autoridades coloniais se coligaram para desgastar a energia e a fortuna de um conquistador muito incômodo e que nunca soube inspirar confiança. Sob esse ponto de vista, o Pacífico parece muito mais uma isca agitada diante do conquistador do que um objetivo realmente buscado. Os fracassos no mar não podiam senão deteriorar a imagem de invencibilidade de Cortés, sem pôr em perigo uma Nova Espanha que tinha outros temas de preocupação.

No fim do ano de 1532, Cortés prepara uma nova expedição. Ela resultará na descoberta, por Hernando de Grijalva, das ilhas

Revillagigedo, situadas a mais de trezentos quilômetros da ponta da Baixa Califórnia. Dos dois navios, um retornará a bom porto e o outro cairá nas mãos de Nuño de Guzmán, o rival instalado na Nova Galiza.

A Coroa decide então apostar em Pedro de Alvarado e reservar a ele as expedições no Pacífico. Mas Cortés persiste. Em abril de 1535, assume diretamente o comando de uma flotilha de três navios que reúnem trezentos espanhóis e cerca de trinta mulheres. O conquistador zarpa de Chametla. Desembarca no sul da península da Baixa Califórnia, na baía de Santa Cruz. A escassez maltrata os marinheiros e os soldados: "Dos soldados que estavam com Cortés, 23 morreram de fome e de doenças; quanto ao resto, muitos estavam doentes e maldiziam Cortés, sua ilha, seu mar e sua descoberta".[26] Os sobreviventes acabarão sendo repatriados para o continente.

Nessa data, espanhóis e portugueses já não são os únicos na corrida às especiarias e à China. Em 1534, é a vez do francês Jacques Cartier procurar a passagem setentrional "para levar à França as especiarias e as drogas das Índias".[27] Ele só encontrará uma terra, que batizará de Nova França, "dotada de recursos, de aldeias e bem povoada". A conquista do Peru muda também o jogo para o México. Doravante o Pacífico Sul está ao alcance direto dos espanhóis. Em 1536, Pizarro e os seus, sitiados pelos índios, pedem socorro ao governador da Guatemala, Pedro de Alvarado. A carta chega às mãos do vice-rei Antonio de Mendoza, que confia a missão a Cortés, o qual retornou a Acapulco. Este último agarra a oportunidade para despachar dois navios, um dos quais é comandado por seu mordomo Hernando de Grijalva. A expedição recebe uma missão dupla: levar alimentos e presentes a Pizarro, mas também explorar o Pacífico Sul até... as Molucas. De fato, em vez de voltar à Nova Espanha, o navio de Grijalva toma o rumo do oeste. Ajudado pelo piloto português Martim da Costa, o mordomo de Cortés segue a linha do equador até a ilha Christmas e alcança o arquipélago das Gilbert (Los Pescadores). Mas Grijalva é morto pelos seus marinheiros e os amotinados acabam abandonando o navio. Em 1538, o português Galvão recuperará alguns sobreviventes que haviam caído nas mãos dos indígenas.

Deve-se falar de fracasso total? Sem dúvida é verdade no caso de Cortés. Mas a década de 1530 é aquela durante a qual a Coroa castelhana se apodera da maior parte do litoral americano do Pacífico. O suficiente para talvez, um dia, fazer do grande oceano um lago espanhol. Aliás, a metrópole jamais deixou de interessar-se pelo mar do Sul. Em 1535, uma pequena expedição — dois navios e duzentos homens — deixa Sevilha com destino, ao que parece, às Molucas ou à China. Tendo à sua frente um conhecedor da região, Simão de Alcaçova, um português que havia explorado as Molucas e até acompanhado a expedição de Fernão Perez de Andrade à China. Carlos v o teria encarregado de verificar os limites marcados pelo Tratado de Tordesilhas. A tentativa não tem mais sucesso do que as precedentes. Após tentar atravessar o estreito de Magalhães e fazer escala na Patagônia, um dos navios se amotina, enquanto o outro prefere seguir para São Domingos e em seguida retornar à Espanha.

A bola volta para o campo de Cortés. Quatro anos mais tarde, em julho de 1539, ele lança sua última expedição. Três navios deixam Acapulco na intenção de explorar a costa da Baixa Califórnia e, sempre, de encontrar uma rota praticável para o Oriente. Os navios entram pelo golfo da Califórnia, descem de volta o mar de Cortés, dobram o cabo San Lucas e sobem ao longo da costa do Pacífico até a ilha dos Cedros. Mas no retorno, em Huatulco, um dos navios é apreendido pelas autoridades da Nova Espanha. Afora o reconhecimento do litoral californiano, nada muito empolgante: "Eles não trouxeram notícias de nenhuma terra que valha a pena. Muito barulho por nada. Cortés pensava descobrir nessa costa e nesse mar outra Nova Espanha". O velho conquistador deve reduzir suas pretensões. Mas, no momento em que parte pela última vez rumo à Espanha, Cortés ainda dispõe de cinco naus com as quais espera retomar suas explorações.

O balanço é globalmente negativo para o conquistador, que gastou boa parte de sua fortuna, "200 mil ducados", segundo as estimativas: a darmos crédito ao seu cronista oficial, "ninguém jamais investiu com tanta paixão em semelhantes empreendimentos".[28] Isso teria levado Cortés a se aborrecer com o vice-rei Antonio de Mendoza e a atacar seu rei na justiça. Sua obstinação revela que, em sua mente, a conquista do Pacífico estava indissociavelmente ligada à do México. É significativo que o mesmo personagem que assumiu o risco de tomar Tenochtitlán tenha imediatamente querido continuar a partida no Pacífico: sua trajetória dá a sensação não só de uma perpétua fuga para diante — que é sempre um avanço rumo ao oeste — como também de um gosto pelo investimento para além dos mares, ainda que em terra desconhecida. Já vemos esboçar-se uma modernidade europeia que alia busca insaciável de lucro e projeção no espaço e no futuro.

AGORA É A VEZ DO VICE-REINADO

Essa modernidade não é estranha à Coroa. Desde sua chegada à Nova Espanha em 1535, o representante de Carlos v, o vice--rei Antonio de Mendoza, espera assumir o controle das expedições no Pacífico, reservando ao seu príncipe o monopólio desses empreendimentos. O poder régio quer ditar sua lei à sociedade colonial que emerge dos anos de caos provocados pela Conquista. No mais, o tempo se encarrega de desobstruir o caminho. A partida definitiva de Cortés para a Espanha, onde já se encontrava Nuño de Guzmán, a morte de Pedro de Alvarado em 1541 e o falecimento de Hernando de Soto no ano seguinte afastam todos os que podiam pretender conduzir descobrimentos e reclamar ruidosamente os frutos destes.

As explorações recomeçam, cuidadosamente enquadradas. Em março de 1540, Mendoza envia Vásquez de Coronado para reconhecer o setentrião da Nova Espanha. O vice-rei se apodera da frota de Pedro de Alvarado. Em 1542, destina uma parte desta à exploração da Califórnia e expede o restante, sob o comando de seu cunhado, Ruy López de Villalobos, em direção às ilhas das especiarias. Essa quinta expedição rumo às Molucas reúne 370 homens, entre os quais um sobrevivente da viagem de Magalhães, Ginés de Mafra, e alguns frades agostinianos. Em fevereiro de 1543, López de Villalobos chega a Mindanao e em seguida alcança a ilha de Luçon e o arquipélago das Filipinas, antes de colonizar — ou de tentar colonizar — a ilha de Sarangán. Uma tentativa de retorno à Nova Espanha malogra, como as precedentes. Esgotados pela fome, os sobreviventes da expedição ganham Tidore, de onde novamente se esforçam por achar o caminho de volta. Em 1545, tomam posse da "Nova Guiné" — assim batizada porque seus habitantes se assemelhavam aos da Guiné africana —, mas não conseguem voltar à Nova Espanha. Contam-se, portanto, cinco fracassos em pouco mais de vinte anos:[29] Gonzalo Gómez de Espinosa em 1522, Saavedra em 1528 e 1529, Bernardo de la Torre e Ortiz de Retes em 1543 e 1545. No total, 143 homens conseguirão retornar à Espanha pelo caminho do oceano Índico, mas não López de Villalobos, que tem o privilégio de expirar em Amboina, nas mãos de são Francisco Xavier. No ativo do navegador serão inscritos a exploração das Carolinas e das Palau, e sobretudo o reconhecimento das Filipinas. Aos poucos, o imenso oceano Pacífico se hispaniza. Mas a navegação ibérica ainda só é feita nele de Leste para Oeste.

Contudo, os atrativos da Ásia nunca parecem ter sido tão fortes. Em 1531, Martín de Valencia, um dos apóstolos franciscanos do México, acaricia o projeto de abandonar a Nova Espanha para ir ao encontro dos povos que vivem às margens do Pacífico. Em 1549, cogita-se fortemente a ida para a Ásia dos responsáveis pelas ordens religiosas. Dinheiro e ornamentos litúrgicos deveriam ser enviados ao dominicano Domingo de Betanzos. A viagem não acontecerá e os objetos serão distribuídos entre os conventos das cidades mexicanas Puebla e Oaxaca. Em março de 1550, após duas Cédulas emitidas em Valladollid em junho e setembro do ano anterior,[30] a viagem às ilhas das especiarias é cancelada. Em 1554, o arcebispo da Cidade do México, o franciscano Juan de Zumarraga, e o dominicano Betanzos pensam de novo em fretar um navio que os levaria à Ásia. É o segundo vice-rei do México, Luis de Velasco, que estimula Filipe II a retomar as expedições. Em 1559, ele recebe a ordem de mandar construir navios para atravessar o Oceano. As embarcações evitarão entrar na zona portuguesa e deverão descobrir o caminho de volta com o auxílio de um agostiniano, frei Andrés de Urdaneta, que é considerado então o melhor especialista em coisas do Pacífico. O basco Miguel López de Legazpi, notário e alcaide ordinário da Cidade do México, é nomeado para chefiar a frota.

A iniciativa do vice-rei, o recurso ao frade Urdaneta e a designação de López de Legazpi conferem mais uma vez à Nova Espanha um papel de primeiro plano na conquista do Pacífico e nos assuntos orientais. Mas o vice-rei morre sem que a expedição ganhe corpo verdadeiramente. Quando, alguns anos depois, no outono de 1564, ela finalmente levanta âncora, por toda parte há um entusiasmo registrado por uma testemunha da época:

Muitas pessoas se mobilizaram e todos os capitães que eram necessários foram nomeados. Por toda parte gritava-se que eles iam para a China, *la grita era que iban a la China*, e isso animava muita gente a partir, e foi assim que se reuniu uma excelente frota, pensando que o destino era a China, sem se dar conta da potência desse país e do pequeno número dos viajantes em relação à multidão dos habitantes de lá.

Os voluntários se desencantarão quando, já em pleno mar, López de Legazpi lhes disser que a expedição se dirigia simplesmente às Filipinas...[31]

16. A China no horizonte

O SIMPLES: Buscais pessoas? Partis para a China?
AMOR DIVINO: É o que nós fazemos, Inocente, para a Terra
divina.

Fernán González de Eslava, *Coloquio Segundo hecho a la*
jornada que hizo a la China Miguel López de Legazpi, 1565

Na segunda metade do século XVI, cerca de sessenta anos após os acontecimentos que nos ocuparam até agora, a questão da conquista da China volta à ordem do dia. Ou melhor, um grupo de espanhóis, em conivência com alguns portugueses, comandados energicamente por um jesuíta, agita-se durante vários anos para que uma das maiores potências da época, a Monarquia Católica, lance suas forças contra o "reino da China" — em Manila, em Macau, na Cidade do México e em Madri, o jesuíta defenderá seus projetos militares, ganhará partidários e desencadeará ódios. Mais uma vez, a guerra da China não acontecerá. Os valentões não irão além de Macau e pagarão o preço de sua frustração. Esse não acontecimento mal mereceria nossa atenção se não constituísse a manifestação exacerbada de um interesse premente pela China e se não indicasse a passagem, em certas mentes, da conquista à guerra colonial propriamente dita. Ele também reflete a maneira como o Novo Mundo começa a se pensar e a se afirmar perante a Ásia, antes mesmo que as remessas de prata americana para a China estabelecessem vínculos capitais com o Oriente.

O CAMINHO ESTÁ LIVRE

Se a China se delineia no horizonte do império espanhol, é porque a espinhosa questão do retorno está resolvida desde 1565. É um especialista em navegação pelo Pacífico, o agostiniano Andrés de Urdaneta,[1] que toma a iniciativa de ir procurar em direção ao norte os ventos favoráveis ao retorno para a América. Após 130 dias de navegação, ele desembarca em Acapulco em 1565, colocando as Filipinas e a China às portas do México. Urdaneta havia acompanhado Saavedra na descoberta das Filipinas em 1528. A nova ligação é celebrada pelo teatro mexicano: em 1565, Fernán González de Eslava consagra seu *Segundo Colóquio* a essa proeza.[2] Quaisquer que tenham sido as razões que levaram Eslava a encenar a partida para o Oriente, é evidente que o tema fascinava as mentes tanto na Cidade do México quanto no resto da Nova Espanha. A China que o poeta evoca são as Filipinas, agora ao alcance das velas, mas é também, adiante do arquipélago, o Império Celestial. O colóquio joga constantemente com dois registros: o da viagem terrestre e o da viagem celeste. Quando o Simples fala de China, o Amor Divino responde "Terra divina"; quando o Simples menciona a descoberta do famoso caminho de volta, o Amor Divino emenda: "Doravante ela é segura, a travessia/ da terra para o céu"; quando o Simples descreve as correntes de ouro e a canela trazidas da Ásia, o Amor Divino evoca os tesouros que aguardam "aquele que voa para o céu". Não por acaso, a travessia do Pacífico, com suas infinitas provações em um navio inteiramente entregue à Providência, com suas promessas de riquezas temporais e espirituais, é situada no mesmo plano que a subida ao céu. É por exercer-se no Oceano que essa globalização transforma a viagem numa provação que leva tanto ao outro mundo quanto aos outros mundos. Em obras mais tardias, encontraremos a mesma exaltação da partida "para a China",[3] sempre impregnada de uma dimensão mística e sempre mesclada às preocupações do cotidiano: "Senhor, levai-me para a China!", exclama uma mulher a quem querem proibir o uso da seda.

Desde 1565, portanto, a viagem à China está na ordem do dia. Em julho de 1567, Legazpi propõe a Filipe ii a construção de galeras para "percorrer a costa da China e comerciar com a terra firme".[4] Como não recordar a maneira pela qual os navios de Cortés, recém-vencedor de México-Tenochtitlán, se preparavam para transpor o Pacífico? É que a notícia do retorno de Urdaneta tem uma repercussão excepcional. O vencido não é só o Pacífico: a própria posição do Novo Mundo se inverte a partir disso. Para os colonos espanhóis da Nova Espanha, a periferia que eles ocupam se inclina para o centro. Em Sevilha, os comentários se sucedem: "Os habitantes do México estão muito orgulhosos de sua descoberta, a ponto de considerarem certo que serão eles o coração do mundo".[5] Bem cedo observa-se esse deslocamento em mapas que repartem o mundo em torno do eixo norte-sul que o continente americano desenha.

Essa recomposição do espaço planetário ecoa as expectativas dos ambientes missionários, que situam na América as esperanças de uma cristandade renovada. Os mais intrépidos, por seus próprios riscos e perigos, chegam até a profetizar a queda de uma Europa nas mãos dos turcos e a passagem, para o Novo Mundo, do centro de gravidade da cristandade romana. Ainda se está longe disso no século XVI, quando, em todos os domínios, a metrópole ibérica e a Roma tridentina continuam ditando suas leis. Isso não impede que a fixação da via de retorno incite as elites coloniais a dirigir seus olhares para um espaço livre, portanto a ser tomado, rico em recursos conhecidos — as especiarias das Molucas — ou potenciais, a extrair tanto da China e do Japão quanto, talvez, de um continente, quarta ou quinta parte do mundo, ainda a descobrir.

A LINHA DE DEMARCAÇÃO

Na verdade, esse espaço já não é totalmente livre. Ele é português ou castelhano, dependendo se for encarado a partir de Lisboa ou de Sevilha. Desde o fim do século XV, geógrafos e cosmógrafos se desentendem quanto à fixação da linha de partilha do mundo entre as Coroas de Castela e de Portugal. Em 1529, o tratado de Saragoça regulamentou temporariamente a questão em benefício dos portugueses. Contudo, o prosseguimento da exploração do Pacífico nas décadas seguintes revela que a Coroa de Castela jamais renunciou totalmente aos seus direitos sobre essa parte do mundo. Em 1566, um ano após a abertura da rota Manila-Acapulco, especialistas foram convocados à Espanha para debater de novo a questão. Entre eles, estavam eruditos e cosmógrafos de primeiro plano, como Alonso de Santa Cruz, Pedro de Medina, Francisco Falero, Jerónimo de Chaves, Sancho Gutiérrez e Andrés de Urdaneta. O cosmógrafo Sancho Gutiérrez é então categórico: o antimeridiano passa por Malaca.[6] E, por conseguinte, a China pertence à demarcação castelhana. É o que também afirma o agostiniano Diego de Herrera, de passagem pela Cidade do México, em 1570. E é o que repetirá seis anos depois, em 1576, o governador das Filipinas, Francisco de Sande.

Nada é mais esclarecedor sobre as ambições de Madri quanto a *Geografía y descripción universal de las Indias* (1574), que devemos a Juan López de Velasco, cosmógrafo e cronista das Índias.[7] Essa obra, que permanecerá manuscrita no século XVI, informa-nos que naquela data, para a Coroa de Castela, a descrição das Índias Ocidentais não se limita ao continente americano. Engloba também "as ilhas do Poente, as das Molucas, que foram chamadas de ilhas das especiarias, as Filipinas, o Japão, as Ryû Kyû, a Nova Guiné, as ilhas Salomão". Então, por onde passa a famosa linha de demarcação entre Espanha e Portugal, objeto de tanta polêmica e cobiça?

Para os espanhóis, ela se situa simplesmente em Malaca e no meio da ilha de Sumatra, "segundo observações astronômicas feitas com cuidado". Segue-se um trecho rasurado, que supostamente identificava o autor dessa afirmação, um "homem sábio em matemáticas, espanhol de nascimento e residente nas Filipinas há numerosos anos",[8] evidentemente nosso Urdaneta. Um mapa, o primeiro a ser traçado do Pacífico ocidental, traduz essa repartição sem equívoco: as latitudes estão grosseiramente corretas; as longitudes, em contraposição, servem inteiramente às pretensões espanholas.[9] Ainda assim, López de Velasco tem a honestidade de lembrar que essa não é a opinião dos portugueses, os quais por sua vez situam a linha bem mais a leste, na ilha de Gilolo, "deixando do seu lado as ilhas que eles denominam Molucas e tudo o que se encontra de lá até Malaca". Sem dúvida a enorme distância que separa da Espanha essas regiões "da extremidade do mundo" explica tais incertezas, mas estas não deveriam demorar a ser dissipadas. A costa da China marca o limite ocidental das "Indias del Poniente". Tem-se a sensação de que a *Geografía* de López de Velasco antecipa um desenlace favorável à Espanha, no caso de surgir a oportunidade de voltar a pôr os pés na Ásia. O cosmógrafo não dissimula suas lacunas, que talvez sejam apenas temporárias:

"Quanto à costa da Terra firme que corre até a China e às numerosas ilhas que se encontram nessas paragens, não diremos nada de particular porque, como até agora elas foram possuídas pelos portugueses, encontram-se poucas informações a respeito nos papéis do Conselho das Índias".[10] Como até agora (*hasta ahora*) elas foram possuídas pelos portugueses...

É que, nessa data, os espanhóis retomaram suas pretensões sobre as Molucas. Por que observar um acordo que já ninguém respeita? Os portugueses não puderam impedir-se de construir um fortim em Ternate, contrariamente aos seus compromissos, e sobretudo os castelhanos acabaram por instalar-se na região colonizando o arquipélago das Filipinas, que de fato parece pertencer àquilo que foi temporariamente cedido a Portugal. Por outro lado, desde a década precedente, como vimos, a junta de especialistas de 1566 empenhara-se em reconstituir a ordem nos mapas espanhóis, apesar dos protestos do rei de Portugal.

A *Geografía* de Velasco se interessa também pelas forças ibéricas presentes nessa região do mundo. Por enquanto, contam-se ali apenas "quatro aglomerações de espanhóis e de portugueses", ao todo um bom meio milhar de europeus, e, por toda parte, nativos, mas "não são muito numerosos e diminuem por causa dos maus-tratos e dos transtornos provocados por conquistas e novas descobertas". A *Geografía* deixa sobretudo a impressão de que, entre as duas Coroas, o confronto não deve demorar. Os portugueses das ilhas seriam em número de trezentos a quatrocentos, sem contar os que vêm fazer comércio. Eles possuem duas fortalezas na região, incluindo a de Malaca. Os castelhanos têm um aliado em potencial, o rei de Tidore, onde outrora teriam disposto de uma fortaleza. E também há Malaca, "por onde passa a demarcação": um lugar da mais alta importância, que comercia com Java, Timor, as Molucas, Bornéu, Bengala e a China.

Não é por acaso que essa geografia do Novo Mundo, redigida em 1574, nos arrasta através do Pacífico a milhares de quilômetros de nossa América. Ela não só retoma antigas pretensões, como também é elaborada num momento em que a Coroa da Espanha começa a especular sobre o futuro dinástico de Portugal e seu império. À falta de herdeiros diretos portugueses, eles acabariam caindo na escarcela de Filipe II? Além disso, ela nos recorda que as Índias Ocidentais estão longe de haver rompido seus vínculos com as Índias Orientais.

Qual é o lugar da China em tudo isso? A descrição contém ainda uma espantosa "Corografia da costa da China".[11] As informações provêm das Filipinas em razão das relações comerciais que Manila mantém com os chineses e dos membros da Companhia de Jesus, que sabem muito sobre essa região do globo. López de Velasco está convencido de que a China pertence à "demarcação dos reis de Castela [...], ainda que *hasta ahora* ninguém a tenha descoberto ou tomado posse dela em nome dos reis de Castela". Notemos de novo o *hasta ahora*, que, sob uma pena espanhola, traça todo um programa. Ainda que López de Velasco saiba muito bem do que está falando: pelo que os chineses relatam, "até prova em contrário, tem-se por certo que a China é o maior reino do mundo". Seguem-se todos os tipos de precisões sobre as distâncias, a divisão em quinze províncias, a cidade de Beijing (*Paquia*), onde fica a "Corte régia", isto é, a capital, e sobre a população: os chineses são "indivíduos de cor branca, tanto os homens quanto as mulheres, vaidosos e muito covardes, vis e efeminados".[12] O país exporta sedas, móveis preciosos, porcelana de cor e dourada; aprecia enormemente a prata, que lhe falta. A população não está armada, os soldados são péssimos guerreiros e as tropas do império não sabem usar sua artilharia. Mas os chineses sabem ler e escrever, têm "escolas de ciências" e até possuem gráficas, há muito tempo. Para coroar o conjunto, López de Velasco esboça uma "Hidrografia da China", sumária e insatisfatória, mas "que sempre poderá servir para a descoberta e a entrada nessas províncias".[13]

A *Geografía* só circulou no âmbito da administração, e o leitor espanhol que não tem acesso aos círculos do poder deve esperar 1577 para saber tudo sobre a China. É então que aparece a primeira obra em espanhol consagrada ao Império do Meio, a segunda do gênero a ser publicada na Europa, após o tratado de Gaspar da Cruz (Évora, 1570): o *Discurso sobre a navegação que os portugueses fazem aos reinos e províncias do Oriente e sobre a notícia que se tem das grandezas da China*.[14] Seu autor, Bernardino de Escalante, é um galego, e para ele a língua de Camões não representa nenhum obstáculo. Enquanto viaja da Galiza a Sevilha, ele passa por Lisboa, onde coleta todo tipo de informação sobre o Oriente. Ali encontra chineses de passagem e pilha oportunamente o *Tratado das coisas da China* de Gaspar da Cruz. Consulta até um mapa vindo da China, pertencente ao cronista João de Barros, e será o primeiro a mandar imprimir ideogramas numa obra europeia. Bernardino de Escalante não visa à conquista, mas a cristianização da China parece-lhe uma necessidade imperiosa.

O ASSUNTO ESPIRITUAL DO SÉCULO

É que na Espanha não são apenas os especialistas, os administradores ou o público curioso que se interessam pelo Oriente e pela China. Para muita gente da Igreja, a cristianização da China se apresenta como o assunto (espiritual) do século. A partir de 1565, para os candidatos a missionários, a conquista religiosa das Filipinas e das ilhas do mar do Sul impõe-se como uma tarefa premente. Mas não forçosamente como um objetivo final. Os agostinianos, que são os pioneiros da evangelização do arquipélago, são também os primeiros a ver ali uma base de partida, mais do que um beco sem saída perdido no fundo do Pacífico. A carta que Diego de Herrera envia a Filipe II em 1570 acena com horizontes gigantescos: "Bem perto de Cebu encontram-se terras tão grandes e tão ricas, e que são de Vossa Majestade, como a China, as Ryû Kyû, Java, o Japão".[15] "Elas são de Vossa Majestade", não no sentido de conquistas em potencial, mas de espaços cuja cristianização cabe ao rei de Castela. Pode haver programa mais exaltante?

A Cidade do México não fica para trás. Em 1578, a capital da Nova Espanha celebra suntuosamente a recepção das relíquias que Roma envia aos jesuítas: as ruas são decoradas com estátuas e embandeiradas com inscrições. Uma palavra de ordem se destaca, triunfalista:

> Goa dará ao Japão e a Cidade do México à China
> Ossos de santos e pessoas excepcionais.[16]

Para os jesuítas da Cidade do México, é um modo de ter uma opção quanto à evangelização da China, em princípio reservada aos seus confrades portugueses de Macau. Mas o atrativo espiritual do Império do Meio ultrapassa os círculos restritos e bem informados do clero da capital. Numa *ensalada* que o povo simples canta na Cidade do México por ocasião da festa de São Miguel, encontra-se a ideia de que partir para a China é um pouco como ir para o céu:

> Quem quiser embarcar para a Grande China lá do alto
> Deve logo compreender que é tempo de zarpar
> É o grande general Miguel que o faz saber
> Ele que deve guiar todos os fiéis para o grande reino.[17]

De novo, a China provoca aquilo que nem o Novo Mundo nem a África jamais provocaram: uma perturbadora proximidade entre o céu e a terra, que séculos mais tarde inspirará a Claudel um olhar extasiado sobre

> este imenso balançar de sedas e de palmeiras e de corpos nus,
> Todos esses bancos palpitantes de ovas humanas,
> mais populosos do que os mortos e que aguardam o batismo.[18]

Enquanto isso, o todo-poderoso Moya de Contreras, inquisidor, arcebispo e vice-rei do México, também se interessava pela China e pelos chineses. Em outubro de 1583, o prelado comemora o estabelecimento de uma Audiência em Manila, com tanto mais zelo quanto as Filipinas se encontram na esfera de influência da Nova Espanha, como uma sacada mexicana sobre a Extrema Ásia. Moya de Contreras aproveita para evocar "a amizade que convém estabelecer com os chineses, para saber mais sobre os vastos reinos deles que por diversas vias a Majestade divina reservou à Majestade humana, visto que agiu de tal modo que estes sejam *cercados* por seus súditos e seus vassalos". Uma amizade bem invasiva, pois o espanhol *cercados* é um termo militar que também pode significar "assediados" ou "sitiados"! É verdade que Moya de Contreras faz uma imagem pouco brilhante dos chineses, "pessoas extremamente cobiçosas que são atraídas por todo tipo de lucro".[19] Mas são parceiros comerciais que convém manejar, a ponto de comprar-lhes mercúrio — o qual poderia chegar ao mercado mexicano por valores menores que os do mercúrio da Espanha —, ou de "dar-lhes prata em quantidade", e até ouro, como aquele que se troca em Manila por mercadorias chinesas.

UMA BASE AVANÇADA

Sejam quais forem as intenções dos espanhóis de Castela e da Cidade do México, não se pode projetar nada sem o estabelecimento de uma base avançada no Extremo Oriente. E eis que as Filipinas lhes oferecem aquilo que eles jamais conseguiram obter nas Molucas. Lembremos que o empreendimento foi de início lançado por Luis de Velasco, e depois continuado e bem conduzido pela Audiência da Cidade do México. O programa é reafirmado em setembro de 1567 pelo governador López de Legazpi: "Essas ilhas devem ser conquistadas, povoadas e postas sob a autoridade de vossa Coroa régia".[20] Mas o arquipélago não é um fim em si, pois "tem-se de fato a intenção de prosseguir a pacificação, o povoamento e a descoberta na ilha de Luçon e nas que ficam mais perto da China, como o Japão, as Ryû Kyû e a ilha da Cochin [China]".[21]

A conquista das Filipinas cataliza todos os tipos de interesses atraídos pelos horizontes asiáticos. *La Cina è vicina*, "A China está próxima", para retomar o título de um filme outrora célebre,[22] tão próxima geograficamente, espiritualmente, economicamente. É o suficiente para que se manifestem na Cidade do México, em Manila, em Lima e em Macau grupos de pressão compostos por membros da hierarquia eclesiástica, por missionários, por funcionários da Coroa, por grandes comerciantes e por aventureiros.[23] Na Cidade do México, o clã Velasco — que incluirá dois vice-reis do México e um número significativo de clientes e acólitos — transmite de geração em geração o gosto pelas coisas da Ásia, desde que, em meados do século XVI, o vice-rei Luis relançou a conquista das Filipinas. Mas outros vice-reis seguem esse exemplo, como Almansa, que em 1572 projeta o envio de uma expedição para explorar a costa da China, ou mesmo Moya de Contreras. Os governadores das Filipinas estão convencidos de que a sobrevivência do estabelecimento espanhol depende das relações deste com o Império do Meio. O fabuloso comércio pretendido com a China, com tudo o que ele supõe de contrabando, remessas clandestinas e lucros escondidos, inflama os espíritos.

As esperanças se concretizarão em torno do galeão de Acapulco que ligará a cada ano, a partir de 1565, a Ásia filipina à América mexicana.[24] Os espanhóis de Lima não precisarão mais do que ir ao encontro desses grupos quando a perspectiva de exportar a prata de Potosí para a China oferecer ao Peru a esperança de lucros gigantescos.

17. Quando a China despertar

La guerra con esta nación es justísima por librar personas mi-serables que matan y toman hijos agenos para estupros.

Francisco de Sande ao rei Filipe II, 1576

El hacer guerra, aunque sea justa, es cosa de muchos y grandes daños y males [...]. Y si es injusta y ilícita, demás de la grave ofensa de Dios, trae cargos irreparables de restitución.

José de Acosta, Parecer sobre la guerra de China, 1587

Resta dar o passo da convocação para a conquista. É fato con-sumado em junho de 1569, quando, das Filipinas e antes mesmo da ocupação iminente da ilha de Luçon, o feitor Andrés de Miran-daola reclama a conquista da China.[1] Contudo, é da ordem dos agostinianos, que pretende reservar-se a cristianização do Império Celestial, que parte o grito de guerra mais retumbante. No mesmo ano, um de seus membros mais destacados na região, Martín de Rada, põe a conquista da China na ordem do dia. A lhe darmos crédito, a China regurgita de recursos, mas não é uma verdadeira potência militar. Desde que se disponha de uma sólida base de partida — Manila, sem dúvida — e de uma tropa, ainda que modesta, a conquista lhe parece totalmente viável, apesar da extensão do país, de sua riqueza, de sua alta civilização ("*gran policia*") e de suas cidades fortes, "bem maiores do que as da Europa".[2] O fulminante ataque ao México ainda assombra as mentes, enquanto na Espanha a página das conquistas foi oficialmente virada e se dá preferência, ao menos no papel, ao eufemismo "descobrimento". A opinião de Martín de Rada pesa ainda mais por se tratar de um especialista que sabe do que está falando: o frade é cosmógrafo e matemático, formado em Salamanca e em Paris. Também goza da autoridade moral que seu combate pelos nativos do arquipélago lhe confere. Portanto, de certa forma é o "Las Casas das Filipinas" que exorta à guerra contra a China. Como para nos recordar melhor que indianofilia e imperialismo se casam muito bem no mundo ibérico.[3] Na verdade, nem todos os missionários sonham apenas com conquistas. Alguns, sobretudo os franciscanos, visam a penetrar pacificamente no Império do Meio, mas todas as suas tentativas, forçosamente clandestinas, terão vida curta.

POR QUE A GUERRA CONTRA A CHINA?

Por várias razões. De um lado, como se sabe, a conversão da China não cessou de criar vocações tanto na Espanha quanto na América. Portanto, a corrida está aberta — uma corrida que os agostinianos esperam vencer diante de seus rivais espanhóis, franciscanos sobretudo, e dos jesuítas portugueses de Macau. Mas, in loco, também pesa a decepção deixada pela colonização do arquipélago. As Filipinas não correspondem às expectativas materiais e espirituais dos invasores. A expansão rumo à China oferece uma fuga que deveria resolver as dificuldades locais e pacificar as consciências. Tinha sido um pouco dessa maneira que os espanhóis de Cuba haviam se lançado à costa mexicana.

É nesse contexto que amadurecem os projetos de invasão. Em julho de 1570, o governador López de Legazpi explica que, ao escolherem Manila, e, portanto, a ilha de Luçon, em vez de Cebu, para estabelecer a capital do arquipélago, os espanhóis quiseram privilegiar a proximidade da costa chinesa, com vistas a uma "extensão" da dominação filipina. Dois anos mais tarde, decide-se passar à ação e monta-se febrilmente uma expedição encarregada de reconhecer o litoral da China e de tomar posse dele. O projeto aborta após a morte de Legazpi. Em julho de 1574, o governador interino das Filipinas, Guido de Lavezaris, retoma o assunto da expansão enviando a Filipe II um mapa geral da China, assim como um mapa dos litorais chinês e filipino que exagera a proximidade entre eles. Entre os belicosos, não há somente missionários ou governadores. Naquele ano, um oficial régio se entrega por sua vez a um projeto de conquista de um otimismo desenfreado. Ao grupo dos valentões aderem conquistadores locais, como Juan Pablo de Carrión, que já se vê mercadejando a conquista da China em troca do título rutilante de almirante do mar do Sul e da costa da China.[4] Outro protagonista reivindica também um papel pioneiro na iniciativa: Juan Bautista Roman, o feitor do rei nas Filipinas. Contudo, apresenta-se uma tentativa de estabelecer relações comerciais e diplomáticas com a China. Baseada na ideia de travar uma guerra comum contra os piratas, ela não terá futuro. Ainda assim, os espanhóis afloraram a ideia de obter um pouso chinês no Fujian, à semelhança da Macau portuguesa. Mas incúria castelhana e má vontade exacerbam as suscetibilidades chinesas, acabando por criar uma situação explosiva e um impasse total, que reativará os discursos dos intervencionistas, entre os quais o novo governador Francisco de Sande (1575-9).

Ainda mais do que seus predecessores, o dr. Sande incita à guerra. Formado em direito na universidade de Salamanca, em atividade na Cidade do México, onde é sucessivamente *alcalde del crimen* (1568), fiscal e depois auditor, este servidor implacável da Coroa demonstrou seus talentos tanto contra os filhos de Cortés, acusados de conspirar, quanto contra os índios chichimecas que assolam as fronteiras da Nova Espanha. Sua bem-sucedida carreira o levará mais tarde das Filipinas à Guatemala (1593-6), e em seguida a Santa Fé de Bogotá (1596-1602), cujas Audiências vai presidir. É, portanto, um especialista em assuntos coloniais que, em princípio, deveria estar plenamente consciente das capacidades da Monarquia Católica para fazer a guerra, e em condições de avaliar melhor do que qualquer um a oportunidade de estender-se por aquela região do mundo. "O que se refere à expedição da China não apresenta problemas e custará pouco dinheiro; [...] os espanhóis virão sem soldo, armados às próprias custas e recrutados em função de seus serviços; eles pagarão o transporte e ficarão contentes." Em junho de 1576, Sande preconiza abertamente a conquista do "reino de Taybin", baseando-se nas informações fornecidas por Martín de Rada: será "a mais importante para o serviço de Deus [...], pois a China contava 6 milhões de homens, cujos tributos rendiam ao rei mais de 30 milhões".[5]

A presa é atraente: "A menor província abriga mais gente do que a Nova Espanha e o Peru reunidos".[6] Sande chegou até a conceber um plano de guerra: serão recrutados "6 mil homens armados de piques e de arcabuzes", com os navios, a artilharia e as munições necessárias; a eles se acrescentarão os piratas e os japoneses da região; em seguida se tomará posse da província chinesa que for considerada mais rentável e se procurará obter o controle do mar. A conquista de uma província marítima decidirá quanto à vitória final, mas esta dependerá da adesão do povo chinês, que visivelmente é tão oprimido e tão esmagado pela pobreza que se sublevará contra seus patrões. "Os juízes, as autoridades e o rei se entregam a atos tirânicos nunca vistos." Nenhum escrúpulo a alimentar: trata-se de uma guerra "mais do que justa", tanto porque será libertada uma nação que vive mergulhada no vício quanto porque a China se inclui, segundo o Tratado de Tordesilhas, na demarcação de Castela. Aí está, mais de cinquenta anos depois, o projeto português praticamente retomado tal e qual por Sande, sem que se possa estabelecer filiação direta entre os escritos dos prisioneiros de Cantão e as fanfarronadas do governador das Filipinas.

Sande introduz um novo argumento que bem cedo se voltará contra os ibéricos: "O mar deve ser livre segundo o direito das gentes, e os chineses fazem reinar nele sua lei, massacrando e pilhando os que se arriscam em suas águas". Para justificar sua iniciativa, o governador faz uma descrição da China em traços excessivamente carregados: multidões de inúteis, tropas incapazes de lutar, uma artilharia desastrosa, uma ignorância crassa ("eles só sabem ler e escrever"), uma venalidade generalizada. Os chineses "são idólatras, sodomitas, ladrões de estrada e corsários no mar". Estamos longe dos retratos lisonjeiros que a China costuma inspirar. Uma guerra justa deve ter suas razões, e os próprios chineses as fornecerão: "Mesmo que sejam bem tratados, a cada dia eles nos dão mil ocasiões de empreender uma guerra justa".

Mas não acreditemos que Sande se contenta com a China: ele também visa a atacar Bornéu e mesmo o sultanato de Aceh para conter a expansão do islã. O governador das Filipinas já se vê como a alma de um vasto projeto de expansão que reúne os interesses do comércio aos da cruzada. Na verdade, Sande não passa de um dos porta-vozes daquele lobby antichinês do qual participam o ex-governador Guido de Lavezaris e todos os que já se imaginam senhores da China. O grupo filipino recebe em 1578 o apoio de outro alto personagem, o dr. Diego García de Palacio, membro da Audiência da Guatemala e, depois, da Audiência da Cidade do

México. Seu plano é igualmente expeditivo. Com 4 mil homens enviados da Guatemala, seis galeras e reservas de bronze para forjar os canhões necessários ao empreendimento, os espanhóis saberão dominar o reino de Taybin.[7] Curioso pela China e pelas Filipinas, García de Palacio se apresenta como um especialista militar, e provará isso publicando na Cidade do México, em 1583, um tratado sobre a questão.[8] Ele é também — o que não atrapalha nada — especialista em coisas do mar, como lembra sua *Instrução náutica* publicada alguns anos mais tarde, sempre na capital da Nova Espanha. Portanto, o único autor das Américas a ter publicado no século XVI obras sobre a guerra e sobre a navegação é também um dos defensores do projeto de conquista. Até parece que basta saber dissertar sobre o funcionamento das armas de fogo ou sobre a arte de construir navios, ou ter enfrentado as incursões do corsário Francis Drake, para decidir sobre os destinos da China.

A ideia de atacar o Império Celestial é, portanto, uma iniciativa local, no sentido de que emana das Filipinas e da Nova Espanha. Contrariamente a clichês anacrônicos que pintam uma metrópole espanhola inteiramente ocupada em prosseguir sua expansão planetária, quem incita ao crime é a periferia, e quem a freia é a Península. Pela voz, por exemplo, de Bernardino de Escalante, primeiro autor espanhol a escrever sobre a China, e também o primeiro a imprimir sua recusa a qualquer intervenção armada. Ele se baseia na *relación* de um capitão, Diego de Artieda, que considera impraticável toda conquista, e contrária ao bom senso; é tão impossível enfrentar exércitos incontáveis — "esse rei pode pôr 300 mil homens em campanha e 200 mil cavaleiros" — quanto superar navegações tão intermináveis.[9] Como reagirá o rei espanhol, nessa batalha de especialistas? Em abril de 1577, Filipe II se opõe também categoricamente a qualquer conquista. Não é o caso de pensar nisso; ao contrário, o que interessa é estabelecer relações de "amizade" com os chineses.[10] O Conselho das Índias, perplexo, não entende como alguém pode pretender invadir um gigantesco reino protegido por 5 milhões de homens tão bem armados quanto se fossem europeus.

Em 1580, Madri visa de preferência a expedir uma embaixada ao imperador Wanli. Estranhamente, à semelhança de todos os planos belicosos, o projeto que havia sido confiado a agostinianos também falhará, como se a Monarquia Católica tivesse toda a dificuldade do mundo em escolher uma atitude e em mantê-la perante o Império Celestial. Vimos a rigidez da China dos Ming em suas relações com o mundo exterior. Pois bem, parece que o outro gigante do momento, o império de Filipe II, vê-se igualmente embaraçado, dividido entre sonhos locais de conquista, veleidades apaziguadoras e uma postura burocrática de esperar para ver. Desta vez, a culpa pelo fracasso da embaixada não cabe aos chineses. Quem bloqueia a expedição é o vice-rei da Nova Espanha, o conde de La Coruña. Ele quer consultar seu predecessor, que partiu rumo ao Peru, interrogar Sande, que voltou das Filipinas, e ouvir o procurador do arquipélago, que nessa ocasião está de passagem pela Cidade do México. A valsa dos especialistas recomeça. Todos concordam em suspender a expedição. O agostiniano Juan González de Mendoza, o embaixador cogitado, os magníficos presentes e as cartas de Filipe II destinadas a Wanli jamais chegarão ao seu destino.[11] Não que o partido da guerra triunfe então no Novo Mundo, mas o caminho pacífico parece igualmente semeado de ciladas. O episódio demonstra que a América espanhola pode desde já impor à Coroa seus pontos de vista sobre uma questão tão importante quanto a paz com a China.

A GUERRA DO JESUÍTA

Faltavam aos partidários da guerra uma conjuntura favorável, porta-vozes e um ideólogo. A conjuntura será oferecida em

1580 pela união das duas Coroas — castelhana e portuguesa — sob o cetro de Filipe II. É então que nasce um dos maiores impérios da história, já que Madri, Lisboa, Antuérpia, Bruxelas, Milão, Nápoles, São Domingos, Cidade do México, Lima, Manila, Malaca, Salvador da Bahia, Goa e Luanda se encontram sob a autoridade de um mesmo príncipe. A Monarquia Católica está estabelecida nas quatro partes do mundo.[12] Ela vê seus recursos se decuplicarem, e por sua simples existência demonstra que uma dominação universal pode ser planetária. Ela manifesta politicamente o alcance da globalização ibérica, que faz com que um evento europeu —a invasão de Portugal— tenha de imediato um impacto no outro lado do planeta (Macau, Malaca, Manila) e possa até acarretar sérias preocupações em vizinhos — os chineses — que normalmente não se inquietam muito com o que acontece fora de seu mundo. Os espanhóis de Manila veem nesse acontecimento a sonhada oportunidade de retomar sua expansão rumo ao Sudeste Asiático e à China, embora a união das duas Coroas, em princípio, estipule que os dois impérios devem permanecer como domínios separados.

Enquanto as elites intelectuais portuguesas ainda estão sob o choque da anexação,[13] a gente de Manila encontra o ideólogo de seu combate na pessoa de um jesuíta, Alonso Sánchez, que entrou para a Companhia em 1565 e passou pela Nova Espanha e por Puebla, onde durante pouco tempo dirige o noviciado. Em março de 1582, o governador de Manila, que desenvolve o porto de Nueva Segovia, a nordeste de Luçon, na perspectiva de um eventual ataque contra a China, decide enviar Sánchez a Macau para comunicar aos portugueses e aos jesuítas da cidade a notícia da subida de Filipe II ao trono de Portugal.[14] É por ocasião dessa viagem que o jesuíta se conscientiza da importância da posição portuguesa: ocupar Macau já é ter "o pé na China", a tal ponto o porto é "da mais alta importância para o que Sua Majestade pode pretender fazer nestes reinos da China". Para ele, a viagem será principalmente a oportunidade de uma tomada direta de contato com o país. Sánchez retorna com impressões desfavoráveis sobre os chineses que conheceu e sobre a região que percorreu, e sobretudo com a convicção obsedante de que a conquista é inevitável.

Em Macau, ele precisou convencer os portugueses sobre os benefícios da união entre as duas Coroas, enquanto preconizava a discrição para que os chineses não soubessem da notícia. A ideia de que os europeus de Macau e os de Manila obedeciam agora a um mesmo rei poderia preocupar a burocracia celestial. Os portugueses de Macau eram tolerados pela administração chinesa da província na medida em que respeitavam certas regras, davam bastante lucro e pareciam militarmente inofensivos. Era necessário omitir a informação sobre a união das duas Coroas ibéricas para não deixar os chineses com a pulga atrás da orelha. Também não se devia tolerar, na opinião de Sánchez, os desembarques clandestinos dos frades das Filipinas. Convinha a qualquer preço evitar vazamentos, pelos quais os portugueses seriam inteiramente responsáveis, e que complicariam os planos de invasão e de conquista. Sánchez também quer assegurar-se de que a cristianização da China passe exclusivamente pelas mãos da Companhia e de que será feita dentro das condições que ele estabeleceu. Acredita poder contar com a ajuda de uma parte dos jesuítas locais e com a dos portugueses envolvidos no comércio, totalmente ilegal, com Manila.[15]

A INSUPORTÁVEL INSOLÊNCIA DOS CHINESES[16]

Por que guerrear contra a China? Desta vez, já não são juristas ou funcionários da Coroa que pregam a intervenção armada, como nos anos 1570. São dois responsáveis pelo *establishment* eclesiástico de Manila, o jesuíta Alonso Sánchez e o bispo Domingo de Salazar,[17] que se empenham em justificar a guerra. Eles se vangloriam de ter o apoio do governador e dos notáveis locais, como o feitor régio Juan Bautista Román, e até, segundo Sánchez, a conivência dos jesuítas italianos que entraram na China, entre os quais o famoso Matteo Ricci.

A questão é simples. É indispensável entrar em guerra para obter a conversão da China. O dever de evangelização justifica a ingerência, a tal ponto parece impossível desenvolver uma pregação "pacífica". Os chineses são alérgicos a isso por várias razões. Para começar, são indivíduos inflados de orgulho.

> Não querem crer nem querem ouvir que há pessoas que sabem alguma coisa mais do que eles; não suportam que alguém lhes dê lições e acham que não existe outra verdade afora sua mentira, e consideram todos nós bárbaros e bichos, como uma gente sem lei, sem razão nem governo. Quando têm um estrangeiro em sua cidade, [...] divertem-se com ele como com um animal; é o que nos acontece quando nos encontramos em seu meio, ao menos damos tal impressão, permanecendo de boca fechada sem saber nem poder nos defender [...]. São homens muito mordazes e muito astuciosos, muito arrogantes e muito insuportáveis.

Os chineses zombam não somente dos estrangeiros que falam mal a língua deles, mas também do Deus que os missionários pregam. O que transtorna Sánchez, além da antipatia declarada — para não dizer xenofobia — que ele sentiu crescer ao seu redor e em torno de seus compatriotas, é o contato no cotidiano. Até mesmo a curiosidade das multidões chinesas o perturba: "As pessoas eram tão invasivas e se espantavam tanto por ver, entre outras coisas, o tecido da capa que eu vestia, aquele habitualmente usado na Espanha, que se matavam para vê-lo e tocá-lo com a mão. Tanto que acabaram rasgando-o e levaram dois pedaços de mais de meia vara sem que eu ou meus companheiros percebêssemos, tão grande era a multidão que nos empurrava". De sua curta estada na China, Sánchez retorna cheio de preconceitos.

Outros obstáculos atuam contra a conversão. A "rapacidade" dos chineses é "insaciável", "especialmente pela prata, que é seu deus". Mas Sánchez vê neles um acúmulo de outros defeitos, como a glutoneria, quando não costumes infames. Incriminando "a forte indecência e a dissolução do pecado contra a natureza", Sánchez não faz senão reatar com um velho reflexo ibérico que se apressa em brandir o espantalho da sodomia sempre que é preciso justificar o aniquilamento do adversário. Daí a afirmar a superioridade dos europeus e a necessidade absoluta de obrigar as populações chinesas a ouvir os missionários é só um passo. Os chineses se tornariam súditos maleáveis assim que tivessem de lidar com pessoas mais fortes do que eles. É o discurso que desde muito tempo antes se fazia sobre os índios da América. E Sánchez já os imagina, uma vez vencidos e convertidos, dedicando-se sem demora ao estudo do castelhano, "como as crianças na escola".

Existe outro obstáculo, ainda mais temível. Sánchez faz do chinês uma língua incompreensível. "Deus quis que houvesse entre eles e nós uma muralha sob a forma de uma língua diferente da nossa, e tão obscura que mesmo em seu meio eles não têm outros estudos nem outra aprendizagem das letras além de estudar desde a infância seus caracteres ou seus signos, que, afirma-se, são mais de 80 mil." Tal exercício monopoliza toda a energia deles, pois "os assim chamados letrados passam a vida aprendendo somente isso, nem todos conseguem, e seu objetivo é tornar-se mandarim". O estudo do chinês seria tão absorvente que se tornaria intelectualmente empobrecedor, pois impediria a aprendizagem de outras línguas "ou outras ciências das coisas naturais e sobrenaturais, assim como as leis e as coisas da moral". Sánchez apressou-se a ver nisso a mão do diabo: "Para capturar-lhes o julgamento e alienar-lhes o espírito, o demônio inventou que aquilo que uma criança aprende em um ano ou um ano e meio eles levem toda a vida para aprender". Portanto, a complexidade dessa língua que conta quase 100 mil letras ultrapassaria o entendimento, e sua pronúncia, que mobilizaria "os lábios, a garganta, o palato e o nariz", levantaria uma montanha de dificuldades. A língua chinesa, que no entanto jamais parecera aos portugueses uma barreira intransponível, é percebida como uma arma anticristã. De obstáculo à comunicação, ela se transforma assim em obstáculo à pregação.[18]

O recurso a intérpretes permitiria contornar o obstáculo? Ele continua problemático, "pois utilizar um tradutor parece aos chineses um procedimento risível, e para quem se arrisca a isso é uma loucura". Sánchez explica que, ao longo de sua viagem à China, precisou empregar um intermediário "que sabia um pouco de português e nada de castelhano". A isso se acrescenta — o que ele não confessa — que os espanhóis sempre resmungam diante do emprego da língua portuguesa. Consequência: as autoridades chinesas se irritam por não compreender nada, e Sánchez, quando tenta esclarecer as coisas interrogando seu intérprete, é imediatamente acusado de querer manipulá-lo. Quando os tradutores são locais, nunca merecem confiança: "Sabe-se que eles não têm o costume de dizer a verdade e que, ao contrário, todos se gabam de mentir, de zombar de nós e de inventar patranhas". Teria sido um desses intérpretes a apresentar os castelhanos como "pessoas más, que iam roubar reinos estrangeiros, matar-lhes os soberanos naturais, e que se apoderavam de todos os lugares onde penetravam". É raro ler, fora da Europa, um retrato tão crítico e convincente da expansão espanhola. É ainda mais excepcional ver ibéricos sendo fisicamente confrontados com esses ataques e servindo-lhes de eco junto a Madri. Sánchez não compreende, ou pretende não compreender, que os intérpretes chineses temem sobretudo provocar a cólera dos mandarins, mas para os espanhóis esse é também o meio de responsabilizá-los pelas contrariedades que seus interlocutores lhes causam.

Ao desconforto já evocado pelo contato com as multidões, pelas zombarias e o desrespeito dos curiosos, pelos maus costumes, acrescenta-se, portanto, a perturbação de estar *"lost in translation"* que se apodera de Sánchez sempre que ele não compreende "o que eles dizem, nem aonde vão, nem para onde o conduzem, nem quando zombam dele, nem quando o enganam". Na verdade, mal-entendidos e agastamentos não fazem senão expressar a profunda desconfiança das autoridades locais, que não alimentam muitas ilusões quanto aos novos visitantes: "Éramos ladrões e espiões castelhanos que chegaram para conhecer a língua e os portos do país".

Outra crítica: a China é um reino fechado para o mundo exterior. Suas frotas não deixam entrar ninguém, "mesmo que as pessoas cheguem por ter se extraviado, ou digam que vieram fazer comércio ou outras coisas por meio das quais os reinos têm o hábito de comunicar-se entre si". As leis da China impõem a pena de morte, a prisão perpétua ou o açoite a quem ousar penetrar no reino. O caso de Macau é sem dúvida uma exceção, mas uma exceção singularmente frágil: os portugueses de Macau temem sempre o pior: ser mortos ou sofrer perseguições que os forçariam a deixar o país e reduziriam a renda da Coroa. Assassínios e desaparecimentos inexplicados perturbariam regularmente a existência da cidade: "Todos os dias, pessoas conhecidas da cidade de Macau faltam à chamada e toma-se por certo que as mataram". Portanto, é de temer-se o risco de um êxodo dos portugueses da região para a Índia, com prejuízos incalculáveis para a fé: "A cristandade do Japão estaria perdida, pois sua subsistência depende daquilo que a cada ano lhe chega dessa cidade".

Os missionários, especialmente os jesuítas, seriam as primeiras vítimas desse fechamento: "Os chineses nunca permitiram que os jesuítas entrassem na cidade, nem que fizessem ali uma casa ou uma igreja, nem que ali pregassem o santo Evangelho, e, se alguém tentou isso, quiseram mandar açoitá-lo". A essa hostilidade se acrescenta o terror que as autoridades provinciais fariam reinar a fim de impedir toda conversão, sem o que "um sem-número de pessoas viria ouvir o Evangelho". São incontáveis as pirraças e as humilhações sofridas pelos pregadores, obrigados a se ajoelhar e colocar a cabeça no chão. Os intérpretes, por sua vez, nunca ousam transmitir as palavras relativas aos assuntos de fé e conversão. Afinal, não basta que estejam vestidos à ocidental ou que exibam signos cristãos para serem chicoteados e acusados de trair seu rei e sua pátria? Para nosso jesuíta, opacidade da língua, atraso intelectual e fechamento compõem uma paisagem extremamente hostil, oposta às virtudes civilizadoras da caridade cristã.

"OS CAMINHOS DA GUERRA"

Por todas essas razões, a conversão da China deve passar pelas armas. Todos os especialistas concordam com isso: "Todos os que conhecem esses indivíduos e que entraram na China estimam que é loucura pensar que serão convertidos amigavelmente". Isso significa que existiria "um caminho diferente daquele da Igreja primitiva, que já seguimos na Nova Espanha e no Peru, onde se vê que a cristandade está tão bem estabelecida quanto na Espanha; e, nestas ilhas Filipinas, estamos seguindo a mesma via".

Não há guerra sem excessos: "os ultrajes, os males e os danos que se cometem nas conquistas" não poderiam constituir um obstáculo. Os caminhos do Senhor são impenetráveis: "Deus talvez permita essas coisas...", como se viu na conquista "legítima" de Portugal. "Os que vão pregar o Evangelho à sombra dos solda-dos" se preocupariam com a justeza de seu combate? Sánchez varre sumariamente toda hesitação, invocando "o direito sufi-cientemente fundamentado que Sua Majestade tem de conquistar [...] esses reinos da China". Esse direito, aliás, é válido contra qualquer outro país pagão, "como pensam todos os eruditos que circulam por aqui e que põem a mão na massa". De um caso espe-cífico, a China, passa-se à afirmação de um direito de conquista em todas as direções, que já não se embaraçará com nenhuma precaução, desde que o adversário não seja cristão.

A fraqueza das forças chinesas também favoreceria uma in-tervenção militar. Primeira constatação: a população comum não tem o direito de possuir armas. Segunda constatação: o argumen-to do número não se sustenta. Pois o que pensar das baboseiras que o adversário divulga? No dizer do bispo Domingo de Salazar, "os governadores [chineses] são tão confiantes na multidão de gente que se encontra nesse reino que riem dos espanhóis quando estes lhes anunciam que vão submetê-los, pois alegam que mes-mo que só tivessem o cadáver dos soldados como armas para se defender, fariam com eles uma muralha que impediria qualquer pessoa de entrar em seu país". A isso o bispo, seguro de si, retruca: "Mas esses bárbaros não experimentaram o que os espanhóis po-dem fazer, e não sabem que basta um pequeno número de arca-buzeiros entre as fileiras destes para derrotar milhões de chine-ses". Parece até que os espanhóis das Filipinas sonhavam repetir a conquista do México.

O jesuíta Sánchez e o bispo Salazar preferem falar de núme-ros, especialmente da quantidade de homens necessários ao em-preendimento, ou da eficácia de uma intervenção vigorosa: con-ta-se com uma operação-relâmpago para afugentar as tropas chinesas. Apoios locais não deixarão de se manifestar. Haverá também o suporte das populações oprimidas, sempre prontas a alinhar-se sob a proteção de um príncipe cristão para escapar à tirania de seus senhores. As "sondagens de opinião" são inequívocas. De fato, "compartilhou-se em segredo [com Sánchez] o desejo que todos têm de livrar-se de uma miséria e de uma sujeição tão fortes, pois não são tratados como homens livres, mas pior do que escravos". Parece que ouvimos os argumentos de Calvo e de Vieira, prisioneiros em Cantão sessenta anos antes.

Agora, um pouco de logística. Sugere-se examinar "o lugar por onde será conveniente entrar [na China] e o abastecimento que se poderá preparar para sustentar as pessoas que viriam". Mais tarde, o governador das Filipinas enviará uma relação na qual calculará em 8 mil os efetivos espanhóis necessários à conquista e em uma dúzia de galeões o volume da frota. Já o feitor régio adiantará o número mais ambicioso de 15 mil soldados.[19] Quanto ao reitor do colégio jesuíta de Macau, este se contenta com 10 mil homens, entre os quais inclui 2 mil japoneses alistados com a ajuda dos membros da Companhia que residem no arquipélago.[20] Os japoneses constituem aliados potenciais que não devem ser desdenhados, pois "são grandes inimigos dos chineses e se apressarão a entrar nesse reino no momento em que os espanhóis o fizerem". E para concretizar essa iniciativa: "A melhor maneira é que Vossa Majestade peça à Companhia que ordene a seus religiosos que estão no Japão para dizer aos japoneses o que devem fazer quanto a este assunto".[21] A aliança nipônica retoma uma ideia proposta pelo governador Francisco de Sande em 1576. Tampouco é esquecido o complemento dos nativos filipinos, numerosos e eficazes, tal como outrora se recorrera no México aos tlaxcaltecas, que tão bem haviam servido a Cortés e aos seus. Por fim, o reitor do colégio jesuíta de Macau oferece seus serviços e os de seus confrades Matteo Ricci e Michele Ruggieri para coletar "em sigilo" todos os tipos de informações estratégicas. A guerra contra a China não é um fim em si. Sente-se, na mente do bispo, do jesuíta e do governador, desenhar-se a visão de um controle ibérico voltado para se exercer sobre toda essa região do globo. Eis-nos de novo confrontados com o "monstruoso" segundo Peter Sloterdijk, a um jogo de ambições desmesuradas que doravante já não parecem dispostas a satisfazer-se com a América nem com o Pacífico.

Em tais condições, é inútil seguir a via diplomática e perder tempo enviando um presente, como se pensara de início: "É uma coisa bem indigna da grandeza de um rei isso de remeter um presente a um rei tão bárbaro e tão arrogante que não somente não o receberá como o desprezará ao vê-lo e nem sequer permitirá que o portador o encontre pessoalmente". No futuro, já não será admissível suportar "a desenvoltura e a arrogância manifestadas por seus vice-reis e governadores, os quais não conseguem imaginar que exista no mundo um príncipe que possa igualar-se ao rei deles". À diplomacia, será preferível, sem pestanejar, o som do canhão: "O barulho dos tambores e da artilharia nos será aqui tão doce e útil quanto as vozes dos pregadores lá".

QUANDO A CHINA DESPERTAR

Cada momento que passa atua contra os castelhanos; Sánchez e Salazar estão intimamente convencidos disso. Os portugueses, a darmos crédito ao nosso jesuíta, têm uma pesada responsabilidade no despertar da China. À diferença dos castelhanos, eles não fazem a guerra:

> Não gostam muito disso e ainda por cima se esforçam menos, como vemos por toda esta Índia onde eles só possuem as praias para dar e receber, trocar e permutar em seus antros e suas fortalezas; que eles nos perdoem, mas fizeram mais mal à cristandade

do que qualquer outro povo, pois despertaram todo esse mundo e ensinaram as armas e as artes da guerra introduzindo uma artilharia e uma arcabuzaria mais fortes do que as dos habitantes da região. Esses mesmos portugueses confessam hoje que no início, com um só navio, derrotavam entre sessenta e setenta entre os pagãos, mas que hoje, quando lutam um contra um, os outros já se defendem muito bem, atacam-nos e frequentemente os vencem.

Conclusão: passemos ao ataque enquanto é tempo! "A China ainda está adormecida, mas, com suas relações com os portugueses e os rumores que aqui lhes chegam dos castelhanos e que zumbem em seus ouvidos, vai despertar, e são pessoas, pelo que vimos, dotadas de espírito, uma engenhosidade e recursos notáveis." Portanto o tema do despertar da China, que será retomado por Napoleão e por vários outros depois dele, é quase tão antigo quanto a relação dos europeus com essa parte do mundo. E, sob a pena de Sánchez, repete-se como um *leitmotiv*. "Eis o que declaram todos os que os conhecem: ainda que agora estejam adormecidos, se viessem a despertar, se passassem a ter suspeitas e se preparassem, seriam inexpugnáveis, por causa do que já dissemos e também em razão da grande multidão de pessoas que são como gafanhotos em terra e no mar."

É o que o bispo Domingo de Salazar confirma: os chineses "até agora foram como pessoas adormecidas que não podiam crer que um mal pudesse lhes chegar deste lado". Todos os esforços deles se concentravam do lado dos tártaros. Até o momento, suas frotas só serviram para repelir os japoneses e os corsários chineses, mas, se as autoridades do país passarem a desconfiar de alguma coisa, cuidado! "Se eles abrirem os olhos para o que lhes está sendo preparado, a invasão será mais difícil do que agora, quando ainda não estão de sobreaviso." Daí o interesse de uma incursão preventiva, a executar o mais cedo possível! Para surpreender, é preciso saber mostrar-se discreto: portanto, nem uma palavra aos chineses de Manila, nem mesmo ao papa — que de todo modo não tem de pronunciar-se sobre a questão, "já que a Igreja romana a deixou aos cuidados dos reis da Espanha". Trata-se de um lembrete quanto ao direito de patronato do qual desfruta o monarca castelhano sobre todos os católicos da monarquia. Eis, portanto, Roma deixada de fora pelo representante da Companhia de Jesus e pelo próprio bispo das Filipinas. Tal atitude não tem nada de surpreendente. Ela se inscreve em linha reta na política castelhana, que, com o apoio das universidades ibéricas, afastou deliberadamente o papado dos assuntos planetários.

Em contraposição, outro ponto surpreende, quando pensamos na origem e nas obrigações do jesuíta Sánchez: nem sequer uma palavra de tudo isso deve chegar aos ouvidos do geral da Companhia! Tais precauções traduzem a passagem de um imaginário planetário do poder — lembremos Cortés abrindo ao imperador Carlos V os vastos horizontes do México, do Pacífico e das ilhas das especiarias — à sua concretização na prática. Esta se mostra problemática. Quem deve decidir sobre a sorte da China: o bispo de Roma, de competências universais? A Companhia de Jesus, com raio de ação planetário? Ou o senhor da Monarquia Católica? Mas cabe ao rei de Castela, Filipe II, ou ao soberano de Portugal, Filipe I, intervir nessa parte do mundo? A iniciativa de Manila subverte burocracias e aparelhos de poder, ultrapassados pelas perspectivas abertas pela globalização que os ibéricos trouxeram. Aliás, não é somente a condução do projeto que apresenta problemas. O espaço e o tempo ainda estão longe de ser dominados. Sánchez e Salazar fazem tudo para pressionar a Coroa, embora não ignorem que serão necessários anos para que a informação e as decisões circulem entre Manila e a metrópole.

Sánchez espera partir para Madri a fim de defender a causa da guerra. Vai apresentar-se ao mesmo tempo como embaixador das Filipinas e como especialista encarregado de tratar do assunto que ele resume numa frase: "o direito que Sua Majestade tem de conquistar a China [...] ou, formulado em termos mais moderados, de conseguir que os chineses recebam pregadores que possam anunciar ali o Evangelho com toda a liberdade e segurança". Contudo, Sánchez tem motivos para mostrar-se preocupado. De nada lhe adianta contar com o apoio de Manila e de Macau: ele teme que sua posição ameace chocar-se contra as ideias dominantes na metrópole. Apresentar-se como o campeão da periferia — "coisas que se encontram tão longe" — é preparar-se para enfrentar um governo incapaz de avaliar o peso daquilo que ocorre em "paragens tão distantes". Ora, ele está convencido de que as coisas devem resolver-se prioritariamente "seguindo as opiniões e as decisões daqueles que aqui [nas Filipinas] entendem alguma coisa disso, e não somente conformando-se àquilo que lá [na Espanha] é debatido nas escolas". Essa tensão entre o centro e as margens do Império não tem nada de excepcional no mundo de Filipe II. Revela mais uma vez a extraordinária dificuldade de criar uma estratégia planetária adequada ao tamanho da Monarquia Católica. Com a distância, a gravidade das situações se esfuma, a urgência se dilui.

Mas o jesuíta se prepara para encontrar um escolho muito diferente e bem mais temível. A ideia "de que seja possível conquistar reinos desconhecidos dos letrados dessas regiões da Europa" ameaça chocar. É "uma coisa tão nova que deveria aparecer como uma espécie de provocação". É uma "nova linguagem [...], e nova significa aquilo que lá [na Espanha] não se diz e não se compreende". Em que essa linguagem ameaça opor-se à doutrina comumente ensinada na Espanha?

À primeira vista, o bispo e o jesuíta buscam evitar toda oposição frontal, inscrevendo-se na tradição teológica e jurídica ibérica. Os ensinamentos de Francisco de Vitoria e da universidade de Salamanca,[22] e depois os grandes debates como os que haviam oposto Bartolomé de Las Casas ao humanista Ginés de Sepulveda, resultaram na elaboração de certo número de princípios destinados a reger as relações entre os povos, ou, mais exatamente, entre os castelhanos e as outras nações.[23] As discussões haviam se referido essencialmente aos direitos da Coroa de Castela de conquistar o Novo Mundo. Em meados do século XVI, ainda não se tratava da China, sobre a qual Las Casas não diz uma só palavra na suma universal que sua *Apologética historia sumaria* constitui. Mas, neste final de século, o debate se desloca para o Império do Meio. Ele mudou de continente e de adversário, e esse é certamente um dos aspectos da novidade evocada por Sánchez. De fato, desta vez não é o caso de alegar que os pagãos são escravos por natureza (Sepulveda) ou crianças das quais convém cuidar (Vitoria), a tal ponto as realidades chinesas observadas e descritas pelos espanhóis e pelos portugueses demonstravam o contrário. Mas essa não é a única novidade introduzida pelos belicosos filipinos.

Para Francisco de Vitoria, que muito tempo depois de sua morte continua dominando os termos do debate, a guerra só se justificaria em caso de agressão aberta. Nem a diferença religiosa nem o desejo de conquista e de glória militar poderiam legitimar a intervenção dos europeus. Não era o caso de atacar soberanos sob o pretexto de que eles não seriam cristãos. Por outro lado, é verdade que os princípios da livre circulação e da livre pregação permaneciam intangíveis. Portanto, era lícito combater numa guerra justa aqueles que procuravam travá-los. Mas Vitoria cercava toda intervenção com condições restritas que Sánchez e Salazar ignoravam soberanamente. Alguns anos depois de Vitoria, em 1546, Melchor Cano havia chegado até a sustentar que o *jus pre-*

dicandi não podia conceder nenhum direito de propriedade sobre os bens dos príncipes seculares: portanto, os índios permaneciam como sujeitos livres. Em meados do século XVI, sem nunca chegar a inverter o curso das coisas, os ataques de Las Casas contra as crueldades da conquista e sua defesa dos direitos dos índios inclinam a opinião dos teólogos a desconfiar das consequências de uma intervenção armada e a interrogar-se fortemente sobre as razões que podem motivá-la.[24]

Claro, elevam-se então vozes discordantes, como as do humanista Ginés de Sepulveda ou do bispo Vasco de Quiroga, que em 1552 defende a tese segundo a qual não só é absolutamente lícito, mas obrigatório, travar guerra contra os índios.[25] Desde essa época, no entanto, Quiroga não ignora que a opinião contrária é majoritária e que ela se afirma publicamente. São as ideias de Vitoria e as correntes de influência de Las Casas que perduram nos meios universitários. Na segunda metade do século XVI, os mestres da escola de Salamanca como Bartolomé de Medina, Domingo Báñez ou Juan de la Peña estão impregnados por elas, enquanto as doutrinas de Sepulveda continuam sendo recebidas com hostilidade.

O jesuíta e o bispo sabiam de tudo isso. Se lá de Manila eles brandiam o direito de livre circulação e a liberdade de pregação para justificar a intervenção militar na China, era porque tentavam dar ao seu projeto um verniz, uma caução "à la Vitoria". Também se diziam prontos a fornecer as provas jurídicas dos obstáculos interpostos pelos chineses à propagação do Evangelho e à livre circulação dos espanhóis. Aliás, tinha sido por isso que o bispo havia conduzido uma pesquisa formal, mas da qual excluíra prudentemente os chineses e os adversários castelhanos ou portugueses do projeto. Em outras palavras, tudo era feito para manipular a opinião pública, ganhar o suporte da Coroa e dar a impressão de que se buscava respeitar os princípios de Salamanca.

Sem dúvida, acreditando secretamente que de todo modo sempre haveria um abismo entre a teoria e a prática, e que, com o auxílio da distância, essa maquiagem seria suficiente. Sánchez e Salazar não ignoravam que o emprego moderado da força era aceito quando o exercício do direito de pregar era impedido, embora, em conformidade com Bánez, sempre se desse preferência a formas pacíficas de intervenção. Portanto, podia-se pensar em recorrer à força para remover os obstáculos apresentados à atividade dos missionários, pois afinal era preciso defender o "direito das gentes" a escutar a pregação.[26]

É por essa brecha que, em Manila, os partidários da guerra contra a China tencionam penetrar. Ela, porém, é bem estreita, se relermos os teólogos de Salamanca que definem a margem de manobra dos não cristãos. Para Peña, os infiéis, desde que estejam todos de acordo, têm o direito de recusar-se a ouvir os pregadores. Não se pode obrigá-los a vir escutar os sermões. Para Báñez, o emprego da violência e da guerra deve ser taxativamente proscrito quando os infiéis não são súditos nem do papa nem de um príncipe cristão.

Concretamente, o que acontecia? Os grandes princípios dos teólogos universitários só serviam para disfarçar práticas menos ortodoxas, como estavam convencidos Salazar e Sánchez? É incontestável que, entre as exigências dos teólogos, as regras jurídicas e a pressão dos colonos, surgiam muitas acomodações. As leis da Coroa definiam as condições da intervenção militar ou *entrada*. Após as *juntas* de Valladolid (1550-1) e a suspensão oficial das conquistas, a opção pacífica pareceu vitoriosa, mas sem que nunca tenha sido radicalmente excluído o emprego da força.[27] Assim, em 1558, após o fracasso dos seus na Flórida, vê-se um dominicano, Domingo de Santa María, denunciar as *entradas* que se realizam sem apoio militar. Para nossa tese, não é indiferente que tenha feito parte da expedição um de seus correligionários e companheiros de infortúnio, Domingo de Salazar, o futuro bispo das Filipinas. Contudo, no conjunto, os missionários se mostram opostos à solução armada. Em 1583, franciscanos de Jalisco, no México, asseguram que as dificuldades encontradas pelos pregadores lhes vêm "porque eles circulam na companhia de soldados".[28] Nesse mesmo ano, o franciscano Gaspar de Ricarte se opõe radicalmente à ideia de "permitir que os ministros do Evangelho vão acompanhados de gente de guerra pregar o Evangelho entre os bárbaros infiéis". Tal opinião, aos seus olhos, é "herética, temerária e escandalosa".

A Coroa, por sua vez, busca um justo meio-termo. A *Instrucción* de 1556 ao vice-rei do Peru autoriza o recurso à força em casos específicos, "sem causar mais dano do que o estritamente necessário", por exemplo contra aqueles que impedem a pregação e a conversão, ou para vencer a resistência dos chefes indígenas. Em 1573, as ordenações de Juan de Ovando falam de pacificação, e não de conquista, fazendo da pregação o objetivo supremo das descobertas e *poblaciones*. Insiste-se, portanto, na escolha de meios pacíficos, sem descartar a ajuda que pequenas escoltas podem dar para proteger os frutos da missão.[29]

A GUERRA DA CHINA NÃO ACONTECERÁ

Os projetos filipinos não passarão de projetos. Pouco adiantará que Sánchez se dirija à Espanha a fim de defender sua causa: a guerra da China não acontecerá. Por várias razões. A distância entre as Filipinas e a metrópole, quer se atravesse o Pacífico ou o oceano Índico, é gigantesca. Todo intercâmbio, toda ida e volta, e portanto toda tomada de decisão enfrentam os imprevistos da navegação, as tempestades, os naufrágios, os motins, os erros de percurso e a duração interminável das travessias. As peças principais do dossiê levaram dois anos para ir de Manila a Madri. A simples viagem do bispo ou do jesuíta à Corte apresenta dificuldades consideráveis. Em princípio, um prelado não deixa sua diocese sem a autorização do príncipe, e para obter essa autorização é necessário que, antes, o pedido passe por meio mundo, assim como a resposta. Por conseguinte, a estagnação é o primeiro inimigo desse tipo de iniciativa, e Sánchez não se iludia quanto ao sucesso de uma negociação na Espanha. Tecnicamente, era bastante complicado montar, de Manila e Macau, um empreendimento que supunha uma condução a partir de Madri e um forte apoio logístico vindo da Nova Espanha. A expansão ibérica não tem os meios à altura de suas ambições. Contudo, o lobby belicoso não é desprovido de amplitude de visão. Ele é capaz de conceber uma redistribuição das cartas nessa parte do mundo em ligação com uma metrópole europeia. Só que não é possível apoderar-se da China do mesmo modo como se conquista o México.

Mais grave ainda: os motivos levantados por Manila — o fechamento da China e a perseguição aos missionários — são ao mesmo tempo absolutamente desmentidos pela acolhida que as autoridades chinesas reservaram aos missionários da Companhia. O bispo e o jesuíta estão sem sorte: não somente sua argumentação se baseava em grande parte numa visão parcial e tendenciosa das reações chinesas, como também desabava ante as notícias animadoras que Michele Ruggieri e Matteo Ricci enviavam de Cantão e do interior da província. Em setembro de 1583, Ruggieri e Ricci obtinham pela segunda vez a autorização para instalar-se em Zhaoqing, a capital provincial. Os jesuítas italianos alimentavam inclusive a esperança de ir até Beijing. Naquele ano, a ideia de uma embaixada pacífica recupera terreno, embora se associe a segundas intenções ainda turvas. A embaixada deve servir para "compreender o lugar, suas forças, seus costumes, suas características, para informar Vossa Majestade no caso de considerar-se oportuno conduzir agora ou dentro de algum tempo tão notável empreendimento". O bispo Salazar vê nisso o meio de testar as intenções das autoridades chinesas sobre a questão da pregação e sobre a concessão de um enclave comercial.[30] Como as outras, a embaixada fracassa. Resta a vontade dos jesuítas e de Roma de afastar-se das intenções castelhanas para privilegiar a carta de uma penetração pacífica e milimétrica: pouco mais que um punhado de jesuítas, um esforço constante para fundir-se na paisagem e adaptar-se ao modo de vida chinês, acompanhado de uma política de pequenos passos.

Para complicar ainda mais a tarefa do lobby belicoso, só faltava o peso das dissensões entre Manila e Macau. Uma parte dos habitantes do enclave português via com maus olhos a maneira pela qual os espanhóis das Filipinas se apossavam do destino de toda a região tentando interromper as relações privilegiadas que haviam se desenvolvido entre Macau e as autoridades chinesas. Um fortalecimento comercial era ainda mais temível, já que Manila dispunha agora da prata extraída das minas do Novo Mundo, em tal quantidade que os preços chineses ameaçavam explodir. Outra fratura atravessava a Companhia de Jesus: enquanto o reitor Francisco Cabral apoiava Sánchez e o projeto militar, os membros italianos, Valignano, Ruggieri, Ricci, faziam tudo para conservar suas entradas na China profunda, tendo em seu campo Roma e o general Acquaviva, que alguns tinham querido manter afastado do empreendimento.

Na Cidade do México, em 1587, o jesuíta José de Acosta se vê encarregado de neutralizar Sánchez. Acosta havia desempenhado um papel notável no desenvolvimento da Companhia de Jesus no México e gozava de uma autoridade crescente em matéria de evangelização. Coube-lhe a tarefa de destruir a argumentação de Sánchez e de explicar por que estava fora de questão mover uma guerra aos chineses. Ao fazer isso, ele expressava o ponto de vista oficial da Companhia. Sánchez recebia a proibição absoluta de falar do assunto no futuro. Era o bastante para esfriar os impulsos mexicanos em relação à China, tanto mais vivos quanto o próprio vice-rei, o arcebispo Moya de Contreras, em 1585, fora seduzido pela argumentação de Sánchez e pelo número de partidários deste último.[31] A discussão entre nossos dois jesuítas levanta a questão das relações da Igreja com a outra metade do mundo, ou, mais exatamente, revela em qual medida os desafios da Missão — até onde se estender, em quais ritmos e por quais meios? —, assim como os interesses políticos e econômicos, obrigam a apreender o mundo em sua globalidade, o que Acosta traduzia por *universo mundo*. É significativo que seja primeiro na Cidade do México que se decide quanto à maneira pela qual uma Monarquia Católica baseada em Madri e em Roma deve abrir seu jogo no Sudeste Asiático.

Enfim, a atualidade europeia atua decididamente contra os filipinos. As negociações conduzidas por Sánchez em Madri topam com a chegada das notícias da frota. O fracasso da Invencível Armada, em agosto de 1588, varre qualquer ideia de atacar a China. As consideráveis perdas sofridas diante da costa inglesa tornam tão impensável quanto grotesco o envio de uma frota ou de socorro ao mar da China. "Considerada com uma prudência muito humana, a conjuntura não se prestava a uma negociação com o rei."[32] Doravante, já não se pensará em ofensiva. A guerra da China não acontecerá.[33]

Conclusão: Rumo a uma história global do Renascimento

O REI: Assim este mar onde o sol se põe, sua resplandecente
extensão [...]
O olhar audacioso dos meus predecessores a percorrê-lo do alto,
o dedo deles
Designava imperiosamente a outra margem, outro mundo...

Paul Claudel, *Le Soulier de satin*

Os galeões de Manila [...] não são mais do que um fio impor-
tantíssimo, sem dúvida, mas dificilmente mensurável, de um
nó muito apertado, infinitamente complexo, de relações e de
trocas cujo centro está em Manila, cuja estratégia não se detve
em Acapulco, Acapulco pobre praia, mas em Manila acessoria-
mente, na Cidade do México em ampla medida, em Macau, na
China, nas Índias, nas margens da Europa atlântica.

Pierre Chaunu, *Le Pacifique des Ibériques*

A guerra da China não aconteceu no século XVI. "Todos esses bancos palpitantes de ovas humanas, mais populosos do que

os mortos e que aguardam o batismo" (Paul Claudel) escaparão à cristianização e à colonização. A guerra dos europeus explodirá bem mais tarde, em 1840. Será a Guerra do Ópio. O almirante Elliot realiza então o sonho dos amigos de Pires e de Sánchez: assenhorear-se do delta do rio das Pérolas, apoderar-se de uma base insular, subir o rio e atacar Cantão. A cidade é bombardeada e será resgatada. Hong Kong passa às mãos dos britânicos. A China, humilhada, submete-se às condições dos europeus. Mas, propriamente falando, nunca será colonizada.

No século XVI, ainda se está bem longe disso. As veleidades portuguesas e espanholas de conquista foram um tiro n'água. Enquanto o Novo Mundo está submetido a uma colonização sistemática, enquanto suas riquezas são exploradas de todas as maneiras pelos ibéricos, enquanto o cristianismo triunfa sobre as idolatrias, a China experimenta uma prosperidade sem precedentes, atrás de suas fronteiras novamente entreabertas. O comércio enriquece os ambientes mercantis. O dinheiro aflui do Japão, antes de chegar de Manila e de Macau. O Império do Meio nunca se manteve insensível ao que acontecia no exterior de suas fronteiras, especialmente no mar da China. Mas é sob suas condições e dentro do seu ritmo que a globalização das trocas liga o país ao resto do mundo, ou o resto do mundo à China. O engate se completa no fim do século XVI, quando a prata americana toma o rumo do Império Celestial. Doravante, todos os caminhos já não levam a Roma, mas a Beijing: diretamente pela via do Pacífico, ou seguindo a rota atlântica e depois a do oceano Índico, o metal branco chega aos cofres da China. Portanto, não são nem a conquista nem a conversão, e menos ainda a dependência econômica, que ligam a China à Europa, mas circuitos que dão a volta no globo e ligam as diferentes partes dele. Não somente a Espanha jamais atacará a China "antes que ela desperte", mas também, explorando as jazidas americanas e instalando uma sociedade colonial e um sistema de mão de obra forçada, pode-se considerar que ela empregou boa parte de suas forças a serviço do Império do Meio e fez jus ao reconhecimento dele. Os espanhóis das Américas, que na maioria das vezes trocam ilegalmente a prata de Potosí pelas custosas mercadorias asiáticas, encontram nisso sua vantagem. Nos Andes ou no México, os trabalhadores indígenas e africanos ignoram que se estafam no fundo das minas tanto por conta de seus patrões europeus quanto pelos mercadores chineses que entesouram os preciosos pesos de prata mexicanos.

O desencravamento do mundo desenrolou-se, portanto, de maneira sincrônica, mas antitética. Para apreciá-lo, porém, é preciso saber afastar-se das molduras gastas de uma história nacional, colonial ou imperial que obstaculiza toda abordagem global.[1] Compreendemos que uma história global não pode confundir-se com uma história da expansão europeia, mesmo quando privilegia a face europeia dos processos de globalização. Não se trata aqui, como é usual além do Atlântico, de rejeitar o eurocentrismo em nome da ética tacanha do politicamente correto, mas de fazer isso por razões de ordem intelectual: a imperiosa necessidade de compreender o mundo que hoje nos rodeia passa pela explosão das molduras multisseculares dentro das quais o que nos resta de memória histórica continua a operar. Tais molduras, tornadas obsoletas e arcaicas, sufocam-na e, no fim das contas, resultam em favorecer um presentismo cujos efeitos perversos já foram descritos.[2]

Uma história global do Renascimento contribui para reinterpretar os Grandes Descobrimentos restabelecendo ligações que a historiografia europeia ignorou ou silenciou. Ela ajuda a desembaraçar-se dos esquemas simplistas da alteridade — para os quais a história se resume em um confronto entre nós e os outros — e a substituí-los por enredos mais complexos: a história global mostra que não existem apenas vencedores ou vencidos, e que os dominantes podem igualmente ser dominados em outra parte do mundo. Uma história global leva a juntar novamente as peças do jogo mundial desmembradas pelas historiografias nacionais ou pulverizadas por uma micro-história mal dominada. Ela incita a deslocalizar nossas curiosidades e nossas problemáticas. Havíamos começado por nos centrar sobre a Monarquia Católica de Filipe II, esse império planetário nascido da união das Coroas da Espanha e de Portugal, e por restituir-lhe os espaços que ela ocupava no globo. Havíamos prosseguido nossa releitura analisando as relações reais e virtuais que o islã e o Novo Mundo mantinham nesse contexto. Uma história global teria o dever de atribuir à África todo o lugar que lhe cabe, tanto porque é lá que se elabora a primeira experiência colonial de envergadura com a bênção do papado como porque esse continente não cessará de abastecer com escravos a América recém-conquistada, conservando ao mesmo tempo vínculos muito antigos com os mundos do oceano Índico. Tampouco se deve esquecer que foi nessa terra que os portugueses celebraram o casamento trágico entre o tráfico e o cristianismo.[3]

Falei de uma história global do Renascimento porque não se pode escrever uma história sem ponto de vista — não se escreve a história vendo-a da estrela Sírius —, sob o risco de afogar-se nas generalidades de uma história-mundo. O desvio pela história global e pelas histórias conectadas conduz invariavelmente ao ponto de partida. Ressituar a história local e a história da Europa dentro de horizontes que as ultrapassam não é somente redimensioná-las, é também reexaminar as particularidades dessa parte do mundo. E reexaminar questões simples que merecem reflexão: são os ibéricos que visitam a América e a China, nunca o contrário.

Tais particularidades nos levam a identificar uma fratura sem dúvida tão prejudicial ao nosso conhecimento do passado quanto aquela aberta pelo eurocentrismo tão justamente criticado. A Europa do século XVI não é a Europa do Norte. Os agentes da descoberta do México e da China, assim como seus promotores, são essencialmente ibéricos ou italianos. Portanto, não é excessivo lembrar a importância do Sul e do Mediterrâneo e todo o peso do século XVI católico sobre a história da Europa e do mundo. Pois como esquecer o papel da Igreja romana e da Missão, tão frequentemente escamoteado em proveito das expansões inglesas e holandesas, portadoras das manifestações setentrionais da Reforma, enquanto uma parte da mobilidade planetária que se apodera dos europeus é de ordem espiritual e até mística?

MODERNIDADES

Em *Les Quatre Parties du monde* havíamos sugerido que teimar em definir o aparecimento da modernidade em termos exclusivamente europeus, e mesmo italianos, franceses, ingleses e holandeses, era singularmente limitador. As relações multiplicadas com as grandes religiões e com as civilizações do planeta alimentaram milhares de experiência humanas que geram outras formas de modernidade, secretadas nas periferias dos mundos, por europeus e ao mesmo tempo por todos os que, voluntariamente ou não, entravam em relação com eles.

Esse livro põe à prova a modernidade europeia de outras duas maneiras. De início avaliando em todas as suas dimensões a revolução de Magalhães, que Peter Sloterdijk mostrou que era tão importante quanto a revolução de Copérnico e, sem dúvida, mais decisiva. Uma história global do Renascimento não pode ignorá-la. Com Copérnico e depois dele, a Terra gira em torno do sol; com Magalhães, são o homem europeu e seu capital que giram em torno da Terra. A revolução de Magalhães concerne imediatamente a marinheiros, mercadores, financistas, príncipes e cronistas; ela faz do mar, da mobilidade dos homens e dos capitais o motor de todas as circulações e de todos os desencravamentos. Não há globalização sem revolução magalânica, ao passo que é possível ligar as quatro partes do mundo e administrar uma monarquia planetária acreditando ainda nos velhos esquemas cósmicos de origem aristotélica.

Mas a história do mundo não se reduz à do homem europeu. Magalhães morre em Mactan, uma ilha das Filipinas; Cortés fracassa em seus projetos quanto ao Pacífico. Os carregamentos de especiarias jamais atravessarão o mar do Sul para chegar à Europa passando pelas Américas, e pelo menos por duas vezes os ibéricos renunciarão a enfrentar a China. A Ásia, especialmente a China, não se rendeu aos europeus, que tiveram de extrair lições desse fato. Eles já não são, como no Brasil ou no resto das Américas, europeus armados de uma superioridade a toda prova diante de populações de selvagens, prontas para ser conquistadas, massacradas ou exploradas. A guerra da China não acontecerá. Não somente os ibéricos se sentem impotentes e superados, exceto no plano da salvação; não somente eles, quer sejam portugueses ou espanhóis, se veem reduzidos a registrar os insultos dos quais os chineses não os poupam, mas também acabarão por transformar em modelo a potência que os esmaga com sua soberba. A grandeza chinesa os fascina, quer seja política, econômica ou cultural. A história das relações com a China, de meados do século XVI ao alvorecer do século XVIII, será a de uma construção intelectual na qual as elites da Europa ocidental não cessarão mais de se olhar. As coisas são totalmente diferentes no México, bem depressa incluído no mostruário das civilizações desaparecidas, terra de exotismo inofensivo, boa, no máximo, para suscitar piedade e lástima.

Na segunda metade do século XVI, o Pacífico e suas margens orientais, China incluída, erguem-se no campo de mira do império espanhol. As Índias Ocidentais — na Espanha não se fala de continente americano — são o prolongamento, o posto avançado das Índias Orientais que se estendem do outro lado do mar do Sul. Mas a imensidão incontrolável do Pacífico, a impossibilidade de apoderar-se da China e de colonizar a Ásia obrigarão a restringir-se ao Novo Mundo e a destacá-lo do resto das Índias. Progressiva e irresistivelmente colonizada pelas potências europeias, a América derivará para o Leste e tecerá vínculos excepcionais com o Velho Mundo. O conjunto dará origem àquilo que foi chamado Ocidente. Um conceito, e depois uma realidade, que somente uma história global pode explicar satisfatoriamente.

De fato, a gestação do Ocidente euroamericano é indissociável do fracasso diante da China e, em seguida, do Japão. Este último bloqueia o movimento para o Oeste que as expedições de Colombo e de Magalhães tinham esboçado invertendo uma tendência mais do que milenar. Sabia-se desde a Antiguidade que a Terra era redonda e que era um globo. O próprio Aristóteles havia lembrado que teoricamente era concebível alcançar a Índia longínqua seguindo a rota do Oeste. Desde que se transpusesse um oceano cujas águas e cujos ventos eram desconhecidos pelos pilotos, e que se dispusesse de embarcações capazes de desafiar aquelas imensas extensões. Para os antigos, o Oeste permanecia como um horizonte fora de alcance. A Europa medieval não mudou muita coisa quanto a isso e manteve os olhos voltados para o Leste: o paraíso, a Terra Santa, Jerusalém, as narrativas da Antiguidade, a memória das cruzadas, as invasões mongóis, as ameaças do islã mameluco e otomano, as fabulosas riquezas da Índia e muitas outras coisas conspiravam para fazer do Oriente o objeto de todas as esperanças, de todas as cobiças, assim como de todos os ódios quando se tratava de enfrentar o islã. Mesmo os portugueses deviam ceder a esse tropismo, pois, se seus navios rumavam primeiro para o Atlântico Sul, era a direção do Oriente e da Índia dos antigos que eles continuavam a privilegiar. Transposto o cabo da Boa Esperança, era o Oriente que se oferecia aos marinheiros esgotados e transidos.

Com Cristóvão Colombo e Magalhães, doravante a meta está situada no Oeste. O sentido das circulações europeias começa a se inverter. Na verdade, essa mutação não teve impacto imediato: a descoberta das Antilhas não altera a imagem que se fazia do Oeste — nada além de uma solidão oceânica salpicada por um punhado de ilhas logo dizimadas — e a primeira volta ao mundo revela sobretudo o quanto a rota ocidental é longa e pavorosamente perigosa: Magalhães e outros deixaram ali a própria pele. Outra descoberta, no coração desse livro, marcará irrevogavelmente o advento do Oeste no horizonte europeu. Ela não tem nada de uma viagem de longo curso. A partir de 1517, os europeus se dão conta de que a Terra firme inclui sociedades surpreendentes, cujos modos de vida parecem próximos daqueles do Velho Mundo. Com a descoberta do Peru e do império dos incas, fixa-se definitivamente a convicção de que existe outro mundo, esquecido pela Bíblia e pelos antigos. Em lugares tão distantes como Istambul, os contemporâneos são sensíveis ao caráter inaudito dessa descoberta e evidentemente, quando são muçulmanos, ao escândalo de uma conquista que fez cair nas mãos dos infiéis — ou seja, dos cristãos — uma parte não desprezível da humanidade. Por volta de 1580, um cronista anônimo da corte otomana conclama o sultão a recuperar o tempo perdido e a ir tomar dos cristãos essas novas terras a fim de fazer brilhar ali as luzes do islã.[4]

Portanto, o Oeste deixa de ser uma simples direção, um ponto inacessível abandonado "à ilusão e à loucura"[5] (Claudel), para materializar-se e tornar-se aquilo que ele permanecerá por muito tempo, uma terra prometida para os missionários, uma fonte de riquezas a pilhar sem limitações, um laboratório onde as pessoas se empenharão em reproduzir a Europa nascente, um espaço tão acolhedor para os emigrantes quanto infernal para os negros da África. Para certos católicos, as novas Índias aparecerão como o futuro do mundo cristão: providencialmente poupados pelo islã e pelo cisma protestante, ricos de uma humanidade nova — os índios —, esses territórios ofereciam à catolicidade perspectivas que doravante a Europa corrompida e ameaçada pelos turcos parecia lhe recusar. Do lado protestante, no século XVII, o sonho será o de uma América puritana, de uma Palestina americana purificada dos selvagens que a povoavam. Será preciso lembrar de que maneira, ao longo dos séculos, as Américas se tornaram a esperança de gerações de europeus que foram buscar do outro lado do Oceano a sobrevivência e o futuro que o Velho Mundo lhes regateava? No século XIX, a corrida para o Oeste não fez senão reavivar a atração adquirida pelas paragens americanas antes que o Oeste se tornasse por si só sinônimo de liberdade, de espírito empreendedor, enfim de aliança atlântica e de anticomunismo. Diante de um Oriente antigo, despótico, enlanguescido e decadente, o Ocidente se afirmará progressivamente como o motor da civilização moderna e o berço da modernidade. Acrescentemos que a ideia de Europa — tal como nos é familiar hoje — se formou à medida que o Novo Mundo emergia, e compreenderemos melhor por que os destinos dessas duas partes do globo são indissociáveis: se as Américas foram moldadas pela Europa, esta, por sua vez, desde o Renascimento, enriqueceu, construiu-se e reproduziu-se projetando-se do outro lado do Atlântico, mediante os vínculos que estabeleceu com as diferentes partes do novo continente. Foi à base de Nova Espanha, Nova Granada, Nova Inglaterra ou Nova França que os países da Europa se exercitaram em seu duplo papel de predadores e de "civilizadores". Outras tantas razões, portanto, para convencer-se de que a mudança de rumo genialmente operada por Colombo pesará bem mais do que as ilhas e os litorais que ele descobriu. Mas também de que foi a resistência da China que delimitou os contornos do Ocidente.

O fracasso na Ásia e a impossível conquista da China fizeram do Pacífico um limite entre os mundos, um gigantesco abismo entre o Oriente e o Ocidente. E por muito tempo a América viu-se amarrada ao Velho Mundo. Como explica, melhor do que ninguém, o Filipe II do *Soulier de satin*:

E essa praia do mundo que os sábios abandonavam outrora à ilusão e à loucura,

Agora é dela que meu chanceler de Finanças extrai o ouro vital que anima aqui toda a máquina do Estado, e faz crescer por toda parte, mais densas do que a grama em maio, as lanças de meus esquadrões!

O mar perdeu para nós seus terrores e só conserva suas maravilhas;

Sim, suas vagas movediças mal bastam para alterar a larga estrada de ouro que liga uma à outra Castela

Por onde se apressa indo e vindo dificultosamente a dupla fileira de meus barcos

Que levam para lá meus sacerdotes e meus guerreiros e me trazem aqueles tesouros pagãos gerados pelo sol...[6]

Agradecimentos

Os participantes do seminário de história que dirigimos na École des Hautes Études en Sciences Sociales sabem o quanto devemos às suas perguntas, aos seus comentários e às suas críticas. Não há pesquisa histórica que se construa no isolamento e, mais do que outras formas de história, a história global exige o cruzamento das ideias, a reunião das competências e o encontro de pesquisadores vindos dos quatro cantos do mundo. Carmen Bernand, Louise Bénat Tachot, Alessandra Russo, Alfonso Alfaro, Décio Guzman, Boris Jeanne, Pedro Gomes, Maria Matilde Benzoni, Oreste Ventrone, Giuseppe Marcocci, muitos jovens pesquisadores e pesquisadoras, independentemente da idade, não cessaram de contribuir com a energia, os horizontes, as confrontações que a história global não pode dispensar. Só que uma obra de história, ainda que nunca seja um empreendimento solitário, é sobretudo uma aventura individual. A École des Hautes Études en Sciences Sociales continua sendo um lugar privilegiado onde é possível escapar dos caminhos batidos, correr riscos e imaginar o que poderia ser uma disciplina que retomasse a frente das ciências sociais mostrando que aprendeu a transpor a barreira do tempo e das civilizações.

Notas

INTRODUÇÃO [pp. 15-9]

1. Paul Claudel, *Le Soulier de satin*. Paris: Gallimard, 1997, p. 15.
2. Ibid., p. 59.

1. DOIS MUNDOS TRANQUILOS [pp. 21-42]

1. Jean-Michel Sallmann, *Charles Quint: L'empire éphémère*. Paris: Payot, 2000, p. 100.
2. David M. Robinson, "The Ming Court and the Legacy of Yuan Mongols", em David M. Robinson (Org.), *Culture, Courtiers, and Competition* (Cambridge: Harvard University Press, 2008), p. 402, citando *Chungjong taewang sillok*.
3. Timothy Brook, *The Confusions of Pleasure: Commerce and Culture in Ming China*. Los Angeles: University of California Press, 1998, p. 144.
4. Ibid., p. 146.
5. David M. Robinson, op. cit., p. 401.
6. Shen Defu (1578-1642), "Unofficial Gleanings from the Wanli Era", em Brook, *The Troubled Empire: China in the Yuan and Ming Dynasties* (Cambridge: The Belknap Press of Harvard University Press, 2010), p. 13.
7. Barend J. ter Haar, *Telling Stories: Witchcraft and Scapegoating in Chinese History*. Leiden: Brill Academic Publisher, 2006.

8. Michel Graulich, *Moctezuma*. Paris: Fayard, 1994; Susan D. Gillespie, *The Aztec Kings: The Construction of Rulership in Mexico History*. Tucson: University of Arizona Press, 1989.

9. Os italianos Vivaldi, Spontini, Paisiello, Galuppi; o boêmio Myslivecek; o alemão Graun.

10. Jacques Gernet, *Le Monde chinois*. Paris: Armand Colin, 1972.

11. Ou seja, o total de seis Mesoaméricas; ver Brook, *The Confusions of Pleasure*, op. cit., p. 95.

12. Sallmann, *Le Grand désenclavement du monde, 1200-1600*. Paris: Payot, 2011, pp. 556, 561.

13. Ibid., p. 118.

14. Ibid., pp. 128-9.

15. Ibid., p. 92.

16. Ibid., p. 132, citando o caso da biblioteca de Qiu, conselheiro do imperador Hongzhi.

17. Brook, "Rethinking Syncretism: The Unity of the Three Teachings and their Joint Worship in Late Imperial China". *Journal of Chinese Religions*, v. 21, pp. 13-44, 1993.

18. Anne Cheng, *Histoire de la pensée chinoise*. Paris: Seuil, 1997, p. 533.

19. *Atl*, a água, opõe-se ao fogo (*tlachinolli*) e ao céu (*ilhuicatl*), enquanto a "água divina" (*teoatl*) designa a guerra; ver Frances Karttunen, *An Analytical Dictionary of Nahuatl*. Austin: University of Texas Press, 1983.

20. Ross Hassig, *Comercio, tributo y transportes: La economía política del valle de México en el siglo XVI*. Cidade do México: Alianza, 1990, p. 111. Ver, nas pp. 112-3 e na n. 43, uma tentativa de comparação com a China, império territorial.

21. Ibid., p. 117.

22. Inga Clendinnen, *Aztec: An Interpretation*. Cambridge: Cambridge University Press, 1991, p. 117.

23. Ibid., p. 131.

24. Ibid., p. 268.

25. Lembremos a originalidade das interpretações de Clendinnen, op. cit., e de Christian Duverger, *L'Esprit du jeu chez les Aztèques* (Paris: Mouton, 1978) e *L'Origine des Aztèques* (Paris: Seuil, 2003), que constituem ferramentas excepcionais para sondar a diferença mesoamericana.

26. Louise M. Burkhart, *The Slippery Earth: Nahua-Christian Moral Dialogue in Sixteenth-Century Mexico*. Tucson: University of Arizona Press, 1989.

27. Clendinnen, op. cit., p. 251.

28. Cheng, op. cit., p. 40.

1. Miguel León-Portilla, *Le Livre astrologique des marchands: Codex Fejér-vary-Mayer*. Paris: La Différence, 1992, pp. 19-21.

2. Chineses se instalaram no arquipélago de Ryû Kyû, no Sião, no Champa (reino a leste do Camboja), em Malaca, em Sumatra, em Brunei, em Java e nas Filipinas.

3. Patrick Boucheron (Org.), *Histoire du monde au XVe siècle*. Paris: Fayard, 2009, p. 625.

4. Ibid., p. 628.

5. Brook, *The Confusions of Pleasure*, op. cit., p. 123.

6. Marsha Weidner Haufler, "Imperial Engagement with Buddhist Art and Architecture". In: *Cultural Intersections in Later Chinese Buddhism*. Honolulu: University of Hawaii Press, 2008, p. 139. Citado por Robinson, op. cit., p. 407.

7. Owen Lattimore, *The Inner Asian Frontiers of China*. Boston: Beacon, 1962.

8. Hugh R. Clark, "Frontier Discourse and China's Maritime Frontier: China's Frontiers and the Encounter with the Sea through Early Imperial History" (*Journal of World History*, v. 20, n. 1, mar. 2009), p. 9 e n. 13, sobre o sentido de *Zhongghuo*.

9. Ibid., p. 6.

10. Alfredo López Austin e Leonardo López Luján, *El pasado indígena*. Cidade do México: FCE, 1996, p. 188.

11. Duverger, *L'Origine des Aztèques*, op. cit.

12. León-Portilla, *Toltecayotl: Aspectos de la cultura náhuatl*. Cidade do México: FCE, 1980, p. 28.

13. Austin e López, op. cit., pp. 187-90.

14. Clark, op. cit., p. 20.

15. Billy K. L. So, *Prosperity, Region, and Institutions in Maritime China: The South Fukien Pattern, 946-1368*. Cambridge: Harvard University Press, 2000.

16. Ibid., p. 125. Os Ming estabelecem três escritórios destinados à recepção e ao controle das embaixadas vindas ao solo chinês.

17. Os piratas são acusados de massacrar criancinhas e de obrigar mulheres a engolir a carne do marido, sob pena de serem cortadas em pedaços; ver Clark, op. cit., p. 25.

18. Motolinía (Toribio de Benavente), *Memoriales o libro de las cosas de la Nueva España y naturales de ella*. Org. de Edmundo O'Gorman. Cidade do México: Unam, 1971, p. 214.

19. Ottavia Niccoli, *Profeti e popolo nell'Italia del Rinascimento*. Bari: Laterza, 2007, pp. 89-121; Brook, *The Troubled Empire*, op. cit., pp. 13-23.

20. David W. Pankenier, "The Planetary Portent of 1524 in China and Europe". *Journal of World History*, v. 20, n. 3, pp. 339-75, set. 2009.

3. JÁ QUE A TERRA É REDONDA [pp. 55-62]

1. Para uma visão de conjunto ritmada por um peso global, ver Pierre Chaunu, *Conquête et exploitation des Nouveaux Mondes* (Paris: PUF, 1969).

2. Pedro Mexía, *Historia real y cesárea* (Sevilha, 1547), citado em Xavier de Castro et al., *Le Voyage de Magellan (1519-1522): La Relation d'Antonio de Pigafetta & autres témoignages* (Paris: Chandeigne, 2007, p. 23. v. 1).

3. Para uma síntese desses primeiros tempos, ver Giuseppe Marcocci, *L'invenzione di um impero: Politica e cultura nel mondo portoghese (1450-1600)* (Roma: Carocci, 2011), pp. 45-58.

4. João Paulo Oliveira e Costa, "A Coroa portuguesa e a China (1508-1531) do sonho manuelino ao realismo joanino", em António Vasconcelos Saldanha e Jorge Manuel dos Santos Alves (Orgs.), *Estudos de história do relacionamento luso-chinês: Séculos XVI-XIX*. Macau: Instituto Português do Oriente, 1996, pp. 15-6.

5. Sanjay Subrahmanyam, *L'Empire portugais d'Asie, 1500-1700: Une Histoire économique et politique*. Paris: Maisonneuve & Larose, 1999, p. 94.

6. Francisco Manuel de Paula Nogueira Roque de Oliveira, *A construção do conhecimento europeu sobre a China*. Barcelona: Universidade Autônoma de Barcelona, 2003, pp. 185-6. Tese (Doutorado em geografia).

7. Xavier de Castro et al., op. cit., pp. 889-90, v. II, citando Maximilianus Transylvanus. Corre a ideia de que "Malaca e o grande golfo [da China]" cabem à Coroa de Castela e de que os portugueses ultrapassaram a linha de demarcação. Embora não houvesse muita certeza quanto a Malaca, "o grande golfo e o povo chinês pertenciam aos limites da navegação dos castelhanos".

8. Nogueira Roque de Oliveira, op. cit., p. 24.

9. Xavier de Castro et al., op. cit., pp. 20-1, v. I.

10. Ibid., pp. 57 e 70.

11. "Das Antilhas à China, as terras não formam um mesmo continente". Ibid., p. 780, v. II.

12. Ibid., p. 918.

13. Ibid., p. 938.

14. Cristóbal Colón, *Textos y documentos completos*. Org. de Consuelo Varela. Madri: Alianza, 1982, p. 170.

15. Ibid., p. 173.

16. Serge Gruzinski, *Que horas são... lá, no outro lado?: América e Islã no limiar da Época Moderna*. Belo Horizonte: Autêntica, 2012.

4. O SALTO PARA O DESCONHECIDO? [pp. 63-79]

1. John Larner, *Marco Polo and the Discovery of the World*. Yale: Yale University Press, 1999, p. 142.

2. Juan Manzano y Manzano, *Los Pinzones y el descubrimiento de América*. Madri: Cultura Hispánica, 1988, p. 40, v. 1; Larner, op. cit., pp. 143-4.

3. Seria o texto em latim, hoje conservado na Biblioteca Colombiana de Sevilha.

4. Bartolomé de las Casas, *Historia de las Indias*. Cidade do México: FCE, p. 217. v. I.

5. Ibid., pp. 217, 219, 227.

6. Ibid., pp. 257-8.

7. O livro de Polo também circulava em versão catalã. Colombo teria tido em mãos esse Polo aragonês antes de sua primeira viagem? No *Diario* que Las Casas nos transmitiu, nada permite pensar isso. É verdade que o dominicano, que confundia alegremente Marco Polo e Paolo Toscanelli, nem sempre é confiável, e seu silêncio não tem nada de conclusivo.

8. Larner, op. cit., p. 149.

9. O humanista Conrad Peutinger receberá as anotações dele sobre as viagens portuguesas, anotações que formam o *Manuscrito de Valentim Fernandes* (Staatsbibliothek de Munique). Ver *Códice Valentim Fernandes* (Org. de José Pereira da Costa. Lisboa: Academia Portuguesa de História, 1997).

10. Também se deve a ele uma "Descrição da costa ocidental da África", redigida segundo os relatos de marinheiros portugueses. Ver Georges Boisvert, "La Dénomination de l'Autre africain au XVe siècle dans les récits des découvertes portugaises" (*L'Homme*, n. 153, pp. 165-72, jan.-mar. 2000).

11. Ver cap. 5, n. 9.

12. Rui Manuel Loureiro (Org.), *O manuscrito de Lisboa da "Suma oriental" de Tomé Pires*. Macau: Instituto Português do Oriente, 1996, p. 145.

13. Armando Cortesão (Org.), *The Suma Oriental of Tomé Pires and the Book of Francisco Rodrigues*. Nova Delhi: Asia Educational Services, 1990, p. 117. v. I.

14. Loureiro, *O manuscrito de Lisboa da "Suma oriental" de Tomé Pires*, op. cit., pp. 194-5.

15. Ibid., p. 197.

16. Ibid., p. 200.

17. Nogueira Roque de Oliveira, op. cit., p. 414; Duarte Barbosa, *Livro das cousas da Índia*, editado com o título *O livro de Duarte Barbosa* por Maria Augusta da Veiga e Sousa (Lisboa: Ministério da Ciência e da Tecnologia, 1996). Cortesão (Org.), *The Suma Oriental of Tomé Pires*, op. cit., pp. 290-322.

18. Carta de Cochin, 15 nov. 1515, publicada por Marco Spallanzani, *Giovanni da Empoli: Mercante navigatore fiorentino* (Florença: Spes, 1984), pp. 202-3.

19. Nogueira Roque de Oliveira, op. cit., p. 396.

20. Sua versão de Marco Polo foi republicada duas vezes antes de sua morte, em 1509 (reeditada em 1518 por Juan Varela). Santaella se inspirou em Fernandes para seu prólogo cosmográfico, mas utilizou um original veneziano que acompanhava a *India recognita* de Poggio. Uma edição moderna por Juan Gil veio à luz em 1987 pela Alianza Editorial, de Madri. Ver Henry Harrisse, *Biblioteca Americana vetustissima*. Madri: [s.n.], 1958, pp. 130-4. v. I; Donald F. Lach, *Asia in the Making of Europe*. Chicago: University of Chicago Press, 1994, p. 164. v. II.

21. *Libro de las maravillas del mundo*. Valência: Jorge Costilla, 1521.

22. Pietro Martire d'Anghiera, *Décadas del Nuevo Mundo*. Org. de Edmondo O'Gorman. Cidade do México: José Porrúa y Hijos, 1964, p. 387. v. I.

23. Bernal Díaz del Castillo, *Historia verdadera de la conquista de la Nueva España*. Org. de Joaquim Ramírez Cabañas. Cidade do México: Porrúa, 1968, p. 45. v. I.

5. LIVROS E CARTAS DO FIM DO MUNDO [pp. 80-96]

1. D'Anghiera, op. cit., p. 439. v. II.

2. Ibid. (1964), v. I, pp. 429-31.

3. Ibid., p. 425.

4. Marcel Bataillon, "Les Premiers Mexicains envoyés en Espagne par Cortés". *Journal de la Société des Américanistes*, v. 48, p. 140, 1959.

5. D'Anghiera, op. cit., pp. 425-6, v. I.

6. Michael D. Coe, "The Royal Fifth: Earliest Notices of Maya Writing". *Research Reports on Ancient Maya Writing*, Washington: Center for Maya Research, v. 28, 1989.

7. D'Anghiera, op. cit., p. 427, v. I.

8. Exposta na Espanha, a coleção de objetos acompanha o retorno da corte aos países do Norte. No outono de 1520 ela está em Bruxelas, onde suscita a admiração de Albrecht Dürer.

9. Anselmo Braamcamp Freire, "Inventário da guarda-roupa de D. Manuel I", em Francisco Béthencourt e Kirti Chauduri, *História da expansão portuguesa*. Círculo de Leitores: Lisboa, v. II, 1998, p. 535.

10. T. C. Price Zimmermann, *Paolo Giovio: The Historian and the Crisis of Sixteenth-Century Italy*. Princeton: Princeton University Press, 1995; Laura Maffei, Franco Minonzio e Carla Sodini, *Sperimentalismo e dimensione europea della cultura di Paolo Giovio*. Como: Società Storica Comense, 2007.

11. Paolo Giovio, *Historiarum sui temporis tomus primus*. Paris: Michaelis Vascosani, 1553, f. 161r; Joseph Needham, "Paper and Printing. Tsien Tsuen--Hsuin (1985)", em _____. *Science and Civilization in China*. Cambridge: Cambridge University Press, 1985. vol. 5: *Chemistry and Chemical Technology*. Os chineses teriam inventado a xilografia seis séculos antes do Ocidente e a tipografia quatro séculos antes. Mas houve também no século XVI um espírito suficientemente temerário (Gilbert Génébrard, *Chronographie*, 1580) para afirmar que a imprensa havia sido trazida de México-Tenochtitlán por Cortés.

12. Prosper Marchand, *Histoire de l'origine et des premiers progrès de l'imprimerie*. Haia: [s.n.], 1740, p. 64.:

13. Robert Wauchope (Org.), *Handbook of Middle American Indians Guide to Ethnohistorical Sources*. Austin: University of Texas Press, parte 3, pp. 235-6, v. 14; Otto Adelhofer (Org.), *Codex Vindobonensis Mexicanus 1: History and description of the manuscript* Graz: Akademische Drucku Verlagsanstalt, 1963; Jill Leslie Furst (Org.), *Codex Vindobonensis Mexicanus*. Nova York: University of New York at Albany, 1978, v. 1: *A Commentary*.

14. D'Anghiera, op. cit., p. 426, v. I.

15. Nancy Bisaha, *Creating East and West: Renaissance Humanists and the Otoman Turks*. Filadélfia: University of Pennsylvania Press, 2006.

16. Paolo Giovio (1483-1552) será um dos primeiros a colecionar os objetos do Novo Mundo. Sobre seu *Museo*, ver Laura Michelacci, *Giovio in Parnasso: Tra collezione di forme e storia universale*. Bolonha: Il Mulino, 2004.

17. Sobre Ludovico di Barthema como viajante do Renascimento exterior ao mundo do humanismo, ver Joan Paul Rubiés, *Travel and Ethnology in the Renaissance: South India through European Eyes, 1250-1625*. Cambridge: Cambridge University Press, 2000, pp. 14 e pass.

18. A correspondência do cronista Fernández de Oviedo com seus interlocutores venezianos se inscreve na continuação da obra de Pietro Martire d'Anghiera; ver Antonello Gerbi, *La natura delle Indie nove: Da Cristoforo Colombo a Gonzalo Fernández de Oviedo*. Milão: Riccardo Ricciardi, 1975.

19. Nogueira Roque de Oliveira, op. cit., p. 398.

20. Conservam-se hoje quatro manuscritos portugueses e seis manuscritos espanhóis desse texto (Ibid., p. 40); *O livro de Duarte Barbosa*, Org. de Maria Augusta da Veiga e Sousa.

21. Nogueira Roque de Oliveira, op. cit., pp. 394, 402. Uma edição moderna da carta aparece em Spallanzani (1984), pp. 131-85.

22. Nogueira Roque de Oliveira, op. cit., p. 402.

23. Hernán Cortés, *Cartas y documentos*. Org. de Mario Hernández Sánchez--Barba. Cidade do México: Porrúa, 1963; Id., *Letters from Mexico*. Org. de Anthony Pagden. New Haven: Yale University Press, 1986.

24. Benjamin Keen, *The Aztec Image in Western Thought*. New Brunswick: Rutgers University Press, 1971, p. 67.

25. *Isolario di Benedetto Bordone: Nel quale si ragiona di tutte l'isole del mondo, com li lor nome antichi & moderni, historie, fauole, & modi del loro vivere, & in qual parte del mare stanno, & in qual parallelo & clima giaciono. Ricoretto, & di nuouo ristampato. Com la gionta del Monte del Oro nouamente ritrouato*. Veneza: Federico Toresano, 1547.

26. Frank Lestringant, "Fortunes de la singularité à la Renaissance: Le Genre de l'*Isolari*". *Studi Francesi*, v. 28, n. 3, pp. 415-46, 1984; Id., *Le Livre des Îles: Atlas et récits insulaires de la Genèse à Jules Verne*. Genebra: Droz, 2002.

27. Manfredo Tafuri, *Venice and the Renaissance*. Cambridge: MIT Press, 1989, pp. 152-3.

28. T'ien-tse Chang, "Malacca and the Failure of the First Portuguese Embassy to Peking". *Journal of Southeast Asian History*, v. 3, n. 2, p. 54, 1962.

29. Raffaella D'Intino, *Enformação das cousas da China: Textos do século XVI* (Lisboa: Imprensa Nacional; Casa da Moeda, 1989), p. 5. A data de 1524 é questionada, mas parece pouco verossímil remeter à redação dos textos para dez anos mais tarde; Donald Ferguson, *Letters from Portuguese Captives in Canton, Written in 1534 and 1536*. Bombaim: Education Society's Steam Press, 1902; Ernst Arthur Voretzsch, "Documentos acerca da primeira embaixada portuguesa à China". *Boletim da Sociedade Luso-Japonesa*, Tóquio, n. 1, pp. 30-69, 1926. Ver a introdução bibliográfica e a apresentação de novas fontes de origem coreana em Jin Guo Ping e Wu Zhiliang, "Uma embaixada com dois embaixadores: Novos dados orientais sobre Tomé Pires e Hoja Yasan" (*Administração*, v. XVI, n. 60, pp. 685-7, 2003).

30. Ibid.

31. À exceção dos pesquisadores portugueses, entre os quais se destacam os trabalhos de Rui Manuel Loureiro. Ver *A China na cultura portuguesa do século XVI. Notícias, imagens, vivências* (Lisboa: Faculdade de Letras de Lisboa, 1995, tese [Doutorado], 2 v.); Id., *Nas partes da China* (Lisboa: Centro Científico e Cultural de Macau, 2009).

32. João de Barros, *IIIª Década da Ásia*. Lisboa: [s.n.], 1563, parte 2, livros VI e VII, v. III; Fernão Lopes de Castanheda, *História dos descobrimentos e da conquista da Índia pelos portugueses*. Coimbra: [s.n.], 1552-1561; Gaspar da Cruz, *Tractado em que se contam por extenso as cousas da China*, Évora: André Burgos, 1569; Fernão Mendes Pinto, *Peregrinação*. Lisboa: Pedro Crasbeeck, 1614. Sobre esses textos, ver D'Intino, op. cit., pp. XXX-I.

33. Miguel León-Portilla, *Vision de los vencidos: Crónicas indígenas*. Madri: Historia 16, 1985.

34. Ver em Bernardino de Sahagún, *Historia general de las cosas de Nueva España* (Trad. de Angel María Garibay. Cidade do México: Porrúa, 1977, v. IV); para uma tradução em inglês, ver James Lockhart, *We People Here: Nahuatl Accounts of the Conquest of Mexico* (Los Angeles: University of California Press, 1993).

35. No entanto, uma diferença gigantesca separa os dois *corpora*: os depoimentos chineses são independentes dos depoimentos portugueses, ao passo que os relatos mexicanos repercutem as reações de elites vencidas, cristianizadas e ocidentalizadas.

36. Nós nos baseamos nas fontes recenseadas por Paul Pelliot em "Le Hoja et le Sayyid Husain de l'histoire des Ming" (*T'oung Pao*, série 2, v. 38, 1948, pp. 81-292). O *Ming-che*, ordenado em 1645 e concluído oficialmente em 1739, após várias revisões (Ibid., p. 198); os *Che lou* de Tcheng-tö (Zhengde), que evocam várias vezes a embaixada portuguesa; a biografia de Leang Tch'ouo (*Nan-hai hien tche*, 36, 20b); o *Houang-Ming che-fa lou* (cf. Tcheng Sing-lang, H1, 397), do qual se serve o *Ming-che*; o *Houang-Ming siang-siu lou* (prefácio de 1629); o *Chou-yu tcheou-tseu low* (9, Sb) e o *Ming-chan tsang* (primeira metade do século XVII).

37. Pelliot, op. cit., p. 11. Como sugere seu nome chinês (*Houo-tchö*), transcrição do árabe Khôjja, ele se chamaria Khôjja Asan.

38. Ibid., pp. 196-7.

39. Segundo Pelliot, Khôjja Asan usa um nome muçulmano e é evocado na biografia de um personagem de origem cantonesa, Leang Tch'ouo. O muçulmano da Ásia central Sayyd Husain tinha um genro que também se chamava Khôjja. Pesquisas recentes fariam dele um chinês de origem; ver Jin Guo Ping e Wu Zhiliang, "Uma embaixada com dois embaixadores: Novos dados orientais sobre Tomé Pires e Hoja Yasan". *Administração*, n. 60, n. 32, v. XVI, p. 690, 2003.

40. Ibid., p. 164. Sobre a história dos Ming, *Ming shilu*, Shizong, *juan* 545 (edição por Academia Sínica, Taiwan, 1963-8), em Jorge Manuel dos Santos Alves, *Um porto entre dois impérios: Estudos sobre Macau e as relações luso-chinesas* [Macau: Instituto Português do Oriente, 1999], p. 19, n. 7).

41. Ver Léon-Portilla, op. cit., e Nathan Wachtel, *La Vision des vaincus: Les Indiens du Pérou devant la conquête espagnole* (Paris: Gallimard, 1971).

6. EMBAIXADAS OU CONQUISTAS? [pp. 97-141]

1. Xavier de Castro et al., op. cit., p. 45, v. i.

2. Chaunu, *Conquête et exploitation des Nouveaux Mondes*, op. cit., p. 137.

3. Díaz del Castillo, op. cit., p. 43, v. i.

4. Ibid., pp. 51, 57.

5. Ibid., pp. 52, 48.

6. Ibid., pp. 60, 73. Segundo Las Casas, op. cit., p. 204, v. iii, o governador Velázquez teria proibido Grijalva de "*poblar*".

7. Díaz del Castillo, op. cit., pp. 67, 70, v. i.

8. Ibid., pp. 63-4.

9. Cortesão, op. cit., p. xxvii.

10. Oliveira e Costa, op. cit., p. 21. Em 1519, Lisboa acalenta a ideia de organizar o comércio a partir da Índia estabelecendo uma rota Cochin/Cantão/Cochin que englobaria o tráfico entre Malaca e o porto chinês (Ibid., p. 25).

11. Luís Filipe F. R. Thomaz, *De Ceuta a Timor*. Algés: Difel, 1994, p. 196.

12. Subrahmanyam, op. cit., p. 103.

13. Cortesão, op. cit., p. xxiii.

14. Oliveira e Costa, op. cit., pp. 20-1.

15. Díaz del Castillo, op. cit., p. 82, v. i.

16. Introdução de A. Pagden, em Cortés, *Letters from Mexico*, op. cit., p. li.

17. Em junho de 1521 é publicada a *Carta das novas*, que anuncia a queda iminente de duas cidades; ver Thomaz, op. cit., p. 200.

18. Pierre Chaunu e Michèle Escamilla, *Charles Quint*. Paris: Fayard, 2000, p. 143.

19. Karl Brandi, *Charles Quint et son temps* (Paris: Payot, 1951), pp. 92-3, citado em Chaunu e Escamilla, op. cit., p. 179.

20. Magalhães recebe o apoio de Cristóbal de Haro, armador de Antuérpia. Em Portugal, esse agente dos Fugger financiou viagens clandestinas antes de ser expulso por d. Manuel. Ele fez um acordo com Fonseca, bispo de Burgos, que apresenta o projeto de Magalhães a Carlos v. Ver Nancy Smiler Levinson, *Magellan and the First Voyage around the World* (Nova York: Clarion, 2001).

21. Xavier de Castro et al., op. cit., p. 49, v. i.

22. Uma ilha a leste da Tanzânia.

23. Oliveira e Costa, op. cit., p. 133.

24. Martín Fernández de Figueroa, *Conquista de las Indias de Persia e Arabia que fizo la armada del rey don Manuel de Portugal*. Org. de Luis Gil. Valladolid: Universidade de Valladolid, 1999, p. 46.

25. Pelliot, op. cit., p. 87, n. 9; T'ien-tse Chang, *Sino-Portuguese Trade from 1514-1644: A Synthesis of Portuguese and Chinese Sources*. Nova York: AMS Press, 1973.

26. D'Intino, op. cit., p. XXVI, n. 61.

27. Sobre a recepção chinesa vista por fontes locais: Gu Yingxiang, *Jingxu-zhai*, publicado por Wan Ming em *Zhongpu Zaoqi Guanxishi* (Beijing: Documentos para as Ciências Sociais na China, 2001), pp. 29-30.

28. Pelliot, op. cit., p. 97, n. 19. O cronista João de Barros fala de uma "festa solene, com grandes luminárias".

29. Ibid., p. 113, n. 47; Guo Ping e Zhiliang, "Uma embaixada com dois embaixadores", op. cit., p. 692.

30. Pelliot, op. cit., p. 92, n. 12.

31. Ibid., p. 93, n. 14.

32. Cortés, *Cartas y documentos*, op. cit., p. 34.

33. Díaz del Castillo, op. cit., pp. 72-3, 78, 82, v. I. A autorização para "*conquistar y poblar*" — com o título de *adelantado* — será dada em Saragoça em 13 de novembro de 1518 e chegará às mãos de Velázquez na primavera do ano seguinte. Cortés leva consigo duzentos homens de Grijalva (Pagden, em Cortés, *Letters from Mexico*, op. cit., p. LIII).

34. Cortés, *Cartas y documentos*, op. cit., p. 19.

35. Peter Gerhard, *A Guide to the Historical Geography of New Spain*. Cambridge: Cambridge University Press, 1972, p. 360.

36. Díaz del Castillo, op. cit., pp. 151, 139, 149, 152, v. I.

37. José Luis Martínez, *Hernán Cortés*. Cidade do México, FCE, 2003, p. 179.

38. Ibid., p. 180.

39. Pagden, em Cortés, *Letters from Mexico*, op. cit., p. XX.

40. D'Anghiera, op. cit., pp. 423, 431. v. I.

41. D'Intino, op. cit., pp. 27, 31, 38.

42. Ibid., pp. 31, 36.

43. Segundo a biografia de Ho Ngao no *Chouen-tö hien tche*, em Pelliot, op. cit., p. 95, n. 15. É possível que a demanda chinesa por produtos exóticos — especialmente o âmbar — fosse tão forte que as autoridades provinciais teriam escolhido suavizar as regras e deixado passar missões não previstas pelos textos oficiais e fora das épocas habituais; ver Guo Ping e Zhiliang, "Uma embaixada com dois embaixadores", op. cit., pp. 693-5.

44. Pelliot, op. cit., pp. 179 e 97, n. 20.

45. Executado em 11 de julho de 1521 por ordem de Jlajling; ver Pelliot, op. cit., p. 16, n. 95; Guo Ping e Zhiliang, "Uma embaixada com dois embaixadores", op. cit., p. 697, n. 67, p. 699.

46. Pelliot, op. cit., pp. 178, 182.

47. Díaz del Castillo, op. cit., p. 151, v. i.

48. Martínez, op. cit., p. 208; D'Anghiera, op. cit., p. 442, v. ii. Este último dá o número de 1300 *tamemes*.

49. Cortés, *Cartas y documentos*, op. cit., pp. 37-8.

50. D'Anghiera, op. cit., p. 423, v. ii.

51. Díaz del Castillo, op. cit., p. 207.

52. Martínez, op. cit., p. 216; Andrés de Tapia, *Relación sobre la conquista de México*. Cidade do México: Unam, 1939, pp. 67-8.

53. D'Anghiera, op. cit., p. 455, v. ii; Cortés, *Cartas y documentos*, op. cit., p. 49.

54. Lope de Vega escreverá sobre ele uma peça de teatro.

55. Marcel Bataillon, *Varia lección de clásicos españoles*. Madri: Gredos, 1964, pp. 314-7, 325-8.

56. Cortés, *Cartas y documentos*, op. cit., p. 43.

57. Ibid.; Pagden, em Cortés, *Letters from Mexico*, op. cit., p. xxvii.

58. Cortés, *Cartas y documentos*, op. cit., p. 44.

59. Peter Sloterdijk, *Essai d'intoxication volontaire/ L'Heure du crime et le temps de l'œuvre d'art*. Paris: Hachette Pluriel, 2001.

60. Loureiro, *O manuscrito de Lisboa da "Suma oriental" de Tomé Pires*, op. cit., p. 197.

61. Sallmann, *Charles Quint*, op. cit., pp. 94-5.

62. Cortés, *Cartas y documentos*, op. cit., p. 33.

63. Imagens atraentes sugerem a importância das cidades: a de Tlaxcala aparece bem maior do que Granada, enquanto seu governo se assemelha ao das grandes cidades italianas, Veneza, Gênova ou Pisa; ver Cortés, *Cartas y documentos*, op. cit., p. 46.

64. D'Intino, op. cit., p. 21.

65. A carta é descoberta por Donald Ferguson em 1910 num volume da BNF (Paris) intitulado *Historia dos reis de Bisnaga*: *Crónica de Bisnaga y relación de la China*.

66. D'Anghiera, op. cit., p. 452, v. ii; Cortés, *Cartas y documentos*, op. cit., p. 37.

67. Trata-se de uma intimação feita ao adversário para que se submeta aos representantes da Coroa de Castela.

68. Cortés, *Cartas y documentos*, op. cit., pp. 34, 55, 37, 33, 41.

69. Ibid., p. 46.

70. Ibid., p. 47.

71. Ibid., p. 51.

72. Ibid., pp. 54-6.

73. Ibid., p. 46.

74. D'Intino, op. cit., p. 7.

75. *Fragmentos do Archivo da Torre do Tombo*, maço 24, f. 1-4, publicado por Ernst Artur Voretzsch, "Documentos acerca da primeira embaixada portuguesa à China", op. cit., pp. 50-69.

76. Chang, "Malacca and the Failure of the First Portuguese Embassy to Peking", op. cit., p. 52.

77. Em 1283, Alfonso x de Castela redigiu o famoso *El livro de ajedrez, dados e tablas*.

78. O jogo de damas existe então na Espanha e já tem o nome preciso que nós lhe damos; ver Lorenzo Valls, *Libro del juego de las damas, por outro nombre el marro de punta* (Valência, 1597). Sobre a história dos jogos, ver Harold Murray, *A History of Chess* (Northampton: Benjamin Press, 1985).

79. Díaz del Castillo, op. cit., p. 301, v. I.

80. *Xoxolhuia*, "mentir deliberadamente" (Rémi Siméon, *Diccionario de la lengua nahuatl o mexicana*. Cidade do México: Siglo XXI, 1984, p. 781).

81. Clendinnen, op. cit., p. 145; Duverger, *L'Esprit du jeu chez les Aztèques*, op. cit.

82. Erving Goffman, *Interaction Ritual: Essays on Face-to-Face Behavior*. Nova York: Pantheon, 1982.

83. Díaz del Castillo, op. cit., pp. 301-2. v. I.

84. Cortés, *Cartas y documentos*, op. cit., pp. 76-7.

85. Ibid., p. 44.

86. Ibid., pp. 33, 59.

87. Ibid., p. 80.

88. Ver o surgimento do aliado tlaxcalteca: Cortés destaca sua bravura, sua resistência aos conquistadores, e em seguida o perdão e sua submissão exemplar (Ibid., p. 44).

89. Ibid., p. 59.

90. Ibid., p. 71.

7. O CHOQUE DAS CIVILIZAÇÕES [pp. 142-61]

1. Chang, "Malacca and the Failure of the First Portuguese Embassy to Peking", op. cit., p. 57.

2. D'Intino, op. cit., p. 7.

3. Pelliot, op. cit., p. 101.

4. Ibid., pp. 182-3.

5. O discurso de Moctezuma (a Cortés e segundo Cortés) contém elementos inverossímeis — a entrega do poder — e outros que os conquistadores não podiam conhecer naquela data — a origem estrangeira dos mexicas. A confissão feita por Moctezuma de sua humanidade poderia ser interpretada como um meio indireto, elegante e cordial de fazer os intrusos compreenderem que ele não os toma por deuses; ver Cortés, *Cartas y documentos*, op. cit., p. 59.

6. Francis Brooks, "Motecuzoma Xoyocotl, Hernán Cortés and Bernal Díaz del Castillo: The Construction of an Arrest". *The Hispanic American Historical Review*, v. 75, pp. 164-5, 1995.

7. É o que se depreende da versão do *Códice Florentino*, em Sahagún, op. cit., p. 85 e passim, v. IV.

8. Já na ofensiva contra os tlaxcaltecas, os espanhóis haviam organizado incursões-relâmpago para semear o terror nas aldeias: incêndios, massacres de mulheres e crianças, razias de escravos.

9. Cortés, *Cartas y documentos*, op. cit., p. 90.

10. Ibid., pp. 94-5.

11. Mas acabará por dar resultado, ao passo que outras tentativas feitas ao mesmo tempo na costa mexicana, ao norte de Veracruz, fracassarão lamentavelmente; ver Chaunu (1969), p. 142.

12. Pelliot, op. cit., pp. 148 e 189, n. 136.

13. Ibid., p. 99, n. 26-7.

14. D'Intino, op. cit., p. 17.

15. Na verdade, as técnicas portuguesas de construção naval, que consomem muita madeira, não obterão adesão e somente duas embarcações serão construídas em Cantão.

16. Oliveira e Costa, op. cit., p. 46.

17. Pelliot, op. cit., pp. 103-4.

18. O *Yue-chan ts'ong-t'an*.

19. Wang Hong se tornaria ministro do Interior.

20. Pelliot, op. cit., p. 106, n. 41.

21. D'Intino, op. cit., p. xxviii.

22. Ibid., p. 15.

23. Pelliot, op. cit., p. 104, n. 37.

24. Ibid., p. 15.

25. D'Intino, op. cit., pp. 13-6.

26. Ibid., pp. 16-7, 36.

27. Chang, "Malacca and the Failure of the First Portuguese Embassy to Peking", op. cit., p. 63.

28. D'Intino, op. cit., p. 14.

29. Ibid., p. 37.

30. Oliveira e Costa, op. cit., p. 51, citando Fernão Lopes de Castanheda, *História do descobrimento e da conquista da Índia pelos portugueses*. Porto: Lello & Irmão, 1979, v. II, pp. 377-8.

31. Cortés, *Cartas y documentos*, op. cit., p. 100.

32. Ibid., pp. 115, 119.

33. Ibid., p. 118.

34. Ibid., p. 117; Sahagún, op. cit., p. 58.

35. Díaz del Castillo, op. cit., p. 96, v. I.

36. Cortés, *Cartas y documentos*, op. cit., p. 53.

37. Chaunu (1969), pp. 136, 138.

38. Sobre Afonso de Albuquerque, ver T. F. Earle e John Villiers (Orgs.), *Afonso de Albuquerque: O César do Oriente*. Lisboa: Fronteira do Caos, 2006.

8. O NOME DOS OUTROS [pp. 162-82]

1. Pelliot, op. cit., p. 93, n. 14.

2. Ibid., p. 163, n. 180.

3. Luís Felipe Thomaz, "Frangues", em *Dicionário de história dos descobrimentos portugueses*. Org. de Luís de Albuquerque. Lisboa: Círculo de Leitores, 1994, v. 1, p. 435.

4. Pelliot, op. cit., p. 164.

5. Ibid., pp. 86-92.

6. *Houang Ming che-fa lou*. Pelliot cita ainda outras fontes: *Chou-yu tcheou-seu lou*, em 24 capítulos, prefácio (datado de 1574) de Yen T'song kien, funcionário encarregado das audiências imperiais (n. 67, p. 119); biografia de Leang Tch'ouo, *Nan-hai hien tche* (1573-1619).

7. Guo Ping e Zhiliang, "Uma embaixada com dois embaixadores", op. cit., pp. 706-7.

8. O *Shilu* dá *Pou-li-tou-kia*; ver D'Intino, op. cit., p. 8, n. 7.

9. Díaz del Castillo, op. cit., p. 48, v. I.

10. Motolinía (Toribio de Benavente), op. cit., p. 171.

11. Lockhart, *The Nahuas after the Conquest*. Stanford: Stanford University Press, 1992, p. 276. Um habitante de Castela será denominado *caxtiltecatl* (Ibid., p. 277). O "n" final de *"castilan"* seria a marca índia do locativo ("de Castela"), mais do que a transposição da terminação *no* do espanhol *"castellano"*.

12. James Lockhart, "Sightings: Initial Nahua Reactions to Spanish Culture", em Stuart Schwartz (Org.), *Implicit Understandings: Observing, Reporting, and Reflecting on the Encounter between Europeans and other Peoples in the Early Modern Era.* Cambridge: Cambridge University Press, 1994, p. 238.

13. Las Casas, op. cit., pp. 274-5, v. II.

14. É o caso de Gonzalo Guerrero; ver Díaz del Castillo, op. cit., p. 166, v. I.

15. Cortés, *Cartas y documentos*, op. cit., p. 59.

16. Ibid., pp. 36, 53.

17. Anthony Pagden, *The Fall of Natural Man: The American Indian and the Origins of Comparative Ethnology.* Cambridge: Cambridge University Press, 1982, p. 17.

18. Pelliot, op. cit., p. 161. Ver Chang, "Malacca and the Failure of the First Portuguese Embassy to Peking", op. cit., pp. 57-8.

19. D'Intino, op. cit., p. 16.

20. Especialmente os relatos de Qiu Dalong e de He Ao; ver D'Intino, op. cit., p. 9, n. 6; Pelliot, op. cit., p. 126.

21. D'Intino, op. cit., pp. 9, 10, 15.

22. Disponível em: <sites.estvideo.net/malinal/tl/nahuatlTLACATL.html>.

23. Lockhart, *The Nahuas after the Conquest*, op. cit., pp. 536-7.

24. Díaz del Castillo, op. cit., pp. 154-5. v. I.

25. É provável que o soberano mexica se tenha interrogado bem cedo sobre a origem de seus visitantes, ao menos para descobrir como livrar-se deles. É bem menos certo que ele tenha, desde seu encontro com Cortés, considerado e aceitado interpretações que o conduziam a uma rendição incondicional. A "boa vontade" de Moctezuma é tanto mais estranha quanto, ao primeiro contato, seus vizinhos tlaxcaltecas não haviam hesitado em confrontar os intrusos, recorrendo a todo tipo de manobras e de astúcias de guerra.

26. Motolinía, op. cit., p. 171.

27. Cortés, *Cartas y documentos*, op. cit., pp. 114, 105.

28. Fernández de Figueroa, op. cit., p. 126.

29. Cortés, *Cartas y documentos*, op. cit., p. 114.

30. Ibid., pp. 50, 115.

31. D'Intino, op. cit., p. 36.

32. Compilado a partir de 1566 para o imperador Jiajing, e portanto de caráter retrospectivo.

33. Pelliot, op. cit., p. 91, n. 10.

34. Sahagún, op. cit., v. IV, pass.; John Bierhorst, *A Nahuatl-English Dictionary and Concordance to the Cantares mexicanos with an Analytical and Transcription and Grammatical Notes.* Stanford: Stanford University Press, 1985, p. 62.

35. Chang, "Malacca and the Failure of the First Portuguese Embassy to Peking", op. cit., p. 53.

36. Bierhorst, *A Nahuatl-English Dictionary*, op. cit., p. 64.

37. Pelliot, op. cit., p. 109.

38. D'Intino, op. cit., p. 20.

39. Nos anos 1580, quando os chineses tiverem aprendido a conhecer melhor os portugueses, são os enviados espanhóis que despertarão temores ancestrais.

40. D'Intino, op. cit., p. 9 e n. 17.

41. Alguns portugueses teriam roubado criancinhas chinesas ou comprado crianças raptadas para vendê-las como escravos; ver Barros, *IIIª Década da Ásia*. Lisboa: [s.n.], parte II, livro VI, pp. 16-8. Os visitantes estrangeiros dos países tributários tinham o costume de obter crianças em Cantão.

42. Ibid., p. 14.

43. Frank Lestringant, *Le Cannibale: Grandeur et décadence*. Paris: Perrin, 1994.

44. Michel de Montaigne, *Les Essais*. livro I, cap. XXX. Paris: Le Livre de Poche, 1965, p. 267.

45. Para as fontes chinesas, ver D'Intino, op. cit., p. 9, n. 17; *Yueshan congtan*, trad. em Pelliot, op. cit., p. 93; *Guangdong tongahi*, p. 93; *T'ianxia jungo shu*, cap. 119, p. 43; *Mingshi*, livro XXVIII, p. 842.

46. A fantasia não deixa de evocar a maneira como filmes de ficção científica imaginam a intrusão de alienígenas que raptam humanos e se repastam com eles. Ver *Intruders*, de Dan Curtis (1992).

9. UMA HISTÓRIA DE CANHÕES [pp. 183-96]

1. Pelliot, op. cit., pp. 202-3.

2. *Daxuc wen*, traduzido por Chan Wing-tsit, *Source Book*, pp. 659-66, em Cheng (1997), p. 557, n. 14.

3. Ibid., p. 532.

4. *Obras*, 24, 12-3, em Pelliot, op. cit., p. 202.

5. "Cantar LXVI", em Bierhorst (Org.), *Cantares mexicanos: Songs of the Aztecs*. Stanford: Stanford University Press, 1985, pp. 320-1.

6. D'Intino, op. cit., p. 19.

7. Chang, "Malacca and the Failure of the First Portuguese Embassy to Peking", op. cit., pp. 57-8.

8. Ibid.

9. *Chou-yu tcheou-tseu lou*, 9, 9b, em Pelliot, op. cit., p. 107, n. 42.

10. Ou seja, à China.

11. Sahagún, op. cit., livro xii.

12. Bierhorst (Org.), *Cantares mexicanos*, op. cit, p. 58.

13. "Cantar lxvi", em Ibid. (Org.), pp. 322-3, , f. 55.55v.

14. Ibid., f. 54v.

15. Ibid., f. 55.55v. A comparar com as devastações causadas pelos canhões portugueses no sudeste da Ásia; ver Anthony Reid, "Southeast Asia Categorizations of Europeans", em Schwartz (1994), p. 278.

16. Sahagún, op. cit., v. iv, pp. 60, 141.

17. Ibid., p. 62.

18. Ibid., p. 139.

19. Diego Durán, *Historia de las Indias de Nueva España e islas de la Tierra firme*. Cidade do México: Porrúa, 1967, v. ii, p. 567.

20. Sahagún, op. cit., v. iv, p. 141.

21. Ibid., v. i, p. 180 (livro ii, cap. 27, 42).

22. Alfredo López Austin, *Cuerpo humano e ideología*. Cidade do México: Unam, 1980, v. i, pp. 66-7.

23. Sahagún, op. cit., v. iv, p. 155.

24. Ibid., pp. 158-9.

25. Lockhart, *The Nahuas after the Conquest*, op. cit., pp. 272-3.

26. Ibid., p. 267.

27. Caractere 395, em *Dictionnaire français de la langue chinoise*. Institut Ricci, Kuangchi Press, 1976, p. 72.

28. Tirado de *Farangi*, nome dado pelos intérpretes orientais. Em português se escreverá *Franges* (Vieira em D'Intino) ou *Frangues* (Barros [1777], *III Década*, ii parte, vi, p. 7). Mas, em turco, Babur emprega o termo *farangi* no sentido de "peça de artilharia" (Pelliot [1948], n. 39). E *piringi* significa "canhão" em télugo.

29. Pelliot, op. cit., p. 101, n. 31.

30. Lockhart, *The Nahuas after the Conquest*, op. cit., p. 269.

10. OPACIDADE OU TRANSPARÊNCIA? [pp. 197-213]

1. Schwartz (1994); Anthony Reid, "Southeast Asia Categorizations of Europeans". Ibid., pp. 272-4, sobre a ausência de barreiras linguísticas, o papel do árabe e do malaio como *linguae francae* no sudeste da Ásia e o papel, sempre minimizado, das mulheres indígenas nas relações estabelecidas pelos visitantes.

2. Barros, *IIIª Década da Ásia*. Lisboa: [s.n.], parte i, livro ii, cap. viii, p. 217.

3. Ibid., p. 215.

4. Cortés, *Cartas y documentos*, op. cit., p. 48.

5. Stéphane Péquignot, "Les Diplomaties occidentales et le mouvement du monde", em Boucheron (2011), p. 722.

6. Ruy González de Clavijo, *Embajada a Tamorlán*. Org. de Francisco López Estrada. Madri: Castalia, 2004.

7. Ping e Zhiliang, "Uma embaixada com dois embaixadores", op. cit., p. 697.

8. Cortés, *Cartas y documentos*, op. cit., pp. 70-1, 58.

9. Sahagún, op. cit., livro xii, cap. v, pp. 30-1.

10. A expressão é de Gilles Veinstein (Boucheron (Org.), op. cit., p. 720).

11. Díaz del Castillo, op. cit., pp. 60, 62, 71, 73, v. i.

12. Guo Ping e Zhiliang, "Uma embaixada com dois embaixadores", op. cit., p. 700, n. 78.

13. D'Intino, op. cit., pp. 8, 7.

14. Ibid., pp. 20, 8.

15. Lockhart, *We People Here*, op. cit.

16. Barros, *IIIª Década da Ásia*. Lisboa: [s.n.], parte i, livro ii, cap. viii, p. 211.

17. Ibid., p. 212.

18. Robinson, op. cit., p. 401.

19. Ibid., segundo Yu Ruji, *Libu zhigao*, 1620.

20. Ping e Zhiliang, "Uma embaixada com dois embaixadores", op. cit., p. 709, citando as *Verdadeiras crônicas da dinastia Li (Lichao Shilu)*.

21. Richard White, *The Middle Ground: Indians, Empires, and Republics in the Great Lakes Region, 1650-1815*. Cambridge: Cambridge University Press, 1991.

11. AS MAIORES CIDADES DO MUNDO [pp. 214-34]

1. D'Intino, op. cit., pp. 48, 23, 21.

2. Ibid., p. 49.

3. Ibid., p. 25.

4. Ibid., pp. 27-8, 49.

5. Michael E. Smith, *Aztec City-State Capitals*. Gainesville: Universidade da Flórida, 2008.

6. Jianfei Zhu, *Chinese Spatial Strategies: Imperial Beijing 1420-1911*. Londres: Routledge; Curzon, 2004, p. 103.

7. Jianfei Zhu, op. cit., p. 4; Eduardo Matos Moctezuma et al., "Tenochtitlan y Tlatelolco", em *Siete ciudades antiguas de Mesoamérica: Sociedad y medio am-*

biente. Cidade do México: Instituto Nacional de Antropología e Historia, 2011, pp. 360-435.

8. Gilles Béguin et al., *L'ABCdaire de la Cité interdite*. Paris: Flammarion, 2007.

9. Bartolomé de las Casas, *Apologética historia sumaria*. Org. de Edmundo O'Gorman., Cidade do México: Unam, 1967, v. I, p. 237.

10. O dominicano não hesita em atribuir, de passagem, um milhão de habitantes a México-Tenochtitlán (Ibid., p. 265).

11. Ibid., pp. 304-5.

12. Díaz del Castillo, op. cit., p. 45, v. I.

13. *Rare Adventures and Painful Peregrinations*, Londres, 1632.

14. Cortés, *Cartas y documentos*, op. cit., p. 45.

15. Díaz del Castillo, op. cit., pp. 47-8, v. I.

16. Cortés, *Cartas y documentos*, op. cit., pp. 12-3, 15-19, 24, 30, 34, 37, 46-7, 51, 53, 64.

17. "*Villa y fortaleza de* Ceyxnacan" (Ibid., p. 37); a região de Cempoala não teria menos de cinquenta "*villas y fortalezas*" (Ibid., p. 34).

18. Ibid., p. 39.

19. *Aldea*: do árabe *al-day'a*, traduzido em castelhano por *villa*; *alquería*, do árabe *al-qarîa*, *poblado* [povoado] e, no uso espanhol, "granja", ou mesmo "casa isolada".

20. Cortés, *Cartas y documentos*, op. cit., p. 67.

21. Ibid., p. 39.

22. Ibid., pp. 64, 39.

23. Ibid., pp. 58, 72-3.

24. Pires teria enviado antes de 1524 ao governador da Índia uma obra, hoje perdida, sobre as riquezas da China; ver Cortesão (1990), p. LXIII.

25. D'Intino, op. cit., p. 48.

26. Ibid., p. 44.

27. Ibid., pp. 43, 49.

28. Ibid., pp. 21-2.

29. Ele se baseia nos testemunhos da expedição de Fernão Peres e "per um debuxo do natural delle que nos de lá trouxeram"; ver Barros, *IIIª Década da Ásia*. Lisboa: [s.n.], parte I, livro II, cap. VII, p. 203.

30. D'Intino, op. cit., p. 24.

31. Barros, *IIIª Década da Ásia*. Lisboa: [s.n.], parte I, livro II, cap. VII, p. 188.

32. Ibid., p. 191.

33. D'Intino, op. cit., p. 27.

34. Ibid., pp. 24, 27, 43.

35. Ibid., p. 36.

36. Sobre a muralha descoberta na orla da senhoria de Tlaxcala, ver Cortés, *Cartas y documentos*, op. cit., p. 39.

37. Ela podia ser localizada no Atlas Catalão (*c.* 1380) sob o nome de *Chanbalec*, assim como *Zincolan* (Cantão, Guangzhou). No mapa-múndi do veneziano Fra Mauro (1459), a cidade de Canbalec se ergue no coração do nobre império de Catai com seu aspecto de centro muçulmano, suas cúpulas e seus altos minaretes. Ainda na segunda metade do século XVI Abraham Ortelius distingue *Cambelu*, metrópole do Catai, de *Pangin*, a cidade chinesa. Até o início do século XVII, cartógrafos europeus (Hondius, 1610) continuarão obstinadamente a distinguir Beijing e a capital dos mongóis.

38. Joan-Pau Rubiés, *Travel and Ethnology in the Renaissance: South India through European Eyes, 1250-1625*. Cambridge, UK: Cambridge University Press, 2000, p. 293.

12. A HORA DO CRIME [pp. 235-57]

1. Nicolas Machiavel, *Le Prince*. Trad. de Guillaume Cappel. Paris: Charles Estienne, 1553, p. 11.

2. Ibid.

3. Cortés, *Cartas y documentos*, op. cit., p. 112.

4. Ibid., p. 114.

5. D'Intino, op. cit., pp. 49, 31.

6. Machiavel, op. cit., pp. 101, 118-9.

7. Ibid., pp. 100-1, 118-9.

8. Quentin Skinner, *As fundações do pensamento político moderno*. São Paulo: Companhia das Letras, 1996, pp. 124-5.

9. Marcelo Santiago Berriel, *Cristão e súdito: Representação social franciscana e poder régio em Portugal, 1383-1450*. Universidade Federal Fluminense: Niterói, 2007, pp. 204, 175, 188-9. Tese (Doutorado).

10. D'Intino, op. cit., pp. 25, 31, 27.

11. Cortés, *Cartas y documentos*, op. cit., p. 106.

12. Pedro Cardim, *Cortes e cultura política no Portugal do Antigo Regime*. Lisboa: Cosmos, 1998.

13. D'Intino, op. cit., p. 37.

14. Skinner, op. cit., pp. 32, 231-2.

15. D'Intino, op. cit., p. 49.

16. Cortés, *Cartas y documentos*, op. cit., pp. 68, 75.

17. D'Intino, op. cit., p. 36.

18. Cortés, *Cartas y documentos*, op. cit., p. 105.

19. D'Intino, op. cit., p. 42.

20. Ibid., pp. 50, 43.

21. Cortés, *Cartas y documentos*, op. cit., p. 113.

22. Sloterdijk, op. cit., p. 205.

23. Cortés, *Cartas y documentos*, op. cit., pp. 113, 105.

24. D'Intino, op. cit., pp. 53, 48.

25. Ibid., pp. 39-40.

26. Ibid., pp. 49, 35, 10, n. 21 e 42.

27. Ibid., p. 37.

28. Cortés, *Cartas y documentos*, op. cit., p. 111.

29. D'Intino, op. cit., p. 45.

30. Oliveira e Costa, op. cit., p. 46.

31. Ibid., pp. 46, 43, 38, 44, 52.

32. Ibid., p. 42.

33. Ibid., pp. 45, 42.

34. Ibid., pp. 51, 49, 50, 29.

35. Ibid., p. 51.

36. Ibid., pp. 46, 52.

37. Ibid., p. 36.

38. Ibid., p. 43.

39. Cortés, *Cartas y documentos*, op. cit., pp. 60, 67.

40. Isabel dos Guimarães Sá, "Os rapazes do Congo: discursos em torno de uma experiência colonial (1480-1580)", em Leila Mezan Algranti e Ana Paula Megiani (Orgs.), *O império por escrito: Formas de transmissão da cultura letrada no mundo ibérico, séculos XVI-XIX*. São Paulo: Alameda, 2009, p. 317.

41. Ibid., p. 322.

13. O LUGAR DOS BRANCOS [pp. 258-71]

1. Ver Gruzinski, *O pensamento mestiço*. São Paulo: Companhia das Letras, 1999.

2. "Cantar LXVIII", em Bierhorst (Org.), *Cantares mexicanos*, f. 58v, 1.13, p. 337.

3. Ver cap. VIII, nota 6.

4. Arthur Waldron, *La grande muraglia: Dalla storia al mito*. Turim: Einaudi, 1993, pp. 110-1, 125, 134.

5. Ibid., pp. 139, 124, 141.

6. Ibid., pp. 119, 121, 208-9, 211.

7. Waldron, op. cit., p. 142.

8. Ibid., pp. 104, 132, 210, 113, 105.

9. Ibid., p. 201. Owen Lattimore, "Origins of the Great Wall of China: A Frontier Concept in Theory and Practice", em *Studies in Frontier History: Collected Papers, 1928-1958*. Londres: Oxford University Press, 1962, pp. 97-118.

10. Waldron, op. cit., pp. 115, 205-6.

11. Ibid., pp. 134, 207. Assim, nota-se do lado do Vietnã a mesma dificuldade em fazer escolhas políticas que se reapresentará após a campanha de 1537-40.

12. Brook, *The Troubled Empire*, op. cit., p. 223.

13. Gernet, op. cit., p. 369.

14. Releiam-se as análises de Claude Lévi-Strauss, pass., assim como Eduardo Viveiros de Castro, *Métaphysiques cannibales* (Paris: PUF, 2009).

15. Claude Lévi-Strauss, *Histoire de lynx*. Paris: Plon, 1991, p. 16.

14. A CADA UM SEU PÓS-GUERRA [pp. 272-86]

1. Dennis Owen Flynn e Arturo Giraldez, "Cycles of Silver: Global Economic Unity through the Mid-Eighteenth Century". *Journal of World History*, v. 13, n. 2, 2002, pp. 391-427.

2. João Paulo O. Costa, "Do sonho manuelino ao pragmatismo joanino: Novos documentos sobre as relações luso-chinesas na terceira década do século XVI". *Studia*, v. 50, 1991, pp. 121-56.

3. Alves, *Um porto entre dois impérios*, op. cit, p. 58.

4. Ibid., p. 59.

5. Sobre a importância desse comércio global, ver Brook, *The Troubled Empire*, op. cit., pp. 213-37.

6. Mendes Pinto, op. cit., p. 199.

7. Geoffrey Phillip Wade, *The Ming-shi-lu (Veritable Records of the Ming Dinasty) as a Source for Southeast Asian History, 14th to 17th centuries*. University of Hong-Kong: [s.n.], 1994, em Alves, *Um porto entre dois impérios*, op. cit., p. 25, n. 23.

8. Ibid., p. 70, n. 52, e p. 71, n. 53; Roland L. Higgins, *Piracy and Coastal Defense in the Ming Period: Government Response to Coastal Disturbances, 1523-1549*. Michigan: UMI Dissertation Services, 1981. Tese (Doutorado); Jin Guo Ping e Zhang Zhengchun, "Liampó reexaminado à luz de fontes chinesas". *Estudos de história do relacionamento luso-chinês, séculos XVI-XIX*. Macau: Instituto Português do Oriente, pp. 85-137, 1996.

9. Ibid., p. 102.

10. Mendes Pinto, op. cit., p. 185.

11. Ibid.

12. Alves, *Um porto entre dois impérios*, op cit., p. 19, n. 3: "Sejarak Malayu or Malay Annals". Org. de C.C. Brown. *Journal of the Malayan Branch of the Royal Asiatic Society*. v. 25, 2/3, 1963, cap. xxl.

13. Higgins, op. cit., p. 195.

14. Mendes Pinto, op. cit., p. 186.

15. Pierre-Yves Manguin, *Les Portugais sur les côtes du Viêt-nam et du Campa: Étude sur les routes maritimes et les relations commerciales d'après les sources portugaises (XVIe, XVIIe et XVIIIe siècles)*. Paris: Efeo, 1972.

16. Li Hsien-Chang, "A Research on the Private Traders along the Chekiang Coast during the Ghiaching (16th Century) Period and on the Story of Captain Wang Chih: A Private Trader's Life under the Embargo Age". *Shigaku*, v. 34, n. 2, 1961, pp. 161-203 (em japonês); Stephen T. Chang, "The Changing Patterns of Portuguese Outpost along the Coast of China in the xvith Century: A Socio--Ecological Perspective", Alves, *Um porto entre dois impérios*, op cit., pp. 22-3.

17. Guo Ping e Zhengchun, "Liampó reexaminado à luz de fontes chinesas", op. cit., pp. 104, 101, 105.

18. Alves, *Um porto entre dois impérios*, op cit., pp. 51-102.

19. Ibid., p. 42.

20. Serge Gruzinski, *O pensamento mestiço*, op. cit.

21. Ver Gruzinski, *O pensamento mestiço*, op. cit., e *As quatro partes do mundo: História de uma mundialização* (São Paulo: UFMG/Edusp, 2014).

15. OS SEGREDOS DO MAR DO SUL [pp. 287-306]

1. Xavier de Castro et al., op. cit., p. 908, v. ii; D'Anghiera (1965), v. ii, p. 517.

2. Informações registradas por Pigafetta em seu cap. xlvii; ver Xavier de Castro et al., op. cit., pp. 251-57, v. i.

3. Depoimento de Albo em "Les dépositions d'Elcano, Albo et Bustamante au retour de la *Victoria*", Ibid., v. ii, p. 625.

4. Ibid., v. i, pp. 223, 229, 254-7, 469.

5. Ibid., v. i, pp. 256-7, 411.

6. Sallmann, *Charles Quint*, op. cit., p. 123.

7. José María Ortuño Sánchez-Pedreño, "Estudio histórico-jurídico de la expedición de García Jofre de Loaisa a las islas Molucas: La venta de los derechos sobre dichas islas a Portugal por Carlos i de España". *Anales de derecho*, Murcia:

Universidad de Murcia, n. 21, pp. 217-37, 2003. "Las pretensiones de Hernán Cortés en el mar del Sur: Documentos y exploraciones". *Anales de derecho*, Murcia, v. 22, 2004, p. 325, n. 17.

8. António Galvão, *Tratado de los descobrimentos*. Porto: Civilização, 1987, p. 133.

9. Juan Gil, *Mitos e utopia del descobrimiento. 2. El Pacífico*. Madri: Alianza, 1989, p. 26; AGI, Patronato, 37, 9.

10. Ibid., p. 134.

11. Oruño Sánches-Pedreño, "Las pretensiones de Hernán Cortés en el mar del Sur", op. cit., pp. 339, 317-353; Xavier de Castro et al., op. cit., pp. 23-4, v. I.

12. Galvão, op. cit., p. 125.

13. Ortuño Sanchez-Pedreño, "Las pretensiones de Hernán Cortés en el mar del Sur", op. cit., pp. 327, 329, 331.

14. Ibid., p. 332; Cortés, *Cartas y documentos*, op. cit., p. 474.

15. Galvão, op. cit., p. 138.

16. Ibid., p. 139.

17. Os dezoito sobreviventes do navio de Saavedra retornam a Tidore. Ali são capturados pelos portugueses, que os transferem para Malaca. Ver Ortuño Sánchez-Pedreño, op. cit., p. 334; Francisco López de Gómara, *La conquista de México*. Madri: Historia 16, 1986, p. 401.

18. Ibid., pp. 329, 330.

19. *De Moluccis*, Colônia, 1523: três edições em latim em 1523, treze em latim e em italiano ao longo do século XVI. Ver Sallmann, *Charles Quint*, op. cit., p. 207.

20. Ibid., pp. 216, 225.

21. Cortés, *Cartas y documentos*, op. cit., pp. 494-5, 497-8.

22. Ibid., p. 495.

23. Ibid., pp. 494-5.

24. Francisco del Paso y Troncoso, *Epistolario de la Nueva España*. Cidade do México: José Porrúa & Hijos, 1939, pp. 133, 113-4, v. II.

25. Díaz del Castillo, op. cit., p. 305, v. II.

26. Ibid., p. 308.

27. Galvão, op. cit., p. 147.

28. Gómara , op. cit., pp. 414-5.

29. Carlos Prieto, *El oceano pacífico: Navegantes españoles del siglo XVI*. Madri: Alianza, 1975, p. 83.

30. Peter Gerhard, *Síntesis e índice de los mandamientos virreinales, 1548-1553*. Cidade do México: Unam, 1992, pp. 19-20.

31. Juan Suárez de Peralta, *Tratado del descubrimiento de las Indias*. Cidade do México: Secretaría de Educación Pública, 1949, p. 109.

1. Prieto, op. cit., pp. 89-92.

2. Fernán González de Eslava, *Coloquios espirituales y sacramentales*. Cidade do México: El Colegio de México, 1998, pp. 61-3.

3. Ibid., pp. 154, 298 (*Coloquio sexto*); pp. 318, 322 (*Coloquio séptimo*).

4. AGI Filipinas 6; Pablo Pastells e Pedro Torresy Lanzas, *Catálogo de documentos relativos a las islas Filipinas*. Barcelona: Viuda de L. Tasso, 1925-36, I, CCVCIV; Manel Ollé Rodríguez, *La empresa de China: De la armada invincible al Galeón de Manila*. Barcelona: Acantilado, 2002, p. 40.

5. John M. Headley, "Spain's Asian Presence, 1565-1590: Structures and Aspirations". *The Hispanic American Historical Review*, v. 75-5, 1995, p. 633.

6. Lourdes Díaz-Trechuelo, "Filipinas y el tratado de Tordesillas", em *Actas del primer coloquio luso-español de Historia de Ultramar*, Valladolid, 1973, pp. 229-240; Gil (1989), p. 65.

7. Ricardo Padrón, "A Sea of Denial: The Early Modern Spanish Invention of the Pacific Rim". *The Hispanic Review*, v. 77, n. 1, inverno de 2009, pp. 1-27.

8. Juan López de Velasco, *Geografía y descripción universal de las Indias*. Madri: Atlas, 1971, p. 289.

9. Geoffrey Parker, *La gran estrategia de Felipe II*. Madri: Alianza, 1998, p. 127, fig. 12.

10. López de Velasco, op. cit., p. 295.

11. Ibid., p. 300.

12. Ibid., p. 301.

13. "Será para lo que se puede ofrecer." Ibid., p. 302.

14. *Discurso de la navegación que los Portugueses hazen a los reinos y provincias de Oriente y de la noticia que se tiene de las grandezas del reino de la China*; Parker (1998), pp. 74, 311.

15. Lothar Knauth, *Confrontación Transpacífica: El Japón y el Nuevo Mundo Hispánico. 1542-1639*. Cidade do México: Unam, 1972, p. 42.

16. *Carta del padre Pedro de Morales*. Org. de Beatriz Mariscal Hay. Cidade do México: El Colegio de México, 2002, p. 54.

17. *Cinco cartas de Pedro Moya de Contreras*. Madri: Porrúa Turanzas, 1962, p. 32. Trecho extraído de Cristóbal Gutiérrez de Luna, *Vida y heróicas virtudes de Pedro Moya de Contreras*, 1619.

18. Paul Claudel, *Le Soulier de satin*. Paris: Gallimard, 1997, p. 51.

19. Paso y Troncoso, op. cit., p. 124, v. XII

20. Knauth, op. cit., p. 44.

21. "Relación de Juan Pacheco Maldonado", em Knauth, op. cit., p. 46.

22. Realizado por Marco Bellocchio, estreou em 1967.

23. Fernando Iwasaki Cauti, *Extremo Oriente y el Perú en el siglo XVI*. Lima: Pontificia Universidad Católica del Perú, 2005.

24. Chaunu, "Le Galion de Manille: Grandeur et décadence d'une route de la soie". *Annales. Économies, Sociétés, Civilisations*, Paris, ano 6, n. 4, pp. 447-62, 1951; *Les Philippines et le Pacifique des Ibériques (XVIe, XVIIe, XVIIIe siècles)*. Paris: SEVPEN, 1960; Federico Sánchez Aguilar, *El lago español: Hispanoasia*. Fuenlabrada, Madri, 2003.

17. QUANDO A CHINA DESPERTAR [pp. 319-45]

1. Carta de Mirandaola a Filipe II, Cebu, 8 de junho de 1569 (AGI, Audiencia Filipinas, 29). Um feitor é um funcionário encarregado dos interesses financeiros e econômicos da Coroa.

2. AGI, Filipinas, 79, 1, 1, em Ollé Rodríguez, *La empresa de China*, op. cit., pp. 41-2.

3. É útil reler a ação de Las Casas dentro dessa perspectiva.

4. Ollé Rodríguez, *La empresa de China*, op. cit., p. 52.

5. AGI, Audiencia de Filipinas, 6, 28: carta de Francisco de Sande, em 7 de junho de 1576.

6. Ibid.; carta enviada da cidade de Manila, 2 de junho de 1576, em AGI, Audiencia de Filipinas, 84.

7. AGI, Patronato, 24, 47.

8. *Diálogos militares*, Cidade do México, Pedro Ocharte, em Joaquín García Icazbalceta, *Bibliografía Mexicana del siglo XVI*. Cidade do México: FCE, 1981, pp. 316, 393-5; *Instrución nautica*. Cidade do México: Pedro Ocharte, 1587.

9. Bernardino Escalante, *Discurso de la navegación que los Portugueses hacen a los reinos y provincias del Oriente*. Sevilha: [s.n.], 1577, pp. 96, 98.

10. *Real Cédula* de 29 de abril de 1577, em AGI, Audiencia de Filipinas, 339, I, 80.

11. Carmen Y. Hsu, "Writing on Behalf of a Christian Empire: Gifts, Dissimulation and Politics in the Letters of Philip II of Spain to Wanli of China". *The Hispanic Review*, v. 78, n. 3, verão de 2010, pp. 323-44.

12. Sobre os mundos da Monarquia Católica, ver Gruzinski (2004).

13. Marcocci, op. cit., p. 135.

14. "Relación de Alonso Sánchez (Manila, abril-junio de 1583)", em AGI, Audiencia de Filipinas, 79, 2, 15; Ollé Rodríguez, *La empresa de China*, op. cit., pp. 89-120. Sobre a instalação dos jesuítas portugueses em Macau, ver Rui Manuel

Loureiro, "Origens do projeto jesuíta de conquista espiritual da China", em Alves (2000), pp. 131-66.

15. Ibid., p. 114.

16. "Información sobre los impedimentos a la predicación em China [...] por el Obispo Domingo de Salazar para el papa Gregorio XIII y el rey Felipe II", Manila , 19 abr. 1583, AGI, Patronato, 25, 8; ver também AGI, Audiencia de Filipinas, 74, 22.

17. AGI, Filipinas, 79, 2, 15, "Relación breve de la jornada que el P. Alonso Sánchez hizo..."; carta do bispo Domingo de Salazar a Filipe II, Manila, 8 de junho de 1583.

18. Sobre os clichês ligados à língua chinesa, ver Anne Cheng, *La Pensée en Chine aujourd'hui*. Paris: Gallimard, 2007.

19. Juan Bautista Roman, *Relación* (1584), Archivo de la Real Academia de la Historia, Colección Juan Bautista Muñoz, 9-4797, v. 18, ff. 249-258; Ollé Rodríguez, *La empresa de China*, op. cit., p. 157.

20. Ibid., pp. 158-9.

21. Na verdade, só mais tarde Hideyoshi, que havia reunificado o país, atacaria a Coreia e a China: foi a "guerra dos sete anos" (1592-8).

22. Francisco de Vitoria, *Relectio de Indis* (1539) e *Relectio de Jure Belli* (Salamanca, 19/6/1539).

23. Ver Pagden (1982); Antony Anghie, *Imperialism, Sovereignty and the Making of International Law*. Cambridge: Cambridge University Press, 2005.

24. Em sua *Apología* de 1550; ver Pagden (1982), p. 119.

25. Vasco de Quiroga, *De debellandis Indis*. Org. de René de Acuña. Cidade do México: Unam, 1988, p. 57.

26. Bartolomé de Las Casas, *Obras completas*. v. i. Madri: Alianza, 1992, pp. 157-8.

27. Lino Gómez Canedo, *Evangelización y conquista: Experiencia franciscana em Hispanoamérica*. Cidade do México: Porrúa, 1988, pp. 77-9, 81, n. 35.

28. Ibid., pp. 80, 83, n. 41.

29. Ibid., pp. 81-2.

30. Ollé Rodríguez, *La empresa de China*, op. cit., p. 146.

31. José de Acosta, *Parecer sobre la guerra de la China* e *Respuesta a los fundamentos que justifican la guerra contra China*, em *Obras del Padre José de Acosta*. Madri: Atlas, 1954, pp. 337-40; Paso y Troncoso, op. cit., pp. 132-3, v. XII.

32. Ibid., pp. 223-4; Pedro Chirino, *Historia de la provincia de Filipins de la Compañia de Jesus*, i, XXI, 1630 ms.

33. Isso não significa que toda veleidade conquistadora está extinta: as Molucas, o Sião, o Camboja aparecem como outras presas possíveis; ver Ollé Rodrí-

guez, *La invención de China: Percepciones y estrategias filipinas respecto a China durante el siglo XVI*. Wiesbaden: Otto Harrassowitz, 2001, pp. 86-7.

CONCLUSÃO [pp. 346-55]

1. "A descoberta do imenso universo chinês constitui o fato principal de meados do século XVI. A estranha simultaneidade da construção de uma rede de penetração a partir de Macau e de uma rede a partir de Manila, a cronologia que ela impõe à mente [...] nunca foram vistas em separado, ao que eu saiba. De fato, essa história sempre foi descrita dentro do recorte artificial e inadequado dos Estados europeus." Chaunu, *Conquête et exploitation des Nouveaux Mondes*, op. cit., pp. 209-10.

2. François Hartog, *Régimes d'historicité: Présentisme et expériences du temps*. Paris: Seuil, 2002.

3. Marcocci, op. cit.

4. Serge Gruzinski, *Que horas são... lá, no outro lado?: América e Islã no limiar da Época Moderna*. Belo Horizonte: Autêntica, 2012.

5. Claudel, op. cit., p. 52.

6. Ibid., pp. 52-3.

Referências bibliográficas

Abreviaturas
AGI: Archivo General de Indias (Sevilha)
CSIC: Centro Superior de Investigaciones Científicas (Madri)
FCE: Fondo de Cultura Económica (Cidade do México)
Unam: Universidad Nacional Autónoma de México

ACOSTA, José de. "Escritos menores: Parecer sobre la guerra de la China e Respuesta a los fundamentos que justifican la guerra contra China". In: _____. *Obras del Padre José de Acosta*. Madri: Atlas, 1954. pp. 337-40.

ADELHOFER, Otto (Org.). *Codex Vindobonensis Mexicanus 1: History and description of the manuscript*. Graz: Akademische Druck-u Verlegasanstalt, 1963. v. I.

ALVES, Jorge Manuel dos Santos. *Um porto entre dois impérios: Estudos sobre Macau e as relações luso-chinesas*. Macau: Instituto Português do Oriente, 1999.

_____. *Portugal e a China: Conferências no III curso livre de história das relações entre Portugal e a China (séculos XVI-XIX)*. Lisboa: Fundação Oriente, 2000.

ANDAYA, Leonard Y. *The World of Maluku: Eastern Indonesia in the Early Modern Period*. Honolulu: University of Hawaii Press, 1993.

ANGHIE, Antony. *Imperialism, Sovereignity and the Making of International Law*. Cambridge: Cambridge University Press, 2004.

ARGENSOLA, Bartolomé Leonardo de. *Conquista de las islas Malucas*. Madri: Miraguano, 1992.

BARROS, João de. *Décadas da Ásia*. Lisboa: Régia Officina Typografica, 1778. Parte 2, livros VI e VII, v. III.

BATAILLON, Marcel. "Les Premiers Mexicans envoyés en Espagne par Cortés". *Journal de la Société des américanistes*, n. XLVIII, pp. 135-40, 1959.

BERRIEL, Marcelo Santiago. *Cristão e súdito: Representação social franciscana e poder régio em Portugal, 1383-1450*. Niterói: Universidade Federal Fluminense, 2007. Tese (Doutorado).

BÉTHENCOURT, Francisco; CHAUDHURI, Kirti. *História da expansão portuguesa*. Navarra: Círculo de Leitores, 1998. v. II.

BIERHORST, John. *A Nahuatl-English Dictionary and Concordance to the Cantares mexicanos with an Analytical and Transcription and Grammatical Notes*. Stanford: Stanford University Press, 1985.

_____ (Org.). *Cantares mexicanos: Songs of the Aztecs*. Stanford: Stanford University Press, 1985.

BISAHA, Nancy. *Creating East and West: Renaissance Humanists and the Otoman Turks*. Filadélfia: University of Pennsylvania Press, 2006.

BOUCHERON, Patrick (Org.). *Histoire du monde au XVe siècle*. Paris: Fayard, 2009.

BOURDON, Léon. "Un Projet d'invasion de la Chine par Canton à la fin du XVIe siècle". In: III Colóquio Internacional de Estudos Luso-Brasileiros. *Actas...* Lisboa: [s.n.], 1960, pp. 97-121. v. I.

BOXER, Charles Ralph. *Fidalgos in the Far East*. Haia: Martinus Nijhoff, 1948.

_____. *The Great Ship from Amacon: Annals of Macao and Old Japan Trade, 1555-1640*. Lisboa: Centro de Estudos Ultramarinos, 1963.

_____. *South China in the Sixteenth Century*. Londres: The Hakluyt Society, 1953.

_____. "Portuguese and Spanish Projects for the Conquest of Southeast Asia, 1580-1600". *Journal of Asian History*, Wiesbaden, v. III, n. 2, pp. 118-36, 1969.

BRANDI, Karl. *Charles Quint et son temps*. Paris: Payot, 1951.

BROOK, Timothy. *The Confusions of Pleasure: Commerce and Culture in Ming China*. Berkeley: University of California Press, 1998.

_____. "Rethinking Syncretism: The Unity of the Three Teachings and their Joint Worship in Late Imperial China". *Journal of Chinese Religions*, v. 21, pp. 13-44, 1993.

_____. *Vermeer's Hat: The Seventeenth Century and the Dawn of the Global World*. Nova York: Bloomsbury Press, 2008.

_____. *The Troubled Empire: China in the Yuan and Ming Dinasties*. Cambridge: The Belknap Press of Harvard University Press, 2010.

BROOKS, Francis. "Motecuzoma Xoyocotl, Hernán Cortés and Bernal Díaz del Castillo: The Construction of an Arrest". *The Hispanic American Historical Review*, v. 75-2, pp. 149-83, 1995.

BURKHART, Louise M. *The Slippery Earth: Nahua-Christian Moral Dialogue in Sixteenth-Century Mexico*. Tucson: University of Arizona Press, 1989.

CARDIM, Pedro. *Cortes e cultura política no Portugal do Antigo Regime*. Lisboa: Cosmo, 1998.

CASTANHEDA, Fernão Lopes de. *História do descobrimento e da conquista da Índia pelos portugueses*. Porto: Lello & Irmão, 1979.

CASTRO, Eduardo Viveiros de. *Métaphysiques cannibales*. Paris: PUF, 2009.

CASTRO, Xavier de et al. *Le Voyage de Magellan (1519-1522): La Relation d'Antonio de Pigafetta & autres témoignages*. Paris: Chandeigne, 2007. 2 v.

CHANG, Stephen T. "The Changing Patterns of Portuguese Outposts along the Coast of China in the 16th Century: A Socio-Ecological Perspective". In: ALVES, Jorge Manuel dos Santos. *Portugal e a China: Conferências no III curso livre de história das relações entre Portugal e a China (séculos XVI-XIX)*. Lisboa: Fundação Oriente, 2000. pp. 15-34.

CHANG, T'ien-tse. *Sino-Portuguese Trade from 1514-1644: A Synthesis of Portuguese and Chinese Sources*. Leyden: E. J. Brill, 1934.

_____. "Malacca and the Failure of the First Portuguese Embassy to Peking". *Journal of Southeast Asian History*, v. 3, n. 2, pp. 45-64, 1962.

CHAUNU, Pierre. "Le Galion de Manille: Grandeur et décadence d'une route de la soie". *Annales. Économies, Sociétés, Civilisations*, Paris, ano 6, n. 4, pp. 447-62, 1951.

_____. *Les Philippines et le Pacifique des Ibériques (XVIe, XVIIe, XVIIIe siècles)*. Paris: SEVPEN, 1960.

_____. *Conquête et exploitation des Nouveaux Mondes (XVIe siècle)*. Paris: PUF, 1969.

_____. ESCAMILLA, Michèle. *Charles Quint*. Paris: Fayard, 2000.

CHENG, Anne. *Histoire de la pensée chinoise*. Paris: Seuil, 1997.

CLARK, Hugh R. "Frontier Discourse and China's Maritime Frontier: China's Frontiers and the Encounter with the Sea through Early Imperial History". *Journal of World History*, v. 20, n. 1, pp. 1-33, mar. 2009.

CLAUDEL, Paul. *Le Soulier de satin*. Paris: Gallimard, 1997.

CLAVIJO, Ruy Gonzáles de. *Embajada a Tamorlán*. Org. de Francisco López Estrada. Madri: Castalia, 2004.

CLENDINNEN, Inga. *Aztecs: An Interpretation*. Cambridge: Cambridge University Press, 1991.

COE, Michael D. "The Royal Fifth: Earliest Notices of Maya Writing". *Research Reports on Ancient Maya Writing*, Washington: Center for Maya Research, v. 28, 1989.

COLÓN, Cristóbal. *Textos y documentos completos*. Org. de Consuelo Varela. Madri: Alianza, 1982.

CORTÉS, Hernán. *Cartas y documentos*. Org. de Mario Hernández Sánchez-Barba. Cidade do México: Porrúa, 1963.

_____. *Letters from Mexico*. Org. de Anthony Pagden. New Haven: Yale University Press, 1986.

CORTESÃO, Armando (Org.). *The Suma Oriental of Tomé Pires and the Book of Francisco Rodrigues*. Nova Delhi: Asia Educational Services, 1978.

COSTA, João Paulo O. "Do sonho manuelino ao pragmatismo joanino: Novos documentos sobre as relações luso-chinesas na terceira década do século XVI". *Studia*, v. 50, pp. 121-56, 1991.

COSTA, José Pereira da (Org.). *Códice Valentim Fernandes*. Lisboa: Academia Portuguesa de História, 1997.

CRUZ, Gaspar da. *Tratado das coisas da China*. Org. de Luis Manuel Oureiro. Lisboa: Cotovia, 1997.

D'ANGHIERA, Pietro Martire. *Décadas del Nuevo Mundo*. Org. de Edmondo O'Gorman. Cidade do México: José Porrúa e Hijos, 1964-5. 2 v.

DEFU, Shen. "Unofficial Gleanings from the Wanli Era". In: BROOK, Timothy. *The Troubled Empire: China in the Yuan and Ming Dynasties*. Cambridge: Harvard University Press, 2010.

DÍAZ DEL CASTILLO, Bernal. *Historia verdadera de la conquista de la Nueva España*. Org. de Joaquim Ramírez Cabañas. Cidade do México: Porrúa, 1968.

DÍAZ-TRECHUELO, Lourdes. "El consejo de Indias y Filipinas". In: *El consejo de Indias em el siglo XVI*. Valladolid: Universidad de Valladolid, 1970. pp. 125-38.

_____. "Filipinas y el tratado de Tordesillas". In: I Coloquio Luso-español de Historia de Ultramar, 1973, Valladolid. *Anais...*, Valladolid: Universidad de Valladolid, 1973. pp. 229-40.

D'INTINO, Raffaella. *Enformação das cousas da China: Textos do século XVI*. Lisboa: Imprensa Nacional; Casa da Moeda, 1989.

DURÁN, Diego. *Historia de las Indias de Nueva España e islas de la Tierra firme*. Cidade do México: Porrúa, 1967. 2 v.

DUVERGER, Christian. *L'Esprit du jeu chez les Aztèques*. Paris: Mouton, 1978.

_____. *L'Origine des Aztèques*. Paris: Seuil, 2003. (Points Histoire, 326).

EARLE, T. F.; VILLIERS, John (Orgs.). *Afonso de Albuquerque: O César do Oriente*. Lisboa: Fronteira do Caos, 2006.

ESCALANTE, Bernardino de. *Discurso de la navegación que los Portugueses hacen a los reinos y provincias del Oriente*. Sevilha: [s.n.], 1577.

FERGUSON, Donald. *Letters from Portuguese Captives in Canton, written in 1534 and 1536*. Bombaim: Education Society's Steam Press, 1902.

FIGUEROA, Martín Fernández de. *Conquista de las Indias de Persia e Arabia que fizo la armada del rey don Manuel de Portugal*. Org. de Luis Gil. Valladolid: Universidad de Valladolid, 1999.

FLYNN, Denis Owen; GIRALDEZ, Arturo. "China and the Spanish Empire". *Revista de História Económica*, n. 2, pp. 309-39, 1996.

_____. "Cycles of Silver: Global Economic Unity through the Mid-Eighteenth Century". *Journal of World History*, v. 13, n. 2, pp. 391-427, 2002.

FOK, Kai Cheong. *The Macau Formula: A Study of Chinese Management of Westerners from the Mid-Sixteenth Century to the Opium War Period*. Honolulu: University of Hawaii, 1978. Tese (Doutorado).

_____. "The Macau Forum at Work". In: SALDANHA, António Vasconcelos; ALVES, Jorge Manuel dos Santos (Orgs.). *Estudos de história do relacionamento luso-chinês, séculos XVI-XIX*. Macau: Instituto Português do Oriente, 1996. pp. 219-34.

FURST, Jill Leslie (Org.). *Codex Vindobonenses Mexicanus*. Nova York: University of New York at Albany, 1978. v. 1: *A Comentary*.

GALVÃO, António. *Tratado de los descobrimentos*. Porto: Civilização, 1987.

GARCIA, José Manuel. *A viagem de Fernão de Magalhães e os portugueses*. Queluz de Baixo: Presença, 2007.

GARCÍA ABÁSOLO, Antonio. "La expansión mexicana hacia el Pacífico: La primera colonización de Filipinas". *Historia Mexicana*, El Colegio de México, v. XXII, n. 125, pp. 55-88, 1982.

GARCÍA ICAZBALCETA, Joaquín. *Bibliografia mexicana del siglo XVI*. Cidade do México: FCE, 1981.

GERBI, Antonello. *La natura delle Indie nove: Da Cristoforo Colombo a Gonzalo Fernández de Oviedo*. Milão: Riccardo Ricciardi, 1975.

GERHARD, Peter. *A Guide to the Historical Geography of New Spain*. Cambridge: Cambridge University Press, 1972.

_____. *Síntesis e índice de los mandamientos virreinales, 1548-1553*. Cidade do México: Unam, 1992.

GERNET, Jacques. *Le Monde chinois*. Paris: Armand Colin, 1972.

GIL, Juan. *Mitos e utopias del descubrimiento*. Madri: Alianza, 1989. v. 2: *El Pacífico*.

GILLESPIE, Susan D. *The Aztec Kings: The Construction of Rulership in Mexica History*. Tucson: University of Arizona Press, 1989.

GIOVIO, Paolo. *Historiarum sui temporis tomus primus*. Paris: Michaelis Vascosani, 1553, f. 161r.

GOFFMAN, Erving. *Interaction Ritual: Essays on Face-to-Face Behavior*. Nova York: Pantheon, 1982.

GONZÁLEZ DE MENDOZA, Juan. *Historia de las cosas más notables, ritos y costumbres del Gran Reyno de la China*. Madri: Miraguano, 1990.

GRAULICH, Michel. *Moctezuma*. Paris: Fayard, 1994.

GRUZINSKI, Serge. *O pensamento mestiço*. São Paulo: Companhia das Letras, 1999.

_____. *As quatro partes do mundo: História de uma mundialização*. São Paulo: UFMG/Edusp, 2014.

_____. *Quelle Heure est-il là-bas?: Amérique et islam à l'orée des Temps modernes*. Paris: Seuil, 2008. [Ed. bras.: *Que horas são... lá, no outro lado? América e Islã no limiar da Época Moderna*. Belo Horizonte: Autêntica, 2012.]

GUO PING, Jin; ZHENGCHUN, Zhang. "Liampó reexaminado à luz de fontes chinesas". In: SALDANHA, António Vasconcelos; ALVES, Jorge Manuel dos Santos (Orgs.). *Estudos de história do relacionamento luso-chinês, séculos XVI-XIX*. Macau: Instituto Português do Oriente, 1996. pp. 85-137.

GUO PING, Jin; ZHILIANG, Wu. "Os impactos da conquista de Malaca em relação à China quinhentista: Uma abordabem sobre a periodização da história moderna da China". *Administração* (*Revista de Administração Pública de Macau*), v. XIII, n. 49, pp. 939-46, 2000-3.

_____. "Uma embaixada com dois embaixadores: Novos dados orientais sobre Tomé Pires e Hoja Yasan". *Administração*, v. XVI, n. 60, pp. 685-716, 2003.

GUTIÉRREZ, Lucio. "The Affair of China at the End of the Sixteenth Century: Armed Conquest or Peaceful Evangelization". *Philippiniana Sacra*, v. XX, n. 59, pp. 329-406, 1985.

HAAR, Barend J. ter. *Telling Stories: Witchcraft and Scapegoating in Chinese History*. Leyden: Brill Academic Publisher, 2006.

HALL, Kennet R. *Maritime Trade and State Development in Early Southeast Asia*. Honolulu: University of Hawaii Press, 1985.

HARTOG, François. *Régimes d'historicité: Présentisme et expériences du temps*. Paris: Seuil, 2002.

HASSIG, Ross. *Comercio, tributo y transportes: La economía política del valle de México en el siglo XVI*. Cidade do México: Alianza, 1990.

HAY, Beatriz Mariscal (Org.). *Carta del padre Pedro de Morales*. Cidade do México: El Colegio de México, 2002.

HEADLEY, John M. "Spain's Asian Presence, 1565-1590: Structures and Aspirations". *The Hispanic American Historical Review*, v. 75-5, pp. 623-46, 1995.

HIGGINS, Roland L. *Piracy and Coastal Defense in the Ming Period: Government Response to Coastal Disturbances, 1523-1549.* Michigan: UMI Dissertation Services, 1981. Tese (Doutorado).

HUANG, Ray. *1587: A Year of no Significance.* New Haven: Yale University Press, 1981.

IWASAKI CAUTI, Fernando. *Extremo Oriente y el Perú en el siglo XVI.* Lima: Pontificia Universidad Católica del Perú, 2005.

KARTTUNEN, Frances. *An Analytical Dictionary of Nahuatl.* Austin: University of Texas Press, 1983.

KEEN, Benjamin. *The Aztec Image in Western Thought.* New Brunswick: Rutgers University Press, 1971.

KNAUTH, Lothar. *Confrontación Transpacífica: El Japón y el Nuevo Mundo Hispánico: 1542-1639.* Cidade do México: Unam, 1972.

LACH, Donald F. *Asia in the Making of Europe.* Chicago: University of Chicago Press, 1965-94. v. I-II.

LARNER, John. *Marco Polo and the Discovery of the World.* Yale: Yale University Press, 1999.

LAS CASAS, Bartolomé de. *Apologética historia sumaria.* Org. de Edmundo O'Gorman. Cidade do México: FCE, 1986. 2 v.

_____. *Historia de las Indias.* Cidade do México: FCD, 1986. 3 v.

_____. *Obras completas.* Madri: Alianza, 1992. 14 v.

LATTIMORE, Owen. *The Inner Asian Frontiers of China.* Boston: Beacon, 1962.

_____. "Origins of the Great Wall of China: A Frontier Concept in Theory and Practice". In: _____. *Studies in Frontier History: Collected Papers, 1928-1958.* Londres: Oxford University Press, 1962. pp. 97-118.

LEÓN-PORTILLA, Miguel. *Toltecayotl: Aspectos de la cultura náhuatl.* Cidade do México: FCE, 1980.

_____. *Visión de los vencidos: Crónicas indígenas.* Madri: Historia 16, 1985.

_____. *Le Livre astrologique des marchands: Codex Fejérvary-Mayer.* Paris: La Différence, 1992.

LESTRINGANT, Frank. *Le Cannibale: Grandeur et décadence.* Paris: Perrin, 1994.

LÉVI-STRAUSS, Claude. *Histoire de lynx.* Paris: Plon, 1991.

LEVINSON, Nancy Smiler. *Magellan and the First Voyage around the World.* Nova York: Clarion, 2001.

LOCKHART, James. *The Nahuas after the Conquest.* Stanford: Stanford University Press, 1992.

_____. *We People Here: Nahuatl Accounts of the Conquest of Mexico.* Los Angeles: University of California Press, 1993.

LÓPEZ AUSTIN, Alfredo. *Cuerpo humano e ideología*. Cidade do México: Unam, 1980. 2 v.

LÓPEZ AUSTIN, Alfredo; LÓPEZ LUJÁN, Leonardo. *El pasado indígena*. Cidade do México: FCE, 1996.

LÓPEZ DE GÓMARA, Francisco. *La conquista de México*. Madri: Historia 16, 1986.

LÓPEZ DE VELASCO, Juan. *Geografía y descripción universal de las Indias*. Madri: Atlas, 1971. p. 289.

LOUREIRO, Rui Manuel. *A China na cultura portuguesa do século XVI: Notícias, imagens, vivências*. Lisboa: Faculdade de Letras de Lisboa, 1995. Tese (Doutorado). 2 v.

_____ (Org.). *O manuscrito de Lisboa da "Suma oriental" de Tomé Pires*. Macau: Instituto Português do Oriente, 1996.

_____. "Origens do projecto jesuíta de conquista espiritual da China". In: ALVES, Jorge Manuel dos Santos. *Portugal e a China: Conferências no III curso livre de história das relações entre Portugal e a China (séculos XVI-XIX)*. Lisboa: Fundação Oriente, 2000. pp. 131-66.

_____. *Fidalgos, missionários e mandarins: Portugal e a China no século XVI*. Lisboa: Fundação Oriente, 2000.

_____. *Nas partes da China*. Lisboa: Centro Científico e Cultural de Macau, 2009.

MAFFEI, Laura; MINONZIO, Franco; SODINI, Carla. *Sperimentalismo e dimensione europea della cultura di Paolo Giovio*. Como: Società Storica Comense, 2007.

MANGUIN, Pierre-Yves. *Les Portugais sur les côtes du Viêt-nam et du Campa: Étude sur les routes maritimes et les relations commerciales d'après les sources portugaises (XVIe, XVIIe et XVIIIe siècles)*. Paris: Efeo, 1972.

MANZANO Y MANZANO, Juan. *Los Pinzones y el descubrimiento de América*. Madri: Cultura Hispánica, 1988.

MAQUIAVEL, Nicolau. *Le Prince*. Trad. de Guillaume Cappel. Paris: Charles Estienne, 1553.

_____. *Le Prince: De principatibus*. Org. de Jean-Louis Fournel e Jean-Claude Zacarini. Paris: PUF, 2000.

MARCOCCI, Giuseppe. *L'invenzione di um impero: Politica e cultura nel mondo portoghese (1450-1600)*. Roma: Carocci, 2011.

MARTÍNEZ, José Luis. *Hernán Cortés*. Cidade do México: FCE, 2003.

MATOS MOCTEZUMA, Eduardo. "Tenochtitlán y Tlatelolco: De cronistas, viajeros y arqueólogos…". In: MATOS MOCTEZUMA, Eduardo et al. *Seis ciudades antiguas de Mesoamérica: Sociedad y medio ambiente*. Cidade do México: Instituto Nacional de Antropología e Historia, 2011.

396

MENDES PINTO, Fernão. *Peregrinação*. Lisboa: Imprensa Nacional; Casa da Moeda, 1984.

MICHELACCI, Laura. *Giovio in Parnaso: Tra collezione di forme e storia universale*. Bolonha: Il Mulino, 2004.

MONTAIGNE, Michel de. *Les Essais*. Paris: Le Livre de Poche, 1965. v. I.

MOTOLINÍA (Toribio de Benavente). *Memoriales o libro de las cosas de Nueva España y naturales de ella*. Org. de Edmondo O'Gorman. Cidade do México: Unam, 1971.

MOYA DE CONTRERAS, Pedro. *Cinco cartas de Pedro Moya de Contreras*. Madri: Porrúa Turanzas, 1962.

MURRAY, Harold. *A History of Chess*. Northampton: Benjamin Press, 1985.

NAVARRETE, Martín Fernández de. *Colección de documentos y manuscritos compilados por Don Martín Fernández de Navarrete*. Madri: Museo Naval, 1946.

NEEDHAM, Joseph. "Paper and Printing. Tsien Tsuen-Hsuin (1985)". In: _____. *Science and Civilization in China*. Cambridge: Cambridge University Press, 1985. vol. 5: *Chemistry and Chemical Technology*.

NICCOLI, Ottavia. *Profeti e popolo nell'Italia del Rinascimento*. Bari: Laterza, 2007.

NOGUEIRA ROQUE DE OLIVEIRA, Francisco Manuel de Paula. *A construção do conhecimento europeu sobre a China*. Barcelona: Universidade Autônoma de Barcelona, 2003. Tese (Doutorado em geografia).

OLIVEIRA E COSTA, João Paulo. "A Coroa portuguesa e a China (1508-1531): Do sonho manuelino ao realismo joanino". In: SALDANHA, António Vasconcelos; ALVES, Jorge Manuel dos Santos (Orgs.). *Estudos de história do relacionamento luso-chinês: Séculos XVI-XIX*. Macau: Instituto Português do Oriente, 1996. pp. 11-84.

OLLÉ RODRÍGUEZ, Manel. *Estrategias filipinas respecto a China: Alonso Sánchez y Domingo de Salazar en la empresa de China (1581-1593)*. Barcelona: Universitat Pompeu Fabra, 1998. Tese (Doutorado).

_____. *La invención de China: Percepciones y estrategias filipinas respecto a China durante el siglo XVI*. Wiesbaden: Otto Harrassowitz, 2001.

_____. *La empresa de China: De la armada invincible al Galeón de Manila*. Barcelona: Acantilado, 2002.

_____. "A inserção das Filipinas na Ásia Oriental (1565-1593)". *Review of Culture*, n. 7, pp. 7-22, 2003.

ORTUÑO SÁNCHEZ-PEDREÑO, José María. "Estudio histórico-jurídico de la expedición de García Jofre de Loaisa a las islas Molucas: La venta de los derechos sobre dichas islas a Portugal por Carlos I de España". *Anales de derecho*, Murcia: Universidad de Murcia, n. 21, pp. 217-37, 2003.

ORTUÑO SÁNCHEZ-PEDREÑO, José María. "Las pretensiones de Hernán Cortés en el mar del Sur. Documentos y exploraciones". *Anales de derecho*, Murcia: Universidad de Murcia, n. 22, pp. 317-56, 2004.

PAGDEN, Anthony. *The Fall of Natural Man: The American Indian and the Origins of Comparative Ethnology*. Cambridge: Cambridge University Press, 1982.

PARKER, Geoffrey. *La gran estrategia de Felipe II*. Madri: Alianza, 1998.

PASO Y TRONCOSO, Francisco del. *Epistolario de la Nueva España*. Cidade do México: José Porrúa & Hijos, 1939. v. II.

PANKENIER, David W. "The Planetary Portent of 1524 in China and Europe". *Journal of World History*, v. 20, n. 3, pp. 339-75, set. 2009.

PASTELLS, Pablo; TORRES Y LANZAS, Pedro et al. *Catálogo de los documentos relativos a las islas Filipinas*, precedido de *Historia general de Filipinas*. Barcelona: Viuda de L. Tasso, 1925-36.

PELLIOT, Paul. "Le Hoja et le Sayyid Husain de l'histoire des Ming". *T'oung Pao*, série 2, v. 38, pp. 81-292, 1948.

PRIETO, Carlos. *El oceano Pacífico: Navegantes españoles del siglo XVI*. Madri: Alianza, 1975.

QUIROGA, Vasco de. *De debellandis Indis*. Org. de René de Acuña. Cidade do México: Unam, 1988.

REID, Anthony. "Early Southeast Asian Categorizations of Europeans". In: SCHWARTZ, Stuart (Org.). *Implicit Understandings: Observing, Reporting, and Reflecting on the Encounter between Europeans and Other Peoples in the Early Modern Era*. Cambridge: Cambridge University Press, 1994. pp. 238-94.

ROBINSON, David M. "The Ming Court and the Legacy of Yuan Mongols". In: _____ (Org.). *Culture, Courtiers, and Competition: The Ming Court (1368--1644)*. Cambridge: Harvard University Press, 2008.

RUBIÉS, Joan Paul. *Travel and Ethnology in the Renaissance: South India through European Eyes, 1250-1625*. Cambridge: Cambridge University Press, 2000. pp. 14 e pass.

SÁ, Isabel dos Guimarães. "Os rapazes do Congo: Discursos em torno de uma experiência colonial (1480-1580)". In: ALGRANTI, Leila Mezan; MEGIANI, Ana Paula (Orgs.). *O império por escrito: Formas de transmissão da cultura letrada no mundo ibérico, séculos XVI-XIX*. São Paulo: Alameda, 2009. pp. 313-32.

SAHAGÚN, Bernardino de. *Historia general de las cosas de Nueva España*. Cidade do México: Porrúa, 1977. v. IV.

SALAZAR, Domingo de. *Sínodo de Manila de 1582*. Org. de José Luís Porras Camuñez et al. Madri: CSIC, 1988.

SALDANHA, António Vasconcelos; ALVES, Jorge Manuel dos Santos (Orgs.). *Estudos de história do relacionamento luso-chinês, séculos XVI-XIX*. Macau: Instituto Português do Oriente, 1996.

SALLMANN, Jean-Michel. *Charles Quint: L'empire éphémère*. Paris: Payot, 2000.

_____. *Le Grand Désenclavement du monde, 1200-1600*. Paris: Payot, 2011.

SÁNCHEZ AGUILAR, Federico. *El lago español: Hispanoasia*. Madri: Fuenlabrada, 2003.

SCHWARTZ, Stuart (Org.). *Implicit Understandings: Observing, Reporting, and Reflecting on the Encounter between Europeans and other Peoples in the Early Modern Era*. Cambridge: Cambridge University Press, 1994.

SKINNER, Quentin. *As fundações do pensamento político moderno*. São Paulo: Companhia das Letras, 1996.

SLOTERDIJK, Peter. *Essai d'intoxication volontaire/ L'Heure du crime et le temps de l'œuvre d'art*. Paris: Hachette Pluriel, 2001.

SMITH, Michael E. *Aztec City-State Capitals*. Gainesville: Universidade da Flórida, 2008.

SO, Billy K. L. *Prosperity, Region, and Institutions in Maritime China: The South Fukien Pattern, 946-1368*. Cambridge: Harvard University Press, 2000.

SOUSA, Maria Augusta da Veiga e (Org.). *O livro de Duarte Barbosa*. Lisboa: Ministério da Ciência e da Tecnologia, 1996.

SPALLANZANI, Marco. *Giovanni da Empoli: Mercante navigatore fiorentino*. Florença: Spes, 1984.

SPATE, O. H. K. *The Spanish Lake*. Minneapolis: University of Minnesota Press, 1979.

SUÁREZ DE PERALTA, Juan. *Tratado del descubrimiento de las Indias: Noticias historicas de Nueva España*. Cidade do México: Secretaría de Educación Pública, 1949.

SUBRAHMANYAM, Sanjay. *L'Empire portugais d'Asie, 1500-1700: Une Histoire économique et politique*. Paris: Maisonneuve & Larose, 1999.

TAFURI, Manfredo. *Venice and the Renaissance*. Cambridge: MIT Press, 1989.

TAPIA, Andrés de. *Relación sobre la conquista de México*. Cidade do México: Unam, 1939.

THOMAZ, Luís Filipe F. R. *De Ceuta a Timor*. Algés: Difel, 1994.

TOWNSEND, Camilla. "Burying the White Gods: New Perspectives on the Conquest of Mexico". *The American Historical Review*, v. 108, n. 3, pp. 659-87, jun. 2003.

VALLADARES, Rafael. *Castilla y Portugal en Asia (1580-1680): Declive imperial y adaptación*. Louvain: Leuven University Press, 2001.

VOGELEY, Nancy. "China and the American Indies: A Sixteenth Century History". *Colonial Latin American Review*, v. 6, n. 2, pp. 165-84, 1997.

VORETZSCH, Ernst Arthur. "Documentos acerca da primeira embaixada portuguesa à China". *Boletim da Sociedade Luso-Japonesa*, Tóquio, n. 1, pp. 30-69, 1926.

WACHTEL, Nathan. *La Vision des vaincus: Les Indiens du Pérou devant la conquête espagnole, 1530-1570*. Paris: Gallimard, 1971.

WADE, Geoffrey Phillip. *The Ming-shi-lu (Veritable Records of thye Ming Dynasty) as a Source for Southeast Asian History, 14th to 17th centuries*. University of Hong Kong, 1994. Tese (Doutorado).

WALDRON, Arthur. *La grande muraglia: Dalla storia al mito*. Turim: Einaudi, 1993.

WAUCHOPE, Robert (Org.). *Handbook of Middle American Indians: Guide to Ethnohistorical Sources*. Austin: University of Texas Press, 1975, parte 3. pp. 235-6. v. 14.

WHITE, Richard. *The Middle Ground: Indians, Empires, and Republics in the Great Lakes Region, 1650-1815*. Cambridge: Cambridge University Press, 1991.

ZHU, Jianfei. *Chinese Spatial Strategies: Imperial Beijing 1420-1911*. Londres: Routledge; Curzon, 2004.

ZIMMERMANN, T. C. Price. *Paolo Giovio: The Historian and the Crisis of Sixteenth-Century Italy*. Princeton: Princeton University Press, 1995.

ESTA OBRA FOI COMPOSTA EM MINION PELO ACQUA ESTÚDIO E IMPRESSA
PELA PROL EDITORA GRÁFICA EM OFSETE SOBRE PAPEL PÓLEN SOFT DA SUZANO
PAPEL E CELULOSE PARA A EDITORA SCHWARCZ EM JANEIRO DE 2015